酒店管理信息系统 (PMS)
Sinfonia实训手册

李宏 张胜男 编著

电子工业出版社
Publishing House of Electronics Industry
北京·BEIJING

未经许可，不得以任何方式复制或抄袭本书之部分或全部内容。
版权所有，侵权必究。

图书在版编目（CIP）数据

酒店管理信息系统（PMS）Sinfonia实训手册 / 李宏，张胜男编著. —北京：电子工业出版社，2021.1
ISBN 978-7-121-39716-5

Ⅰ. ①酒… Ⅱ. ①李… ②张… Ⅲ. ①饭店－商业管理－管理信息系统－手册 Ⅳ. ①F719.2-39

中国版本图书馆CIP数据核字（2020）第189404号

责任编辑：张艳芳　特约编辑：刘红涛
印　　刷：北京捷迅佳彩印刷有限公司
装　　订：北京捷迅佳彩印刷有限公司
出版发行：电子工业出版社
　　　　　北京市海淀区万寿路173信箱　　邮编：100036
开　　本：787×1092　1/16　印张：13.75　字数：356千字
版　　次：2021年1月第1版
印　　次：2025年7月第7次印刷
定　　价：69.00元

凡所购买电子工业出版社图书有缺损问题，请向购买书店调换。若书店售缺，请与本社发行部联系，联系及邮购电话：（010）88254888，88258888。
质量投诉请发邮件至 zlts@phei.com.cn，盗版侵权举报请发邮件至 dbqq@phei.com.cn。
本书咨询联系方式：（010）88254161～88254167转1897。

前言 Preface

酒店管理信息系统是以人为主导,利用计算机硬件、软件、网络通信设备及其他办公设备,进行信息收集、传输、存储、加工、维护和使用,以企业战略竞优、提高效益和效率为目的,支持企业的高层决策、中层控制、基层运作的集成化人机系统。酒店管理信息系统促进了酒店科学管理思想的进一步完善,是酒店管理思想在酒店实际生产活动中的再现和具体化。符合酒店管理文化、市场需求的酒店管理信息系统就是最好的系统。

酒店物业管理系统是酒店管理信息系统的重要组成部分。2014 年 10 月,作者在参加 Sinfonia PMS 培训的过程中,第一次为该软件的全面性、系统性、科学性、综合性所吸引和折服。酒店前台管理工作纷繁复杂、千头万绪,如果缺乏科学的管理,随时都可能出现前台与客人、前台与客房、前台与娱乐及餐饮等部门服务的脱节,导致顾客投诉、满意度下降和顾客的流失。作为酒店业最早实现信息化的部分,酒店物业管理系统通过系统综合,实现了功能化、模块化、程序化。虽然在 Sinfonia PMS 之前也出现了一些酒店物业管理软件,但是 Sinfonia PMS 无疑是其中的佼佼者。

为了更好地阐述酒店管理信息系统(PMS)的原理、方法,本教材遵循自上而下的系统工程设计思想。全书共 9 章:第 1 章,绪论;第 2 章,Sinfonia PMS 系统概述;第 3 章,档案管理;第 4 章,预订管理;第 5 章,前台管理;第 6 章,客房管理;第 7 章,收银管理;第 8 章,杂项管理;第 9 章,夜审管理。

本教材面向的学习者不只是旅游管理专业的在校学生,还包括酒店在岗工作人员。在编写本教材的过程中,编者力图体现理论综合性、实践指导性。由于知识水平有限,难免挂一漏万,希望得到专家、学者们的批评指正。

读 者 服 务

读者在阅读本教材的过程中如果遇到问题，可以关注 "有艺"公众号，通过公众号与我们取得联系。此外，通过关注"有艺"公众号，您还可以获取更多的新书资讯、书单推荐、优惠活动等相关信息。

扫一扫关注"有艺"

资源下载方法：关注"有艺"公众号，在"有艺学堂"的"资源下载"中获取下载链接，如果遇到无法下载的情况，则可以通过以下三种方式与我们取得联系：

1.关注"有艺"公众号，通过"读者反馈"功能提交相关信息；

2.请发邮件至 art@phei.com.cn，邮件标题命名方式：资源下载+书名；

3.读者服务热线：（010）88254161~88254167 转 1897。

投稿、团购合作：请发邮件至 art@phei.com.cn。

目录 Contents

第 1 章　绪论 ··· 1
  1.1　酒店管理、酒店物业管理与酒店前台管理 ····················· 1
    1.1.1　酒店管理 ··· 1
    1.1.2　酒店物业管理 ·· 2
    1.1.3　酒店前台管理 ·· 2
  1.2　酒店信息化、酒店管理信息系统、酒店物业管理系统及酒店前台管理信息系统 ····· 3
    1.2.1　酒店信息化 ·· 3
    1.2.2　酒店管理信息系统 ··· 4
    1.2.3　酒店物业管理系统 ··· 6
    1.2.4　酒店前台管理信息系统 ····································· 7
  1.3　酒店物业管理系统的核心功能及发展趋势 ····················· 8
    1.3.1　核心功能 ··· 8
    1.3.2　发展趋势 ··· 9
  练习题 ··· 10

第 2 章　Sinfonia PMS 系统概述 ·································· 11
  2.1　Sinfonia PMS 概况 ··· 11
  2.2　登录与退出 Sinfonia PMS ······································· 12
    2.2.1　登录系统 ··· 12
    2.2.2　用户权限 ··· 12
    2.2.3　退出系统 ··· 13
    2.2.4　系统时间 ··· 13
  2.3　快捷键 ·· 13
  练习题 ··· 14

第 3 章　档案管理 ··· 15
  3.1　档案管理模块功能 ··· 15

	3.1.1	为什么要建立档案	15
	3.1.2	档案类型（Profile Type）	16
3.2	档案模块操作简介	17
	3.2.1	个人档案（Individual Profile）	17
	3.2.2	公司档案（Company Profile）	28
	3.2.3	旅行社档案（Travel Agent Profile）	31
3.3	档案管理思考	32
	3.3.1	如何提高查询速度	32
	3.3.2	酒店客户关系管理	33
	3.3.3	档案信息安全	36
练习题		37

第 4 章 预订管理 ... 38

4.1	预订管理模块功能		38
4.2	预订模块操作简介		39
	4.2.1	个人预订（Individual Booking）	39
	4.2.2	团队预订（Groups）	78
练习题			90

第 5 章 前台管理 ... 92

5.1	前台管理模块功能		92
5.2	前台模块操作简介		93
	5.2.1	散客分房和入住（Arrivals）	93
	5.2.2	团队分房和入住	103
	5.2.3	在店客人服务（In-House Guests）	106
5.3	前台管理思考		121
练习题			124

第 6 章 客房管理 ... 126

6.1	客房管理模块功能		126
6.2	客房管理模块操作简介		127
	6.2.1	房型管理	127
	6.2.2	房态管理（Housekeeping）	132
	6.2.3	超额预订管理（Overbooking）	139
	6.2.4	清洁任务派工单（Attendants）	141
	6.2.5	客房维修与客房使用历史	149
6.3	客房管理思考		153
	6.3.1	酒店卫生清洁	153

	6.3.2　酒店物品及客人衣物清洗方案	154
	练习题	155

第 7 章　收银管理 ……156

7.1　收银管理模块功能 …… 157
7.2　收银管理模块操作简介 …… 160
  7.2.1　客人账单管理 …… 160
  7.2.2　过客（Passers By） …… 173
  7.2.3　收银其他功能（Cashier Functions） …… 176
  7.2.4　核对本班次账务与关账 …… 183
  练习题 …… 185

第 8 章　杂项管理 ……186

8.1　杂项管理模块功能 …… 186
8.2　杂项管理模块操作简介 …… 187
  8.2.1　当日业务（Today's Activities） …… 187
  8.2.2　用户日志文件（User Log File） …… 189
  8.2.3　报表（Reports） …… 191
  8.2.4　财务报表简介 …… 197
  练习题 …… 203

第 9 章　夜审管理 ……204

9.1　夜审模块功能 …… 204
9.2　夜审模块操作简介 …… 205
  9.2.1　夜审准备 …… 205
  9.2.2　执行夜审程序 …… 211
  练习题 …… 211

第 1 章 绪 论

1.1 酒店管理、酒店物业管理与酒店前台管理

1.1.1 酒店管理

参照《旅游饭店星级的划分与评定》（GB/T14308—2010），旅游饭店（Tourist Hotel）是指能够以夜为时间单位出租客房，以住宿服务为主，并提供商务、会议、休闲、度假等相应服务的住宿设施。旅游饭店也被称为宾馆、酒店、旅馆、旅社、宾舍、度假村、俱乐部、大厦、中心等。旅游酒店的特点是：经营自主性、组织完整性、经济独立性、服务无形性、生产和销售同步性、价值的不可储存性、功能综合性、客流波动性等。[①]

根据客源市场和接待对象的不同，旅游酒店分为商务型酒店、长住型酒店、度假型酒店、会议型酒店及汽车旅馆等；根据地理位置的不同，旅游酒店分为城市酒店、城郊酒店、乡村酒店、景区酒店、公路酒店及机场酒店等；根据产权形式的不同，旅游酒店分为独立经营酒店、集团经营酒店及联合经营酒店等；根据客房数量的不同，旅游酒店分为小型酒店（客房 300 间以下）、中型酒店（客房 300~600 间）及大型酒店（客房 600 间以上）。

客房是酒店向宾客提供住宿和休息的主要设施，是构成酒店的主体和创造营业收入的主要来源。由于宾客身份、消费需求、同行人员数量、旅居原因等因素，宾客对酒店客房类型与大小有不同的需求。[②]

酒店管理是在了解市场需求的前提下，为了有效地实现酒店规定的目标，遵循一定的原则，运用各种管理方法，对酒店所拥有的人力、物力、财力、时间、信息等资源，进行计划、组织、指控、协调控制等一系列活动的总和。酒店管理内容包括：业务管理、组织管理、资产管理、人力资源管理、公共关系管理、营销管理、服务质量管理、成本控制管理和财务管理等。酒店管理的任务包括：正确处理与酒店相关各方的经济利益关系；建立健全规章制度；实施科学管理，合理组织业务经营，提高经济效益；强化培训，提高员工素质；关注顾客，提高服务质量。[③]

[①] 邵琪伟. 中国旅游大辞典. 上海：上海辞书出版社，2012：298.
[②] 邵琪伟. 中国旅游大辞典. 上海：上海辞书出版社，2012：219.
[③] 邵琪伟. 中国旅游大辞典. 上海：上海辞书出版社，2012：83.

1.1.2 酒店物业管理

在英语中，物业、房地产、不动产都用"Estate"或"Property"表示，其含义包括财产、产业、个人的全部资产、地产等的所有权，物业是一个较广义的范围。随着我国改革开放的深入，物业的概念首先由香港地区传播至深圳等沿海地区之后又在内地扩散。[①]

物业是指已建成并投入使用的各类建筑物及附属设备、配套设施和相关场地。物业具有固定性、耐久性、多样性、高值性及权益性等特征。根据物业的使用功能，分为居住物业、办公物业、商业物业、工业物业及其他物业5种类型。其中，商业物业包括写字楼、百货商场、大型超市、酒店、宾馆、娱乐休闲场所等。

物业管理（Property Management）是指业主和物业服务企业按照物业服务合同的约定，对房屋及配套设施设备、相关场地进行维修、养护、管理，维护相关区域内环境卫生和秩序的活动。物业管理内容包括：物业接管验收；物业管理方案和制度的制定；客户服务；房屋建筑及附属设施修护；安全服务；保洁与绿化美化；综合经营服务。[②]

物业管理的行业本质，是指物业服务企业所从事的商业活动，它以物业（不动产）为基础，以业主（客户）的需求为导向，以管理为手段，以准公共性服务为核心产品。可见，构成物业管理行业属性的基本要素有：主体——物业服务企业；客体——业主（客户）；对象——物业（不动产）；方法——管理手段；性质——准公共性服务；目标——商业利益。[③]

从服务对象看，物业管理有两大目标，一是满足作为产权人的客户实现其所有物业的保值、增值需求；二是满足作为使用人的客户拥有方便、舒适、优美的居住空间的需求。从企业自身来看，物业管理企业的目标是经济、社会和环境效益。在物业管理中，客户满意战略是促进客户需求和企业供给之间良好互动，进而实现企业和客户双赢的最佳选择。[④]

物业服务目标的实现受制于建设单位和业主的素质，很难想象在低水平开发建设的基础之上，或者在缺乏高素质业主的配合之下，实现高水平物业管理服务的可能性。物业管理部门必须从源头上规范开发建设单位的行为，在承诺服务指标时，应当更多地考虑业主的配合程度，从过程标准和客观标准规范自身行为，在结果标准和主观标准的约定上采取审慎的态度，同时对个别业主的不道德行为进行及时、充分的揭露。[⑤]

由于酒店隶属于商业物业的范畴，是商业物业的组成部分，因此，酒店物业管理属于商业物业管理的范畴，是对指业主和物业服务企业按照物业服务合同的约定，对房屋及配套设施设备、相关场地进行维修、养护、管理，维护相关区域内环境卫生和秩序的活动。

1.1.3 酒店前台管理

前台（Front Desk，Front Office），又称"前厅部"、"总台"、"总服务台"、"接待处"（Reception Desk）。通常设在酒店的大堂。前台主要服务范围包括：客房预订、登记入住、结账服务、礼宾服务、商务服务、外币汇兑、访客留言、寄存贵重物品、存取房门钥匙；

---

① 武智慧，王新强，蔡任重. 物业管理概论. 重庆大学出版社，2008：10.
② 王素梅. 物业管理概论. 北京：机械工业出版社，2011：1-3.
③ 陈伟. 物业管理的本质. 北京：中国市场出版社，2014：28.
④ 陈伟. 物业管理的本质. 北京：中国市场出版社，2014：129.
⑤ 陈伟. 物业管理的本质. 北京：中国市场出版社，2014：26.

及时将客源、客人需求及投诉等各种信息通报有关部门，以确保服务工作的效率和质量。

前台员工包括接待员、收银员、预订员、门童、夜审员、话务员和行李员。[①]前台是酒店营业的橱窗，反映酒店的整体服务质量，是给客人留下第一印象和最后印象的地方。前台犹如酒店的大脑，在很大程度上控制和协调着整个酒店的经营活动。"酒店前台服务态度极差，对待欧美人和对待中国人完全是两个态度""前台办理入住需要客人自己用英文填写，iPad 登记，服务人员全程无表情"等客人评价，势必对酒店的声誉产生负面影响，可能对其他客人的入住行为产生影响。毕竟在信息时代，没有负面评价，就是最好的评价。

前台是酒店的信息中心，前台也是建立良好宾客关系的重要环节。由于前台的主要业务在酒店日常管理中占据了重要地位，酒店管理、酒店物业管理与酒店前台管理三者之间的关系是：

$$酒店管理 > 酒店物业管理 \geq 酒店前台管理$$

酒店物业管理系统（PMS），是关系酒店经营收入的核心系统，也是酒店经营和管理的日常工作平台，是一个以客房经营为主线，集成餐饮、娱乐、会议、购物、工程维修、门锁、电话等项目管理的应用系统。[②]

1.2 酒店信息化、酒店管理信息系统、酒店物业管理系统及酒店前台管理信息系统

1.2.1 酒店信息化

信息化是将人们过去手工做的事情，用计算机更加准确、方便、高效地完成的过程。随着信息化产生的数据逐渐积累，有含义的数据集结到一定规模后形成数据资源。[③]

旅游信息化指充分利用电子技术、信息技术、数据库技术和网络技术，收集、整理、利用各类旅游信息资源的过程。其表现形式包括旅游网站、旅游呼叫系统、数字化管理，以及支持信息化的基础设施建设等方面。从对象范围考虑，包括旅游目的地信息化、旅游城市信息化、旅游联盟信息化等。[④]国际酒店信息化应用与发展大体经过了 5 个阶段，即电算化阶段、自动化阶段、网络化阶段、集成化阶段、协同化阶段。[⑤]

信息化对酒店产生的影响体现在：一是带来了酒店概念和产品的重塑。信息化将酒店塑造成一个"两面市场"的平台，为供需双方提供一个廉价的触点，降低双方的搜索成本，从而给客人提供更舒适、便利的服务，为酒店提供更精准的客源定位。例如，酒店与出租公司联合，客人以低于市场的价格叫到车，不仅用车更及时，而且不用担心安全和语言问题，出租公司也降低了成本；与航空公司联合，用航空里程积分直接在酒店消费，节省了客人兑换积分的成本，提升了航空里程积分的价值。这些都需要强大的信

---

① 邵琪伟. 中国旅游大辞典. 上海：上海辞书出版社，2012：507.
② 石应平，冷奇君. 酒店管理信息系统实务. 北京：高等教育出版社，2011：19.
③ 吴俊伟，朱扬勇. 汇计划在行动. 上海：上海科学技术出版社，2015：4.
④ 邵琪伟. 中国旅游大辞典. 上海：上海辞书出版社，2012：425.
⑤ 石应平，冷奇君. 酒店管理信息系统实务. 北京：高等教育出版社，2011：2-5.

息系统提供支持。二是组织结构的优化和结构调整。对于以年轻人为目标市场的酒店，仓库、采购等部门面临着精简，销售渠道可能只剩下直销部门，没有营销部门。客房部可能取消客房经理岗位，只留下房务总监。前台人员由通常的 3～5 人减为 1 人。餐饮部通过减少高成本服务员数量，从而降低成本的支出。人力资源、采购部门、工程部门人员大量削减。以顶尖客户为目标市场的酒店，酒店信息化带来的组织机构人员精简是有限的。因为这种类型的酒店服务的是一些高端人群，有一些是上了年纪，喜欢与人接触，享受传统服务方式的客人。

随着信息化在酒店日常工作中的推广和普及，旅游信息系统的应用已经贯穿了酒店生产活动的全过程，业内有这样的说法："酒店的 IT 人员能最全面地了解酒店各部门的工作情况。"因为他们的工作不但要支撑各部门自身内部小闭环的工作流程，而且要协调部门之间的工作信息交流。2018 年，杭州自助入住系统上线的酒店新增 31 家，使用人数 128 693 人次，平均入住办理时间 49 秒，每个人节省 251 秒，总共节省 8 972 小时。

1.2.2 酒店管理信息系统

管理信息系统（Management Information System，MIS）是以人为主导，以企业战略竞优、提高效益和效率为目的，以计算机硬件、软件、网络通信设备以及其他办公设备为工具，进行信息收集、传输、存储、加工、维护和使用的集成化的人机系统。[1]从企业管理需求角度来看，管理信息系统用于企业或组织对要管理的事务、流程、产品等生产要素进行信息化处理。管理信息系统不仅是一个技术工程系统，更是包括人在内的人机系统。[2]

管理信息系统体系结构、功能架构见图 1-1、图 1-2。

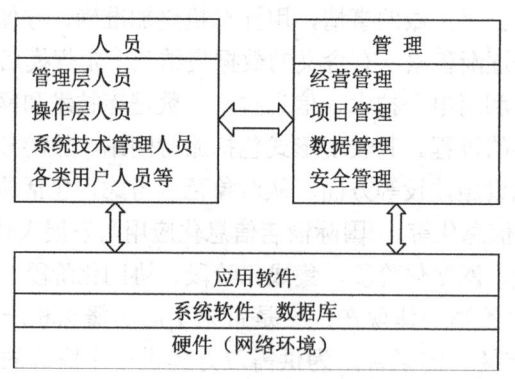

图 1-1 管理信息系统体系结构

酒店管理信息系统（Hotel Management Information System，HMIS）是指以酒店企业为使用主体，以实现酒店企业高质量管理、高经济效益为目标，对酒店信息进行收集、筛选、分类、分析、展示等系列处理的人机系统。由于酒店企业组织庞大，信息多而杂，酒店管理信息系统能够对多种信息进行分类处理，使各种数据清晰明了，有利于提高酒店服务质量和管理水平、降低运营成本。[3]酒店管理信息系统见图 1-3。

---

[1] 穆林. 酒店信息系统实务. 上海：上海交通大学出版社，2011：2.
[2] 陈为新，黄崎，杨荫稚. 酒店管理信息系统教程：Opera 系统应用. 北京：中国旅游出版社，2012：237.
[3] 邵琪伟. 中国旅游大辞典. 上海：上海辞书出版社，2012：210.

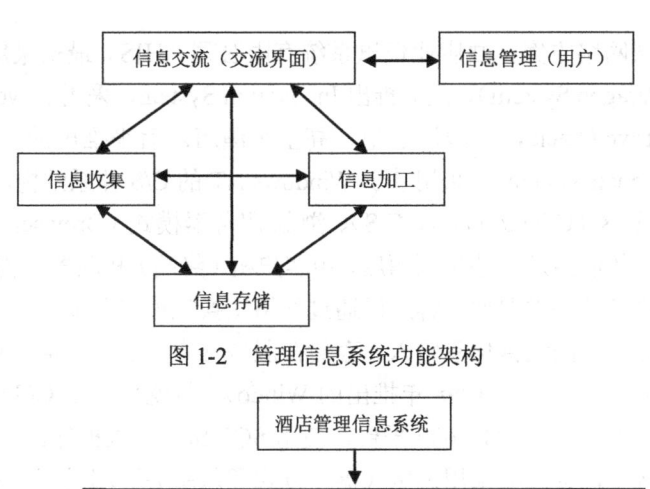

图 1-2 管理信息系统功能架构

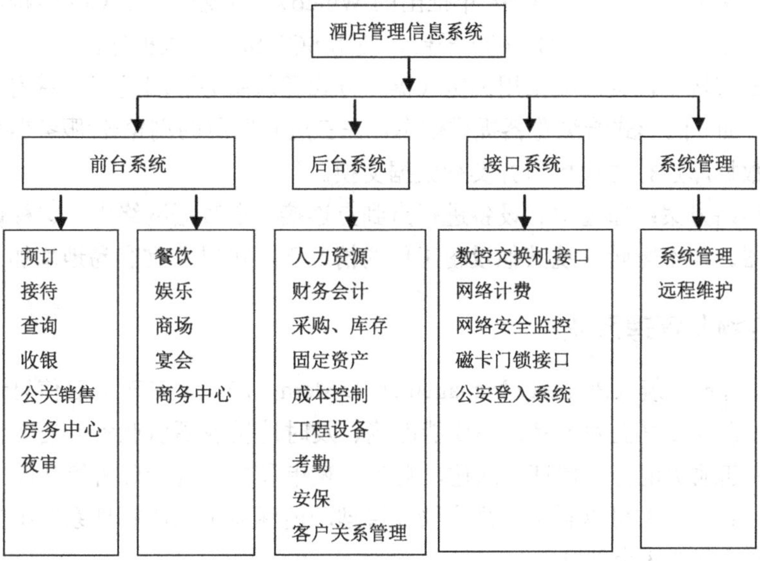

图 1-3 酒店管理信息系统功能

酒店为什么要推广管理信息系统？事实上，技术发展对工作机会的威胁，已经超出了"常规"工作类型，几乎所有"可预见的"工作都将受到技术进步的影响。尤其是"大数据"的持续发展，使这种可能性大增：各种组织正在收集涵盖各个领域的大量信息，很多工作和任务信息被压缩成数据。总之，在掌握技能方面，尤其是有大量训练数据支撑时，对计算机的使用正在变得越来越熟练。特别是一些初级水平的工作，有可能会因此受到严重影响。实际上，应届大学毕业生的工资在过去十年一直在下降，而高达一半的应届毕业生不得不从事根本不需要大学文凭的工作。因为机器承担了常规和可预见的工作，若要适应现状，学生们就必须面临前所未有的挑战。信息技术是一种真正的通用技术，将会对所有部门产生影响。随着新技术融入商业模式，几乎每一个现存行业的劳动密集程度都可能降低，而这个过渡期可能用时很短。

酒店管理信息系统架构有以下几种类型。

- 集中式网络方案：例如，美国易可（ECI）计算机公司于 1969 年开发的酒店信息系统目前已被淘汰，还在使用的是其第三代产品 GEAC/UX。集中式标准多用户系统的缺点是和其他网络很难做接口，最典型的是和程控交换机做接口，完成电话计费、房态管理、叫醒等功能。

- Novell 局域网络方案：酒店业资讯系统有限公司（HIS）最初采用集中式标准多用户系统（Paragon System），之后推出 Innovation System，采用 Novell 局域网络，数据库使用 Btrive/Oracle，一般用于中、高星级酒店。后来推出的产品 HIS 龙栈系统（Lodging Touch System），采用基于 Windows NT 的 C/S 体系结构，国内用户不多。[①]
- 客户机/服务器（Client/Server, C/S）、浏览/服务器模式（Browser/Web Service）：C/S 用于一些单体酒店及一些集团酒店，由客户机（终端）和服务器构成企业的局域网。服务器是系统的关键器件；客户机通过网络交换机连接到服务器，并将酒店各营业部门和管理部门的经营信息输入、存储在服务器中，通过服务器处理之后在系统中共享。例如，千里马于 1998 年推出的 Windows 版就采用了 C/S 结构，用 VB 软件开发，采用 Windows NT/2000 平台，使用 SQL Server 数据库。
- 在 B/S 架构中，客户端采用浏览（器）方式登入服务器端进行一系列工作，服务器以"页面"的形式给浏览器提供信息，在三层和四层的浏览器/服务器架构中，服务器与数据库进行协议接口并实行数据交换。[②]
- 星形网络方案：通过中心设备进行点到点连接。在数据网络中，这种设置是主机或集线器。在不影响系统其他设备工作的情况下，可以非常容易地增加或减少设备。

1.2.3 酒店物业管理系统

酒店物业管理系统（Property Management System，PMS）是对酒店信息进行管理的人机综合系统，它以计算机为工具，不仅能准确、及时地反映酒店业务的当前状态、房源状态，而且能快速地实现客人预订、入住、财务、夜审和报表统计分析等功能，从而提高酒店经营水平。从图 1-3 可以看出，酒店物业管理功能涵盖了酒店管理系统中的前台系统、接口系统、系统管理 3 个部分。

国际上著名的 PMS 是 Fidelio、Opera。2018 年，综合技术、产品、服务、用户口碑等因素形成的国内酒店管理系统软件综合实力排名，排在前 10 位的是：西软、中软、金天鹅、用友、千里马、泰能、罗盘、佳驰、华仪、铭岩。

- 西软酒店管理软件：杭州西湖软件（西软科技）有限公司是国内著名的专业从事旅游信息业服务和开发的高科技公司，是国内规模较大的酒店软件供应商。公司成立于 1993 年，业务范围从单一的酒店软件开发，发展到宾馆酒店、餐饮娱乐、系统集成、电子商务、Internet、电子门锁等领域。公司于 2006 年 12 月 18 日与北京中长石基信息技术股份有限公司合并。主要产品：SMART 系列，适用于商务酒店、度假村及酒店式公寓；X 系列，适用于外方管理、五星级及知名酒店集团成员酒店。缺点：西软服务器巨大，需要专业的 IT 人才支持，对于系统操作者的英文水平要求较高，系统培训需求精力较大，而且价格昂贵，适用于四星级及以上酒店。
- 中软酒店管理软件：北京中软好泰酒店计算机管理系统工程有限责任公司（简称"中软好泰"）创立于 1995 年，是国内著名的高端星级酒店提供一体信息化解决方案的供应商。优点：属于 C/S 架构的 PMS，整合了前台工作，实现一站式服务，开放式

---

① 穆林. 酒店信息系统实务. 上海：上海交通大学出版社，2011：3-5.
② 陈为新，黄崎，杨萌稚. 酒店管理信息系统教程：Opera 系统应用. 北京：中国旅游出版社，2012：246.

的报表系统让用户直观、快捷地掌握所需数据。缺点：操作要求较高，降低了工作效率，对于 OTA 连接稳定性较差，缺少个性化营销工具，适用于四星级及以上酒店。
- 金天鹅酒店管理软件：长沙金天鹅软件科技有限公司创立于 2003 年，是行业内唯一采用混合云技术的酒店管理系统，适用于四星级及以下酒店，完善的客户服务体系赢得了良好的用户口碑，占据中小酒店 80% 以上市场份额。缺点：对于大型、高端酒店服务支持较少。优点：可延展性能良好，营销功能与移动化运营能力出类拔萃。汉庭、维也纳、格林豪泰、华天、尚客优、亿东国际、99 连锁等超过 30 000 家用户成功选择金天鹅酒店管理软件。
- 用友酒店管理软件：用友公司属于传统财务软件厂商，创立于 1998 年，主要从事酒店信息管理系统软件的开发与销售、系统集成、技术支持与服务业务，是目前国内最主要的酒店信息管理系统全面解决方案提供商之一。公司在高星级酒店特别是五星级酒店 HIS 软件市场具有很高的市场占有率。缺点：软件操作上手成本较高，后期服务成本较高，缺乏移动营销工具，在以较低星级酒店为主的中、低端市场占有率较低。
- 千里马酒店管理软件：千里马公司创立于 1993 年，专注为酒店行业提供全方位的信息管理解决方案。1998 年推出 Windows 版（采用 C/S 结构，以 VB 程序开发，使用 Windows NT/2000 平台、WQL Server 数据库），软件比较传统且成熟。缺点：安装复杂，维护较困难，服务器架设复杂，员工培训成本高，而且价格比较贵，适用于高端星级酒店。

1.2.4 酒店前台管理信息系统

酒店前台管理系统是酒店业最早实现信息化的部分，包括客户档案管理、客户管理、客房管理、收银与财务管理、夜审、报表、系统维护等模块。美国易可（ECI）公司最早使酒店前台业务实现了计算机管理，主要包括预订、分房、结账、客史档案管理、餐厅管理、查询、夜审及市场分析等。[①]

从定义、功能和管理范畴 3 个方面分析，酒店管理信息系统、酒店物业管理系统(PMS)、酒店前台管理系统三者之间的关系是：酒店管理信息系统＞酒店物业管理系统（PMS）≥酒店前台管理信息系统。本书书名中的"酒店管理信息系统（PMS）"指的是酒店物业管理系统。

譬如，Opera 系统是继 Fidelio 系统之后，由美国 Micros 公司推出的全新酒店管理系统，已经在行业内拥有大量的用户。Opera 酒店管理系统主要包含 6 个子系统，即 Opera 物业管理系统（PMS）、Opera 销售宴会系统（Opera Sales & Catering，Opera S&C）、Opera 质量管理系统（Opera Quality Management System，Opera QMS）、Opera 中央预订系统[②]（Opera

---

① 穆林. 酒店信息系统实务. 上海：上海交通大学出版社，2011：3.
② 中央预订系统（Central Reservation System，CRS）：是由酒店集团总部构建的，下端连接旅行社、协议公司、订房中心等各类渠道，上端连接旗下自有的、管理的、特许加盟的各成员酒店，使成员酒店能在全球范围实现即时预订，并且对各个渠道进行有效的管理。1964 年，假日饭店启用计算机中央预订系统。目前，国内酒店知名的中央预订系统有石基昆仑、西软中央预订系统。

Central Reservation System，Opera CRS)、Opera 中央客户信息管理系统（Opera Central Customer Information System，Opera CCIS)和Opera 外接接口系统（Opera Xchange Interface，OXI)。Opera PMS 是 Opera 酒店管理信息系统的核心部分，和其他系统实现完美结合，共同构成 Opera 企业级软件解决方案。Opera PMS 根据不同酒店之间运营的需求多样性，可以合理地设置系统以契合酒店的实际运作。

由于酒店前台是酒店业最早实现信息化的部分，所以 PMS 也特指酒店的前台操作系统。除单体酒店模式外，还提供多酒店模式。即通过一个共享的数据库，使多个酒店可以进行数据存取甚至相互访问。例如，Opera 中央预订系统（Opera CRS）和中央客户资料管理系统（Opera CCIS），都是在酒店集团化背景下整体运作的需求，对应酒店呼叫中心和客户资料中心。

1.3 酒店物业管理系统的核心功能及发展趋势

1.3.1 核心功能

酒店 PMS 的核心功能：客户档案管理、客房管理、业务管理（包括预订、入住、在住、离店等信息的管理）、账务管理和接口管理。这些功能可以看作是酒店主要资源在信息系统中的映射。PMS 核心功能与酒店服务和管理关系见图 1-4。

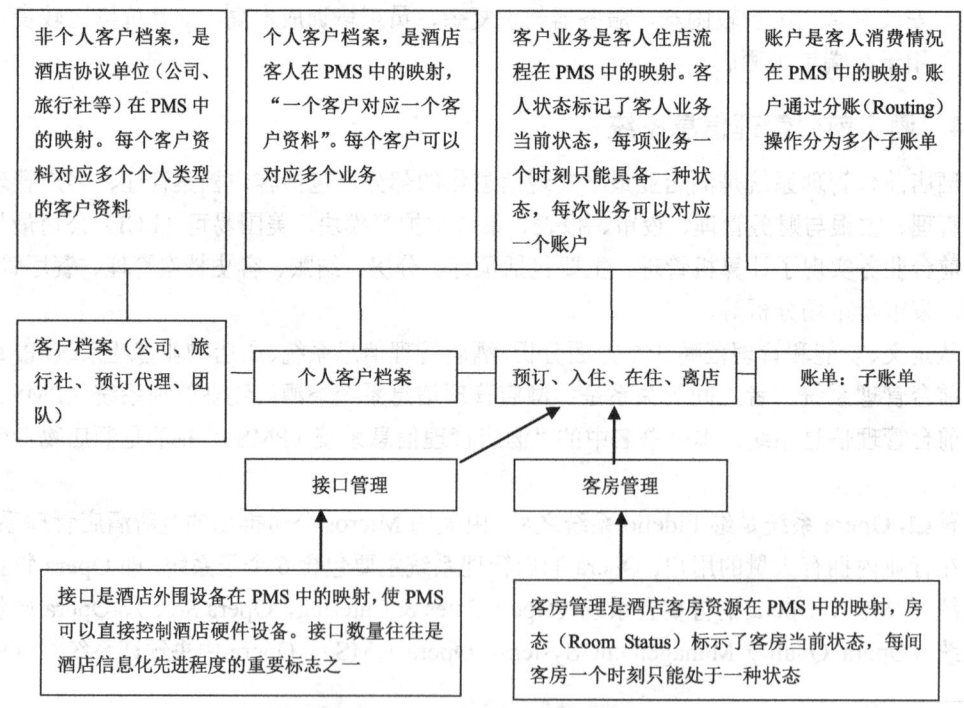

图 1-4 PMS 核心功能与酒店服务和管理关系图（穆林，2011）

什么是接口管理？接口对酒店服务的促进意义，不仅仅是使其速度更快，还能提升服务的质量。比如，支持电话交换机数据写入功能，当客人在前台办理入住之后，其姓名等信息被写入电话交换机，当该客房客人打电话到酒店总机时，总机在屏幕上直接看到客人姓名、房号等信息，有效地提高了对客户的服务质量。有的酒店安装了客房数字化设备，将客人本次入住的客房设置（空调温度、电视频道、灯光亮度）等信息存入客人资料，当客人下次入住时，酒店将客人上次离店时的状态重复，令客人产生有宾至如归的感觉。

常见酒店外围设备及接口如下：

- 电话交换机（电话计费、等级控制、电话 Mini 吧报账、房态控制）。
- 网络交换机（宽带计费）。
- 视频点播服务系统（VOD[①]计费）。
- POS 收银设备（信用卡支付）。
- 电子门锁（发卡、制卡）。
- 收银点（入账、收银等）。
- 客房数字中心（客房电话、客房移动电话）。
- 能源控制（客房温度控制、灯光、电视频道等）。
- 身份证扫描仪（身份证扫描、客人信息输入一体化完成）。
- 无线射频识别（Radio Frequency Identification，RFID）。
- 收益管理（Benefit Management，根据出租率、历史数据等信息，确定动态的房价）。
- Mini 吧（Mini-bar）自动计费功能。

通过对一千多个客户的工作，千里马前台管理系统掌握了大部分酒店关联业务系统的接口技术，包括门锁卡、储值卡、语音卡、交换机、电话、视频点播服务系统（VOD）、宽带计费、公安户籍报送，以及与各大订房网站及售房渠道连接，实现网络订房等接口技术，解决了与前台系统相关的各个系统的业务和自动收费的问题。

1.3.2　发展趋势

酒店物业管理系统的发展趋势体现在网络架构突破、服务模式虚拟化、管理模式集团化、物业管理智能化等方面。其中，服务模式虚拟化表现为基于云计算的软件，即服务模式（Soft-ware-As-A-Service，SAAS）。用户不用再购买软件，改用向服务提供商租用基于 Web 的软件来管理企业活动，且无须对软件进行维护，服务提供商全权管理和维护软件。对于许多小型企业而言，SAAS 是采用先进技术的最好途径。管理模式集团化是指酒店管理向集团化方向转型的趋势，高端的国内外酒店集团（雅高、万豪、锦江、金陵等），以及商务型的连锁酒店（如家、7 天等），无不向着集团化的经营模式扩张。酒店集团数据中心平台系统集成了中央预订管理系统、集团会员管理系统、集团结算管理系统、集团客户关系管理系统、集团数据分析系统、集团营销管理、集团数据接口系统等。物业智能化表现在所有物品通过射频识别等信息传感设备与互联网（The Internet of Things）连接起来，实现智能化识别和管理，提高了酒店管理效率。[②]

[①] VOD（Video on Demand）：即根据观众的要求播放节目的视频点播系统，把用户所单击或选择的视频内容，传输给所请求的用户。视频点播业务是近年来新兴的传媒方式，是计算机技术、网络通信技术、多媒体技术、电视技术和数字压缩技术等多领域融合的产物。

[②] 陈为新，黄崎，杨荫稚. 酒店管理信息系统教程：Opera 系统应用．北京：中国旅游出版社，2012：258-260.

在酒店客房中加入多种精密传感器和 Wi-Fi 连接，就能让空调变得智能化，根据从网络上获取的天气信息，在酷热的天气里"自作主张"地为客人设计出更舒适的室内环境。它还能记录客人的使用习惯和出行规律，然后据此为客人精确地设计出一个既舒适又经济的居家温度控制计划。每个人对温度的感知和忍受能力都不相同。将空调安装在会议室的天花板上，圆形的出风口相当"聪明地"对不同的人吹不同的风。通过手机里的智能应用 App，向不同的方向吹出不同的温度，嫌热的让温度低点，而坐在对面怕冷的将这个方向的温度设得高一点，各取所需，让共处一室的会议室的每个人都拥有属于自己的舒适温度。[①]

Fidelio 及 Opera 是酒店管理软件酒店信息化的工具之一，反映了酒店的一般管理思想。Hilton、万豪、洲际 3 个酒店集团用的是同一个系统，但它们的管理思想是否一致？酒店信息化的工具并不体现任何管理思想，不同酒店集团的管理思想不同，但录入的数据、使用的工具可能是一样的。正如不同的加工企业都引进了同一厂家生产的数字精密机床，用于加工制造自己公司的产品。数字精密机床是精密机床制造企业的科技成果，有的企业采购这种设备后可能极大地提高了劳动效率，增加了经济效益；有的企业采购这些设备后，劳动生产效率可能并无明显提高。在这里，数字精密机床只是一个加工工具，并不影响不同加工企业采取什么类型的管理风格，也无法提高企业员工对组织的忠诚度。

从理论上说，通过手机 Wi-Fi 了解客人在哪些地点停留、停留多长时间，从而明确哪些是盈利的商品，哪些是不盈利的、必须清除的商品。作为酒店接待和信息中心，大堂是一个会客的地方，常常成为宾客和公共区域（包括商场）的流通中枢。[②]目前，酒店大堂在酒店中的利用率很低，如果将大堂变成一个具有人情味的咖啡吧，会员或者刚加入的会员可以用积分换取咖啡，并且在这里自助完成入住登记/结账离店（Check In/Check Out）的过程，领取电子门锁，或者结账离厅。目前，必须上传给公安局备份的相关资料，通过计算机自动拍摄、成像，或者眼睛虹膜识别技术来实现。

练习题

1. 什么是酒店信息化？
2. 简述酒店管理信息系统发展历程。
3. 酒店管理信息系统有哪些特点？
4. 酒店信息化对酒店经营产生了哪些影响？

---

① 卢文. 酷热季吹出"智慧"风. 北京晚报，2018(20).
② 曼纽尔•鲍德-博拉，弗雷德•劳森. 旅游与游憩规划设计手册. 唐子颖，吴必虎，等译. 北京：中国建筑工业出版社，2004：25.

第 2 章
Sinfonia PMS 系统概述

2.1　Sinfonia PMS 概况

学习和模仿一个软件的界面设计比较容易，但要了解开发者为什么要这么设计，就涉及软件背后的文化背景，以及开发者所执行的标准了。正如一个建筑师会观摩学习其他设计师的作品，但是如果不了解设计者的思想，尤其是文化内涵，就无法很好地理解别人的作品。

Fidelio Software GMBH 于 1987 年 10 月在德国慕尼黑成立，成立 4 年即成为欧洲领先的酒店软件产品，成立 6 年即跃居世界酒店信息系统供应商之首，后来该公司被美国的 Micros Inc.公司合并。目前，该软件已经用在全球 16 000 余家酒店、餐厅、豪华艇、会议设施和休闲别墅，在国内四星级以上市场占有 40%的份额，在五星级酒店市场，占有超过 70%的市场份额，而且是目前外资或外方管理的酒店使用最多的软件。[①]

Fidelio Suite Version 6 自从产生之日起至今，已经获得了巨大的成功。伴随着全世界 7 500 个安装项目，它已经毫无疑问地成为了本行业最成功的物业管理系统。随着信息技术的发展，Micros-Fidelio 公司推出了基于 Microsoft Windows 平台的酒店前台管理系统 Fidelio Suite Version 7。

Fidelio PMS 系统在中国主要有 DOS 版、Windows 版、Windows 版（C/S 结构）。DOS 版采用文件服务器形式的局部网络方式，操作系统采用 Novell 系统，数据库使用 XBase 系统，工作站运行选择 DOS 平台；Windows 版采用文件服务器形式的分布式结构，操作系统为 Windows NT 系统，数据库使用 XBase 系统，工作站运行选择 Windows NT Workstation 平台；Windows 版（C/S 结构）操作系统为 Windows NT 系统，数据库使用 Oracle。[②]

2006 年，石基信息技术有限公司购得 Fidelio V7 源代码，与 Micros-Fidelio 共享版权，并于 2009 年推出 Sinfonia Version 1.0（以下简称 Sinfonia PMS）。Sinfonia PMS 基于 Microsoft Windows 平台，继承了 Fidelio 系统的精髓，并在此基础上根据中国酒店行业的需求进行了深度开发，其更加友好的图形用户界面、新颖灵活的系统功能、强大的数据统计及报表功能，成为酒店管理的好帮手。Sinfonia 包括预订、前台接待、客房、财务、夜审及系统设置

---

① 穆林.酒店信息系统实务.上海：上海交通大学出版社，2011：4.
② 张艳玲，赵宇茹，邵磊.饭店管理实验教程：Micros Fidelio 的运营实践.北京：清华大学出版社，北京交通大学出版社，2013：11.

等管理模块，以及丰富的第三方产品接口和中央预订系统接口，为酒店提供一个开放的、高集成度的信息管理平台。

Sinfonia PMS 是高度灵活的系统，适用于不同规模和不同运营模式的酒店。各个模块以及相应的功能，根据酒店的实际运作需求进行量身定制，以保证运作和系统的高度契合。

- 自定义用户屏幕与查询结果。
- 丰富的系统安装参数，允许客户根据自身情况定制系统。
- 根据用户的需求定制系统中的代码。
- 用户可定义夜审程序。
- 用户自定义权限控制。
- 账单/登记卡/确认信。
- 强大的自定义报表功能，为管理人员提供详细的数据分析。
- 除了系统自带的报表编辑器，还支持 Crystal Report / R&R Report。

2.2 登录与退出 Sinfonia PMS

2.2.1 登录系统

双击 Sinfonia 主运行程序后，进行各种设备接口的检测（即系统自检）。自检项目随系统扩展的接口不同而有所不同，如数据服务器、磁卡门锁系统、电话计费系统、餐饮 POS 系统、信誉卡系统等。系统完成自检后，弹出系统登录对话框。

在 User ID[①] 文本框内输入用户名，在 Password 文本框中输入密码。单击 Login 按钮，登录系统，见图 2-1。若需要修改密码，登录系统后，在 Set Up 菜单下选择 User Configuration 命令，在 Change Password 文本框中修改密码。

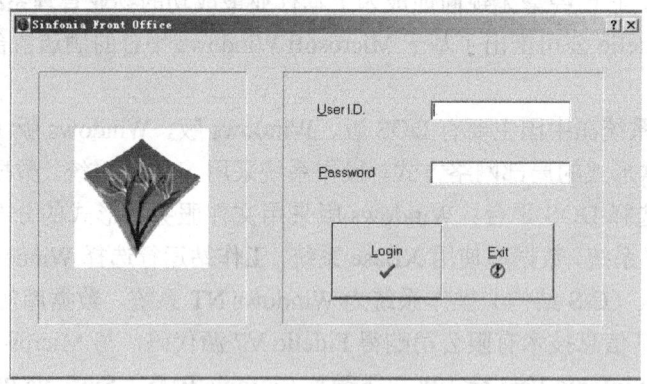

图 2-1 Sinfonia 系统登录界面

2.2.2 用户权限

用户权限指允许或限制用户在 Sinfonia PMS 中可执行的任务范围。在酒店，前台、客房、财务、销售等不同部门员工的工作职责和权限是不同的，因此，不同部门的员工在 PMS

---

① ID：identity，序列号或账号。

中的可用权限也有很大差异。权限管理①使手工管理时的漏洞得到根本改善。例如，在 Sinfonia PMS 中，房价制定权限掌握在销售部门或相关管理者手中，一线员工可能接触到的只是价格代码，他们无权决定房价，这就堵上了"人情房"的漏洞，也减少了原来手工控制时的夜审及日审的工作量。②

在首次安装 Sinfonia PMS 时，必须分别对每个部门员工的权限进行设置。当需要调整酒店各部门员工权限时，由酒店的 IT 部门使用系统设置功能进行修改。

2.2.3 退出系统

在结束 Sinfonia PMS 的使用后，用户要退出当前登录状态。

方法如下：

- 单击左上角的 Exit 按钮。
- 单击右上角的×按钮。
- 按快捷键 Alt+F4（Close the active window and logs out），关闭窗口。

当再次出现登录对话框时，在对话框中输入新的用户名和密码，即可以新的用户登录系统，而单击 Exit（退出）按钮后，即可完成退出系统操作。

2.2.4 系统时间

Sinfonia PMS 主界面右上角为 Sinfonia 系统日期显示区域，它与 Windows 显示的系统时间（物理时间）大多数时候是相同的，有时未必相同。

在经营酒店的过程中，一天经营的结束并非以晚上 24：00 为标志，而是以夜审（Night Audit）作为标志，只有顺利地通过夜审之后，Sinfonia PMS 的系统时间才会递进到下一天，即一次成功的夜审会让 Sinfonia PMS 的时间增加一天。③

在酒店的实际运营中，PMS 系统日期和实际日期必须满足：PMS 系统日期=实际日期，或 PMS 系统日期=实际日期-1。例如，2019 年 2 月 24 日凌晨 2：00，酒店尚未做夜审，这时 Sinfonia 的系统时间显示为 2 月 23 日，两者差 1 天。凌晨 2：00 做完夜审后，Sinfonia PMS 的系统日期才更新为 2 月 24 日。

在极端情况下，如果工作人员在 2 月 24 日直到中午 12：00 才做夜审，Sinfonia PMS 系统时间仍显示为 2 月 23 日，那么在 12：00 之前办理退房的客人均会少计算一天房费，因为 PMS 会认为客人是 2 月 23 日离开的；所有 2 月 24 日午夜后办理入住的客人在离店时均会被多计算一天房费，因为 PMS 会认为客人是 2 月 23 日办理入住的。

2.3 快捷键

快捷键大幅度提高了操作效率，并改进了工作模式，从而提高了服务质量，但在 Sinfonia

---

① 穆林. 酒店信息系统实务. 上海：上海交通大学出版社，2011：20.
② 陈为新，黄崎，杨萌稚. 酒店管理信息系统教程：Opera 系统应用. 北京：中国旅游出版社，2012：253.
③ 穆林. 酒店信息系统实务. 上海：上海交通大学出版社，2011：17.

版本中有不少快捷键与 Windows 常用软件 Word 的快捷键发生冲突，如 Ctrl+A、Ctrl+F、Ctrl+H、Ctrl+N、Ctrl+O、Ctrl+P、Ctrl+Z（图 2-2，表 2-1）。

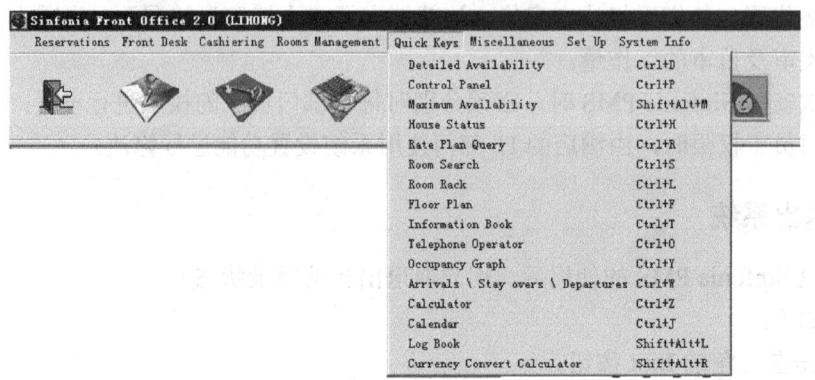

图 2-2　快捷键菜单

表 2-1　Sinfonia PMS 快捷键

快捷键	英文注释	快捷键	英文注释
Ctrl+A	Arrivals 客人入住操作	Ctrl+N	New Reservation 打开新建预订对话框
Ctrl+B	Billing 快速登录收银系统	Ctrl+O	Telephone Operator 总机
Ctrl+D	Detailed Availability 每个房型在将来每天的可卖房情况（可用房细节）	Ctrl+P	Control Panel 控制面板
Ctrl+E	Postings 入账、抛账	Ctrl+Q	Quick Keys 调出快捷菜单
Ctrl+F	Floor Plan 楼层平面图	Ctrl+R	Rate Plan Query 房价查询
Ctrl+G	Groups 酒店出租率曲线	Ctrl+S	Room Search 查询房间
Ctrl+H	House Status 房态	Ctrl+T	Information Book 信用调查薄
Ctrl+I	In-House Guest 查询在店客人信息	Ctrl+U	Update Reservations 更新预订信息
Ctrl+J	Calendar 日历	Ctrl+W	Arrivals/Stay over/Departures 抵达、过夜、离开
Ctrl+K	Internal Use 内部使用	Ctrl+Y	Occupancy Graph 客房占用图示
Ctrl+L	Room Rack 当前房态图	Ctrl+Z	Calculator 计算器
Ctrl+M	Messages 客人留言		

练习题

1. Sinfonia PMS 具有哪些功能？
2. Sinfonia PMS 的系统日期与实际日期是什么关系？
3. 如何登录、退出 Sinfonia PMS？

第 3 章 档案管理

3.1 档案管理模块功能

Sinfonia PMS 客户资料全面记录了个人(Individual)、公司(Company)、旅行社(Travel Agent)、预订代理(Reservation Source)、团队(Group Master)档案。档案管理模块功能包括：查询、新建、删除、合并档案；修改与编辑档案。

3.1.1 为什么要建立档案

Profile，在英文中的原意是：侧面所见，(尤指人面部的)侧面(像)；轮廓，外形；(报刊文章、广播节目等的)人物或事物之简介、概况、传略。[1]在 Fidelio PMS 或 Opera PMS 中，Profile 通常译为"档案"，即英文中的 Document(文件、公文、文献)。

客户档案，也称为客史档案，是酒店管理信息系统(Hotel Management Information System，HMIS)最基础的数据，也是酒店最重要的资源和财富。建立客户档案的目的是协助酒店了解客户，掌握客户的需求特点，从而为客人提供针对性服务。建立客户档案对提高酒店服务质量，改善酒店经营管理水平具有重要意义。[2]建立客户档案是酒店运营管理的前提，是推行精益管理、提升个性化服务水平的关键因素。

从 Fidelio PMS 发展到 Opera PMS，虽然采用了不同的数据库，但它们与国内开发的酒店管理软件相比，均非常重视客户档案的建立、维护和管理，并将其作为客户关系管理(Customer Relationship Management，CRM)的基础。

第一，挖掘和确认忠诚客户。旅游市场的快速发展使得酒店之间的竞争日趋激烈。酒店争夺旅游市场的关键已转变为谁能与消费者建立更加长期而稳固的关系，从简单的房客转变为酒店的长期客人，从着眼于短期利益转向重视长期利益，从不重视服务转向双方的高度承诺，从以产品特色为核心转向以产品或服务给客人带来的利益为核心。[3]

第二，识别真正的 Debtor(债务人)。建立客户档案有助于酒店识别谁是真正的债务人，凡是能给酒店带来生意者(如宴会、婚礼策划)，即债务人。Guest 与 Debtor 可能相同，也

---

[1] 牛津高阶英汉双解词典. 北京：商务印书馆. 牛津大学出版社，2002. 4 版增补本：1180.
[2] 刘伟. 度假村·酒店与旅游经济管理. 西安：陕西人民出版社，2001：99.
[3] 刘锋，董四化. 旅游景区管理. 北京：中国旅游出版社，2006：85.

可能不同。

第三，协助销售人员完成销售工作。前台工作人员在接待客户的过程中，通过聊天了解客人信息，以便捷的方式协助销售人员找到促销的对象。比如，对于近期光顾次数减少的客人，通过在他们生日时或圣诞节发送各种信息，吸引客人再度光顾。

第四，对客户生命周期进行维护。通过对客户生命周期的维护，酒店不仅能有效地留住活跃客户，提升销售效率，同时也能甄选出"僵尸"客户，节省维护成本。比如，把一年作为一个客户的生命周期，以距离上次入住有三个月时间的客户没有入住记录为标准，满足这个时间条件的酒店就需要主动联系客户，否则酒店很可能就失去了这个客户。

第五，体现文化内涵，提升个性化服务。对客户档案数据分析、深入挖掘，有助于增加客人入住的舒适度，满足不同客人的需求，让每位客人真切地感受到家一般的温馨与舒适。如三亚湘投银泰度假酒店为客人提供个性化宴会、个性化枕头、个性化拖鞋。其中，个性化宴会（如一站式婚礼宴会服务），由经验丰富的宴会服务团队，提供湖畔木排自助烧烤晚宴、大型沙滩晚宴、篝火烟花派对、小型晚宴、自助用餐形式和场地，并及时提出建设性建议。酒店专门准备了诸多个性化枕头——低枕、竹枕、荞麦枕、天然乳胶枕、保健枕、慢回弹枕等，任凭客人自由免费选择。个性化拖鞋，不仅房间配有便于在室内行走的草编拖鞋，以及便于在园林和海滩上游玩的软塑料拖鞋，而且还有富有情趣的女式拖鞋、可爱的儿童拖鞋和大尺码拖鞋可供选择。①

3.1.2 档案类型（Profile Type）

Sinfonia PMS 的操作流程是以档案为中心设计的。比如，要在系统中为客户做预订，必须先为客户建立一个客户档案，客户每一次预订产生的订单在客户档案中记录了其预订行为。就像生活中每个人都有一份自己的档案，不仅记录了姓名、籍贯、生日等基本属性，同时还会记录学习、工作经历，并且随着时间的推移，内容会逐渐增加。无论客人做过多少次预订、住过多少次酒店，在 Sinfonia PMS 系统中都只有一个档案。

操作步骤：Reservation→Profiles。

在 Sinfonia PMS 系统主窗口（以下简称"系统主窗口"）的菜单栏中，选择"Reservation"命令，在弹出的子菜单中选择"Profiles"命令，弹出"New Profile"对话框。在"New Profile"对话框中，档案类型包括 Individual（个人）、Company（公司）、Travel Agent（旅行社）、Reservation Source（预订代理）、Group Master（团队），见图 3-1。

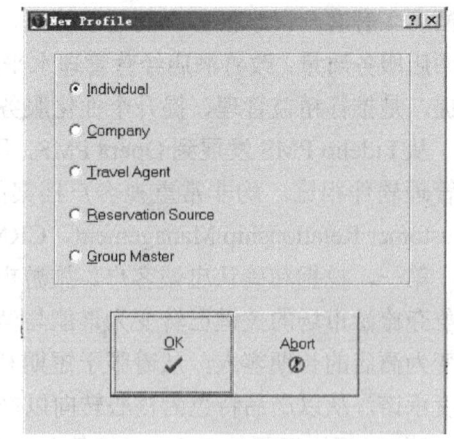

图 3-1 "New Profile"对话框

---

① 何承伟. 中国顶级度假村指南：寻找我们的梦里桃源. 上海：上海锦绣文章出版社，2007：37.

3.2 档案模块操作简介

3.2.1 个人档案（Individual Profile）

一份完整的个人档案应包括以下内容。

（1）客人社会学属性：包括姓名、别名、语言、性别、生日、来源等信息。酒店收集和保存这些信息，了解客源市场的基本情况，对"谁是我们的客人""客人是从哪里来的""每批客人有多少人"等问题做出较准确的回答。

（2）酒店内部信息：包括敬语、VIP等级、客人偏好、兴趣爱好、身份证号、护照号、账单或收据上使用什么币制。这些资料有助于明确市场定位，提供"个性化"服务项目，改进服务工作中的薄弱环节。

（3）联系方式：包括联系电话、通信地址、E-mail地址、个人隐私、备注。

（4）客人出行时间：包括客人当年及上一年在酒店入住的相关信息，如客人预订次数、实际入住次数、住宿天数、总的房晚数、总支出、最近一次联系时间等。这些资料不仅为酒店争取客源提供了有用的信息，而且有助于改进酒店的广告和促销工作。

1. 档案查询（Profile Search）

客户档案的唯一性是提高客户档案管理质量最重要的保证。如果同一个客户在系统中存在多份档案，其预订记录、消费记录被分别存储在不同的档案中，甚至由于每个档案更新不一致导致客人的基本资料、喜好等都不同，这种现象不仅给客服工作带来了极大的麻烦，影响一线员工对客户的识别能力，而且会对客户资料的分析产生负面影响。如果系统里存在着大量重复档案，即使酒店拥有最好的客户关系管理（CRM）系统，也无法获得准确的客户信息。

档案查询与新建档案是保证客户档案唯一性的第一道屏障。虽然重复档案不可完全避免，但是通过后续整理和合并的工作进行弥补，会增加酒店时间和人员成本的极大消耗和浪费。所以在最初建立档案的时候就应严格把关，尽量避免重复档案的产生。

为了保证客户档案的唯一性，即一个客户在Sinfonia PMS中仅有一个客史档案，酒店要求在新建客户档案之前要预先进行查询。只有当系统中查询不到该客户档案时，才为该客户新建客户档案；如果查询到符合条件的结果，就从系统中调用已存在的档案。

按存储位置不同，查询分为本地查询和中央查询。对于单体酒店，档案存储在本地，一般执行本地查询即可。但是，对于集团酒店，有自己的CRS/CRM系统，就需要更多一层的查询要求。

操作步骤：Reservation→Profiles→Search。

在系统主窗口的菜单栏中，选择Reservations命令，在弹出的子菜单中选择Profiles命令，弹出Profile Search对话框，输入查询条件后，单击Search按钮，执行查询操作。

为避免全库查询产生无谓的系统开销，要求查询条件不能为空。操作员输入一个（至少一个）或多个查询条件，查询条件越多，查询的结果越精确。在查询条件不准确的情况下，查询条件越多越容易发生找不到匹配结果的情况。系统同时支持输入查询通配符（"%"）进行模糊查询。操作员直接输入"%"代表全匹配，输入"%"加部分查询条件代表部分匹配（图 3-2）。

（1）First Name/Last Name：客人姓名。First Name：名；Last Name：姓。欧美人将姓放在名字之后。

（2）City：城市。

（3）Guest Profile #：客户档案编号。

（4）Company：公司名。

（5）Passport #：护照号。

（6）Member #（Membership Type/Number）：会员类型/卡号。会员隐私信息包括姓名、性别、年龄、出生日期、会员级别、护照号、出行信息、通信地址、电子邮件、联系电话（手机号码）。输入会员卡号进行查询，可取得最准确的匹配效果。通常会员不太可能准确地记住自己的会员卡号，所以在手动查询的情况下这个条件很少用。但在自动查询的时候会员卡号是一个使用率最高、最有效的匹配条件。

（7）Guest Card #：贵宾卡号。

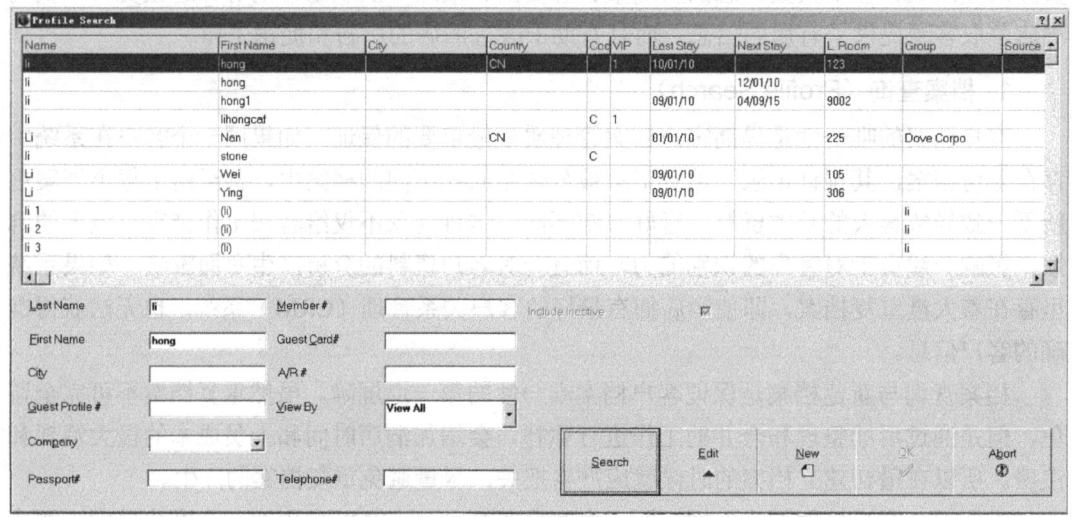

图 3-2　档案查询界面

（8）A/R #（Accounts Receivable）：应收账号，协议挂账用。应收账是会计意义上的应收账款，按单位或个人建立账号，是销售部与协议客户或公司及个人签订协议，并由财务部门进行结算的一种账务形式。在开房时可在客户协议菜单处选择相应的客户，系统将自动提取协议房价，进行账务处理。该账号应与会计核算的应收账款明细科目形成一一对应的关系。①

（9）View By：客户档案查询范围。打开客户档案查找界面，在 View By 下拉列表中，包括"View All"（所有客户档案）、"Individual"（个人）、"Company"（公司）、"Travel Agent"（旅行社）、"Reservation Source"（预订代理）、"Group Master"（团队）等选项。选择客史档案的类别，单击"Search"按钮，找到符合条件的客户档案（图 3-3）。

---

① 石应平，冷奇君. 酒店管理信息系统实务. 北京：高等教育出版社，2011：67.

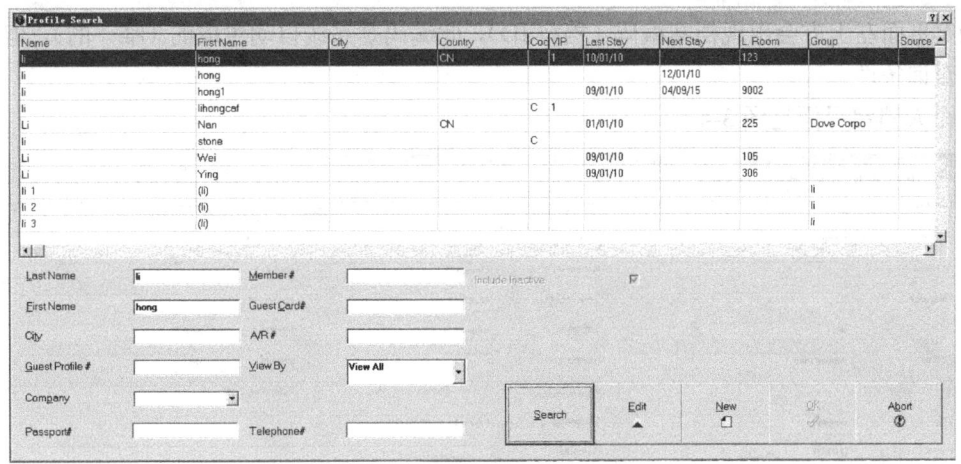

图 3-3　客户档案查询范围界面

（10）Telephone #：联系方式。通常在这里输入手机号码或邮件地址进行查询，该查询条件在手动查询时最快、最有效，所以在实际工作中的使用频率最高。在手机号码实名制政策下，手机号码与公民的特定自然人身份相关联。手机号码虽然在机主特定使用范围内具有公开性，但并非向不特定范围非设限公开，应属个人隐私范畴内的个人信息，依法受到隐私权保护。

当查找到客人的客户档案后，单击"Edit"按钮，进入客户档案界面，对该客户档案进行编辑，补充或添加一些客人的基本信息。

2．新建个人档案

在哪些业务场景下需要新建个人档案呢？仅当为某个客户建立个人档案时。在实际业务场景下，这样的操作并不多，通常客户档案的建立是与预订操作相关联的。仅建立个人档案的情况适用于公司联系人（联系人档案属于个人档案的一种，个人档案不一定是联系人档案，但联系人档案首先必须是一个个人档案），或者是酒店的特殊客户（如 VIP 客人）。在预订流程中建立个人档案，是为了保持客户数据的有效性，因为许多酒店管理集团要求在预订环节尽可能保持档案信息的唯一性和有效性。无论何种预订流程，在完成预订之前一定要先建立档案或者选择已有档案。

（1）操作步骤介绍。

操作步骤：Reservation→Profiles→Search→New→Individual→OK。

在系统主窗口的菜单栏中，选择"Reservations"菜单，在弹出的子菜单中选择"Profiles"命令单项，弹出"Profile Search"对话框，输入查询条件后，单击"Search"按钮，执行查询操作。若没有查找到客人的档案，单击"New"按钮，弹出"New Profile"对话框；选中 Individual 单选按钮，单击"OK"按钮，弹出新建个人档案对话框。对话框中的布局和元素是支持用户自定义的，所以每家酒店都可以根据自身的需求进行定制。

如果需要在预订过程中为客人新建档案，为了保证服务速度，只需录入姓名（Last Name, First Name）、性别（Title）、称谓（Salutation）、语种（Language）和联系方式（Telephone）即可。其他信息，例如，证件信息、信用卡信息（Credit Card）、房间特征（Features）等，留在客人到店后再补录和逐步完善。将个人档案录入完成后，单击"Save"或者"OK"按钮，在档案页面左上方会出现档案编码（档案 ID），此编码是系统自动生成的（唯一的），但不能作为查询条件。

个人档案界面见图 3-4。

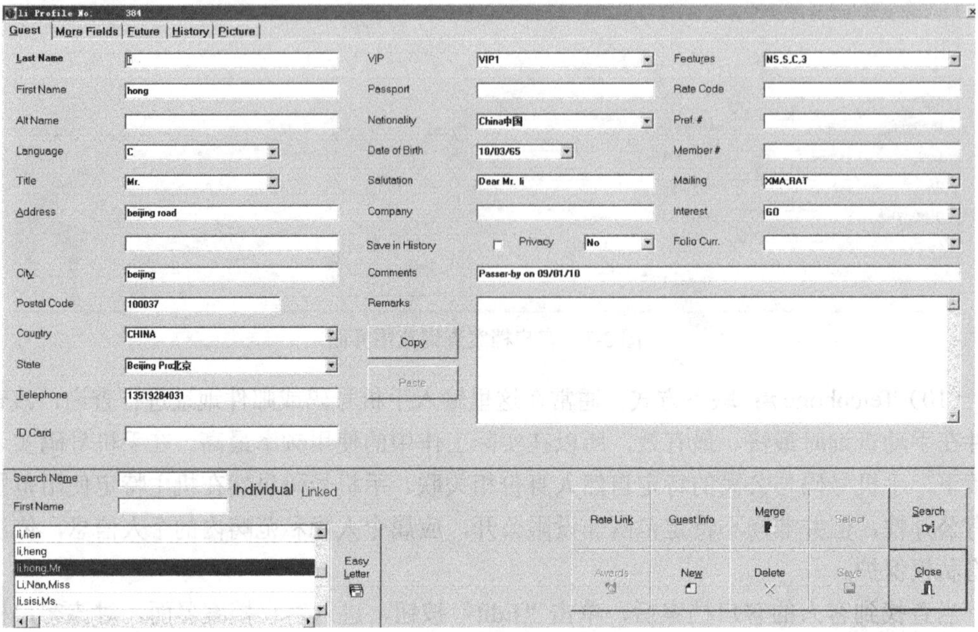

图 3-4　个人档案界面

（2）客人个人属性（Individual Information）。

① Name：姓名。First Name（名）、Last Name（姓），这两个部分不可为空。虽然此处可以输入中文字符，但在查询界面进行查询的时候，系统是不支持对这两个字段进行中文查询的，所以这两个字段必须输入英文字符。中文姓名需要在 Alt Name 文本框中输入。字符是否区分大小写、名字中间是否有空格等格式方面的要求根据酒店自定义标准输入。

提示：Alt Name 即 Alternate Name，别名、又名、替用名称。如果要用其他语言记录客人的姓名，则姓氏和名字都能写在这里。如，Alt Name：王强。

无论是从公安部门的要求还是从客服的要求考虑，准确记录客人的姓名都是非常重要的。比如，客人登记单、账单以及 IPTV 欢迎界面或欢迎短信等，都会用到客人的姓名。另外，随着技术的发展，客人在中央预订系统（CRS）中的注册来源越来越多元化，客人姓名的质量也难以保证。比如，客人在网上注册时就很可能不留真实姓名，而是用网络昵称替代，这就给客服工作带来很大不便。PMS 中档案的维护是修正这类问题的一个重要渠道。

② Language/Title。Language，根据住店客人国籍选择相应的语种。语种选择正确与否直接关系到酒店会为客人提供哪种语言的服务，如语音留言、联系邮件、促销短信、账单或推送哪种语言的 App 下载地址等。

③ Title：对客人的一种称谓。此处一定要注意体现性别，对难以确定是否已婚的女士，可选择 Ms（女士）。Title 的正确选择，直接关系到在为 VIP 客人发送欢迎信时称谓的正确性。

④ Date of Birth：生日。可直接输入客人的生日，或者单击右侧的下拉按钮，显示日历，选择客人的出生日期。比如，客人是 1962 年 3 月 10 日出生的，则其生日表示为"10/03/62"。

⑤ Country/State/City：表示客人的来源。Country，在此下拉列表中可选择通信地址所在国家的代码或地区代码；State，在此下拉列表中可选择通信地址所在的省、州或地区代码；City，在此下拉列表中可选择城市代码（这一栏的正确录入直接关系到客源统计的正确性）。

（3）酒店内部信息（Internal Information）。

① Salutation：用于设置信函中的招呼语、敬语。根据客人姓名、语种、称谓自动生成，也可进行手工调整。比如，在 First Name 文本框中输入"li"，在 Title 下拉列表中选择了"Mr"，则会在 Salutation 中出现"Dear Mr li"。

② VIP：贵宾等级代码。每个酒店根据实际业务需求将贵宾等级细分为多种类型，如 VIP1、VIP2、VIP3、VIP4、VIP5，并提供相应的服务。客人在办理前台入住手续时，如果属于 VIP 级别较高的客人，在 Comments（备注）文本框中设置"请立即通知值班经理接待"。在酒店日常工作中，每天都会有专人打印 VIP 报表，了解 VIP 客人的情况，并监督和落实相关服务。

③ Pref. #：即 Preference，客人喜好，是指客人对于楼层、吸烟/不吸烟房、朝向的要求。

④ Interest：即客人的兴趣爱好。如 TH（Theater）、TE（Tennis）、GO（Golf）、MU（Museum）、SP（Sports）、DI（Fine Dining，高级餐饮）等（图 3-5）。

⑤ Features：即房间特征。在系统中客人喜好也被分类存储。酒店记录楼层、朝向、是否为吸烟房等内容，是为了尊重每一位客人的个性化需求，以便在客人入住前、入住中，为客人提供更加人性化、全方位的服务（图 3-6）。

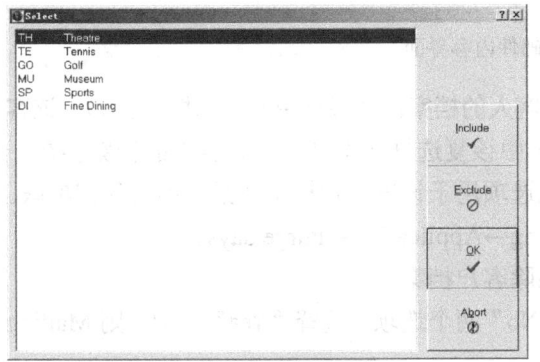

图 3-5　客人兴趣爱好界面

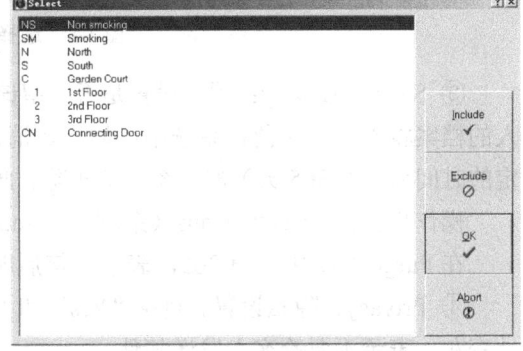

图 3-6　房间特征界面

注意：美式英语与英式英语在表示楼层时略有不同。在美式英语中，一楼 First Floor，二楼 Second Floor，三楼 Third Floor，四楼 Fourth Floor，五楼 Fifth Floor，六楼 Sixth Floor。在英式英语中，一楼 Ground Floor；二楼 First Floor，三楼 Second Floor；四楼 Third Floor，五楼 Fourth Floor，六楼 Fifth Floor。

⑥ Folio Curr.：即 Folio Currency。表示客人希望账单或收据上使用什么币制，包括人民币、加元、美元、日元、欧元、英镑、墨西哥比索等，默认为人民币（图 3-7）。

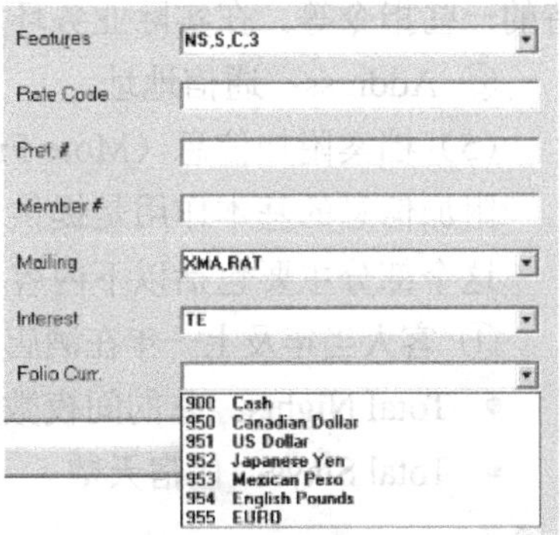

⑦ ID Card：即 Identification Card，身份证号。

图 3-7　账单币制界面

⑧ Passport：护照号。

（4）客人联系方式（Communication）。

① Telephone：联系电话。

② Mailing：邮件。这是酒店自定义的多选项列表，可以发送如新年贺卡、圣诞节促销信息（Christmas mailing）、新的价格信息（New Rates）等（图3-8）。随着电子邮件的兴起，纸质的垃圾邮件已经大大地衰落，但是人们却会收到由计算机产生的邮件或"电子邮件宣传单"。在很多情况下，收到的信息是计算机根据客户信息发送的。这些信息通常采取一种私人化的、友好的开端，使人们发现某些商业企业的老板实际上是对顾客过去几个月没有在其商店中购物或刷卡消费而着急。①

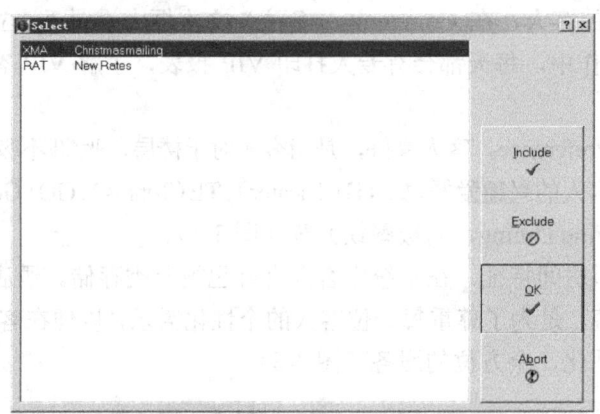

图3-8　选择邮件内容界面

③ Save in History：用于设置是否保留该客人的档案。如果选中此复选框（打√），该客人的档案将被永久保留在系统中；如果取消选中该复选框（不打√），则客人的档案会在一定的时间后（如365天）被系统自动删除。此选项用于设置客户档案在系统中的保留期限。

操作步骤：Miscellaneous（杂项）→Setting→Application→Purge days。

在Purge days中赋值365，表示一年后删除客户档案。

④ Privacy：隐私设置。包括"Yes"和"No"两个选项。选择"Yes"选项，则Mailing处变灰，表示不要给客人发送邮件。

⑤ Comments：用于备注。记录客人的特殊要求，以及酒店对客人需要特殊关注或对待的一些指令等。在实际业务环境中被广泛使用，并加以严格管控。

⑥ Address：通信地址。

（5）档案附加信息（More Fields）。

附加信息的基本作用是提供以前来访客人及客房销售的有用信息（图3-9）。

这个部分主要包括以下内容。

① 客人当年及上一年在酒店入住的相关信息，如客人住宿次数、总支出、联系地址等。

- Total Nights：总的间夜数（房晚数）。
- Total Stays：住宿天数。

---

① 乔治·瑞泽尔. 汉堡统治世界？！——社会的麦当劳化（20周年纪念版）. 姚伟，等译. 北京：中国人民大学出版社，2014：191.

- No. Cancellations：未取消预订的次数。
- No. No Shows：实际入住次数。No Show（失约），即已确定入住，但未入住的客人，指客人已经在酒店做了预订，但是并没有预先通知取消，也没有按预期抵达酒店。针对这种情况应该进行的工作：一是核准情况；二是将相应处理信息通知相关部门。[①]
- Total Revenue：客人在酒店的总支出。
- Potential Rm Ngts：预计的间夜数。
- Potential Revenue：预计的收入。
- Last Contact：最近一次联系的时间。
- Special Fields：酒店对客人的特殊要求。有 Normal（正常）、Blacklist（列入黑名单）、Cash Only（只允许现金支付）三个选项。
- B/L Message：当系统弹出黑名单时，提示需要关注的信息。比如，"这是非常重要的客人，请通知大堂经理。""这是需要'特殊关照'的客人！"
- A/R#：应收账号。在国际上，会计人员为了方便，才会用这种简写的方式。应收账款是指企业在正常的经营过程中，因销售商品、产品、提供劳务等业务，应向购买单位收取的款项，包括应由购买单位或接受劳务单位负担的税金、代购买方垫付的各种运杂费等。
- Availability Override：选中该复选框（打√），则强行订房。属于某种形式的超预订，主要是针对某些重要的客户而言的。

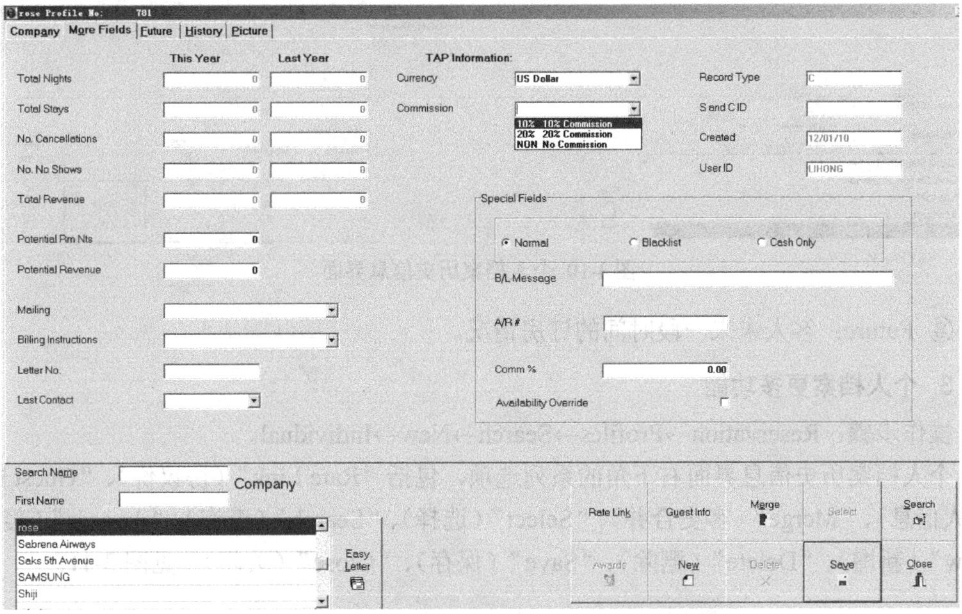

图 3-9　"More Fields"（更多信息）选项卡

② History：历史信息或消费历史。有关该客人当年及上一年在酒店的入住情况及消费明细账单。这个信息对于分析客人的诚信度，以及他们对于酒店的价值大小和效益贡献，

[①] 酒店每天在夜审时都会统计房价、出租率。对于 No Show 和 Cancellation（取消预订）酒店会有不同的理解。No Show 会影响客房出租率，而 Cancellation 不影响酒店的客房出租率。

都具有重要作用。市场营销的目的是通过市场细分，确定自己营销的目标群体。客户统计信息无疑为确定酒店优质客户目标群体奠定了分析基础。如果有必要了解某位客人上次来访时入住的是哪间客房，如果客房部要核对房号以便归还已离开客人所遗忘的物品，客人历史卡片可以提供相关的信息。除了市场营销的功能，了解客人的来历和客房销售的来源，对于开发娱乐项目和设计菜单也很有用。[①]

- Previous Stay Information：以往客人入住信息、统计摘要等。
- Last Visit：最近一次入住的时间。
- Last Rate：最近一次入住的房价。
- Last Room：最近一次入住的房间号（图 3-10）。

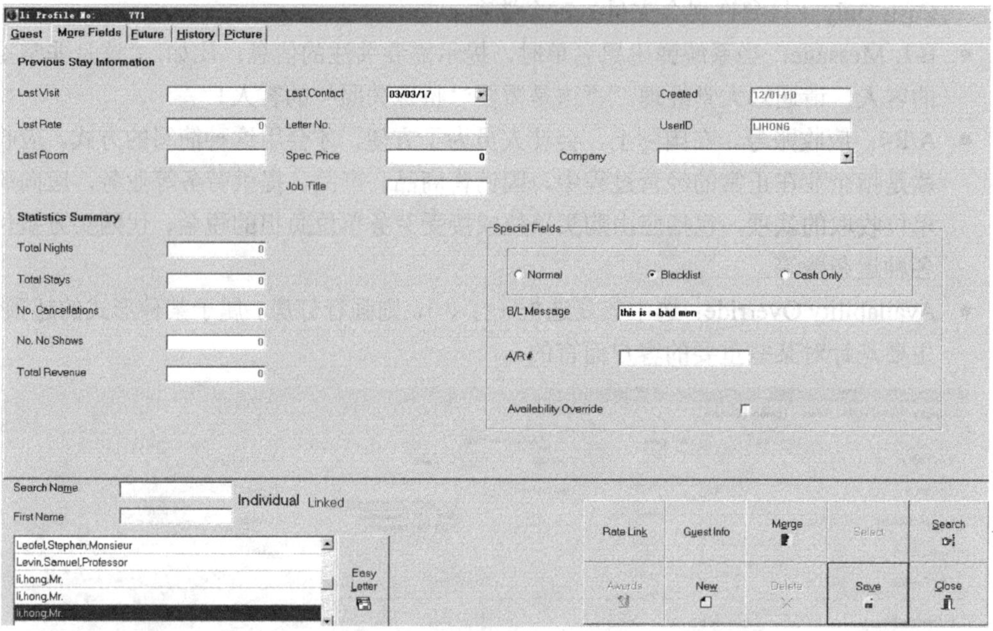

图 3-10 个人档案历史信息界面

③ Future：客人未来一段时间的订房情况。

3. 个人档案更多功能

操作步骤：Reservation→Profiles→Search→New→Individual。

个人档案历史信息界面右下角的系列选项，包括"Rate Link"（协议价）、"Guest Info"（客人信息）、"Merge"（客史合并）、"Select"（选择）、"Search"（查询）、"Awards"（奖励）、"New"（新增）、"Delete"（删除）、"Save"（保存）、"Close"（关闭），见图 3-11。

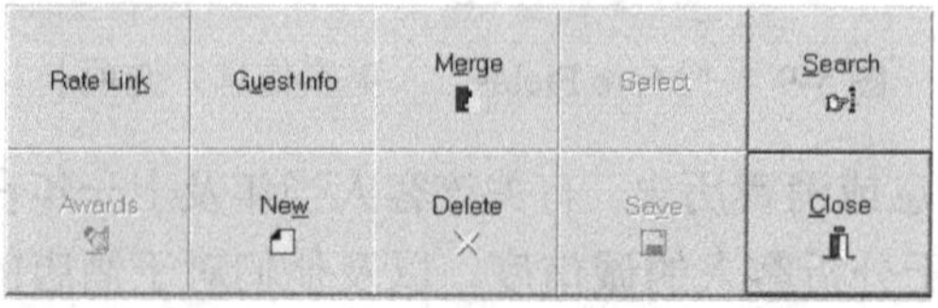

图 3-11 个人档案更多功能界面

---

① Chuck Y. Gee. 度假饭店的开发与管理. 向萍, 译. 北京：中国旅游出版社, 2003：315.

(1) Rate Link：协议价。若酒店与某公司、旅行社或常规客人签订协议，当其客人入住酒店时享受优惠的协议价。

操作步骤：Rate Link→Rate Code→Search。

例如，建立客人 LiHong 的个人档案与 3M Deutchland GmBH 协议价的关联。

① 为某公司、旅行社或常规客人建立一个或多个协议价体系。单击"Rate Link"按钮，弹出"Rate Linkage for Profile"对话框，首先查询目前数据中是否有该公司的档案和协议价。如果有，直接链接；如果没有，必须预先建立。

在图 3-12 中的"Search"选项组中，从"Rate Code"下拉列表中选择协议价；在"Profile"下拉列表中选择"3M Deutschland GmbH"，单击右下角的"Search"按钮进行查询，发现该公司与酒店还没有建立协议价。在"New"选项组中的"Rate Code"下拉列表中选择该公司与酒店签订的协议价，在"Profile Name"下拉列表中直接选择"3M Deutschland GmbH"公司档案。单击"OK"按钮，完成协议价链接任务。公司与酒店的协议价可能不止一个，而是多个（如淡季与汪季、周末与非周末），只需重复以上过程，为公司建立协议价体系即可。

② 为 3M Deutschland GmbH 介绍来的客人 Li 先生链接协议价。在右下角的"Copy"选项组中，在"From Profile"和"To Profile"下拉列表中分别选择"3M Deutschland GmbH"和"Li"，单击"OK"按钮，弹出确认对话框，询问是否允许将 3M Deutschland GmbH 公司档案中的价格代码复制到 Li 先生的个人档案中，单击"Yes"按钮，完成协议价链接任务。这时在客户档案主界面左下角出现蓝色的"Linked"提示符（图 3-12～图 3-13）。

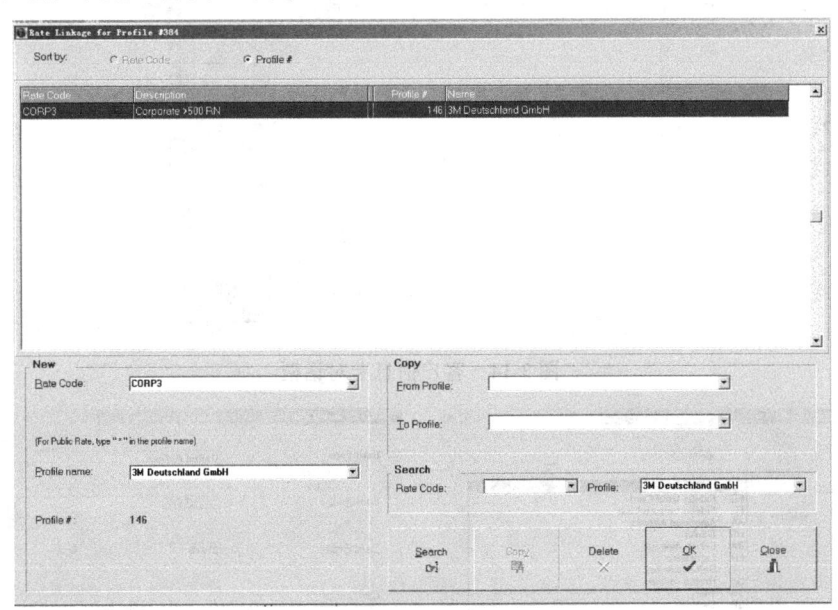

图 3-12　协议价对话框（1）

（2）Guest Info：客户信息。

操作步骤：Guest Info→New。

单击图 3-11 右下角的"Guest Info"按钮，弹出"Guest Cards"对话框；单击"New"按钮，弹出"Guest Card Edit"对话框。其中，包括"Card Type""Card No.""Card Expiry"

"Card Level" "Sequence" 5 项内容，即会员卡的类型、卡号、有限期、会员级别、序号（图 3-14～图 3-16）。

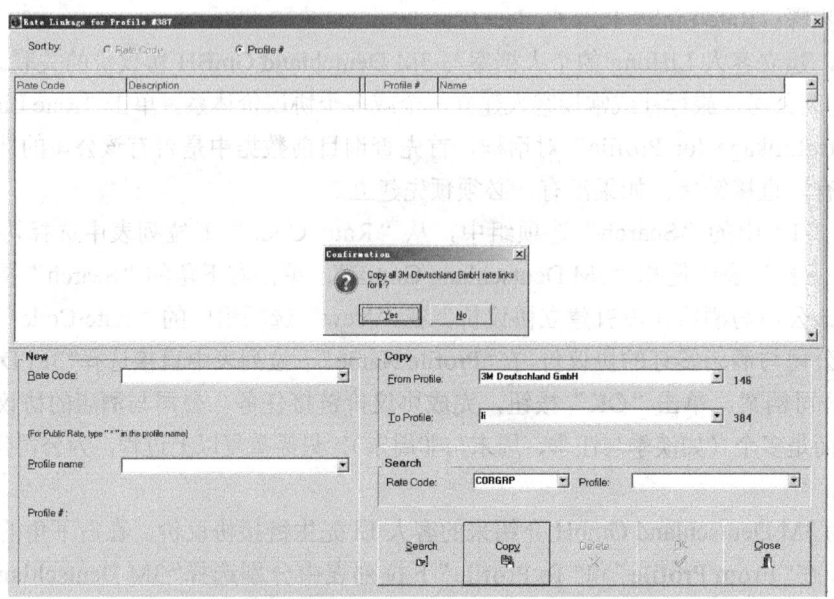

图 3-13　协议价对话框（2）

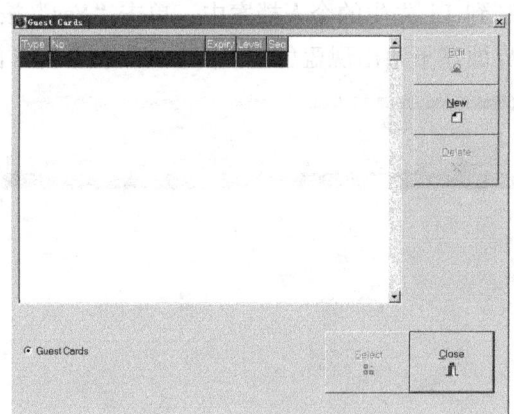

图 3-14　客户信息卡对话框

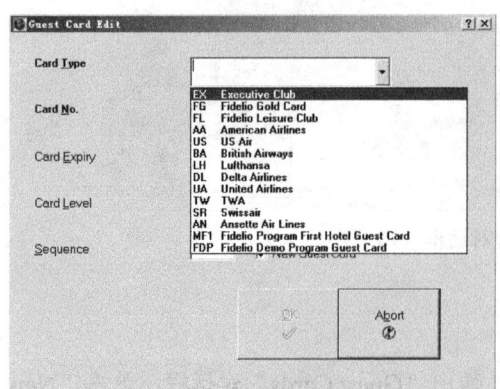 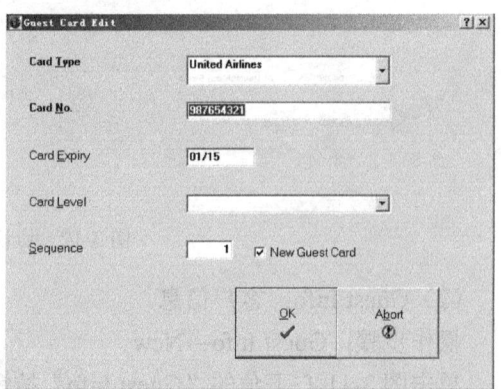

图 3-15　新建客户信息卡对话框（1）　　图 3-16　新建客户信息卡对话框（2）

（3）Delete：删除。

操作步骤：Search→Delete。

单击"Search"按钮，找到需要删除的客户档案；单击"Delete"按钮，即可删除该客户档案。该权限通常不对普通员工开放。由于在实际工作中不可能百分百地避免重复的档案，通常通过合并（Merge）功能将档案合并。

（4）Merge：客史合并。客史档案合并是每个酒店周期性的例行工作。由于此项工作的重要性强、复杂程度高，所以都是由经验丰富的专职人员进行操作。档案合并分为批量自动合并和逐一手工合并两种操作形式。

操作步骤：Merge→Search→Yes。

单击"Merge"按钮，在出现的对话框中单击"Search"按钮，先查找信息较全的客户档案，再查找信息缺失较多的客户档案，出现"Compare Profile"对话框；在该对话框左侧栏目中，"Field"是这两个 Profile 对应的字段，如 Name、First Name、Address1、Address2、City 等信息。横行的表头显示"From""To"，左边栏目的 Profile 是要被合并的文档，右边栏目的 Profile 是要保留的文档。单击"Yes"按钮，系统会自动将左侧文档各字段的内容与右侧文档合并到一起（图 3-17）。

注意：一般需要核对客人身份关键信息后方可执行合并操作。此过程是不可逆的，所以操作过程要求很严谨。选择两个档案后，合并档案。

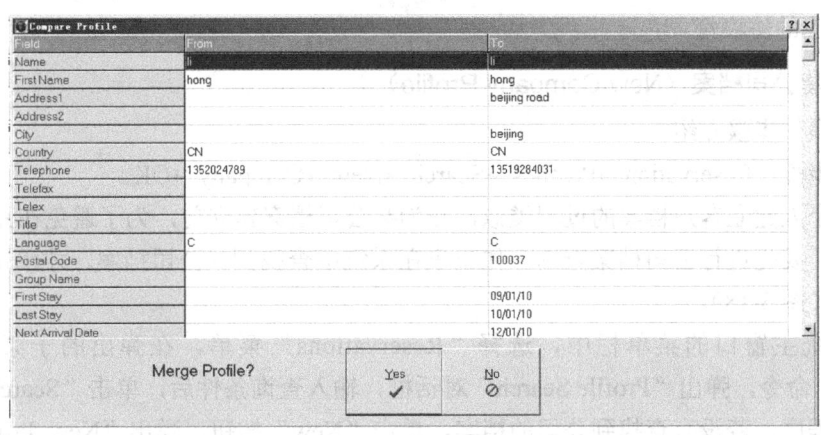

图 3-17 "Compare Profile"（档案合并）对话框

4．个人档案完善与编辑

（1）完善个人档案。当在预订流程中新建客户档案时，很难得到客人的证件信息、信用卡信息、客人喜好等，这些信息需要在客人到店后进行完善。通常在客人到达酒店前台办理入住时，前台人员通过与客人的交流，补充收集更多信息。因此，在为每一位客人服务的过程中，看似速度较慢，但对于补充档案是非常有用的。当然，客房部、餐厅、娱乐等部门也可以将收集的信息反馈给前台，以完善客户档案。Sinfonia PMS 中新建会员档案的工作也是在客人到店后由前台员工完成的。

（2）会员档案编辑。在有客户关系管理的环境下，会员档案生成后，会上传至 CRM 系统。一般情况下，一旦 CRM 系统接收并建立了会员档案，各个酒店的 PMS 对会员档案的修改将不会再被 CRM 系统所接收，此时对会员档案的任何修改都需要在 CRM 系统中进行，并经过严格的审核。而各个酒店的 PMS 只能通过 Profile Look Up/Download 功能下载会员档案，所下载的档案信息会覆盖本地 PMS 中的信息。

也有部分酒店甚至集团，允许单体酒店更改会员资料。一般不建议这么处理，因为这可能造成会员信息的混乱和失去控制。

3.2.2 公司档案（Company Profile）

公司类型的档案主要用于酒店的协议公司，协议公司的客人是多数商务型酒店的主要客源，每一年酒店都会与一些大型的公司签署采购协议，在酒店术语中称为 RFP（Request for Proposal）。为协议公司建立公司档案主要的用途如下。

- 统计公司产量：在为协议公司的客人做预订时，会在预订主界面的"公司"栏位链接这个公司的档案，系统按协议公司来统计公司的产量。
- 为公司建立应收账号：通常协议公司的预订是由公司担保并定期统一结账的，所以当协议公司的客人离店后，他（她）的消费（通常是房费）会由前台转入应收账（即挂账），由后台应收部门向公司收款。
- 链接协议价格：酒店会根据实际情况与不同的公司签署不同的协议价格，当协议公司客人做预订时，为方便查找对应的价格，在建立公司档案时都会做好协议价格的链接。这样在查找价格时，只要知道是哪个公司的客人，就很容易找到这个公司所对应的协议价。

1. 新建公司档案（New Company Profile）

（1）操作步骤介绍。

操作步骤：Reservation→Profiles→Search→New→Company→OK。

与为个人建立客户档案的过程类似，在为某公司档案建立前，为了避免在系统中重复建立档案，要先进行公司档案查询。如果未在系统中查找到该公司档案，才单击"New"按钮新建（图3-18）。

在系统主窗口的菜单栏中，选择"Reservations"菜单，在弹出的子菜单中选择"Profiles"命令，弹出"Profile Search"对话框，输入查询条件后，单击"Search"按钮，执行查询程序；若没有查找到公司的档案，单击"New"按钮，弹出"New Profile"对话框；选中"Company"单选按钮，单击"OK"按钮，弹出新建公司档案对话框，对话框中的布局和元素是支持用户自定义的，所以每家酒店会根据自身的需求进行定制。

（2）公司档案内容。公司档案中包括地址信息、内部信息、附加信息三个组成部分。

① 地址信息（Address Information）。
- Full Name：公司名称。与个人档案一样，在主界面上输入的是英文名称。要输入中文名称需要单击英文名称后面的按钮，在"Alternate Name"文本框中输入。
- Address：地址。地址类型是在系统配置中根据需要自定义的。公司类型的地址类型通常有"商务地址""账单发送地址""应收账对账地址"等。
- Country/State：国家/州（省份）。

② 内部信息（Contact Information）。
- First Name/Last Name：公司联系人姓名。

- Language：语言。

IATA Corp. #：国际航空运输协会会员号。国际航空运输协会（International Air Transport Association，称 IATA）是一个由世界各国航空公司组成的大型国际组织，其前身是 1919 年在海牙成立并在二战时解体的国际航空业务协会，总部设在加拿大的蒙特利尔，执行机构设在日内瓦。与监管航空安全和航行规则的国际民航组织相比，它更像是一个由承运人（航空公司）组成的国际协调组织，管理在民航运输中出现的诸如票价、危险品运输等问题，主要作用是通过航空运输企业来协调和沟通政府间的政策，并解决实际运作的问题。

- Telephone/Telefax：公司电话及传真。
- Ctrct. Rate：即 Contract Rate（公司协议价）。在英语中，Contract 即合同，是平等主体之间设立的确定民事权利和义务的协议；Agreement，一般称为协议，对已经做或准备做的相关事宜，经过谈判、协商后取得一致意见，以口头或书面形式做出的约定。Contract（合同）和 Agreement（协议）的概念虽然接近，但使用范围不同，不能互换使用。合同是协议的重要组成部分，所有合同一定是协议，而协议不一定都是合同。具备合同成立要求的、具有强制执行力的协议才是合同。
- Inactive：无效、失效。若选中此复选框（打√），表示该档案状态无效。当要删除公司档案时，不能直接按 Delete 键删除，只要将其状态改为 Inactive 即可。

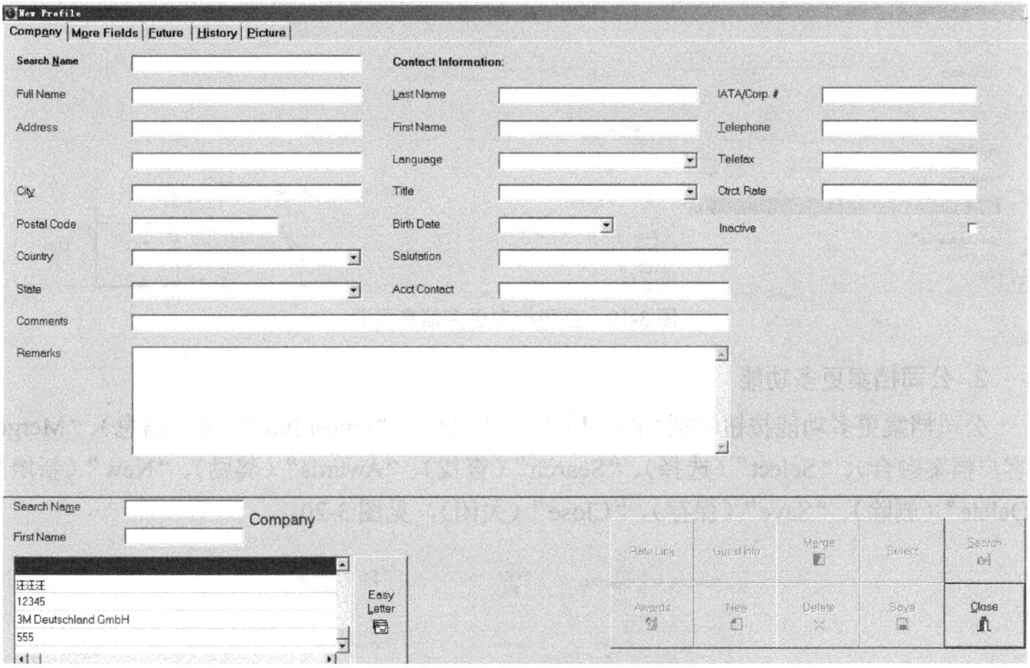

图 3-18 公司档案设置界面

③ More Fields（附加信息）。当主界面空间不够时，在这里放置一些用户自定义的项目。

- Potential Rm Ngts：预计的间夜数。
- Potential Revenue：预计的收入（图 3-19）。
- Mailing：邮寄地址。
- Billing Instructions：账单指导。

- Last Contact：最近的联系人。
- Special Fields：酒店对公司的特殊设置。有"Normal""Blacklist""Cash Only"3个选项。Blacklist 是指将公司列入酒店的黑名单。
- B/L Message：弹出黑名单（Blacklist）时的说明文字或提醒信息，如"无支付能力或曾有过逃账记录"。
- A/R #：应收账号，协议挂账用。这里的应收账号，是在 A/R 模块中利用公司档案建立应收账号后系统自动链接上的，在档案编辑界面仅供参考，是不可编辑和修改的。
- Availability/Override：选中此复选框（打√）或不选。

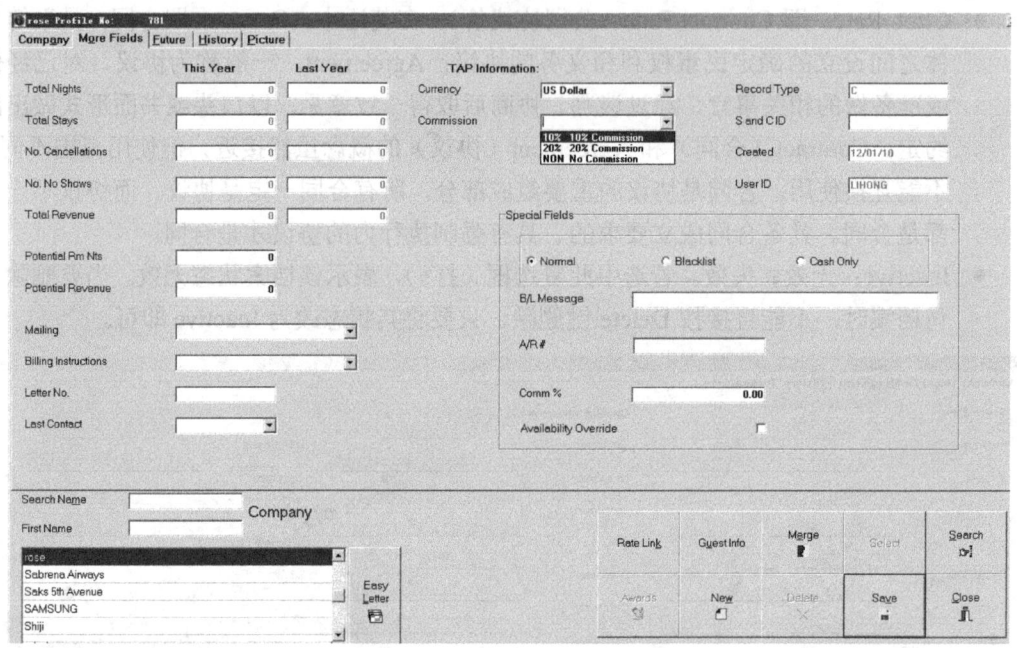

图 3-19　公司档案更多信息界面

2. 公司档案更多功能

公司档案更多功能按钮包括"Rate Link"（协议价）、"Guest Info"（客人信息）、"Merge"（客户档案融合）、"Select"（选择）、"Search"（查找）、"Awards"（奖励）、"New"（新增）、"Delete"（删除）、"Save"（保存）、"Close"（关闭），见图 3-20。

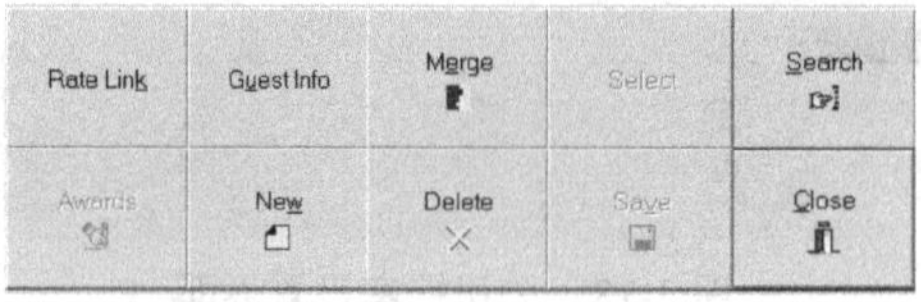

图 3-20　公司档案更多功能按钮

（1）Rate Link：协议价格。如果与酒店有协议价的公司或者旅行社客人入住，在订单上关联公司或者旅行社后，会自动关联其档案中定义的协议价格。

注意： 如果要结束给予协议公司的协议价格，必须在"End Sell Date"中输入相应的结束时间。

（2）Guest Info：公司信息。单击"Guest Info"按钮，弹出"Master Account"（主账户）界面，单击"New"按钮，新建公司的账户及描述信息。单击"Edit"按钮，对公司信息进行编辑修改，见图3-21和图3-22。

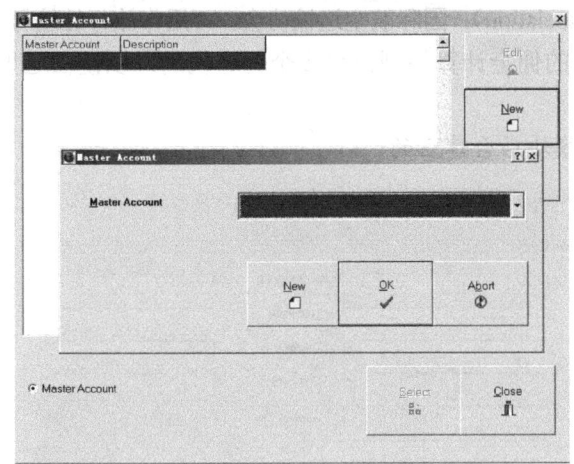

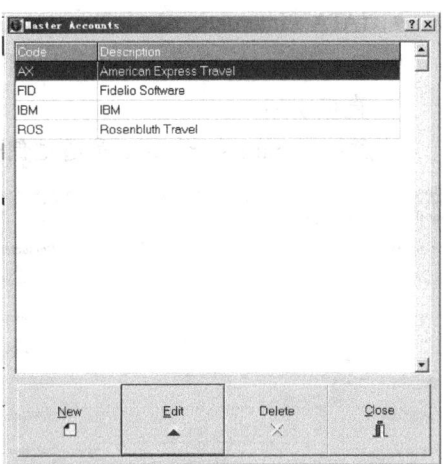

图3-21 "Master Account"（主账户）界面（1）　　图3-22 Master Account（主账户）界面（2）

3.2.3 旅行社档案（Travel Agent Profile）

旅行社类型的档案主要用于在线旅行社（Online Travel Agent，OTA）、传统旅行社（Travel Agency，TA）、全球分销系统（GDS）等。①从1994年开始，进入旅行时代。无论多么复杂的旅行，只要打个电话就会得到各式各样的服务，这些服务可能涉及多家航空公司、游轮、观光旅游、当地汽车租赁、其他地面服务和消遣，这一切均通过全球计算机订票系统来完成。除临时费用外，整个旅途费用可用信用卡支付。②

建立旅行社档案，是为了统计产量、建立应收账号和链接协议价格。从系统功能的角度分析，旅行社与公司类型档案的最大区别是，旅行社类型的档案在系统的佣金功能模块中计算佣金。

下面介绍新建档案步骤。

操作步骤：Reservation→Profiles→Search→New→Trave Agent→OK。

在系统主界面的菜单栏中，选择"Reservations"命令，在弹出的子菜单中选择"Profiles"命令，弹出"Profile Search"对话框，输入查询条件后单击"Search"按钮执行查询程序；若没有查找到旅行社的档案，单击"New"按钮，弹出"New Profile"界面；选中"Travel Agent"单选按钮，单击"OK"按钮，弹出新建旅行社档案界面。界面中的布局和元素是支持用户自定义的，所以每家酒店可以根据自身的需求进行定制。

- Contract No.：联系人编号。

---

① 全球分销系统（Global Distribution System，GPS）：从航空公司订座系统发展而来，是面向旅行社的网络销售系统，除原有的航空运输业外，各国的旅游饭店、租车公司、旅游公司、铁路公司等纷纷加入这一系统，为旅行者提供及时、准确、全面的目的地信息服务，并可满足消费者旅行中包括交通、住宿、娱乐、支付及其他后续服务的全方位需求。与一般的旅游预订网站不同，该系统不基于互联网，而是通过终端专线接入为其客户服务的。

② 查尔斯·R. 戈尔德耐，J. R. 布伦特里奇，罗伯特·W. 麦金托什. 旅游业教程：旅游业原理、方法和实践. 8版. 贾秀海，译. 大连：大连理工大学出版社，2003：57.

- Inactive:无效、失效。若选中此复选框(打√),表示该档案状态无效。当要删除旅行社档案时,不能直接用 Delete 键删除,只要选中 Inactive 复选框即可(图 3-23)。
- Type:档案类型,显示为"Travel Agent"。
- IATA(International Air Transport Association):国际航空运输协会,可用作旅行社编号。
- Commission Code:酒店根据不同的佣金计算规则命名多个佣金代码,以便在这里直接引用。

注意:Commission Code 是通过佣金模块后台建立的。

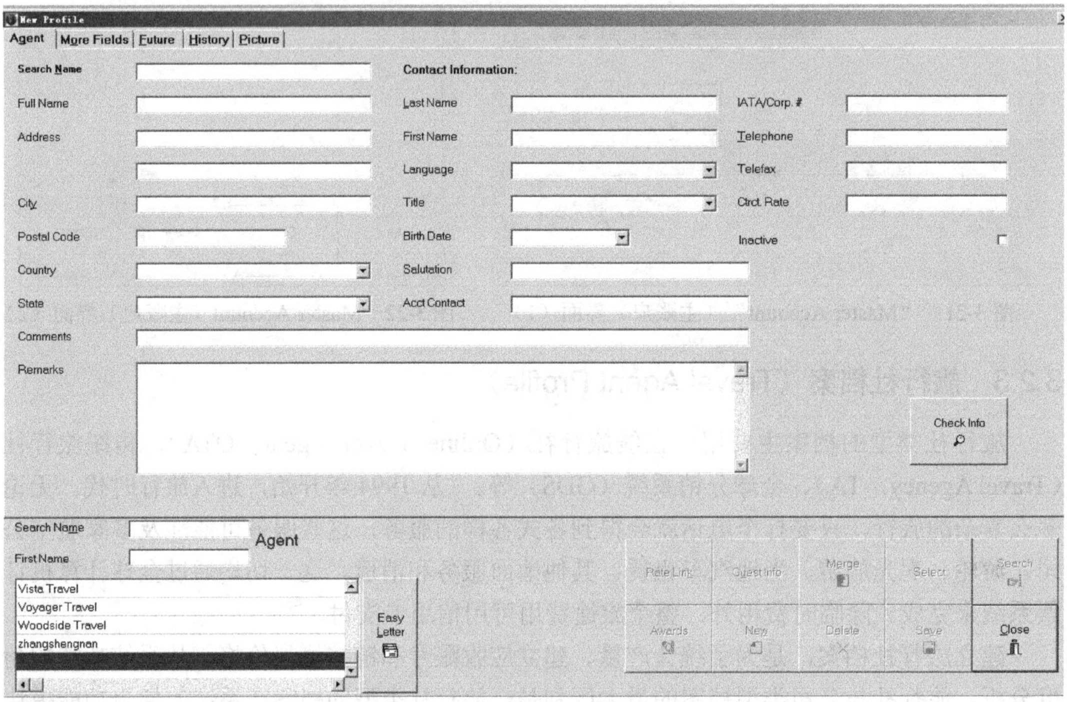

图 3-23 新建旅行社档案界面

3.3 档案管理思考

3.3.1 如何提高查询速度

在客户档案中查询、预订时,并没有提供手机查询的功能。目前,绝大多数人都有手机,有的人还不止一部手机,有的手机还支持双卡双待。用姓名、公司、预订代理等进行客户档案或预订的模糊查询时,查询速度比较慢,而且可能出现姓名或单位相同的情况,不如用手机号码查询速度快。手机号码是一种资源。根据国际标准,手机号码以其前三位为本网络的代号。根据协议各个国家都分到了一部分手机网络号码资源。中国分到的是从 130 到 139 共 10 个手机网络的号码资源,也就是共 10 亿个号码,供中国自己分配;中间 4 位是归属地代码、后 4 位是用户号码。因为每部手机出厂前的手机入网许可证都是唯一的,故每部手机的号码是唯一的。

由于各种噪声的影响,譬如发音上的地区差异、第三方传输给酒店信息的残缺、前台工作人员的疏忽，导致 Sinfonia PMS 中出现数量庞大的残缺客户档案，系统既不可能删除，也无法鉴别会员，完成积分及其他会员服务，同时还增加了查询检索的工作量和存储成本。对此现象，如果确信是同一个人的多个客户档案文件，可用 Merge 功能进行合并；对于来自第三方（如携程、艺龙、去哪儿、飞猪等）的订单信息，一些公司在接口处加以匹配，比较指标包括 Email 地址、姓名、会员档案、电话，每项指标给予一定的权重分值（如 400 分、600 分、1 000 分、400 分）。如果比较结果总分值超过某一分值（如 1 000 分），就认为订单中的某一客户与 Sinfonia PMS 中的某一客户属于同一个人。如果经比较在系统中确实未找到该客人的客户档案，预订部才会为他（她）新建档案。

3.3.2 酒店客户关系管理

1. 客户关系管理概述

（1）客户关系管理定义。1999 年，Gartner Group Inc.首次提出了客户关系管理概念（CRM），它们将客户关系管理定义为：企业提供全方位的客户视角，赋予企业更完善的客户交流能力和最大化的客户收益率所采取的方法。邓·皮泊斯（2006）认为，客户关系管理是通过与客户建立更好的关系来达到不断增加客户基础价值的最终目的的，通常基于与单个客户建立和发展关系基础之上。[1]朱跃东等（2007）认为，客户关系管理是为了提高顾客交付价值和忠诚度、增加企业收入与提高效率，围绕客户中心设计和管理企业的战略、流程、组织和技术系统，并提供一个自动化的解决方案。它是最佳商业实践与信息技术的融合。[2]客户关系管理的作用，一是极大地节省营销费用，二是提高利润数额，三是减少非正式的业务流失，四是赢得良好的市场口碑。[3]

客户，无论他们是个人还是企业，都倾向于更简单地得到他们自己真正想要的东西。[4]客户关系管理中最核心的内容是建立客户与企业的依存型关系。其作用原理是：如果你是我的客户，我愿意与你交流，记住你告诉我的东西。在不太长的时间里，你就可能从我这里得到一些你在别处以任何价格都得不到的产品或服务。公司能更好地满足客户需要，客户投资或消费这家企业的产品或服务也越多。客户愿意选择与这家企业保持长期的业务往来，而不太愿意花费更多的时间、努力，与其他企业去建立一种类似的业务关系。不过，在一开始的时候，相对于长期往来而言，花费会多一些。[5]相互依存的关系要求企业同客户建立前期互动，在此基础上记住客户需求、偏好和品位，提供客户需要的产品和服务，并且提高企业相应的能力。"人叫人千声不应，货叫人不请自来。"销售人员必须时刻记住："卖一个客户自己想要的东西，比让他买你有的东西容易得多。"

（2）留住老客户，增加客户与酒店的黏性。传统的市场营销模式，是一种以产品为中心的商业模式。在交易中，客户被认为总是以最低价格购买尽可能多的产品，同时公司却总是希望以最高价格卖尽可能多的产品。无论经营者如何友好，最终都把客户视为易变的

---

[1] 邓·皮泊斯，马沙·容格尔斯. 客户关系管理. 郑先炳，邓运盛，译. 北京：中国金融出版社，2006：37.
[2] 朱跃东，吴江徽，傅秩. 温泉旅游管理实务. 北京：中国旅游出版社，2007：129-130.
[3] 朱跃东，吴江徽，傅秩. 温泉旅游管理实务. 北京：中国旅游出版社，2007：130.
[4] 邓·皮泊斯，马沙·容格尔斯. 客户关系管理. 郑先炳，邓运盛，译. 北京：中国金融出版社，2006：23.
[5] 邓·皮泊斯，马沙·容格尔斯. 客户关系管理. 郑先炳，邓运盛，译. 北京：中国金融出版社，2006：21-22.

一个群体。公司和客户之间在玩一场"零和游戏"（a zero-sum game）：如果客户得到了折扣，那么公司就失去了一部分利润。由此，企业和客户全部的互动行为都集中在单一的、一次性的交易和这次交易的利润上。双方互为对手，不管卖方如何努力，结果总是无济于事。客户所能相信的，以及唯一能够为他提供保证的，是品牌自身的声誉。

传统的市场驱动型企业，专注于销售或制造，成功的关键就是获得更多的客户；而客户驱动型企业，专注于增加客户价值，成功的关键是使客户保留的时间更长，并使他们发展壮大。客户关系管理（CRM）揭示，企业的目标不再是为所有客户提供优秀的产品和卓越的服务，而是尽可能去获得、维护和发展最有价值的客户。现在要做的工作，不是花费巨资去说服所有类型的客户，而是通过市场细分和目标定位，增大目标客户对企业的价值和忠诚度。[①]殊不知，客户不是越多越好，而是越准确越好。对企业而言，客户数量少意味着利润多。只有放弃价值不大的客户才能集中精力得到最大价值的客户，一个企业才能真正为自己的目标客户带来超出他期望的价值并让他体验到惊喜。[②]

把新客户发展为酒店的会员，通过公共关系（活动推介、生日慰问信、老客户回馈等方式），让客人喜欢上某一酒店品牌。客人在住店、餐饮、娱乐、购物等环节都有积分优惠，这些积分可以用于酒店消费或者住宿，并进一步产生新的积分，客人与酒店的黏性和情感联系日益加深。只要他们在公务出行或商务旅行过程中有住店需求，就会想到酒店的品牌。当客人习惯了优质服务和优雅环境后，就会成为酒店品牌的忠诚客户。由此可见，健全的客户档案为客户关系管理奠定了基础。甚至当一些老客户长时间不来酒店入住时，分析究竟是什么原因导致的，发出一些邀请信，欢迎客人再次光临。如果像一些快捷酒店，单纯地为了加快前台入住效率，所有的客人都用1、2、3来表示，市场营销部门在做营销工作时，送上门的客人不好好经营，年年面对的都是寻找新客户的营销难题。

市场份额战略与客户份额战略比较见表3-1。

表3-1 市场份额战略与客户份额战略比较

市场份额战略	客户份额战略
产品经理（或品牌经理）一次对尽可能多的客户推销一种产品	客户经理一次对一个客户推销尽可能多的产品
通过产品的不同来与同业竞争者区分开来	通过客户的不同来与同业竞争者区分开来
把产品卖给客户	同客户一起工作，一起努力创造
持续地寻找客户	持续寻找同已经拥有的客户继续业务合作的机会
利用大众媒体建设品牌，宣传品牌和发布产品	通过互助式的交流来了解单个客户的需求，同每一个客户进行交流

（3）留住有价值的客户。要想把企业做大、做强，除了想办法留住老客户，没有别的办法。客户关系管理就是把一次性客户变成长期永久性的客户。企业开业当年面对的所有客户都是新客户，如果精心留住其中的大部分客户，第二年经营就上了一个台阶。长期坚持，老客户越来越多，企业经营就越来越平稳和顺利。反之，如果企业不注意留住客户，

---

① 邓·皮泊斯，马沙·容格斯. 客户关系管理. 郑先炳，邓运盛，译. 北京：中国金融出版社，2006：13.
② 宋新宇. 让经营回归简单. 中华工商联合出版社，2011：103.

每年面对的都是新客户，经营过程仍然像第一年一样辛苦。老客户对企业而言之所以这么重要，是因为老客户是企业利润的主要来源，老客户更有可能购买性价比更高的产品。不同于一般的米店等客上门，王永庆（1917—2008）不仅把大米送到了客人家里，而且会了解客户家里有几口人，以及长幼数量，由此计算一袋米客人能吃多少天，在客人快吃完这袋大米时，不用客人吩咐，恰到好处地再次把大米送到了客人家里。在这个过程中，双方没有讨价还价，一切自然而然地发生了，商家与客户融成了一体，这就是做营销最好的境界。

2. 客户关系管理内容

（1）客户档案建立、更新与完善。客户关系管理是通过对客户详细资料的深入分析，来提高客户满意度，从而提高企业竞争力的一种手段。许多酒店将客户档案视为酒店管理信息系统中最重要、最有价值的资源和财富，在建立、维护和更新客户档案的过程中，持之以恒地投入了很多的时间和精力，目的是收集、分析客户统计学及消费行为信息，更好地找到有价值的客户，并为他们提供一对一的个性化服务。酒店基于客户档案中消费者的兴趣爱好、消费习惯等画像进行"个性化推荐"，但前提是不能进行误导性陈述或宣传，侵犯消费者的知情权。

（2）接待服务。

① 查看 VIP 客人、重要团队客人记录，以及准备礼品、制作名单等。

② 在客人进入或离开酒店高峰时，在大堂、电梯厅迎送客人，主动与等候的客人交谈，维持前台秩序。

③ 向回头客赠送礼品、花篮或果盘等。

（3）跟踪服务。

① 生日贺卡及礼品。通过电子邮件、传真或邮件等方式，向客人直接寄送各类贺卡、宣传资料。

② 对客访谈。每日访谈一定数量的客人，分析客人需求比较多的项目，提出建设性方案。

③ 对客人投诉或表扬给予及时反馈，分析客人投诉的原因，寄送道歉信或感谢信。

④ 分析客人的消费能力，确定客人消费较多的服务项目，对客人较少利用的服务设施提出改进方案。

⑤ 创立个性化服务。充分利用酒店客户管理系统，分析整理客人信息，提出个性化服务创意。[①]

（4）新老客户预订过程存在价格差异并不属于"杀熟"现象。在同一时间、预订同一房型的过程中，可能出现新老用户价格不同的情况，原因是新用户拥有优惠券、老用户自动开启了会员资格或推送的商品配置与服务内容存在差异。比如，酒店新老客户同时通过飞猪旅行网预订同一天的丽枫酒店·昌平体育馆店高级大床房，老用户的房费不含早餐291元/间，而新用户的房费不含早餐 286 元/间，另外还享受 4 元/间买立减优惠，实际是 282元/间。同一房间新老用户标价不同，优惠也不同，老用户价格高且不享受优惠。商家确实存在根据用户特征提供特定商品或服务的行为，但单击进入下级页面或二级页面，一般都能找到不针对其个人特征的其他选项，很难界定是否属于《电子商务法》规定的"不向消

---

① 朱跃东，吴江徽，傅秩. 温泉旅游管理实务. 北京：中国旅游出版社，2007：130-132.

费者提供不针对其个人特征的其他选项"。①

（5）使用会员卡系统锁定顾客，增强双方的黏性与交流。酒店实行会员卡系统，有助于帮助酒店增加回头客数量与频次，提升顾客/会员的忠诚度，为酒店打造良好的品牌形象。每个酒店可能都有自己的会员制度，如何利用会员卡系统功能锁定顾客呢？第一，注重会员服务质量，明显区分会员与普通顾客之间的区别。会员是一种身份的象征，要充分体现出会员的优越性，要让会员有尊贵感与成就感。第二，在会员卡系统设置多个会员等级，每个等级的会员对应不同的服务与权益，常见的有折扣、积分，等级越高，折扣就越大。会员等级通过会员累积积分、充值、消费或推荐来获得。第三，出台相关的会员服务与会员权益。比如，积分换房、升级房型，以及积分兑换礼品、积分抽奖等。在会员生日的时候，会员卡系统自动给会员发送生日祝福短信，会员生日当天享受双倍积分，或者房价超低折扣优惠。

3.3.3 档案信息安全

对于客户档案的建立、完善，一要提供完善的市场类别分析体系，通过对每日、每月的经营及预算情况进行多角度的比较分析，帮助酒店制定全面、科学的市场细分策略。二要提供完善的业绩分析体系，包括对主要客户订房及入住情况的分析，对客源、销售等情况的系统分析，通过对每周、月度、年度的业绩进行排行比较，帮助酒店筛选出优质客户。三要通过时间区间的贡献分析，帮助酒店选择较优的客户组合。通过纵向及横向的比较分析，帮助酒店实现房价收入保持平稳。酒店获取的数据越多，就越能够形成用户画像，进行精准营销。例如，基于用户进入平台后的行为轨迹，比如对不同客房的单击次数和浏览停留时间，以及用户的加购、收藏、下单行为，还有平均消费金额、频次，去描绘用户的消费人格画像。

万豪国际集团于2018年11月30日发布的公告称，2018年9月10日及之前喜达屋酒店预订数据库中的宾客信息在未经授权的情况下被访问，最多可能涉及约5亿名客人。其中3.27亿人的信息，包括姓名、地址、电话、生日、护照号码、预订日期等，甚至部分人的支付卡号和支付卡有效期等同时遭到泄露。作为在全球拥有特许经营超过6 700家酒店，客房总数达110万间的"巨无霸"，其中中国旅客的信息数量定然不在少数。数量之巨、波及面之广，随之而来的危害之大，不难想象。对那些信息泄露期间入住过万豪的人而言，恐怕绝没有其官网上"为您的每一次住宿留下美好回忆"的感觉，而只剩下"后怕"了。②

信息泄露的危害是什么？用户隐私数据泄露是一个特别多元的利益链。其中，订单信息泄露可能被用于"电信诈骗"；身份信息可能被冒用到一些审核不严谨的P2P或其他金融平台借贷；行为数据可能被违规营销公司做"大数据营销"；用户账户密码可能被不法分子用于在互联网上撞库攻击盗取新的数据信息。也有人利用他人姓名、身份证信息开办公司，申请银行借款，或者办理银行信用卡，恶意透支银行资金。

信息泄露渠道有哪些？信息泄露的主要渠道有三种：企业或外包公司安全意识不足，导致系统安全体系不完善；内部员工或离职员工主动泄露；黑客恶意攻击。目前，一些互联网企业和正处于信息化转型的传统公司安全意识滞后，绝大多数个人信息泄露，都是管

---

① 杨滨. 3185份调查问卷勾画"杀熟"样本. 北京晚报. 2019-3-27（10）.
② 贾亮. 再豪的酒店也得有底线. 北京晚报. 2018-12-3（9）.

理过失和主观错误。很多传统机构建设过程中甚至想不到这个问题，网络安全没有做到同步规划、同步建设、同步运营。华住集团开发人员将敏感信息数据库上传到 GitHub（该网站为公开代码托管库）可能是导致此次信息泄露的主要原因。

如何减少信息泄露的损失？与其他物品被盗相比，个人信息一旦泄露，理论上可能进行无限复制。用户应立即修改账号密码。对于公司来说，必须切实加强网络信息安全建设的投入，加大对数据的加密行为，设置更为清晰的隐私策略和权限，重要数据库只允许内网访问。

如何避免类似情况再次发生？涉及信息泄露的企业该负哪些法律责任？保护个人信息安全，不仅是企业的社会责任，更是法律义务。我国《网络安全法》（2017 年 6 月 1 日实施）规定，网络运营者应当采取技术措施和其他必要措施，确保其收集的个人信息安全，防止信息泄露、损毁、丢失。如果网站此前接收到漏洞报告却没有及时主动处理，属于重大过失的，需要承担较大的法律责任；如果这个攻击技术是从未出现过的、防不住的，则法律责任相对较轻。

成立专门负责个人数据保护的独立机构，配备专门人员来执行对违反相关法律法规行为的查处工作。独立机构应不仅打击涉及违法犯罪的公民个人信息泄露倒卖行为，还应将尚未达到犯罪标准的买卖行为纳入社会征信体系，让公民个人信息成为谁都不敢触碰的"高压线"。

练习题

1. 为某一客人妻子、孩子建立档案，要求：使用语言为中文；国籍是中国，但现居住地为北京；不吸烟；客人不接收酒店发送的邮件；保留所有的消费、入住信息。
2. 某一客人建立档案：一个信息完整，一个信息不完整，将两个档案合并。
3. 建立 CNU 公司的档案，联系人为李红，要求：酒店跟 CNU 公司签订一年的合同，协议价为 XXXX。

第 4 章 预订管理

Reservation 意为预先在火车、旅店安排座位或客房。在酒店管理信息系统中，英文 Reservation 究竟应翻译为"预定"还是"预订"？"预订"和"预定"都表示预先把某件事情定下来，但具体用法有区别。"预订"表示预先订购、订阅、订租等。"预定"表示达成一项协议，包括担保（Guarantee）、确认（Confirmation）的过程；"预订"相当于英文的 booking，强调过程、行为。由此看来，Reservation 译为"预订"更为合适。

酒店预订服务是指酒店在客人入住前为客人提供的预先安排、预约客房的服务，由前台或销售部实施。预订服务是酒店与客人建立良好关系的开始，旨在预先保证客人需求，并为客人提供所期望的客房产品。常见的预订方式包括电话订房、面谈订房、信函订房、传真订房、互联网订房、合同订房等。[1]

从酒店信息系统的角度来看，预订就是通过恰当的方式收集客人信息，将其输入酒店信息系统中并得出结果。如果某客人反复在一个酒店入住多次，档案只有一个，但每一次的预订作为一条历史记录被保存在数据库中。比如，客人在某一个酒店预订 200 次，登记入住 200 次，就有 200 次的账单。

4.1 预订管理模块功能

预订的功能：新建预订、查询预订、更新预订、取消预订、生成报表；用房量控制、确认订房、等候名单、房间分配、预付订金收取及命令预订等。这些功能有助于酒店为客人提供个性化服务。

预订是酒店与客人达成"预订协议"并进行房控的一个过程。面向 PMS 的预订过程是：酒店的预订人员根据客人对入住日期、房型、房价、是否需要含早餐及吸烟与否或房间朝向等特性需求，在系统中寻找匹配的产品，然后与客人确认预订约束条款，如是否需要预付订金、最晚到店时间、取消条款、付款方式等，然后为客人安排特殊服务，如接送机等。当以上信息确认无误后，在系统中为客人创建订单。创建订单从表面上来看是收集客人的信息并将其录入到系统中，其内在的功能是系统通过订单中的信息进行客房管理，并为今后的市场分析提供数据基础。每一个订单都会从酒店的房量库存中减少对应日期、对应房

---

[1] 邵琪伟. 中国旅游大辞典. 上海：上海辞书出版社，2012：670.

型的相应房间数量，使订房人员可以及时准确地得到可卖房的数量。[①]

在预订中除了客人的基本信息，还有很多有价值的市场信息，如预订渠道、预订来源、预订市场划分等，这些信息存储在数据库中都将成为今后酒店市场定位、定价的重要依据。

在 Sinfonia PMS 主窗口菜单栏中，选择 Reservation 菜单，弹出相关的命令（图 4-1）。

- New Reservation：建立新的预订。
- Update Reservations：更新预订信息。
- Groups：团队预订。
- Waitlist：等候名单。
- Profiles：客户档案。
- Events：事件。

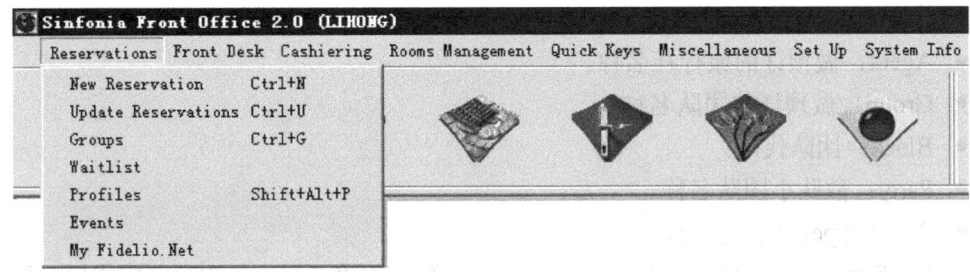

图 4-1　预订命令

4.2　预订模块操作简介

4.2.1　个人预订（Individual Booking）

1. 新建个人预订（New Reservation）

（1）查询、新建预订。

方法一：Reservation→New Reservation

确认某客人在酒店尚未做过预订，在系统菜单栏中，选择"Reservations"命令，在弹出的子菜单中选择"New Reservations"命令，弹出新建个人预订界面；单击"New"按钮，新建个人预订。

方法二：Reservations→Update Reservations→Search 或 Advance→New

在系统菜单栏中，选择"Reservations"命令，在弹出的子菜单中选择"Update Reservations"命令（快捷键：Ctrl+U），弹出"Reservation Search"界面；在该界面中输入查询条件，包括姓名、Company（公司名称）、Agent（旅行社名称）、Group（团队名称）、Party（散客小团队名称）、Resrv Type（预订类型）等。单击"Search"按钮，系统中所有该姓名客人的预订被显示出来，如果未查询到，则单击"New"按钮，为客人新建预订（图 4-2 和图 4-3）。

[①] 张胜男，何飞，李宏. 酒店管理信息系统. 武汉：华中科技大学出版社，2019：71.

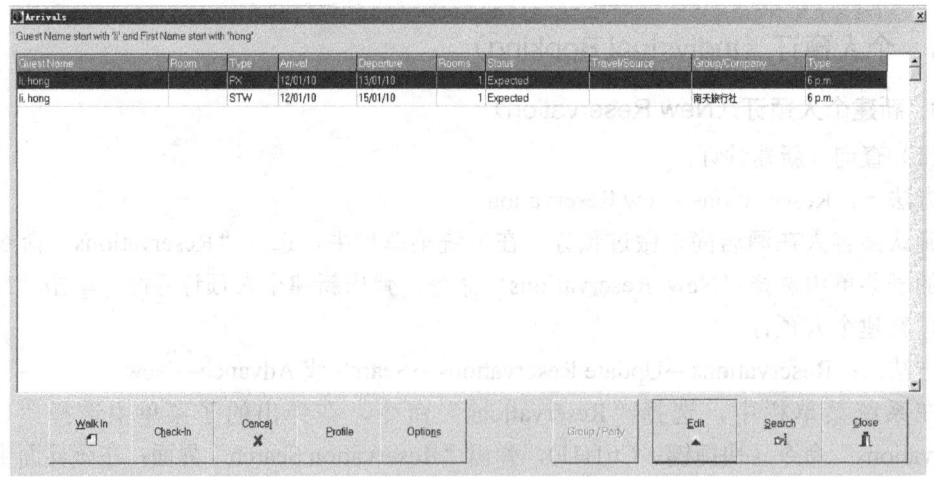

图 4-2 预订信息查找界面

图 4-2 中各选项含义如下。

- Name：客人的姓（即 Last Name），First Name，即客人的名。
- Company：做预订的公司名称。
- Agent：做预订的旅行社名称。
- Group：做预订的团队名称。
- Block：团队代码。
- Party：散队小团队名称。
- Rserv Type：预订类型。
- Confirmation #：The confirmation number，预订的确认号。每次预订完成后，系统会自动生成一个 ID 编号，每个编号都相当于内附经济合同中的合同号，是酒店财务稽核收入正确性的重要资料。[1]
- Arrival…To…/Departure…To…：入住日期/离开日期。

图 4-3 预订信息查找结果

在查询客人预订时，也可以使用高级搜索（Advance）精确查找。查询时限制条件越多，查询时间越长，并且由于限制条件过多，可能筛选不出符合条件的预订（图 4-4 和图 4-5）。

---

[1] 石应平，冷奇君. 酒店管理信息系统实务. 北京：高等教育出版社，2011：68.

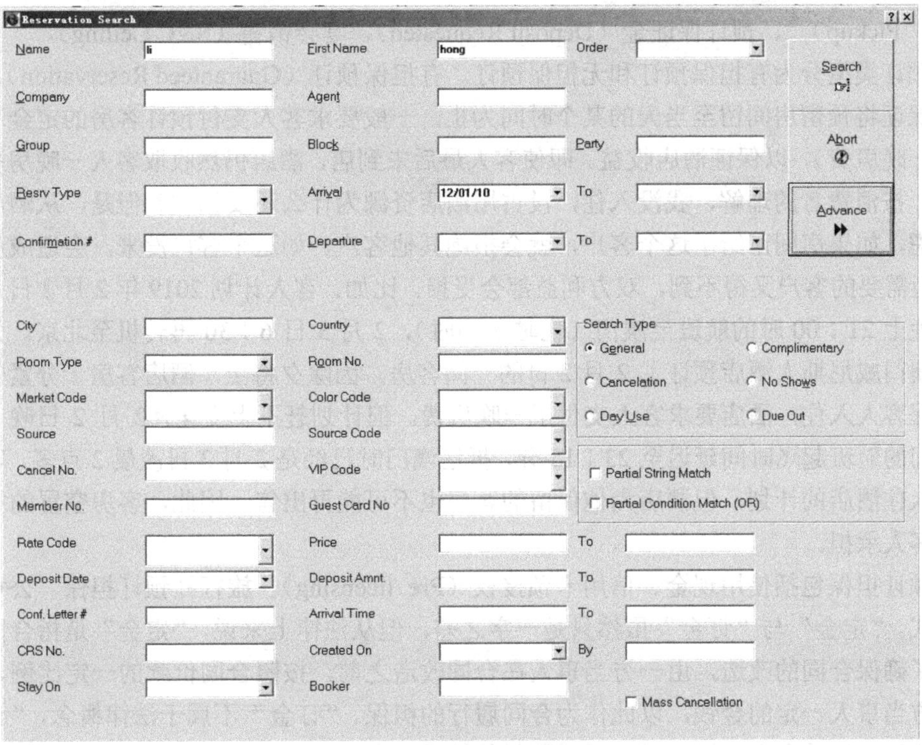

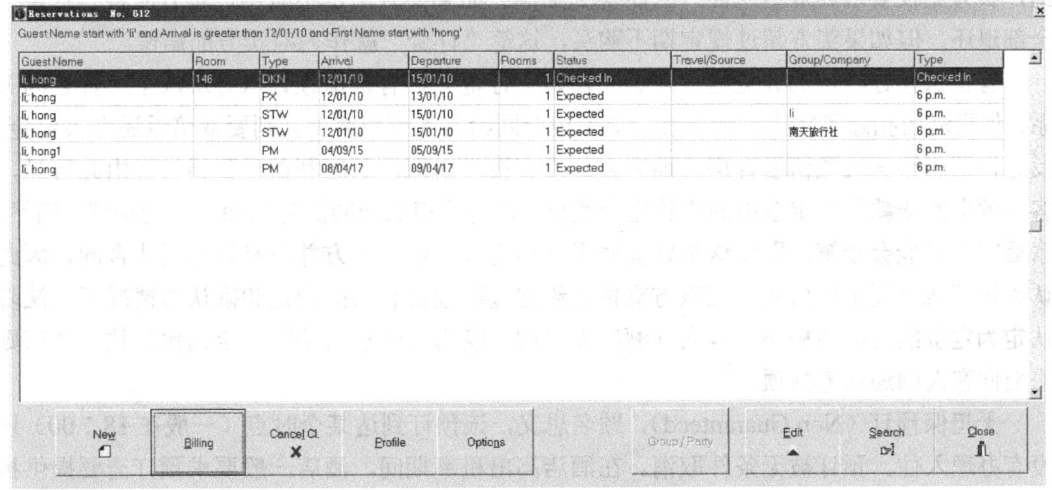

图 4-4 高级查询界面

图 4-5 高级查询结果界面

- Order：查找顺序。单击"Order"右侧的下拉按钮，显示 Normal、Name、Room、Arrival Date、Departure Date（离开日期）、Group、Company、Travel 等选项。
- Resrv Type：预订类型。单击右侧的下拉按钮，显示的内容包括：前台登记入住（Check In）、客房保留至晚六点（6 p.m.）、有担保的预订（Gtd.Credit Card、Gtd.Company、Gtd.Voucher）、旅行社团队（Block Definite、Block Tentative、Group

Pickup）①、预订保证金（Deposit Requested）、宴会销售（S&C Ceiling）。

预订类型分为有担保预订和无担保预订。有担保预订（Guaranteed Reservation），是指酒店保证将预留房间留至当天的某个时间为止，一般要求客人支付预订客房的定金（大部分是一晚房费），以保证酒店收益。即使客人最后未到店，酒店仍然收取客人一晚房费以作补偿。按消费者的理解，我没入住，没占用酒店资源为什么还要扣款？但是，从酒店的角度考虑，如果房间留给了这个客户，就会拒绝其他客户，如这个客户没来，会造成房间空着，而需要的客户又得不到，双方利益都会受损。比如，客人计划2019年2月2日从泰国搭乘晚上21：00时的航班至澳门（耗时2小时），2月3日6：30再转机至北京。为此，他在澳门威尼斯人酒店预订了2月2日的一间客房。因除夕将至，酒店客房十分紧张，为了确保客人入住，酒店要求客人支付了一晚房费。但计划赶不上变化，2月2日晚上曼谷飞澳门的航班起飞时间延迟至23：15分，抵达澳门时已经是2月3日凌晨2点多，客人放弃了入住酒店的计划，但酒店为他保留的客房也不可能再出售。因此，客房空置的损失只能由客人承担。

预订担保包括使用现金、信用卡预授权（Pre licensing）、旅行社预订担保、公司担保等形式。"定金"与"订金"虽然只是一字之差，但从法律上来说，"定金"是指合同当事人为了确保合同的改造，由一方当事人在合同改造之前，按照合同价款的一定比例，预付给对方当事人一定的金钱，以此作为合同履行的担保。"订金"不属于法律概念，"订金"也补称为"认购金""诚意金"，属于预付款性质，它不具备"定金"的担保作用。卖方违约，买方无权要求其双倍返回，只能得到原额；如果买方决定不购买，卖方应将"订金"全部退还。但如果买方超过规定期不购买，这笔"订金"就作为对卖方的赔偿。②

有担保预订收取的究竟是"定金"还是"订金"？有担保预订双方形成了一种合同关系，如果酒店扣除了客人一晚房费，却未按合同给客人预留客房，则要双倍返还客人定金。反之，酒店给客人预留了客房，而客人却没有按时出现，酒店利益受到损失。由此可见，客人预交的钱款属于定金中的立约定金类型，是为了担保合同的订立而支付的金钱。当然，事后客人可能会狡辩，即使这笔钱款属于立约定金，由于双方并没有订立正式合同，因此认为该笔钱款属于预付款。在双方支付立约定金事宜没有书面约定和确认的情况下，法院认定为定金的可能性极小。客人向酒店支付的一晚房费一旦被法院认定为预付款，酒店则需要向客人归还这笔款项。③

无担保预订（Non Guaranteed），顾名思义，该预订到达某个时点（一般在18：00）还没有办理入住，预订被无条件取消。在酒店高出租率期间，酒店一般要求预订需要提供担保。为了控制好可卖房剩余数量，大部分酒店规定不管是否预订有无担保，都从酒店总可卖房中扣减客房预订量。

随着出境旅游的日益普及，自由行的游客面临着旅游各要素预订的难题。酒店预付是指客人通过携程商旅网订房，在入住酒店前将全部房费交给商旅网，商旅网为客人提供房

---

① Inquiry：占房状态，客人前来咨询，并有意至酒店预订客房，酒店通常会对方需求占用一定数量"可用房数"以备用；Tentative：确认预订，但无团队名单；Definite：最终确认团队名单。
② 王旭，乐雯晴．法律常识速查速用大全集．6版．北京：中国法制出版社，2018：120．
③ 张扬，蒋丹青．企业常见法律问题及风险防范．北京：中国法制出版社，2017：148-149．

费发票。客人到酒店前台后,报姓名入住,在酒店只需支付除房费以外的其他费用。酒店预付是网络时代产生的一种新的酒店预订方式,最大特点:一是价格便宜,预付酒店的价格通常比前台现付方式的价格平均便宜 25%,部分酒店可能便宜得更多;二是在酒店客房紧张时得到优先保证,比如,在某些大型展览活动期间,酒店不会因为客人到店时间晚而取消客人的订房,也不会因为酒店客房价格调整而影响到客人的预订。

(2)预订主界面。在选择入住房型和房价后,进入预订主界面完善更多预订信息,这部分内容较多,下面分区域介绍。

① 预订客人的档案信息。为了更加清晰地了解客人信息,将预订的重要信息,如 Guest Name(名字)、Language(语言)、Title(称谓)、Phone(电话)、Country(国籍)、VIP 级别,以及是否是公司或者旅行社预订(Agent/Company/Group/Source)等信息罗列出来。如果要查看更多档案信息,单击客人名字栏目右侧的"Profile"按钮,直接打开客户档案界面。此处的公司或者旅行社,是指给客人订房的公司或者旅行社,若该公司或者旅行社在酒店有协议价,客人使用协议价入住酒店(图 4-6)。

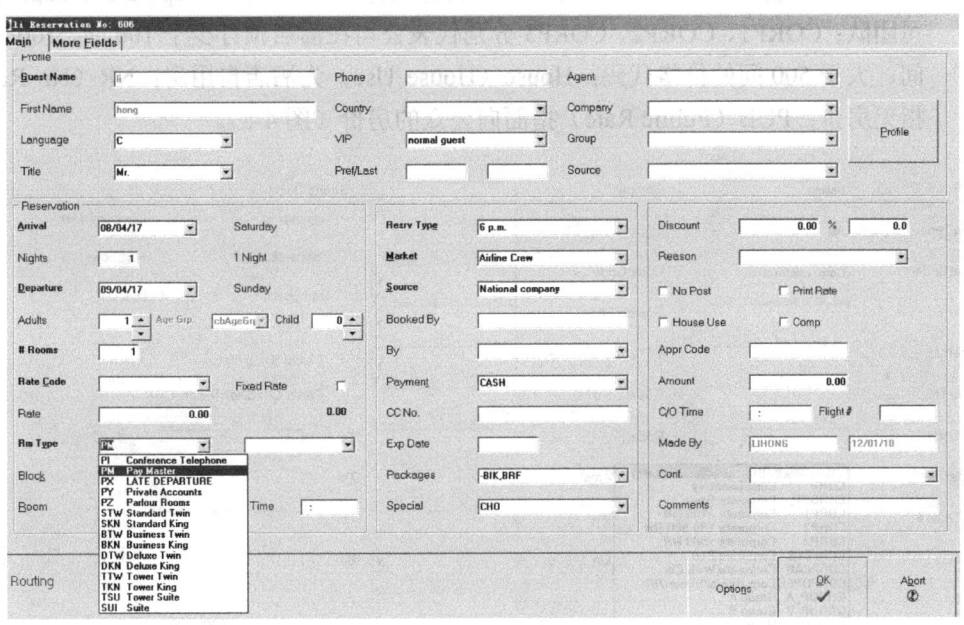

图 4-6 预订主界面

② 预订主体信息。这部分信息是该客人本次入住酒店的基本信息,如 Arrival/Departure(到店/离店日期)、Nights(住几晚)、Rm Type(入住房型)、Rate(房价)、Room(预订的房间数)、C/I Time(登记入住时间)等(图 4-7)。

- Adults & Child:入住的成人数和儿童数。可能会影响订单价格,因为酒店在定价的时候可能会按人数来定义不同的价格,特别是那些客房包价的价格代码。
- # Rooms:预订房间数。一般为 1,也可能同时预订多间房(2~9),10 间以上就视为团队预订(Party)。尽管客人预订了多间房,但在分房的时候仍需要拆分(Slit)成单个房间预订。

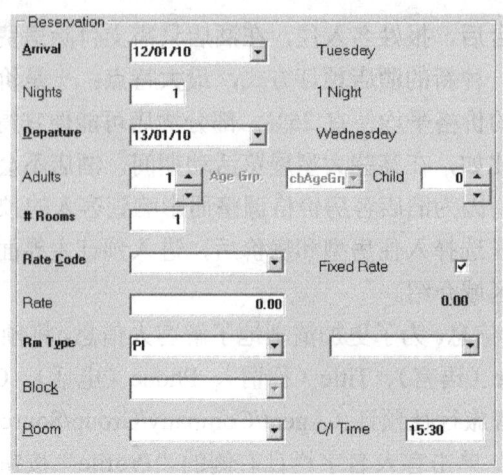

图 4-7 预订主体信息界面

- Rate Code：价格代码。其中，COMP 指免费房；CORGRP（Corporate Group）指公司团队；CORP1、CORP2、CORP3 分别代表公司在酒店预订少于 100 间、100～500 间、大于 500 间的价格代码；House（House Use）为酒店自用房；NR（No Rate）指无房价；PUB（Public Rate）指面向公众的房价（图 4-8）。

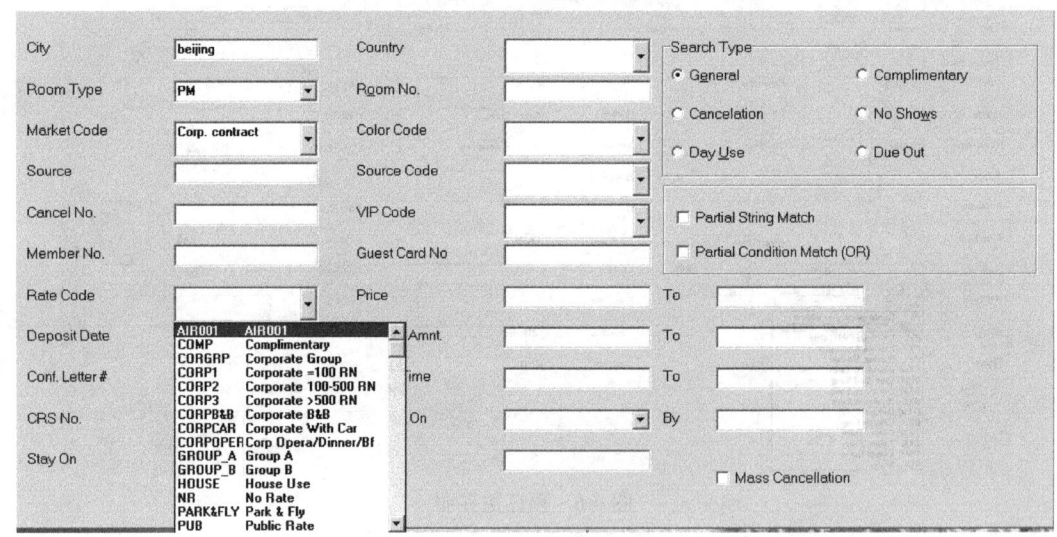

图 4-8 价格代码界面

- Fixed Rate：固定房价。如选中复选框（打√），表示在入住期间，房价固定；如果复选框不被选中，意味着在客人入住期间房价是变化的。比如，许多商务型酒店客房，工作日价格高，周末价格低；反之，休闲度假型酒店客房，工作日价格很低，而周末价格比工作日贵得多。
- Rm Type：房型。该下拉列表中有两个选项，前者是客人实际入住的房型，后面的是最初预订的房型（Room Type Charge，RTC）。

房型一般分为：虚拟房（Pay Master，PM）、晚点退房或延迟退房（Late Departure，PX）、私人账户（Private Accounts，PY）、带客厅房（Parlous Rooms，PZ）、标准双人房（Standard

Twin，STW)、标准大床房（Standard King，SKN)、商务双人房（Business Twin，BTW)、商务大床房（Business King，BKN)、豪华双人房（Deluxe Twin，DTW)、豪华大床房（Deluxe King，DKN)、塔楼双人房（Tower Twin，TTW)、塔楼大床房（Tower King，TKN)、塔楼套间（Tower Suite，TSN)、总统套房（President Suite)、套房（Suite)（图4-9）。

一般情况下，实际入住房型（Rm Type）与最初预订房型（RTC）是一致的，只有酒店为客人做了付费升级（Upsell）或免费升级时（用同样的钱住了更大、更贵的客房)，才会出现不一样的情况。

③ 预订信息。预订主界面（参见图4-6）中间部分，包括预订类型、市场分类、客源、预订方式、CC No.（中央预订号)、包价、Special（特殊要求、喜好)，见图4-10。

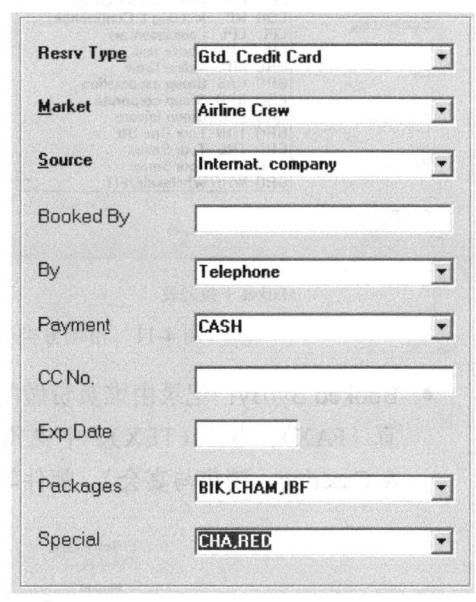

图4-9　房型（Room Type）界面　　　　图4-10　预订信息界面

- Resrv Type（Reservation Type)：预订类型。
- Market/Source：市场分类/客源地。市场分类是根据房价代码关联过来的，也就是说后台会给每个房价代码关联一个市场代码。否则，预订时需要根据客人情况选择一个市场代码。预订来源代码一般指客人预订的来源或者预订渠道，如预订中心、OTA、电话预订等（图4-11）。

在 Market 下拉列表中，有 ACC A/R（应收账)、COR CCO（有合同的公司)、COR CNC（无合同的公司)、COR COM（公司会议)、COR MC（会议)、GRO AIR（航空公司工作人员)、GRO GAS（协会团队)、GRO GCO（公司团队)、GRO TON（巡回演出）等选项。

在 Source 下拉列表中，有 LOC（本地公司)、MAC（国有公司)、INC（互联网公司)、LOA（本地旅行社)、NAA（国有旅行社)、INA（互联网旅行社)、RES（预订系统)、IND（个人)、A/R（应收账户)、S&C（销售与宴会)、RSO（地区性销售办公室)、SHO（柜台)、RBU（老客户)、WLK（上门客)、CRS（中央预订系统）等选项。

预订来源分为直销渠道和分销渠道两大类。直销渠道是酒店的自营渠道，是指酒店直接将产品销售给客人，主要有酒店销售和预订中心、酒店前台、酒店的官网及移动端。分销渠道是酒店将产品交给第三方（中间商），由中间商销售给客人，主要有批发商、旅行社、OTA、GDS 等。对预订来源的分析和管理是酒店销售策略的重点，各种渠道的销量和占比是经营分析的重要指标之一。酒店致力于增加直销渠道的产量，最佳的状态是分销渠道的占比不超过总销售量的 10%。酒店会通过多种手段获取各种渠道销售的数据，并利用信息化辅助工具对其进行分析，为销售策略的制定提供数据支持。

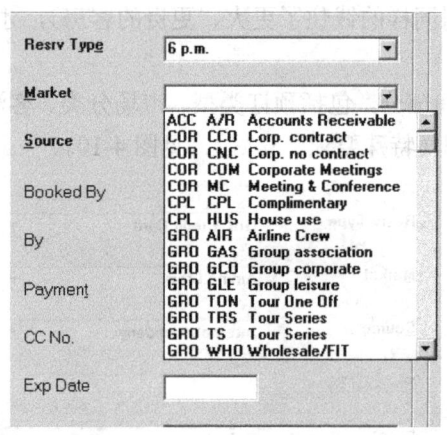
Market 下拉列表

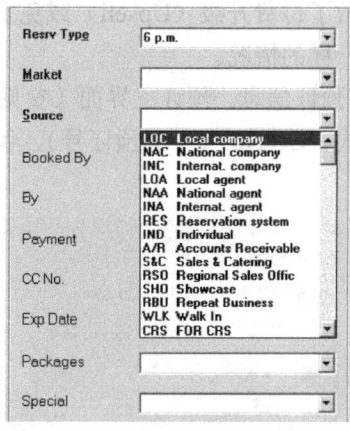
Source 下拉列表

图 4-11　市场分类/客源地（Market/Source）界面

- Booked By/By：记录由谁负责做的预订，以及通过什么渠道做的预订，如电话、传真（FAX）、电传（TEX）、中央预订系统（CRS）、前台、销售和邮件、S&C（Sales & Catering，销售与宴会）、邮件等（图 4-12）。

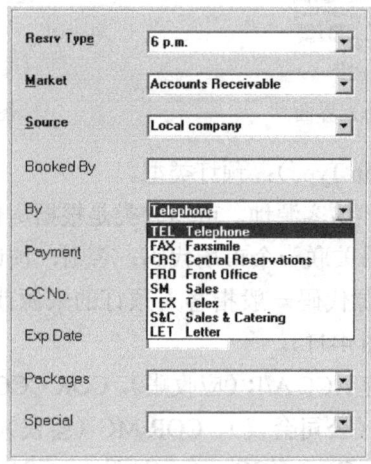

图 4-12　预订者及预订渠道（Booked By）界面

- Payment：付款方式（图 4-13）。如果选择各类信用卡，必须录入信用卡号和有效期（Exp Date）。VISA（维萨卡）和 MasterCard（万事达卡）这种信用卡的发行商和其他大银行站在了收集数据和挖掘数据价值的黄金位置。通过为小银行和商家提供服务，它们能够从自己的服务网获取更多的交易信息和顾客的消费信息。它们的商业模式从单纯的处理支付行为转变成收集数据。可以想象，未来的信用卡公司不会再对交易收取佣金,而是免费提供支付服务。作为回报,它们会获得更多的数据,而对数据进行复杂的分析之后,它们又可以卖掉分析结果以取得利润。[①]

系统会自动校验信用卡号段。

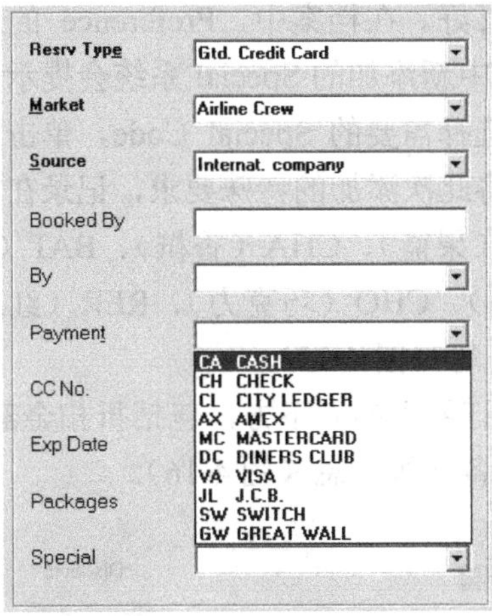

图 4-13　付款方式界面

- Packages:包价,是指附加在房价上的项目,这些项目可能是免费的,也可能是收费的。如果预订界面左下角 Package 字样显示为蓝色,表示该房价里附加了一些项目。单击下拉按钮,显示具体的项目。如果客人需要额外添加项目,比如再加一份早餐,预订除夕夜舞会、报纸或花篮,或者酒店愿意再送客人一份早餐,单独在预订上关联 Package。

Packages 包括:CAN(烛光晚餐)、CAR(包括在房价中的租车)、CHAM(迎宾香槟)、COUT(免费接送汽车)、DIN(包括在房价内的晚餐)、HEAT(健康俱乐部浮游)、IBF(含早餐)、MAS(按摩)、NEWD(新年除夕夜舞会)、NEWE(新年自助午餐)、OPER(歌剧之旅)、SOL(日光浴室)、TAX(出租车)、TAX1(州税)、TEN(网球场)、TRA(网球教练)等(图 4-14)。

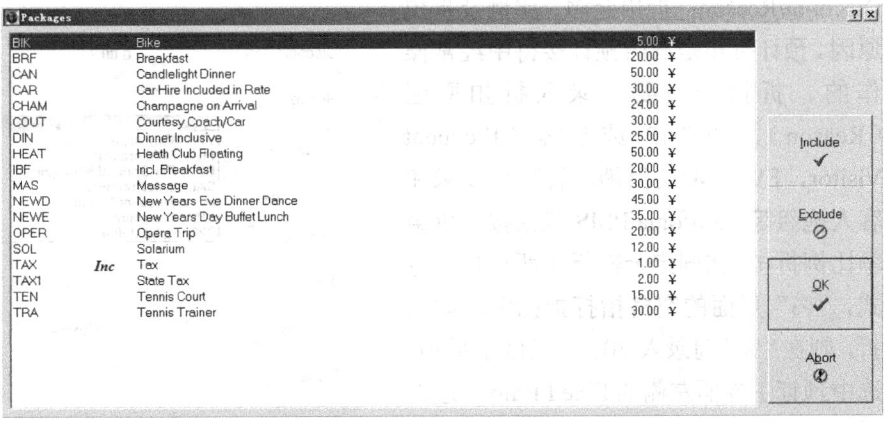

图 4-14　"Packages"(包价)界面

---

① 维克托·迈尔·舍恩伯格,肯尼思·库克耶. 盛杨燕,大数据时代. 周涛,译. 杭州:浙江人民出版社,2013:163-164.

- CC No.：中央预订号。如果酒店有中央预订系统（CRS），单店的预订就会同步到中央预订系统，系统会给所有预订一个中央预订中心的预订号码。
- Exp Date（Expire Date）：有效期。
- Special：特殊要求、喜好。在档案中，Preference 的内容会自动关联到预订界面中的 Special 字段；预订中新添加的 Special 系统会提示是否需要再记录到档案中，可根据具体情况选择。选择需要的 Special Code，单击 OK 按钮，系统会弹出 Select 界面，提示是否需要将此次添加的特殊要求，记录在客户档案中，以备以后预订使用。具体包括：FBA（果篮）、CHA（香槟）、BAT（浴衣或浴袍）、RED（红葡萄酒）、WHI（白葡萄酒）、CHO（巧克力）、RER（红玫瑰）、LIL（百合花）、NEW（报纸）、TST（测试）等（图 4-15）。

④ 预订其他信息。在预订界面的右下方，包括折扣金额/比例、折扣原因、是否允许签单（No Post）、打印房价、备注等信息（图 4-16）。

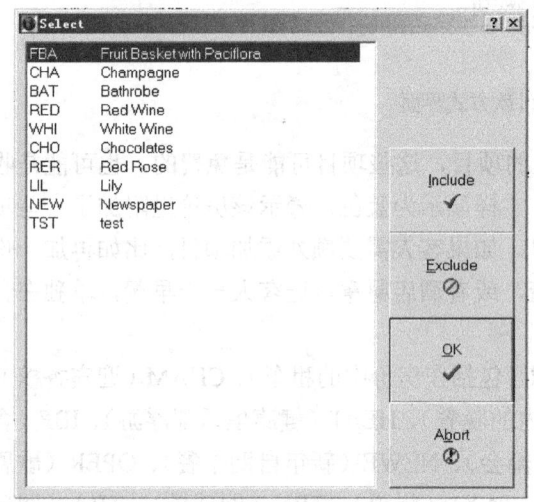

图 4-15　客人特殊要求（Special）界面

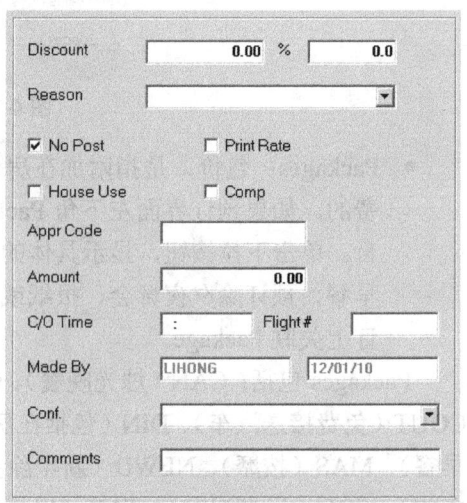

图 4-16　预订的其他信息

- Discount/Reason：折扣金额、比例及折扣原因。预订折扣是酒店预订接待中经常操作的。折扣一般要求录入折扣原因（Reason），如 VIP 或常客（Frequent Visitor, FV）、酒店促销、管理层要求和客人抱怨等。Sinfonia PMS 包括按房价金额比例折扣、按固定金额折扣两种折扣方式，"%"后面的空格指打折比例。如八折，则在"%"前录入 20。一旦做了折扣，选中预订主界面左侧的 Fixed Rate 复选框（打√），固定客人房价，并且此时折扣信息变为灰色，不能再更改，客人的 Rate（房价）不能再改变（图 4-17）。

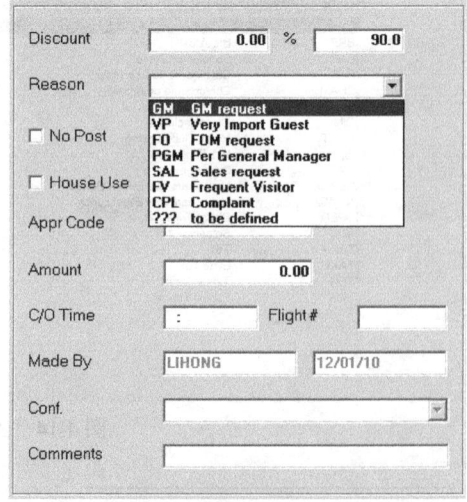

图 4-17　折扣金额、比例及原因设置界面

- No Post：签单控制。当此复选框被选中（打√）时，不允许客人签单（如客人的预付押金余额不足时）。当取消选中此复选框时，与 Sinfonia PMS 接口的入账系统（如电话计费系统、VOD 系统、餐饮计费系统）允许挂账到该客人入住房间的主账上。
- Print Rate：打印房价。选中此复选框（打√），会在临时入住登记卡（Reservation Card）上打印房价；取消选中此复选框（不打√），就不会在登记卡上打印房价。切记：不可告知团队客人真实房价的时候，在登记卡上千万不要打印房价！
- House Use/Comp：两者的共性都是指免费入住酒店的客房，但 House Use 更多的是指酒店员工占用，如酒店的高级主管、工程师等因工作原因入住；Comp 通常是指为客人提供的免费房（如为同一连锁酒店管理人员交换体验对方的客房）。Comp（Complimentary，免费的、赠送的），免的是客房房费，但早餐必须自费。
- Appr Code（Approval Code）：授权号。酒店预订或者入住一般需要在入住时支付一定金额的押金，如现金、预授权。如果是现金，在系统操作入住后，员工登录到客人账单界面进行付款操作（参照 Cashiering 模块中 Payment 的具体介绍）。如果是预授权，首先应该在银行 POS 机上执行银行授权操作，然后将信息录入系统中（Sinfonia PMS 提供与银行信用卡支付接口，将银行刷卡机器上刷卡的信息，自动传入 Sinfonia PMS 该订单中）。若手工记录预授权信息，打开客人预订选项（Reservation Options）中的 Credit Cards 功能。

信用卡基本信息会显示在授权页面上，方便员工核对。录入预授权金额以及授权代码即可（授权代码可在银行卡单上找到）。如果没有银行信用卡接口，这个信息在 Sinfonia PMS 中只是起到一个备注的作用，通过报表比较客人消费是否超出授权金额；如果有银行信用卡接口，在该预订结算的时候，会将结算信息自动发送到银行进行授权消费操作。

如果预授权录入错误，必须进行冲抵。在冲抵时，授权金额录入等额负值，并录入相同的授权代码，则在系统会自动冲抵该笔错误授权。

- Comments：备注。预订中的 Comments[①] 与档案中的 Notes（客人的一些特殊要求）是类似的，作为客人预订的补充和提醒信息，有利于员工及时处理客人要求，更加周到地服务客人。在 Sinfonia PMS 中，Comments 一般是与账务有关的备注信息，而 Remark 是非账务的备注信息，如组织机构、人员构成等。

  常用的 Comments Types 类型有 3 种：
  - Reservation Comment：预订备注，即客人预订状态的备注信息，如果客户档案中 Notes 里面设置了预订备注，那么这个备注内容会被直接关联到预订界面的"Comments"字段中。
  - In House Comment：客人入住期间的备注信息。主要录入客人在入住期间的各类服务要求或者员工备忘信息。
  - Cashiering Comment：收银备注。这个收银备注用得最频繁，备注信息会出现在客人的账单上，酒店将关于客人消费以及结算的重要信息，写入 Cashier Comments，在处理客人账目时须特别注意。例如，团队预订，房费由公司支付，或者客人

---

① Comments：written or spoken remark giving an opinion on, explain on, explaining or criticizing (an event, a person, a situation)，即意见、解释、评论、批评。

预付了定金数额等跟账目处理有关的信息，酒店一般需要写收银备注（Cashier Comments）。

单击预订界面上的"Comments"字段，查看 Comments 明细，或者新建备注。首先选择一个 Comment Type，然后在白板区域录入备注明细，保存即可。如果客人有多于一条备注，预订界面上 Comments 字段会显示黄色，提醒员工单击以查看更多备注信息。

所有类型的备注（Comments）都会以醒目的标志出现在预订或者客人账面上。

（3）Rate Query：房价查询。按快捷键 Ctrl+R，进入"Rate Query"房价查询界面。房价明细页面上方显示的是预订入住时间和人数，以及每一个房型的可卖数量。如果某一房型数量变成红色，表示该房型已经卖完。左列是酒店的各种房价代码，表格中展示出每个房型对应的不同房价，员工根据客人要求选择其中一个房价，单击"OK"按钮，即可进入预订主界面。

如果预订入住时间超过一天，期间房价可能不一样。如果要对客人入住期间某一天的预订房价进行修改，在表格中直接修改房价并保存即可（图 4-18）。

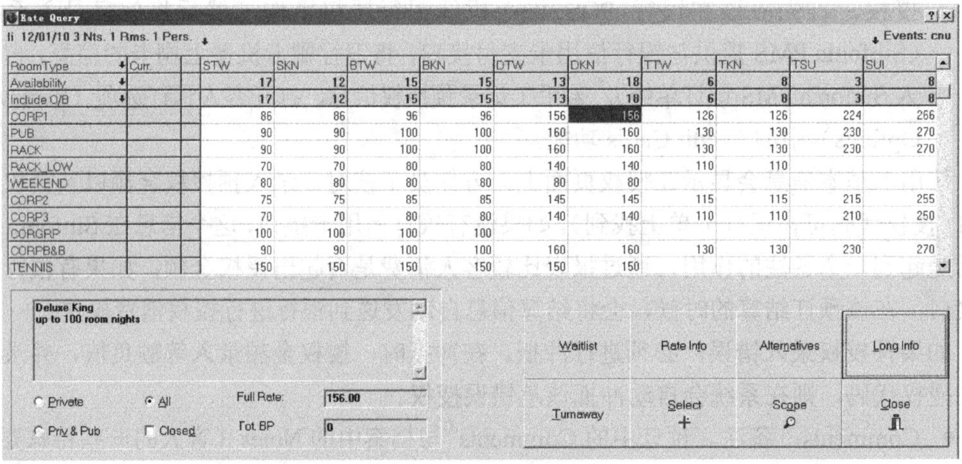

图 4-18 房价查询界面

图 4-18 界面左下区域是房价查询条件。

- Private：对特定客人、公司、旅游行或预订代理适用的房价。
- Priv&Pub：除了对所有人都适用的房价，对特定客人、公司、旅游行或预订代理适用的房价。
- All：除被关闭的房价以外系统中可用的所有房价。
- Closed：被关闭的房价。当选中该复选框时（打√），表示该房型的某些房价在客人入住这段时间暂时关闭，不能使用。尤其是在淡旺季明显的酒店中，酒店常常会根据出租情况临时关闭某些房型或者某部分房价代码。

图 4-18 页面右下区域各按钮含义如下。

- Waitlist：等候名单。允许将一个预订放入等候名单。在房价查询信息界面，单击"Waitlist"按钮，出现"Waitlist this reservaiton？"界面，在"Reasons""Phone""Priority"字段中输入原因、电话、优先权等级；单击"Yes"按钮，弹出新的预订界面，完成预订；单击"OK"按钮，出现"Reservation moved to waitlist."提示。

- Rate Info：查询房费明细。
- Alternatives：显示若干天的价格代码（图 4-19）。

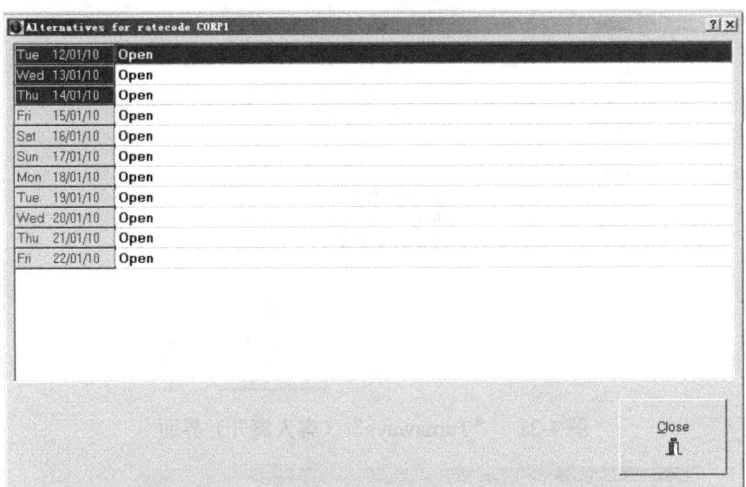

图 4-19　"Alternatives for ratecode CORP1"界面

- Long Info：显示由酒店行政部门设置的、与价格代码有关的信息。比如，与旅行社团队相关的信息（图 4-20）。

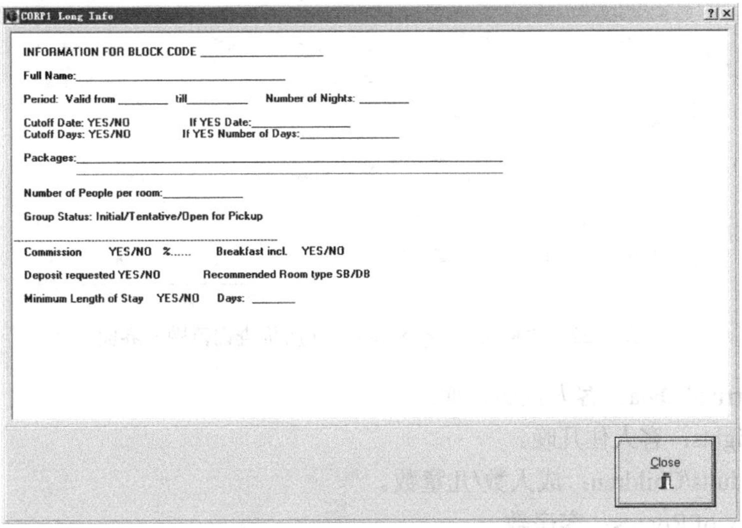

图 4-20　"CORP1 Long Info"界面

- Turnaway：离开。客人离开可能有多种原因，如 Fully booked（满员预订）、Rate too high（价格过高）、Room type not available（房型不合适）、No reason given（无理由）、General inquiry（一般的咨询）等（图 4-21）。

注意：当将"Turnaway"设置为"ON"时，"Turnaway"按钮被激活，并且"Regrets"按钮失效。

- Scope：房价查询范围。从快捷键主菜单中，选择房价查询命令或者按快捷键 Ctrl+R；在房价信息界面中，单击"Query"按钮，进入房价查询范围界面（图 4-22）。

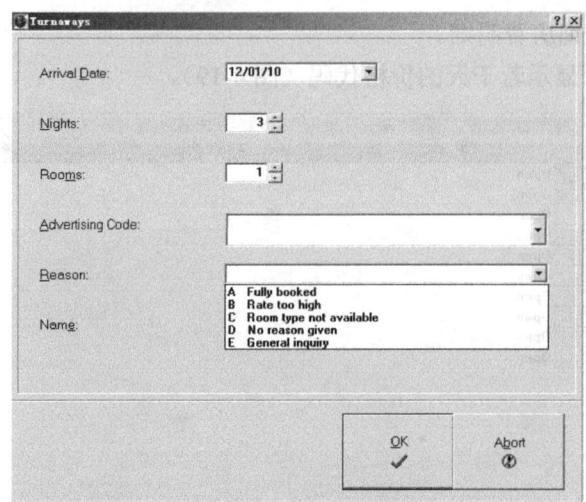

图 4-21 "Turnaways"(客人离开)界面

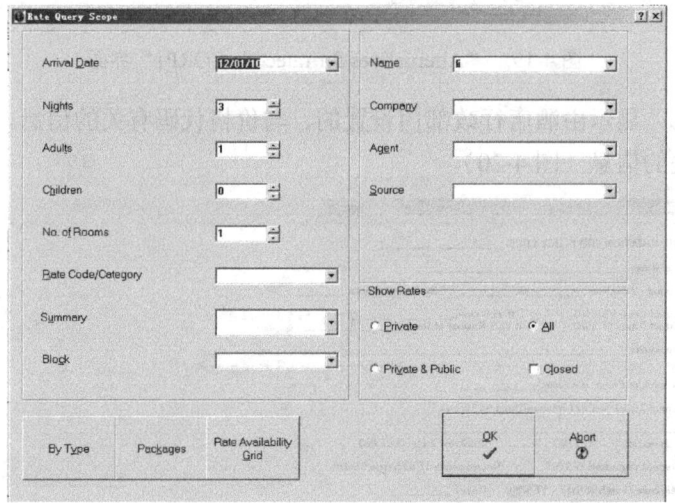

图 4-22 "Rate Query Scope"(房价查询范围)界面

- Arrival Data：客人抵店日期。
- Nights：客人住几晚。
- Adults/Children：成人数/儿童数。
- No. of Rooms：客房数。
- Rate Code/Category：房价代码/类别，如星期天，这个选项有助于缩小查询范围。
- Summary：当酒店将客房分为两个或多个区域时，如塔楼房、行政楼房、一般房，该选项有助于缩小查找范围。
- Name/Company/Agent/Source：客人/公司/旅行社/预订代理名称。
- Block：在下拉列表中显示所有指定日期抵达的团队名称。
- By Type：允许操作员以价格代码或房型查询房价。
- Packages：打开包价要素对话框，指定要加入房价的包价要素。
- Rate Availability Grid：打开房价表。

（4）预订附加信息（More Fields）。酒店工作人员在办理预订时，"More Fields"选项卡中应准确记录客人的要求（图4-23）。

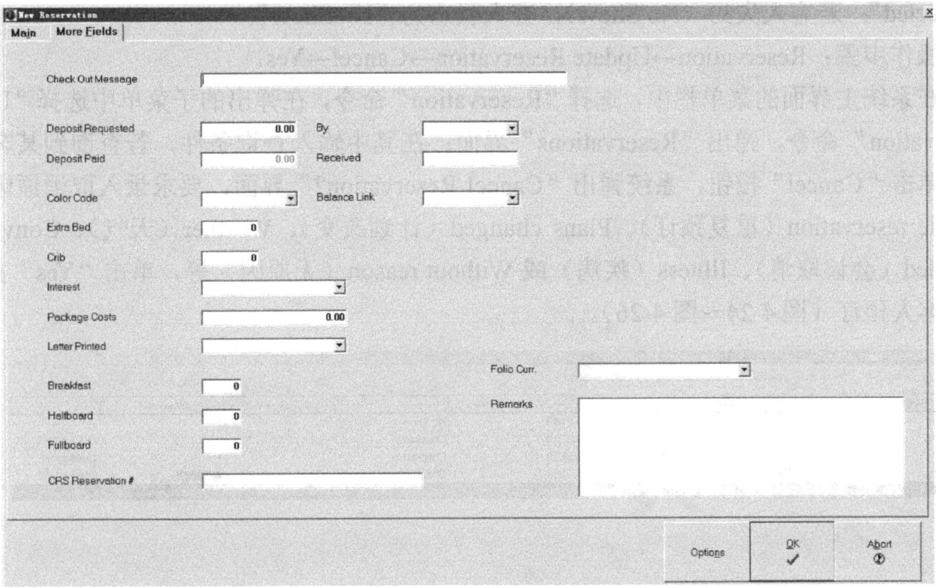

图 4-23 "More fields"（预订附加信息）选项卡

- Check Out Message：退房信息。
- Deposit Requested/By：要求交纳的预付押金。
- Deposit Paid/Received：已支付的预付押金/实收金额。
- Color Code：颜色代码。为不同的预订设置不同的颜色，好处是容易区分不同的预订。例如，给不同等级的 VIP 客人或团队指定不同的颜色。
- Balance Link：账户余额链接。
- Extra Bed：加床。
- Crib：（有栏杆的）小儿床。
- Interest：客人兴趣或爱好。如 Theatre（剧院）、Tennis（网球）、Golf（高尔夫）、Museum（博物馆）、Sports（运动）、Fine Dining（高级餐饮）。
- Package Costs：包价费用。
- Breakfast/Halfboard/Fullboard：Breakfast 即早餐；Half board 含早餐和正餐，一般指晚餐；Fullboard 指含三餐。
- CRS Reservation #：中央预订系统编号。

2. 取消个人预订（Cancel Reservation）

如果客人由于某些原因要求取消预订，酒店要将此预订在系统中取消，将预订占房数量释放。酒店一般会要求记录客人取消预订的原因，以便酒店改善管理和营销策略。[①]酒店应认识到，"客人花时间通知酒店取消所做的预订"对酒店来说是极大的帮助，因此，预订部应尽可能提供快速而有效的取消预订服务。

---

① 陈文力，苏宁. 酒店管理信息系统. 北京：机械工业出版社，2012：160.

酒店为客人新建预订后，客人状态（Status）变为"Expected"（预期到达）；登记入住后，其状态变为"Checked In"（已入住）；若客人在入住前取消个人预订，其状态变为"Canceled"；若客人失约（No Show），客人状态为"No Show"。

操作步骤：Reservation→Update Reservation→Cancel→Yes。

在系统主界面的菜单栏中，选择"Reservation"命令，在弹出的子菜单中选择"Update Reservation"命令，弹出"Reservations"界面；在其中输入查询条件，若查询到某客人预订，单击"Cancel"按钮，系统弹出"Cancel Reservation?"界面，要求录入取消原因，如Double reservation（重复预订）、Plans changed（计划改变）、Weather（天气）、Convention canceled（会议取消）、Illness（疾病）或 Without reason（无原因）等，单击"Yes"按钮，取消客人预订（图4-24～图4-26）。

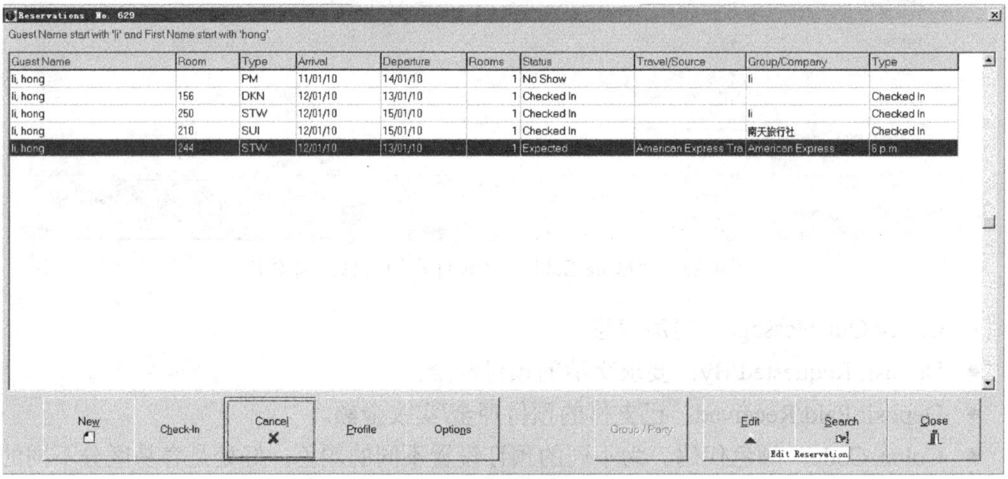

图 4-24　取消预订界面

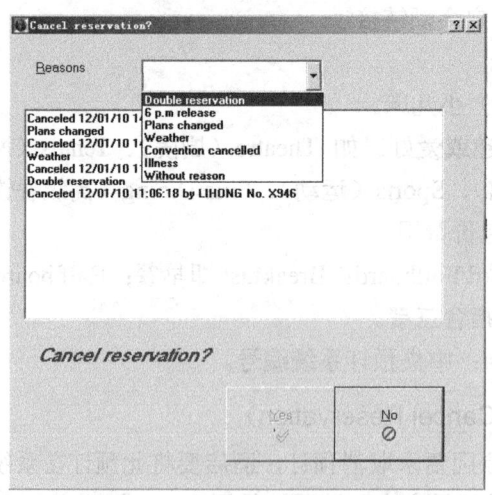

图 4-25　取消预订确认界面（1）

注意：如果客人在预订时已经交了预付押金（Pre-billing/Deposit），取消预订时要注意先退还预订保证金（CXL Reserv）。如果取消预订后又反悔，或者员工误操作取消了预订，重新激活（Reactivate）该预订。

第 4 章 预订管理

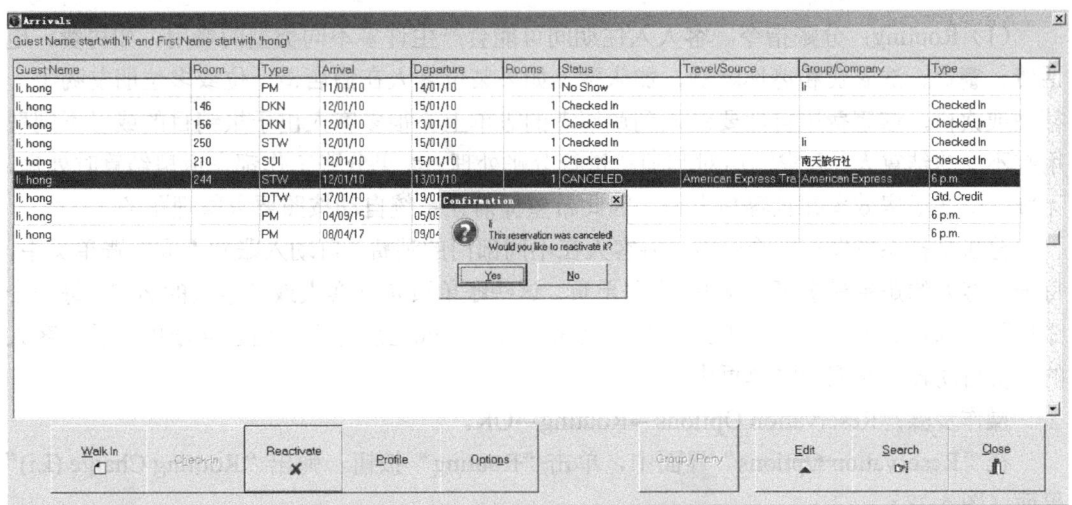

图 4-26　取消预订确认界面（2）

3. 预订更多功能（Reservation Options）

有 3 种方法设置预订更多功能。

- 操作步骤：Reservation→New Reservation→Options。
- 操作步骤：Reservation→Update Reservation→Search→Options。

在系统主界面的菜单栏中，选择"Reservations"命令，在弹出的子菜单中选择"Update Reservation"命令（快捷键：Ctrl+U），弹出"Reservations"界面；在其中输入查询条件后，单击"Search"按钮，从搜索结果中选择要查看或编辑的客人预订；单击"Options"按钮，弹出"Reservation Options"界面。

- 操作步骤：Housekeeping→Arrivals→Options。

预订选项更多功能界面见图 4-27。

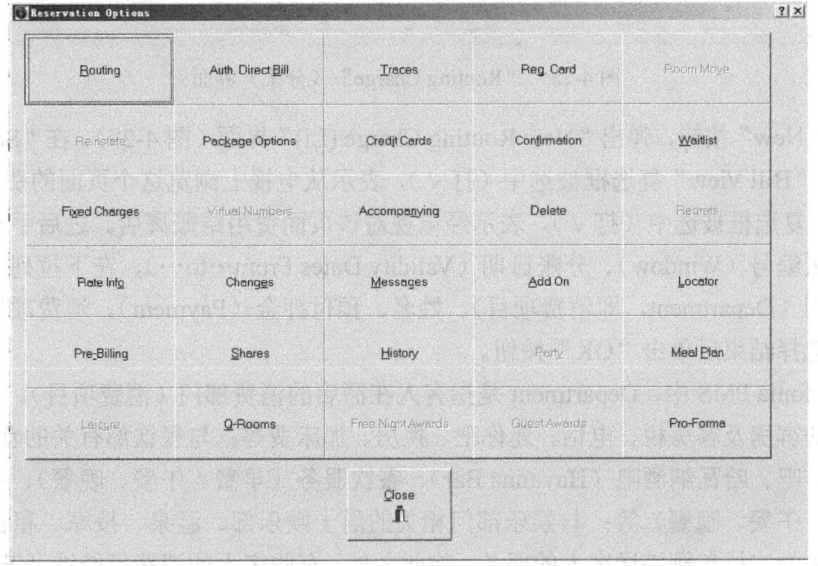

图 4-27　预订选项更多功能界面

· 55 ·

（1）Routing：分账指令。客人入住期间可能会产生许多不同类型的费用，如房费、电话费、餐费、洗衣费和迷你吧费、加床费。如果某位客人在酒店请一位或多位朋友喝了一杯酒或饮料，该笔费用自然要录入到邀请者的账单上。很多客人出于报销目的或者不同费用有不同的结算人，要求酒店对其消费进行分账处理。如果分账工作都在退房结算时处理，无疑会降低退房效率并且容易出错，因此希望提前让系统自动按照要求整理账务。

分账是指系统发出一个命令，将客人在不同部门的消费，自动入账到不同的账单页中，每一个客人的账单最多可定义98个账单页。这些账单页是该客人或其他人的名字。每一个账单页可以定义不同的付款方式。账单页在入账之前或之后建立。当建立账单页后，客人的消费自动转到相应的账单页中。

操作步骤：Reservation Options→Routing→OK。

在"Reservation Options"界面中，单击"Routing"按钮，弹出"Routing Charge (Li)"界面（图4-28）。

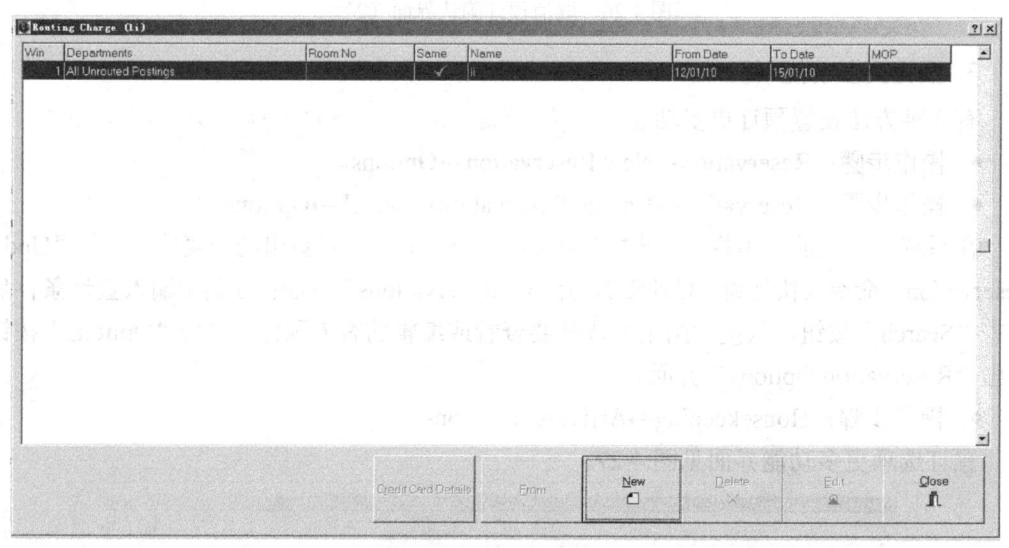

图4-28 "Routing Charge"（分账）界面

单击"New"按钮，弹出"New Routing Charge (Li)"界面（图4-29）。在"Same Room"选项组中，"Bill View"复选框被选中（打√），表示从电视上浏览这个页面的费用；"Video Checkout"复选框被选中（打√），表示经电视对该页面费用结账离店。之后手动录入要分账的账单页编号（Window）、分账日期（Validity Dates From…to…），在下拉列表中选择客人消费部门（Department，即消费项目）、姓名、预付押金（Payment）。消费项目是一类或者几类，选择结束后单击"OK"按钮。

在Sinfonia PMS中，Department是指客人在酒店的消费部门（消费项目）。比如，与客房部有关的客房及客房税、电话、迷你吧、换房、加床费等；与餐饮部有关的食物与酒水、早餐、咖啡吧、哈瓦纳酒吧（Havanna Bar）、餐饮服务（早餐、午餐、晚餐）、中式餐饮服务（早餐、午餐、晚餐）等；与娱乐部门相关的爵士娱乐部、温泉、按摩、租自行车等；与前台相关的安排车辆接送客人的服务。除此之外，有些客人的消费可能涉及若干个部门，如房费＋餐饮（Room and F&B）、房费＋早餐（Room+Breakfast）、客房服务＋早餐（午餐、晚餐）等。为了客观准确、全面详细地记录客人在入住前、入住中、结账离店行为，必须根据酒店业务流程，将客人与酒店各部门的互动关系，编制详细的消费行为代码，促使酒店管理信息系统快速、高效地工作。如果在酒店试运行过程中，发现 Department 无法全面反映客人在酒店不同部门的消费行为，应及时进行补充完善（图 4-30）。其中，Include 指要入账的若干个消费项目，Exclude 指除若干个消费项目不入账外，其他消费项目均入账。

图 4-29 "New Routing Charge (Li)" 新分账界面

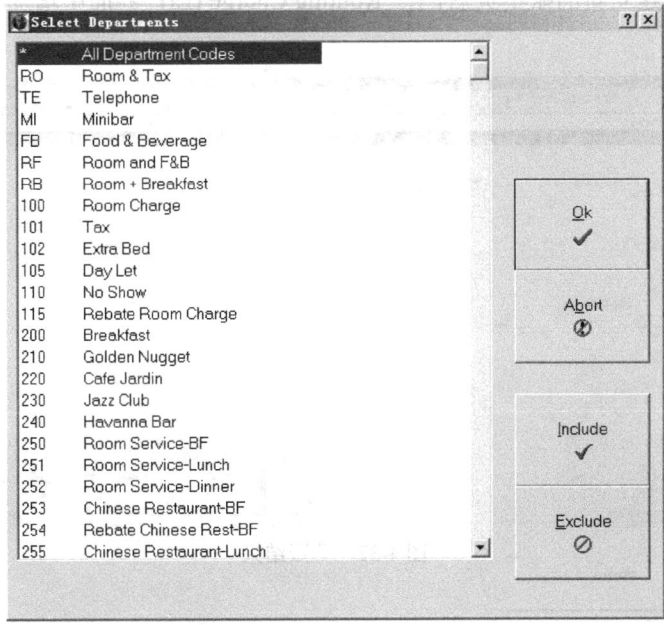

图 4-30 "Select Departments"（消费项目选择）界面

例如，客人甲在酒店入住期间的消费项目中，餐饮费、住宿费属于客人自己的消费，直接记入客人甲在酒店的某个账单页上，最终由他自己负责结账。但客人甲也有可能在酒店请其他客人乙、客人丙喝酒、洗桑拿或美容，那么客人乙、客人丙的这些消费虽然记录在自己的账单页上，但是既然事先说好是客人甲请客，那么必须把这些消费项目分账到东道主客人甲的账单上，由他负责结账。这样做的好处，一是客观记录了每个客人在酒店的消费项目和金额，二是遵照客人自己私下的约定，酒店合理地进行分账，正确地向各位客人收取各项费用。不论如何分账，总的原则是，酒店总的统计数据不多也不少（图4-31）。

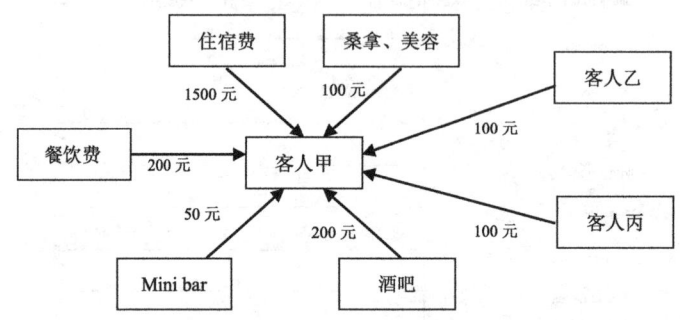

图 4-31　客人甲在酒店的账页示意图

在图 4-29 中，如果新建账单页的"Name"是客人甲，若入账到同一个房间，在"Same Room"选项组中选择相应类型，在"Name"下拉列表中选择客人甲。若要分账到其他客人房间号（或者与客人相关联的旅行社、公司、团队等），则取消选中"Same Room"复选框，在"Other Room"下拉列表中选择其他客人房间号、姓名，在分账单页界面中选择该账单页客人甲的付款方式，如果是信用卡付款，则需要输入卡号等信息。所有信息填写完毕后，单击"OK"按钮，建立新的账单页后，在"Routing Charge (Li)"界面中增加了新的"Window"项（图 4-32）。[①]

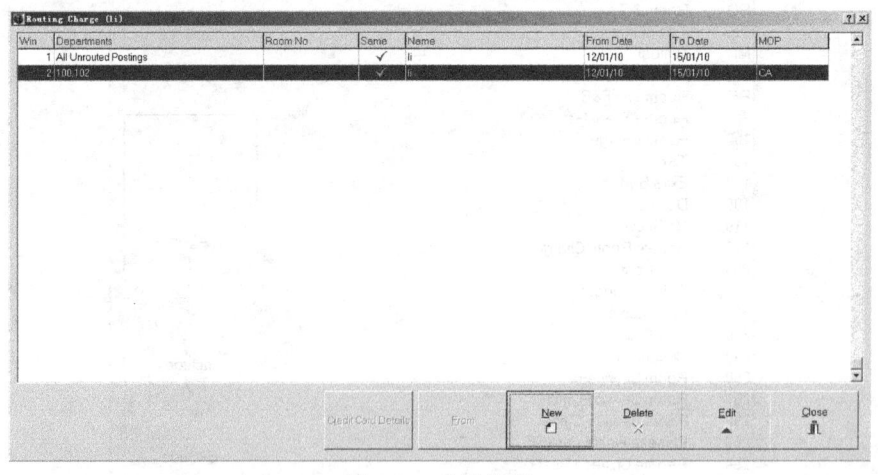

图 4-32　分账结果

[①] 张艳玲，赵宇茹，邵磊．饭店管理实验教程：Micros Fidelio 的运营实践．北京：清华大学出版社，北京交通大学出版社，2013：83-84．

知识链接

在德国，民间有俗规："吃请"即由友人掏钱；"请吃"即自己付钱请友人；"共进午餐""一起进餐"即实行 AA 制，各付各的账。德国餐厅的服务员在客人招呼前往收款时，必定要问一句："是一起付，还是分开付？"所以在德国，从未看到众人都掏出钱来争着付账的情况。因为怎样付款，在吃饭前已经讲清楚了，是"请吃""吃请"还是"共进午餐"，三者必选其一，大家都按事先的约定行事。

德语中，说"请"的地方很多，但在约饭局时要想好了。这个"请"字一出口，是和饭后付钱联系在一起的——"我请客，你付款"的事是没有的。如此这般，在饭前大家都讲好，彼此已默契如何出饭钱；饭后又都照此来做，就避免了食客为抢着买单争得脸红脖子粗，甚至大动干戈动起手来的尴尬局面。如果说"吃请""请吃""共同进餐"是三个选项的话，那么通过"我请""我邀请"（他要买单的）或"让我们一起去吃顿饭吧"（在一块聚聚，饭钱要自己付），便表明了选三项中的哪一项，没有歧义。

在德国还有第四种付款方式：聚餐者各付各的饭钱，但第一杯饮料由聚餐的召集者买单。前三种办法均采取"全包"的模式，请客的话，我就全包你的饭钱；自付当然由自己来负担所吃饭菜、所喝饮料的费用，而第四种办法开辟了"分包"请客的新模式——不管第一杯饮料在你的全部饭费中占了多少，但我总是部分请了客，意思到了。在这样的场合或其他一些类似场合，教授、主持人请每个参与者的是一杯饮料，所费不多，却意思到了。①

（2）Reinstate：取消离店。如果客人已结账离开，因故返回酒店入住时，用此功能让客人重新登记入住他原来住的房间。

操作步骤：Reservation Options→Reinstate→OK。

在"Reservation Options"界面中（图 4-27），单击"Reinstate"按钮，弹出一个确认对话框，单击原来的客房或 PX 房（挂账房），预订状态从 Checked Out（结账退房）变为 Due Out（预离房）。

（3）Fixed Charges：固定消费（加床费等）。固定消费是指客人在入住酒店期间产生的消费有固定周期，例如每晚、每周、每月、每季度产生的早餐费、送餐费、加床费、停车费和包车费等，设置好固定消费和入账频率，系统在夜审时会将固定消费自动记入客人的账单。

操作步骤：Reservation Options→Fixed Charges→OK。

在"Reservation Options"界面中（图 4-27），单击"Fixed Charges"按钮，弹出"Fixed Charges"界面（图 4-33）；单击界面底部的"New"按钮，弹出"Edit Fixed Charges"界面；从"Department"（消费项目）下拉列表中选择要设置为固定消费的项目；录入单价和消费数量；单击"OK"按钮，关闭固定消费对话框，系统会根据设定，将费用录入客人账单。如果需要，可重复以上过程，将每项额外的消费项目设置为固定消费。

① Department：消费项目。
② Quantity：消费次数。

---

① 金海民. 谁买单. 北京晚报. 2017-04-08（21）.

③ Price：单价。
④ Currency：货币类型。
⑤ Arrange：消费项目类型，如 Accomodation（住宿）、Food & Beverage（食物与饮料）、Television（电视）、Banquet（宴会）。
⑥ Total Amount：总金额。
⑦ From night of / To night of：定义固定消费入账起止时间。

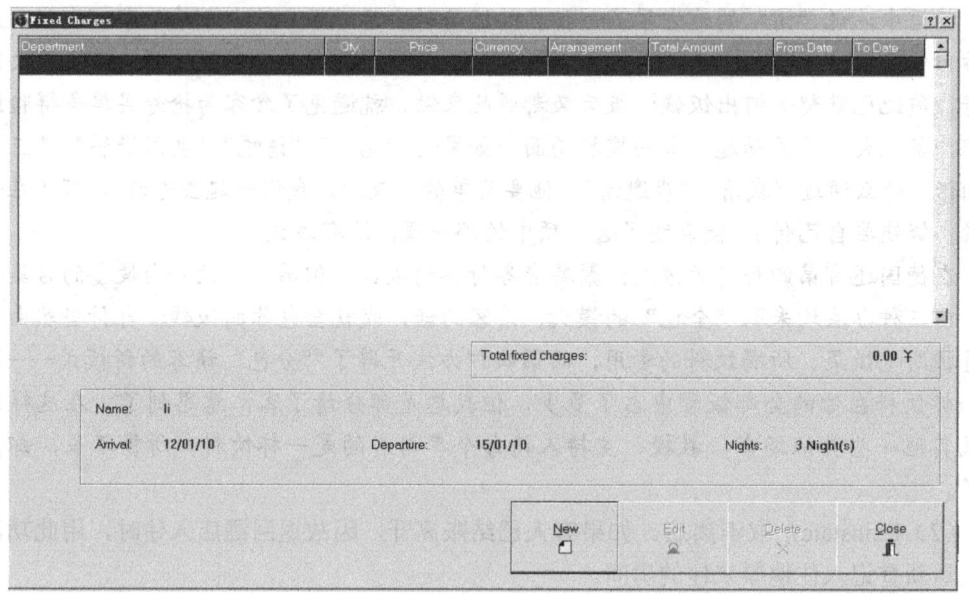

图 4-33　"Fixed Charges"（固定消费）界面

如何编辑修改固定消费？在"Fixed Charges"界面中，选择要编辑的固定消费，单击"Edit"按钮，出现"Edit Fixed Charges"界面，输入要修改的内容，单击"Ok"按钮完成修改。如果要删除某项固定消费，在"Fixed Charges"（固定消费）界面中，选择要删除的固定消费，单击"Delete"按钮，出现删除对话框；输入要删除的内容，单击"OK"按钮完成删除（图 4-34）。

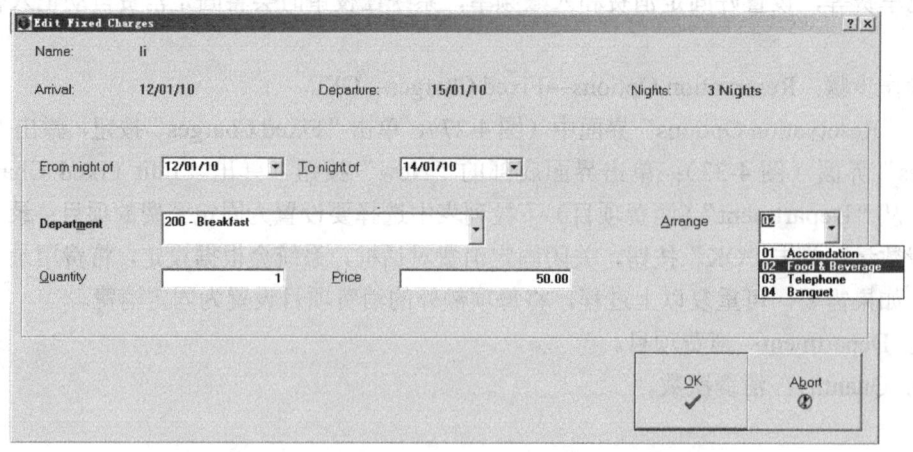

图 4-34　"Edit Fixed Charges"（编辑固定消费）界面

在完成 Edit Fixed Charges 之后,在弹出的界面中提供了 8 个单选按钮,询问该项操作是仅适用于某位客人,还是适用于团队/散客小团体、具有类似抵达时间的客人、合住一间客房的客人、相同房型的客人等,见图 4-35。

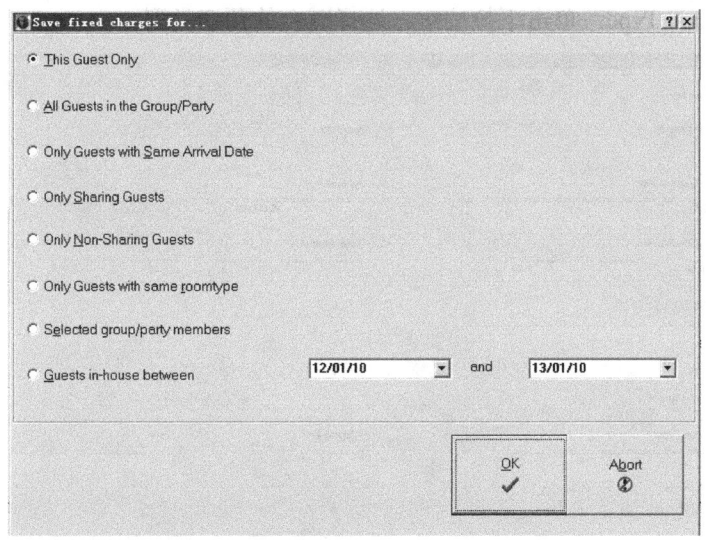

图 4-35 "Save fixed charges for…"界面

若一位客人入住时间为 2 晚,在酒店预订 3 样早餐,每天 1 份,单价 50 元,选择"This Guest Only"单选按钮。

(4) Pre-Billing:预付定金。一些酒店为了确保预订能够实现,常常要求客人在预订时支付一定额度的预付款(预付定金)。收取多少预付定金,取决于不同的担保要求。一般会以房费作为参考基准来计算,如头晚的房费或者全额房费。

注意:预付定金只适用于尚未登记入住的客人,一旦客人入住,这个选项就变成了"收银"(Billing)状态。

操作步骤:Reservation Options→Pre-Billing→Deposit。

在"Reservation Options"界面中(图 4-27),单击"Pre-Billing"按钮,弹出收银登录界面。输入 Cashier No.(收银员工号)、Password(密码),进入财务系统,弹出预付定金对话框,在其中选择预付方式、金额。一旦客人入住,指定预付定金出现在客人的哪一个账单页。如果要打印预付定金收据,选中该界面底部的"Print Receipt"复选框(打√)(图 4-36~图 4-37)。

- Confirmation No:预订的订单号(Order Number)。
- Deposit Requested:要求缴纳的预付押金。
- Due Date:预抵日期。
- Payment Department/Amount:付款方式(如现金、支票或银行卡等)/总金额。
- Pre-Paid Commission:已支付的佣金/手续费。如果定金是由旅行社缴纳的,并已经支付其佣金,在对应的栏目中填入佣金的百分比或者佣金金额。
- Supplementary Info:补充信息。输入客人名字或者预订单号。如果当初客人选择了用支票(Check)预付,在这里填入支票编号。如果支票号在预订时被记录了,它会自动出现在这一栏目中。

- Description：预订信息描述。
- Reference #：参考数字、基准数字（如支票编号）。
- Reservation Type：单击下拉按钮，选择适合的预订类型。

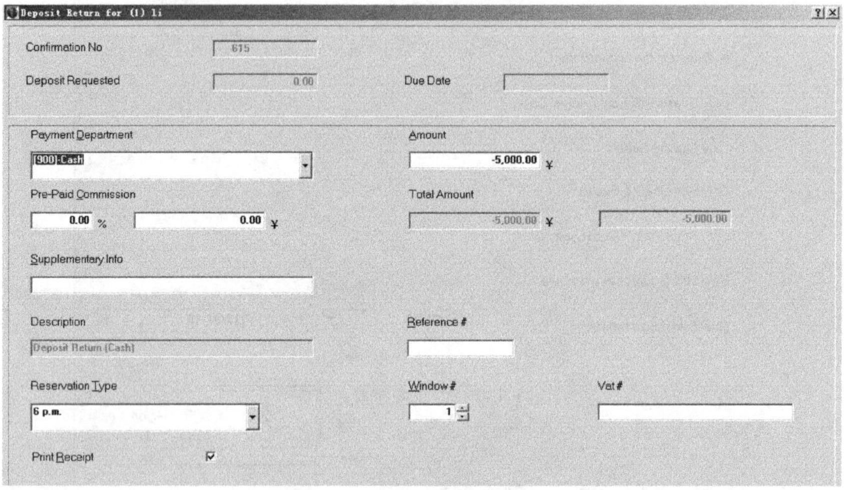

图 4-36　预付定金收取界面

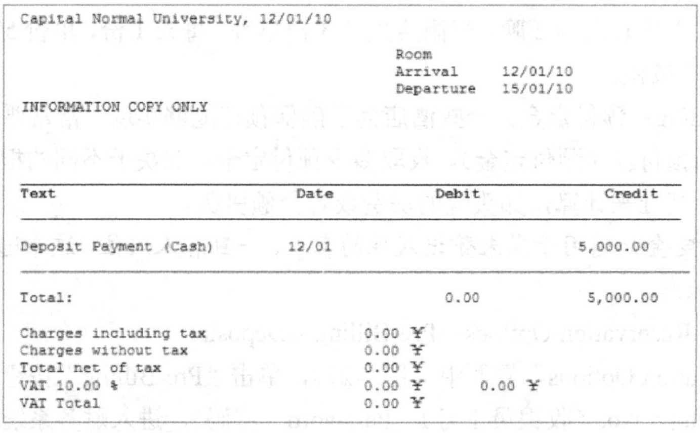

Capital Normal University, 12/01/10

Room
Arrival 12/01/10
Departure 15/01/10

INFORMATION COPY ONLY

Text	Date	Debit	Credit
Deposit Payment (Cash)	12/01		5,000.00
Total:		0.00	5,000.00

Charges including tax 0.00 ¥
Charges without tax 0.00 ¥
Total net of tax 0.00 ¥
VAT 10.00 % 0.00 ¥ 0.00 ¥
VAT Total 0.00 ¥

图 4-37　预付定金确认书界面

当取消预订时，必须先将预付定金退给客人，然后才能取消预订。

操作步骤：Reservation Options→Pre-Billing→CXL Reserv→Post→Yes。

在“Reservation Options”界面中（图 4-27），单击“Pre-Billing”按钮，出现“Pre-Billing Mr. hong li Reservation NO:647”界面。单击该界面下方的“CXL Reserv”按钮，出现“Deposit Return for (1) Li”界面；在“Payment Department”下拉列表中选择退款方式，在“Amount”数值框中输入退款总金额（预付押金的相反数，以负数表示），单击该界面右下角的“Post”按钮，弹出“Cancel Reservation”界面；在“Reasons”下拉列表中选择取消预订的原因，如重复预订、计划改变、天气、会议取消、疾病或者没有原因；单击“Yes”按钮，返回“Pre-Billing”界面，可以看到客户账单中多了一条记录，系统已经将客人预付定金退还给客人，客人的账户余额（Balance）变为 0（图 4-38 和图 4-39）。

图 4-38 预付定金界面

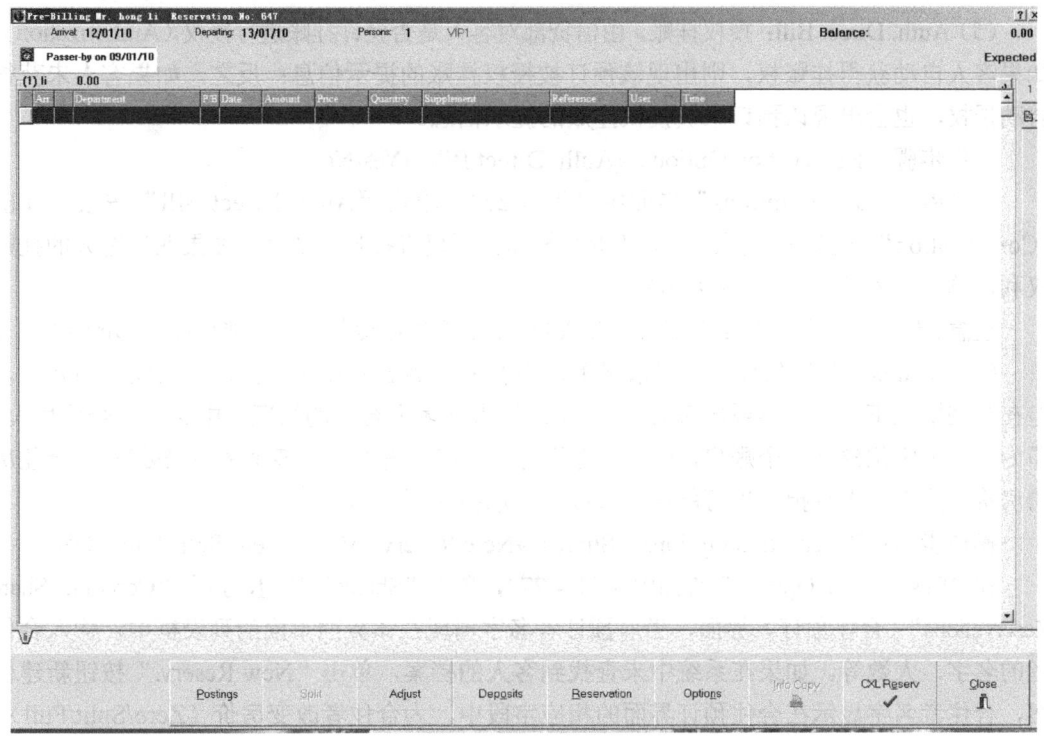

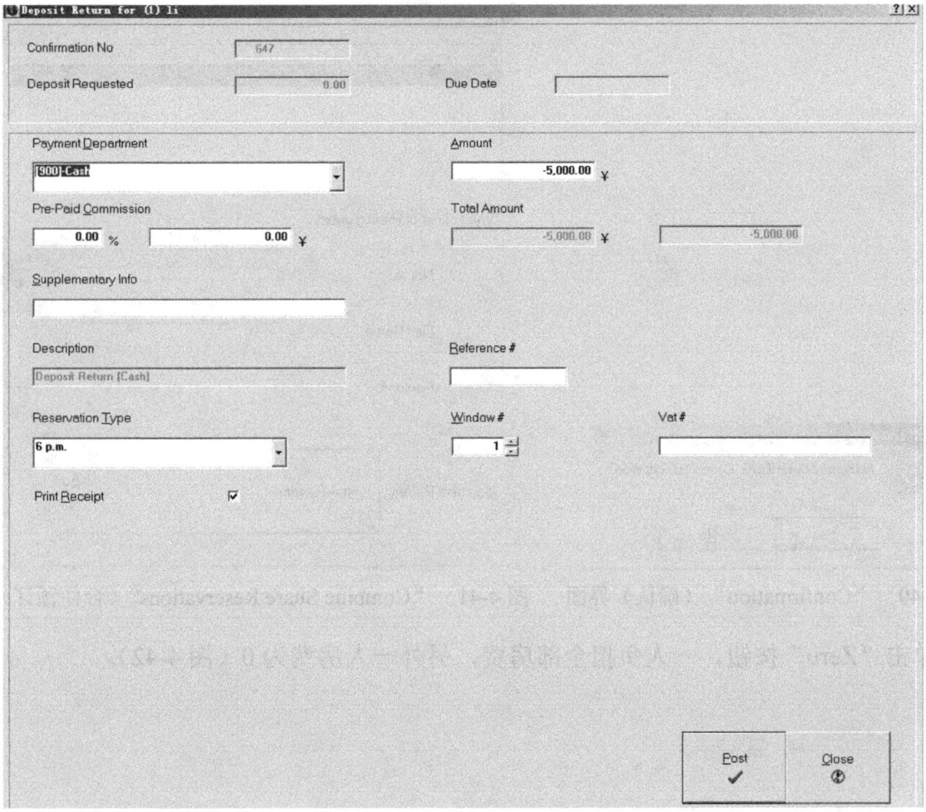

图 4-39 预付定金返还界面

（5）Auth. Direct Bill：授权挂账。由信贷部对客人是否允许挂账进行授权（Authorization）。如果客人自动获得挂账权，则出现该预订被授权挂账的提示信息；反之，如果客人未获得自动授权，也会出现该预订未被授权挂账的提示信息。

操作步骤：Reservation Options→Auth. Direct Bill→Yes/No。

在"Reservation Options"界面中（图 4-27），单击"Auth. Direct Bill"按钮，弹出"Confirmation"（确认）界面。单击"No"按钮，授权直接挂账成功。如果取消客人的挂账权利，单击"Yes"按钮（图 4-40）。

注意：如果一个预订有应收挂账，用 Add on 并不会自动复制其挂账（Auth. Direct Bill）。

（6）Shares：合住预订。一般情况下，当客人在酒店入住时，都是一人住一间客房，但在某些情况下（如夫妻或同事），可能出现两人或多人合住的情况，中文称"合住房"。即为每一个床位建立一个账户，对允许合住的房间在逻辑上当作多个房间来处理。[①]合住房的房费可能由一人承担，也可能由两人或多人承担（图 4-41）。

操作步骤：Reservation Options→Shares→New Reserv.→OK→Zero/Split/Full→OK。

在"Reservation Options"界面中（图 4-27），单击"Shares"按钮，弹出"Combine Share Reservations"（合住预订）界面，当前预订者名字出现在该界面上面的列表框中，输入合住者的名字、人数等。如果在系统中未查找到客人的档案，单击"New Reserv."按钮新建档案，合住者名字显示在合住预订界面的相应字段中，为合住者改变房价（Zero/Split/Full），最后单击"OK"按钮，关闭合住预订界面。

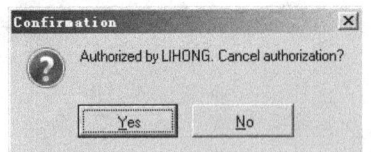
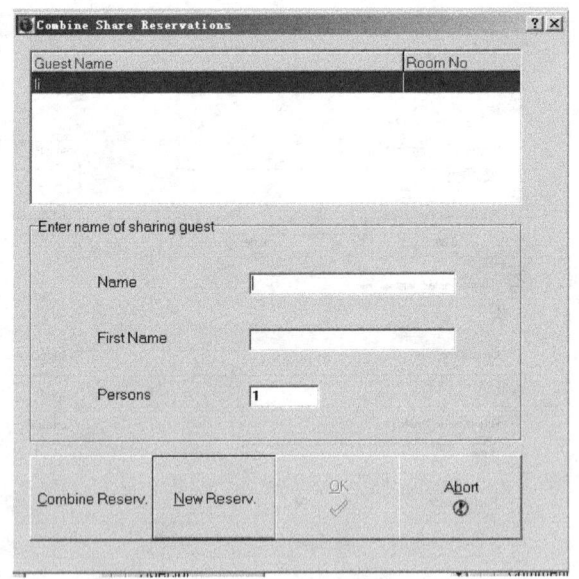

图 4-40 "Confirmation"（确认）界面　　图 4-41 "Combine Share Reservations"（合住预订）界面

单击"Zero"按钮，一人负担全部房费，另外一人房费为 0（图 4-42）。

[①] 石应平，冷奇君. 酒店管理酒店系统实务. 北京：高等教育出版社，2011：67.

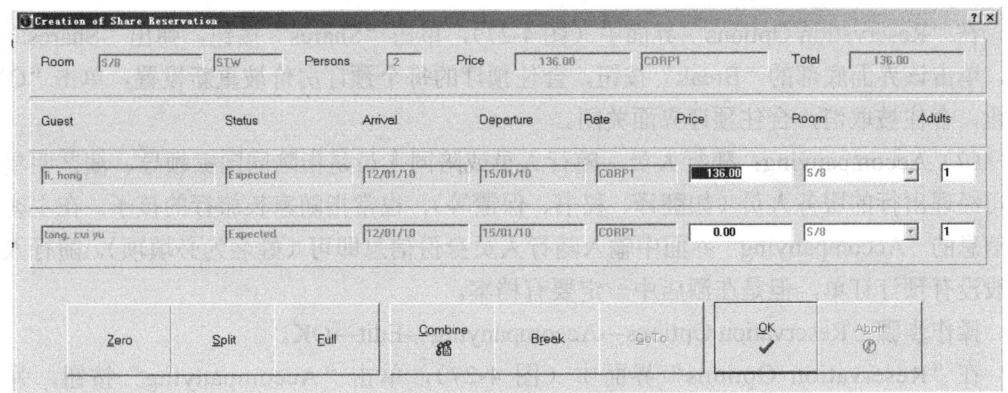

图 4-42 一人承担全部费用

单击 "Split"（拆分）按钮，房费由合住的两人或多人分摊。比如，两人合住，每人分摊原房价 136 元中的一半，每人都是 68 元（图 4-43）。

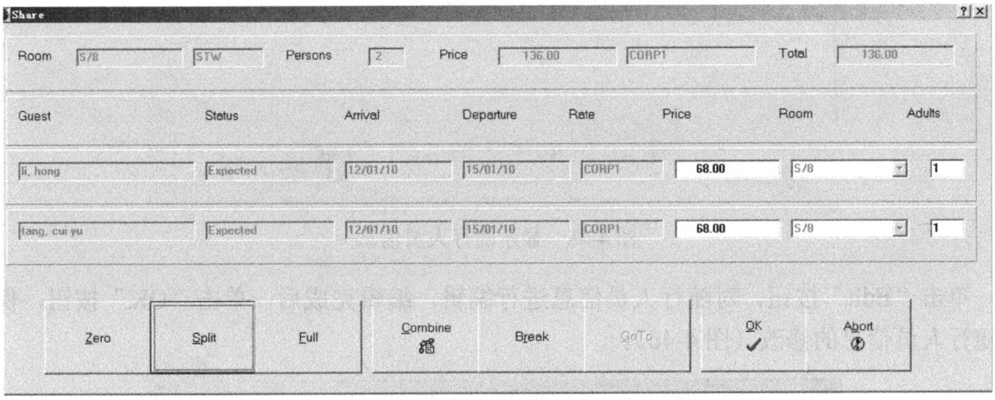

图 4-43 两人分摊全部费用

单击 "Full" 按钮，合住的两人都付全部房费（Full），每人的房价比拆分（Split）的房价要高。比如，两人的房价是人均 86 元，而非 68 元（图 4-44）。

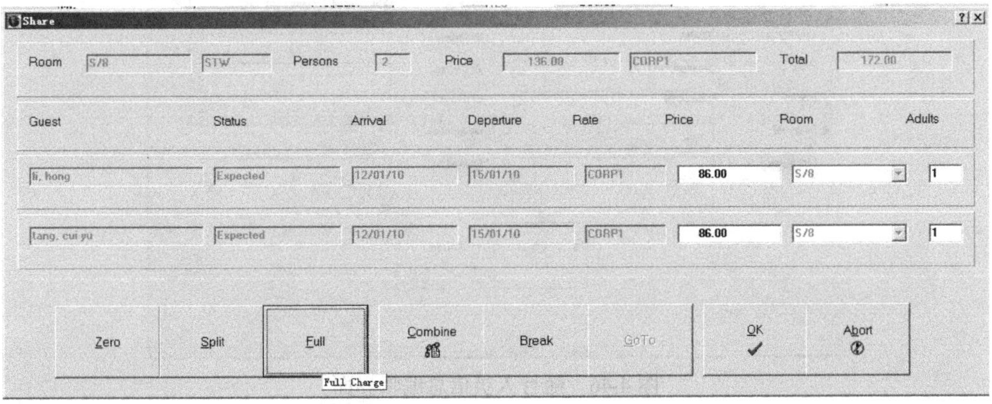

图 4-44 合住的人均付全部费用

下面介绍如何取消合住预订。

操作步骤：Reservation Options→Shares→Break→OK。

在"Reservation Options"界面中（图4-27），单击"Shares"按钮，弹出"Shares"界面，单击该界面底部的"Break"按钮，合住预订的每个预订房价被重新设置，单击"OK"按钮，合住被取消，合住预订界面关闭。

（7）Accompanying：随行人员。随行人员或陪同人员是指陪同国家领导、演艺明星或公司经理出行的服务人员（如翻译、秘书、保镖等），也常指随家长旅行的孩子。在主客预订信息的"Accompanying"界面中输入随行人员身份信息即可（姓名为必填项）。随行人员一般没有预订订单，但是在酒店中一定要有档案。

操作步骤：Reservation Options→Accompanying→Edit→OK。

在"Reservation Options"界面中（图4-27），单击"Accompanying"按钮，弹出"Accompanying"界面（图4-45）。

图4-45 显示随行人员信息

单击"Edit"按钮，对随行人员信息进行编辑，编辑完成后；单击"OK"按钮，保存对随行人员信息的修改（图4-46）。

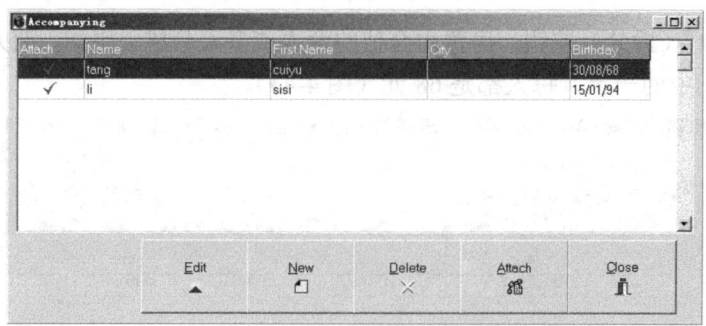

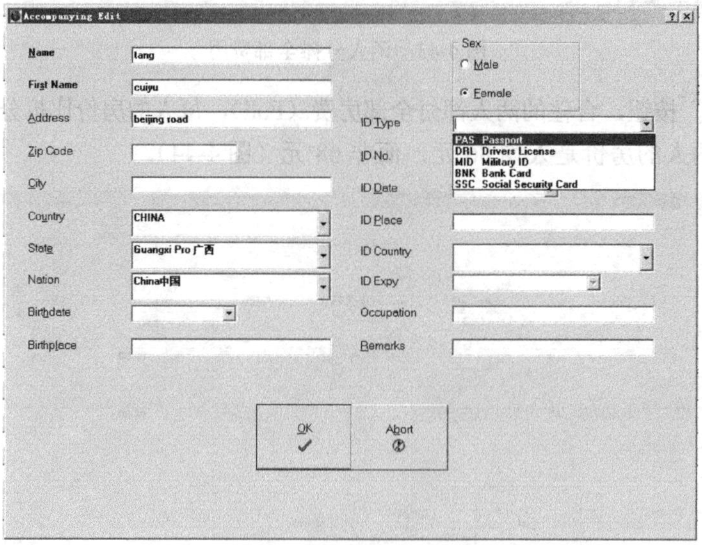

图4-46 随行人员信息编辑界面

单击"New"按钮，在弹出的界面中录入随行人员的姓名、生日、出生地等信息。单击"OK"按钮，保存随行人员信息。当随行人员有多人时，重复以上过程，即可输入多名随行人员的信息。

如果某位工作人员临时取消出行计划，要将其从随行人员中删除。选择要删除的随行人员，单击"Delete"按钮，在出现确认信息界面后，单击"Yes"按钮，完成随行人员的删除。

类似的，若要解除某个预订与某个随行人员的关系，先选定某个随行人员，单击"Attach"按钮，即取消了某个预订与某个随行人员的关系。为什么有了"Delete"按钮，还要有"Attach"按钮呢？在Sinfonia PMS中，Delete（删除）的权限一般只掌握在中高层管理人员这一层级，因此，在实际操作中，更多地采用"Attach"按钮来取消某个预订与随行人员的关系。

（8）Messages：给客人留言。Messages 的作用是为酒店客人发送或显示信息。信息的数量没有限制，传送工具是电话系统或电视显示屏。

操作步骤：Reservation Options→Messages。

选中需要留言的客人预订，在"Reservation Options"界面中（图4-27），单击"Messages"按钮，弹出给客人留言界面（图4-47）。

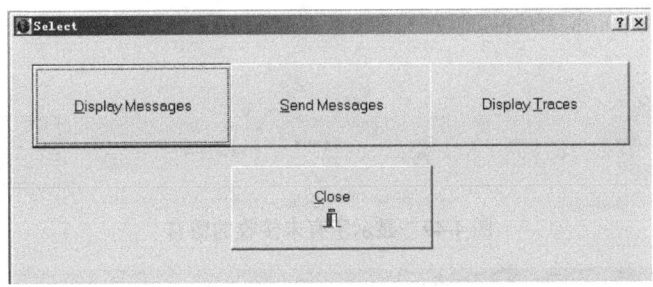

图4-47　给客人留言界面

① Display Messages：单击"Display Messages"按钮，弹出"DISPLAY MESSAGES FOR："界面（图4-48）。

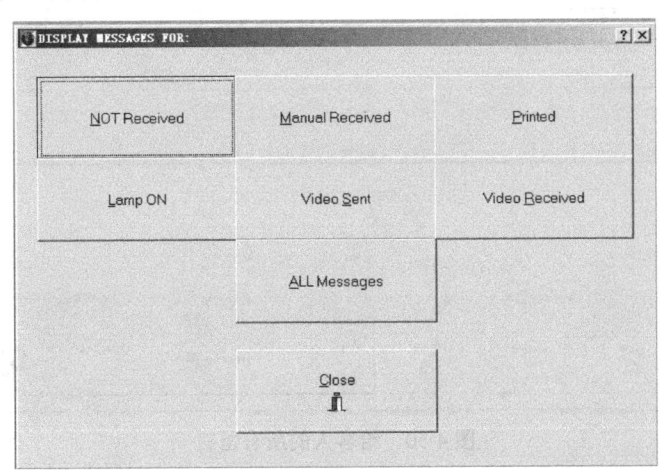

图4-48　"DISPLAY MESSAGES FOR："界面

- NOT Received：单击"NOT Received"按钮，弹出该客人所有尚未接收的留言，并显示留言状态（Status）为尚未接收（All message NOT received）界面（图4-49）。
- Manual Received：单击"Manual Received"按钮，手动接收留言信息。
- All Messages：单击"All Messages"按钮，在出现的界面中列出了针对当前客人的所有信息，并将留言状态（Status）显示为已接收。单击每一条留言，在界面的下部出现对应的留言内容。在该界面中，通过"New"或"Delete"按钮新建或删除留言，通过"Receive"或"Receive All"按钮逐一接收留言或一次接收所有留言（图4-50）。

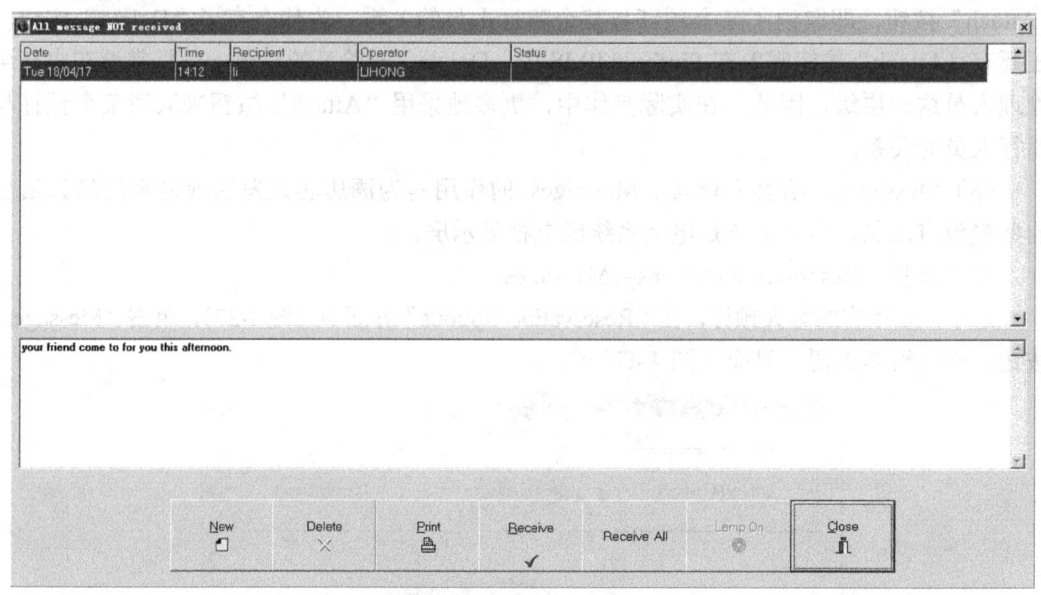

图 4-49　显示所有未接收的留言

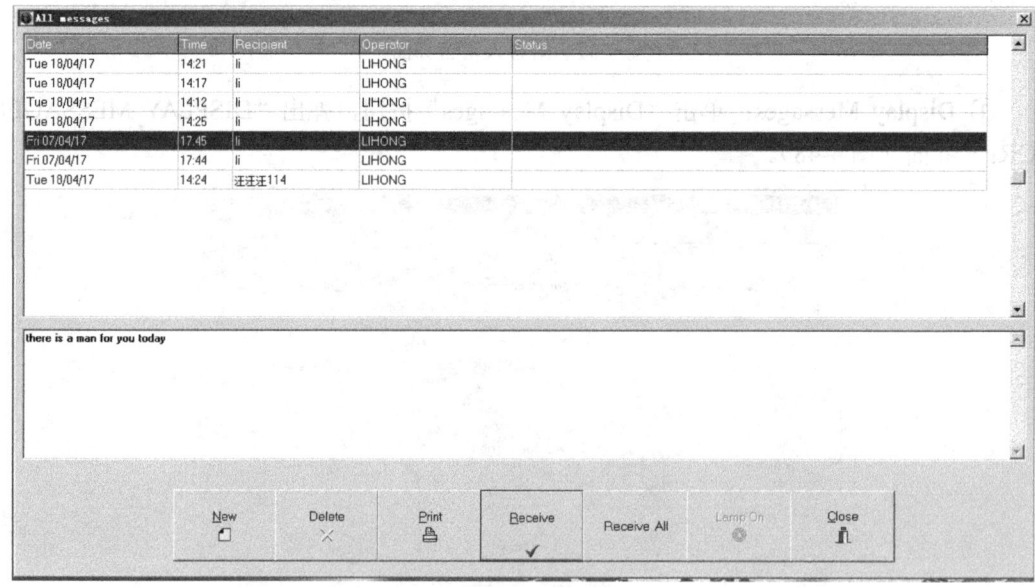

图 4-50　给客人的所有留言

- Lamp ON：留言信号灯。如果客人有留言信息，在房间电话上看到留言信号灯闪烁，客人拨电话到总机查收留言，或者要求总机打印出来送到客房。如果是语音留言，可以在电话上直接收听。
② Send Messages：主要用于给团队或某一范围的人群发送留言（图4-51）。
- Guests Arriving Today：给当日抵达的客人发送的留言（图4-52）。

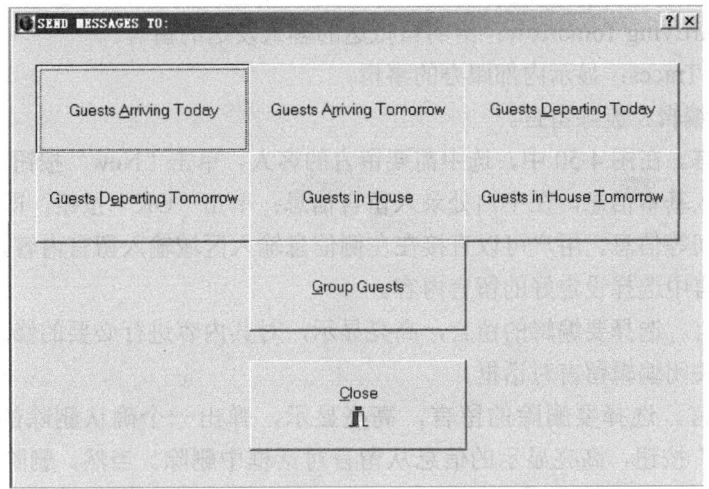

图 4-51 "SEND MESSAGES TO:"(发送留言)界面

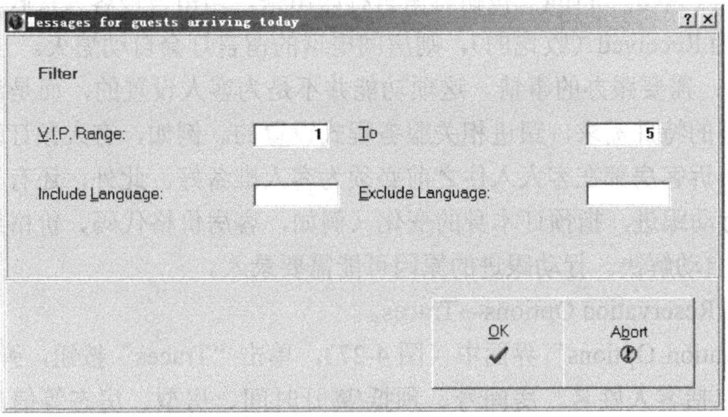

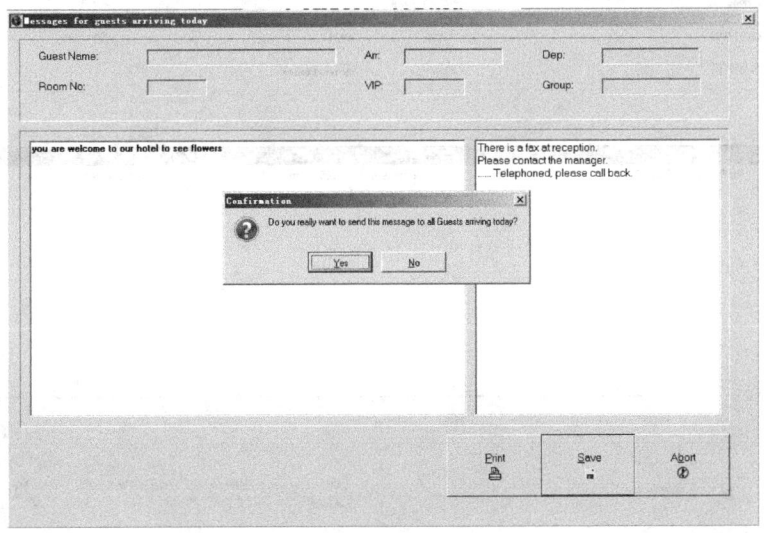

图 4-52 给当日抵达的客人发送留言(1)

在图 4-53 中,左侧为留言信息输入区域,右侧为预设留言选择区域。

图 4-53 给当日抵达的客人发送留言(2)

- Guests Arriving Tomorrow：给明日抵达的客人发送的留言。
③ Display Traces：显示内部跟办的事情。
④ 新建、编辑、删除留言。
- 新建留言。在图4-50中，选中需要留言的客人，单击"New"按钮，新建留言；录入留言人基本信息，在空白处录入留言信息；单击"OK"按钮，即可看到留言人、留言时间等信息。用户可以直接在左侧信息输入区域输入留言内容，也可以在右侧预设留言中选择设定好的留言内容。
- 编辑留言。选择要编辑的留言，高亮显示，对其内容进行必要的修改，单击"OK"按钮，关闭编辑留言对话框。
- 删除留言。选择要删除的留言，高亮显示，弹出一个确认删除的对话框，单击"Delete"按钮，高亮显示的信息从留言对话框中删除。当然，删除Messages的权限不对一般员工开放。
- 打印留言。单击"Print"按钮将留言打印出来。当留言被客人接收以后，应将留言状态改为Received（收讫的），则房间电话的留言灯会自动熄灭。

（9）Traces：需要跟办的事情。这项功能并不是为客人设置的，而是酒店内部为满足客人在入住期间的特殊需求，跟进相关服务程式设置的。例如，客人预订时提出需要一个婴儿床，前台告诉客房部在客人入住之前必须为客人准备好。此外，还有一种特定的事项跟进类型——行动跟进，指预订本身的变化（例如，客房价格代码、价格或客人数量的变化），在夜审时自动解决。行动跟进的原因可能需要录入。

操作步骤：Reservation Options→Traces。

在"Reservation Options"界面中（图4-27），单击"Traces"按钮，弹出"Traces"对话框。其中，包括客人姓名、房间号、预抵/离开时间、房型、房态等信息。界面下方的"Delete"删除事项跟进的权限一般不对普通员工开放（图4-54）。

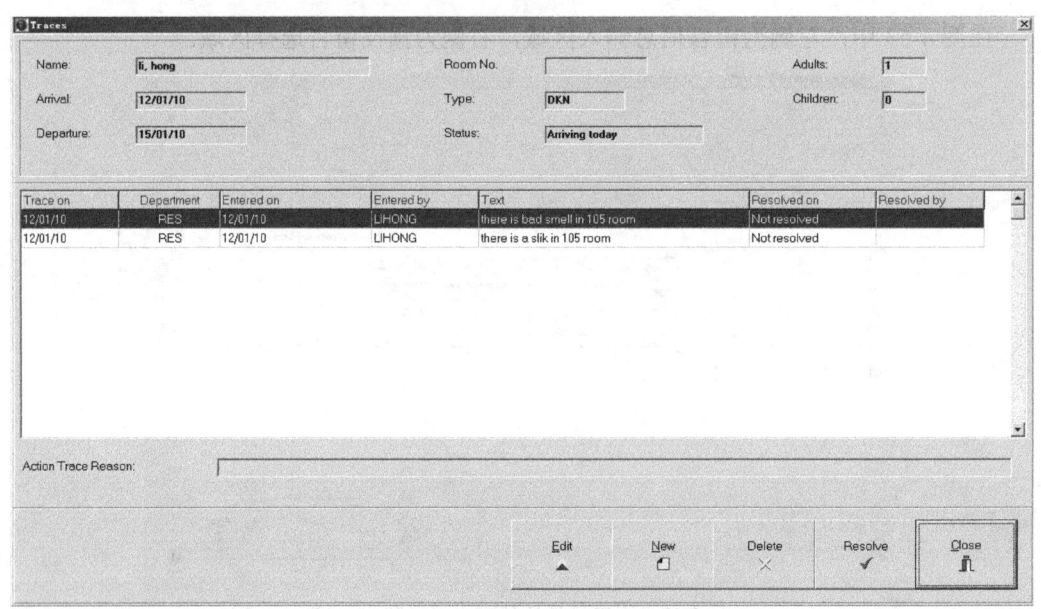

图4-54 事项跟进状态显示

单击"Edit"按钮,弹出编辑事项跟进对话框。在"Trace Departments"文本框中选择事项跟进部门,在右侧的"Trace Texts"文本框中选择预先设置好的事项跟进内容,或者在"Text"文本框中直接录入需要跟进的内容;单击"Save"按钮,保存更新后的事项跟进内容;若该客人是团队客人,则要求选择适合的选项;单击"OK"按钮,完成事项跟进编辑(图4-55)。

① From:选择该事项需要被关注的日期。

② Trace Departments:用于设置该事项需要哪个部门来跟进。

③ Trace Texts:确定具体跟进内容。直接在文本框中修改,或选择常用的跟进事项。酒店会提前将常见的事项设置进系统。

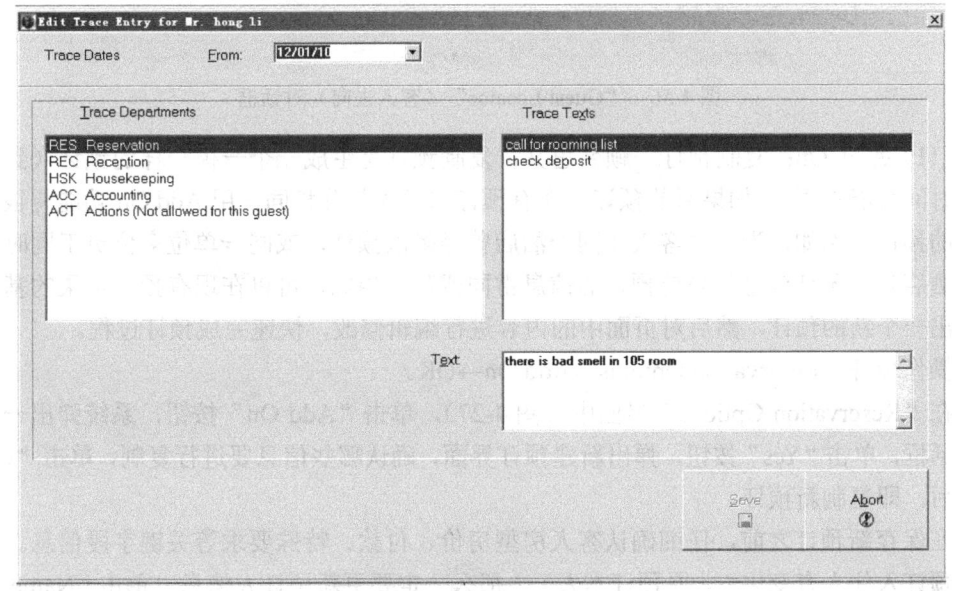

图4-55 编辑事项跟进内容

(10)Locator:客人某一段时间的去向。当客人不在客房时,按照客人要求定位或跟踪他在酒店内的位置(如游泳池、SPA、餐厅、健身房、咖啡厅、酒吧或会议室等)。当客人有电话或者客人来访时,前台及时将客人位置通知来访者。这个功能仅适用于当天到店的或者已入住的客人。随着手机等通信工具的普及,客人定位功能使用率逐渐降低。

Locator也被用于其他用途,如应客人要求入住期间免打扰、不接受外访等,酒店会设置一个"Locator:Do not disturb",前台看到这个提示后,会按照客人要求不告知外访者酒店客人的行踪。

操作步骤:Reservation Options→Locator→OK。

于在店客人列表中,选中需要留言的在店客人;在"Reservation Options"界面中(图4-27),单击"Locator"按钮;在弹出的"Guest Locator"对话框左侧的"Location"文本框内,输入客人在某个特定时间的位置信息,或者从右侧的"Location List"文本框中双击预先设置的位置信息,或者将右侧的信息拖到左侧的"Location"文本框中;激活客人位置对话框;单击"OK"按钮,保存客人位置信息(图4-56)。

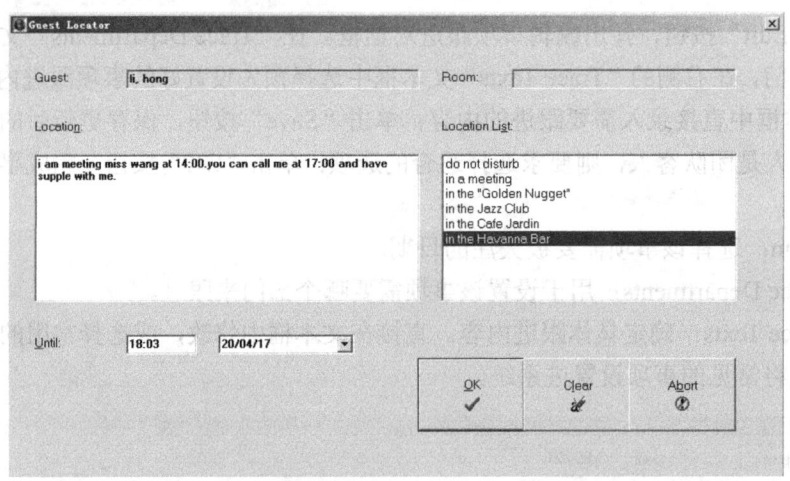

图4-56 "Guest Locator"（客人去向）对话框

(11) Add On：复制预订。顾名思义，复制预订是生成一个一模一样的预订（到店、离店时间可能不同）。如果新的预订与现有预订信息大部分相同，用 Add On 功能将很快生成新的预订。例如，当一位客人在同一酒店曾经多次预订，或同一单位多位员工同时预订同一酒店时，预订信息与当前预订的信息雷同或基本相似，可以在现有预订记录的基础上复制出一个新的预订，然后对页面中的内容进行编辑修改，快速完成预订过程。

操作步骤：Reservation Options→Add On→OK。

在"Reservation Options"界面中（图4-27），单击"Add On"按钮，系统弹出一个确认对话框，单击"Yes"按钮，弹出新建预订界面，确认哪些信息要进行复制，单击"OK"按钮后，即复制新预订。

在保存新预订之前，仔细确认客人房型房价、付款、特殊要求等关键字段信息。如果新的预订入住人有变化（非原预订本人），那么一定要更新预订人信息，单击"Name"（名字）后面的小按钮，打开档案查询界面，查询客人或者新建档案。

(12) Party：散客小团队，其功能是实现多间客房的预订和快速拆分。如果预订者以同一个名字预订多间房，那么"Reservation Options"中的"Party"按钮被激活，提示预订客房数（Rooms）大于1，需要确认是否要进行预订。单击"Yes"按钮确认后，产生一个散客小团队的预订。之后继续对该预订进行拆分（Splitting），直到每个预订的客房数均变为1；分别对每一条预订查找已有的客户档案或建立客户档案，如果有必要，可以改变房型、每间房入住的客人数量。最后为客人办理登记入住（Check in）。

当用 Party 功能进行预订拆分时，系统会给每一个拆分出来的预订一个 Party 名称（如北京老年竞走团、夕阳红旅游团、信息部会议等）和号码，方便查询同行客人信息。

操作步骤：Reservation Options→Party→Split/Split All→Edit。

在"Reservation Options"界面中（图4-27），单击"Party"按钮，弹出"Party Reservation"界面，单击"Split"按钮逐一进行拆分，或单击"Split All"按钮对所有客房进行一次性拆分。

例如，li 先生负责为一起旅行的伙伴预订了5间房，要求酒店分别为他们办理入住。

在"Reservation Options"界面中，单击"Party"按钮，弹出"Party Reservation"散客小团队预订界面，其中"Rooms"为5，表示有5间客房（图4-57）。

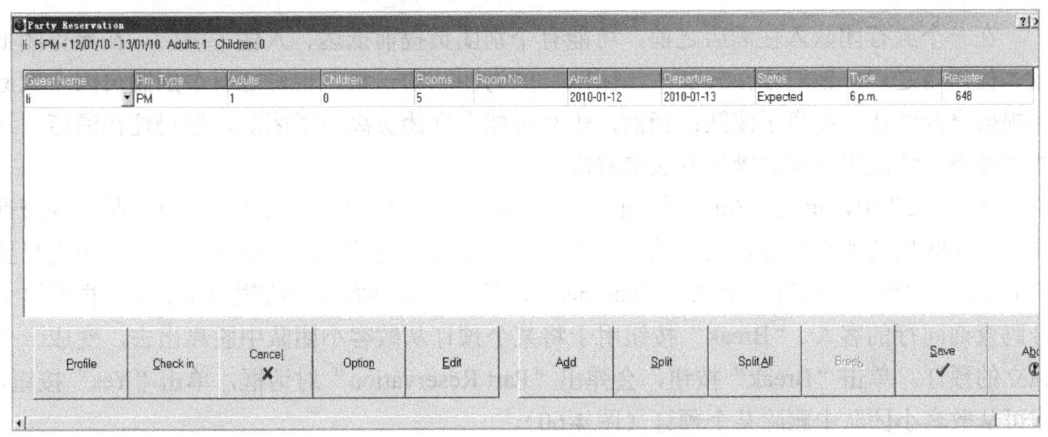

图 4-57 "Party Reservation"散客小团队预订对话框

单击"Split"按钮,将 5 间客房按顺序逐一进行拆分。若单击"Split All"按钮,则对所有客房进行一次性拆分。拆分完毕后,所有新预订还是原来客人的名字(图 4-58)。

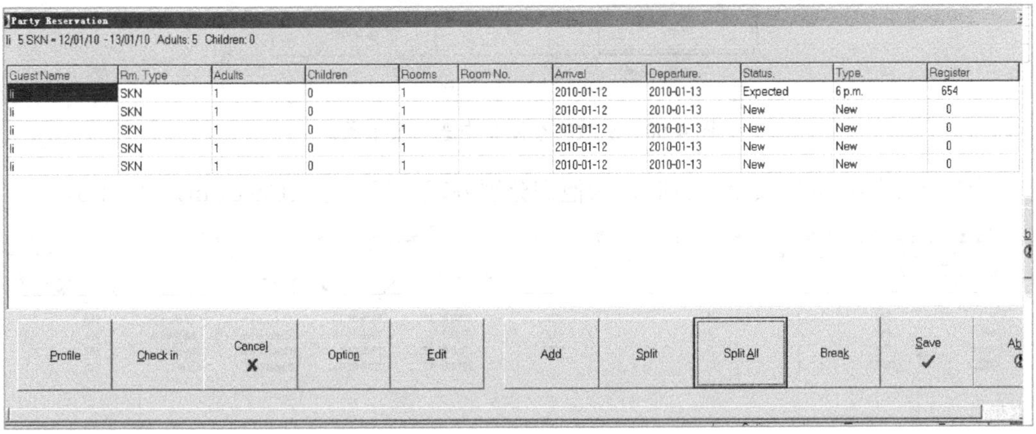

图 4-58 客房预订拆分

按照实际入住客人信息更新预订客户档案。单击"Edit"按钮,打开客人预订并修改客人预订信息(图 4-59)。

注意:在"Guest Name"一栏中,客人的姓名均改成了实际入住客人的姓名。

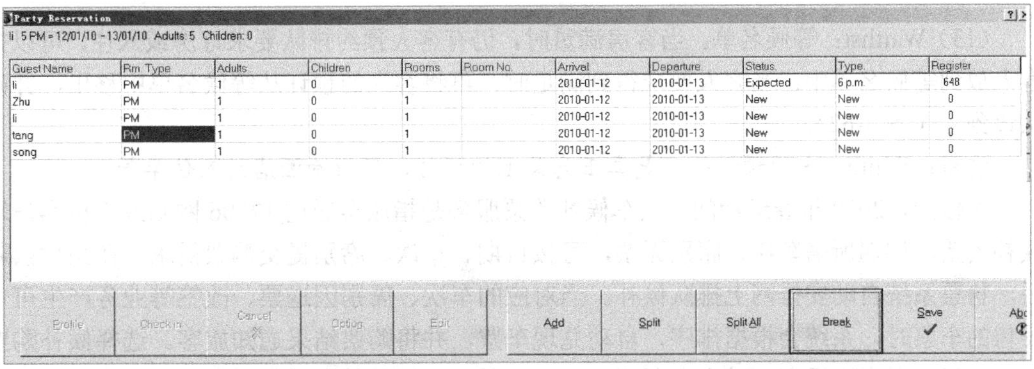

图 4-59 按照实际入住客人信息更新预订客户档案

在一个旅行团队入住酒店之前，可能有个别团员提前抵达、入住了酒店。在旅行团抵达入住酒店之后，他们才正式加入该团队，成为团队的一员，也可能有个别团员因个人原因提前离开酒店，脱离了团队；当然，也有可能个别团员离开了团队，但仍住在酒店。这些"意外"情况用下面的操作方法来解决。

在图 4-57 中，单击"Add"按钮，将一个独立的预订加入小团队中，目的是方便查询同一个团队里的所有预订，尤其是在结账或者需要批量处理小团队业务的时候。因为只要是 Party 下的预订，都有一个 Party Number，在预订查询界面以及收银查询界面，根据这个号码查询同行的客人。"Break"按钮用于将某个预订从散客小团队中脱离出去，变成一个独立的预订。单击"Break"按钮，会弹出"Part Reservation"对话框，单击"Yes"按钮，即可从散客小团队中删除某个预订（图 4-60）。

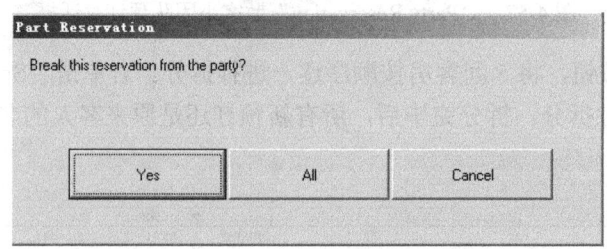

图 4-60　从散客小团队中删除某个预订

当散客小团队的团员至前台时，为他们分别办理登记入住（Check In）（图 4-61）。

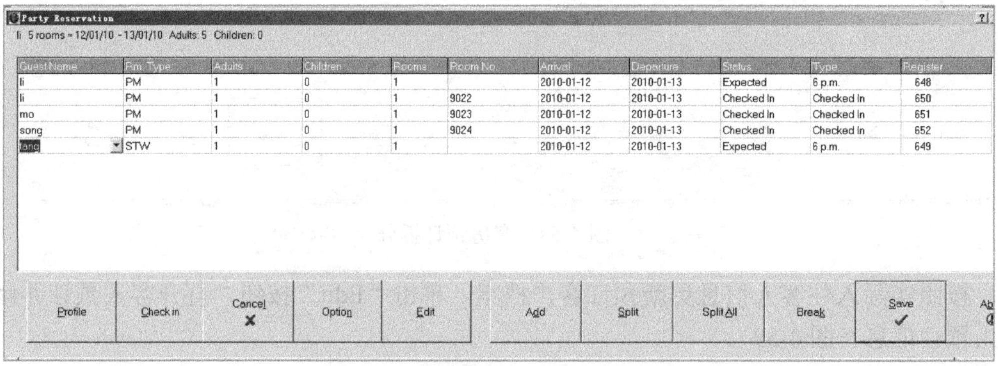

图 4-61　为团队成员办理入住

（13）Waitlist：等候名单。当客房满员时，仍有客人预约排队要求订房或入住，可以把客人放到等候名单中；当客人要求得到满足时，再将客人的预订从等候名单中移出，并确认该预订（图 4-62）。

注意：Waitlist 中的预订并不是真正意义上的预订，不影响酒店的入住率等。

类似的，2019 年春运期间，火车候补购票服务是指旅客通过 12306 网站或手机客户端候补购票，如遇所需车次、席别无票，可按日期、车次、席别提交购票需求，在预付票款后，售票系统自动安排网上排队候补。当对应的车次、席别因退票、改签等业务产生可供发售的车票时，系统会根据排序，自动兑现车票，并将购票结果通知旅客。选择候补购票服务，每位用户可提交 1 个候补订单，1 个订单中可添加始发站相同（可以是同城的不同车站）的 2 个相近的乘车日期，每个乘车日期可添加 2 个不同"车次+席别"的组合需求，每个候补订单可预订 3 张车票。如果预付钱款金额大于实际票款金额，系统会自动退回余额，该服务不会额外收取任何费用。

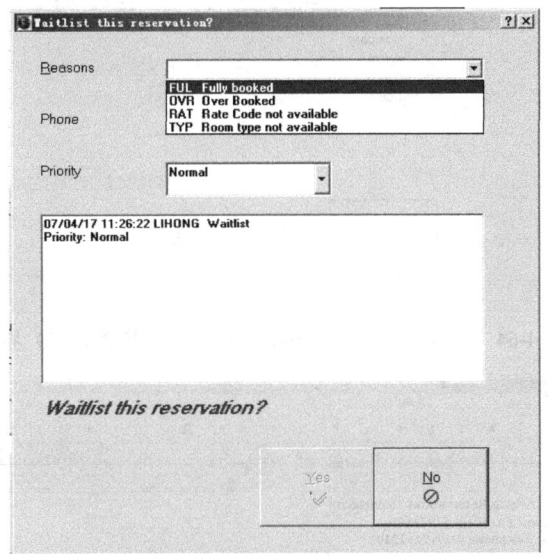

图 4-62　等候名单

（14）More Functions：其他功能。

① Changes：用于记录和跟踪员工操作程序和过程（图 4-63）。

Reservation changes (li)

User	Time	Date	Name	Action	Station ID
LIHONG	16:51	07/04/17	li	Created package routing to 105 南天旅行社 3 / Y	*UNDEFINED*
LIHONG	16:50	07/04/17	li	Removed package routing to 105 南天旅行社 3	*UNDEFINED*
LIHONG	16:50	07/04/17	li	Created package routing to 105 南天旅行社 3 / Y	*UNDEFINED*
LIHONG	16:41	07/04/17	li	li Authorized for Direct Billing	*UNDEFINED*
LIHONG	16:40	07/04/17	li	Reservation edit by LIHONG.	*UNDEFINED*
LIHONG	16:35	07/04/17	li	Deposit 12/01/10 5,000.00 + 0.00/900	*UNDEFINED*
LIHONG	16:32	07/04/17	li	Billing browsed by LIHONG.	*UNDEFINED*
LIHONG	16:32	07/04/17	li	New Reservation: li	*UNDEFINED*
LIHONG	16:27	07/04/17	li	Fix Charge edit: Dept.200(30.00 Qty: 1) 20100112 - 20100114	*UNDEFINED*
LIHONG	16:26	07/04/17	li	Fix Charge new: Dept.200(50.00 Qty: 1) 20100112 - 20100114	*UNDEFINED*
LIHONG	16:21	07/04/17	li	New Reservation: li	*UNDEFINED*
LIHONG	16:20	07/04/17	li	Routing for window 2, inserted 100,102, To Room	*UNDEFINED*
LIHONG	16:15	07/04/17	li	New Reservation: li	*UNDEFINED*

Close

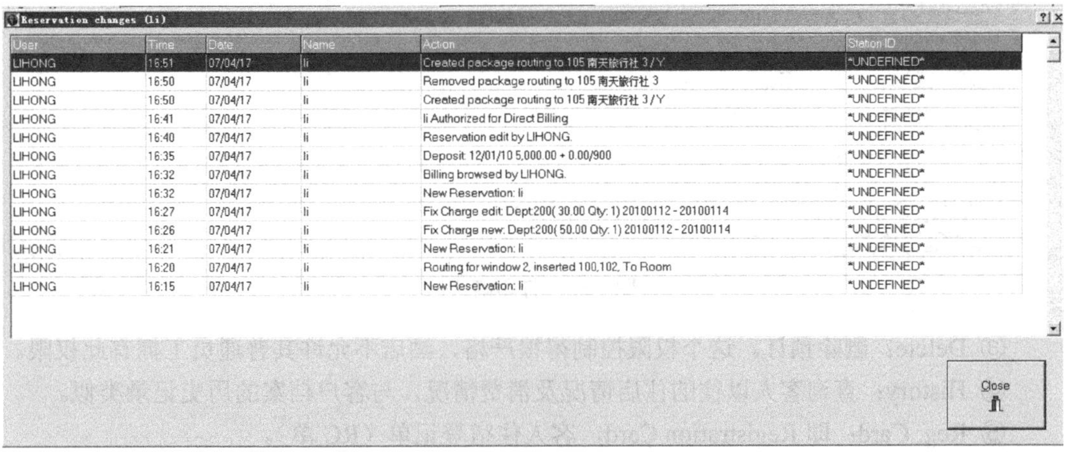

图 4-63　“Reservation changes (li)”对话框

② Confirmation：确认信，即对客人预订以传真或者邮件的方式给客人发送确认信。

操作步骤：Reservation Options→Confirmation→OK。

在“Reservation Options”界面中（图 4-27），单击“Confirmation”按钮，在弹出的界面中，“Send to”指预订确认信的发送对象，如个人、公司、旅行社、团队及预订代理（Source）。

定期或不定期地给客人发送慰问信或者酒店促销信息，是维持客人与酒店的良好关系，提高客人对酒店忠诚度的一种重要的营销手段（图 4-64 和图 4-65）。

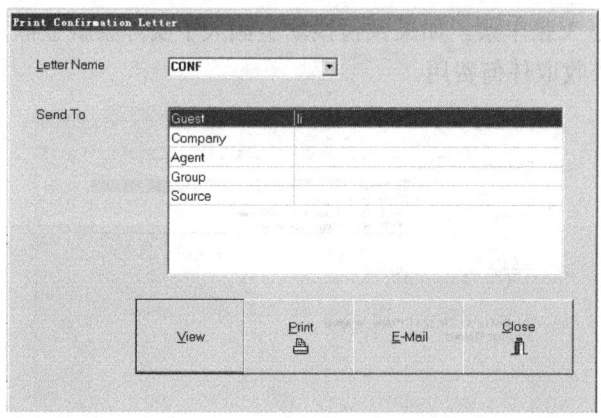

图 4-64 "Print Confirmation Letter"(打印确认信)界面

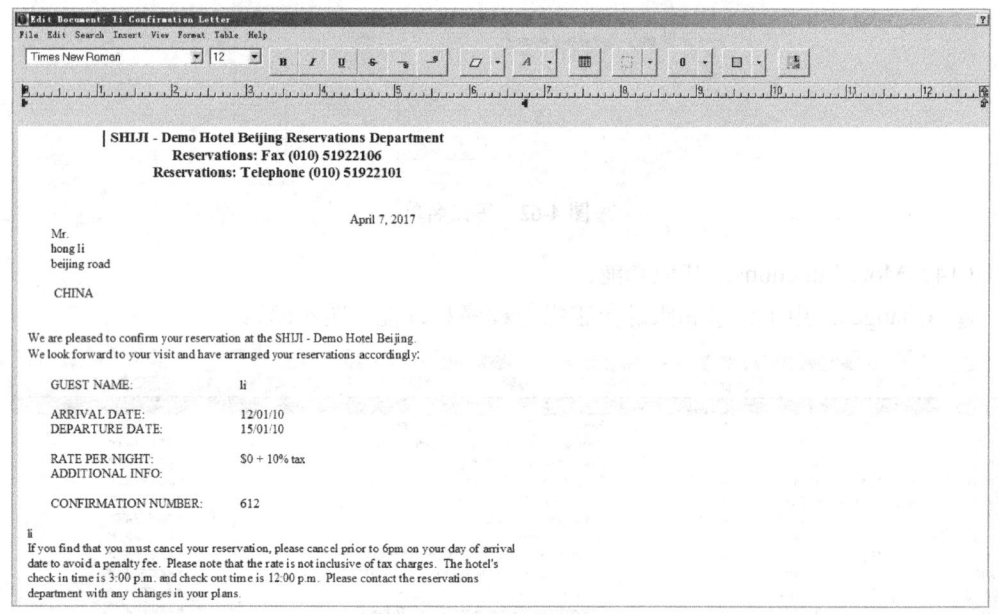

图 4-65 打印确认信

③ Delete：删除预订。这个权限控制得很严格，酒店不允许其普通员工拥有此权限。

④ History：查询客人以往的住店情况及消费情况，与客户档案的历史记录类似。

⑤ Reg. Card：即 Registration Card，客人住宿登记单（RC 单）。

⑥ Package Options：查看已经产生折扣的包价元素列表。所谓包价元素，是指附着于房间之外的其他服务，如早餐、停车、按摩、新年除夕夜宴会、网球培训等服务（图 4-66）。

⑦ Virtual Numbers：在客人登记入住时分配一个虚拟的电话或传真号码，作为客人的私有专线，直到结账离开为止。这个功能需要系统设置内部直接拨号（Direct Inward Dialing, DID）功能。

⑧ Meal Plan：用餐计划。这个功能可以给客人更多的便利性，允许取代之前制订的用餐计划，或者对它做必要的更变。默认情况下，参数是关闭的，用餐计划用于预测，对包价用餐不起任何作用。

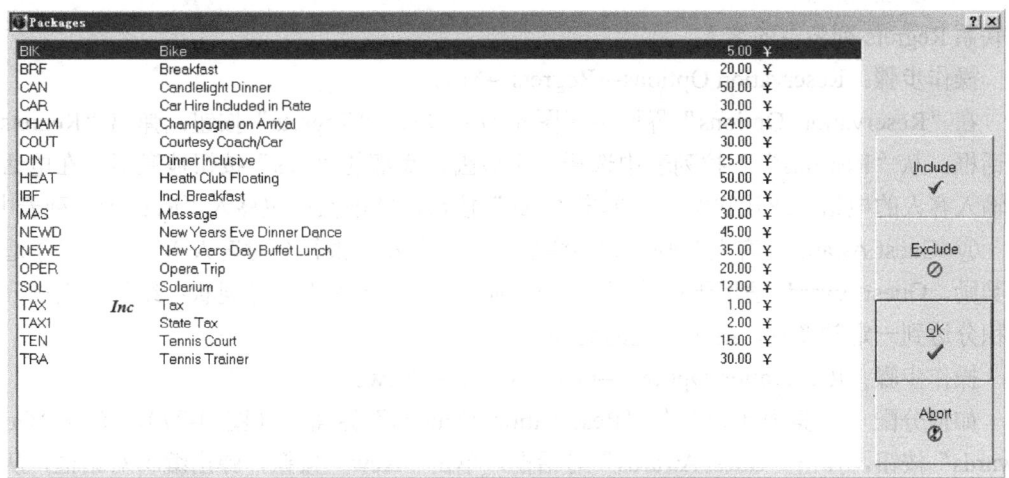

图 4-66 "Packages"（包价）对话框

在图 4-67 中，"Included Meals"栏显示了包含在房价（Rate）里的用餐；"Meals"栏中显示了额外添加的用餐计划。注意："Included Meals"栏不会被选项改变。

单击"Meals"栏，为指定的日期设置用餐计划；单击"Packages"按钮，弹出"The Meal Packages"包价用餐对话框；高亮显示要纳入包价的用餐，单击"Include"按钮，在选定的包价中出现一个检验标记；单击"OK"按钮，选定的包价用餐在客人入住酒店后立即生效。

从用餐计划中也可以取消之前额外添加的包价用餐，但不能取消与房价相关联的包价用餐（如次日的早餐）。

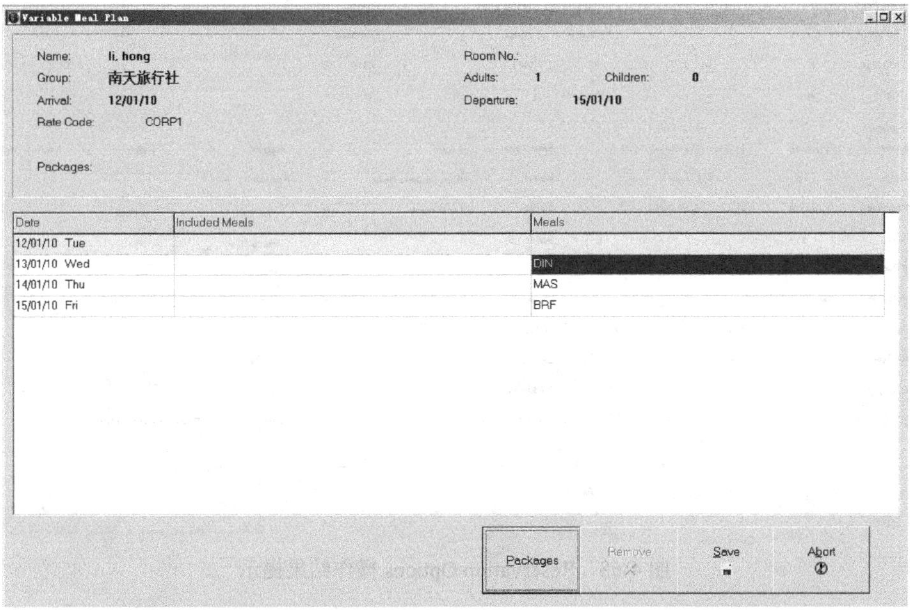

图 4-67 用餐计划界面

⑨ Regrets：遗憾、抱歉。在酒店客房超额预订（Overbooking）时，将客人的预订放置在 Regrets 中，而不是等候名单（Waitlist）中。即使在酒店最终有空房时，酒店也不会极

力联系 Regrets 列表中的客人。

操作步骤：Reservation Options→Regrets→Yes。

在"Reservation Options"界面中（图 4-27），单击"Regrets"按钮，弹出"Regrets"对话框；从"Reasons"下拉列表中选择一个原因，底部的"Yes"按钮被激活；在电话一栏输入客人的电话，或让它空着，单击"Yes"按钮，则该预订被移入"Regrets"列表中。

⑩ Guest Awards：客人奖励。许多酒店和信用卡发卡银行会对客人入住行为给予适当的奖励。Guest Awards 适用于：分配/删除奖励计划；展示客人积分现状；统计客人积分；当积分达到一定额度时，给予一定的奖励。

操作步骤：Reservation Options→Guest Awards→New。

如何分配一个奖励计划？在"Reservation Options"界面中（图 4-27），单击"Guest Awards"按钮，弹出"Guest Awards"对话框，单击"New"按钮，弹出编辑对话框，从下拉列表中选择奖励卡。如果尚未对客史档案关联任何卡，在弹出的对话框中填写客人信用卡、会员卡；打开奖励类型、范围，选择合适的奖励，统计、呈现账单的奖励积分和总的积分。回到客人奖励对话框，在列表中显现奖励计划。当所有奖励计划都完成后，"奖励灯"显示在预订的界面中。

综上，预订部通过"Reservation Options"界面（图 4-27）在为个人、公司或旅行社完成了某些功能后，在预订界面的左下角，将会以蓝色字符提示，只要单击这些字符，将显示与蓝色字符提示（如，Locator、Messages、Traces、Pre-billing、Fixed Charge 等）相关的内容，不至于在客人办理入住时遗忘相关内容（图 4-68）。

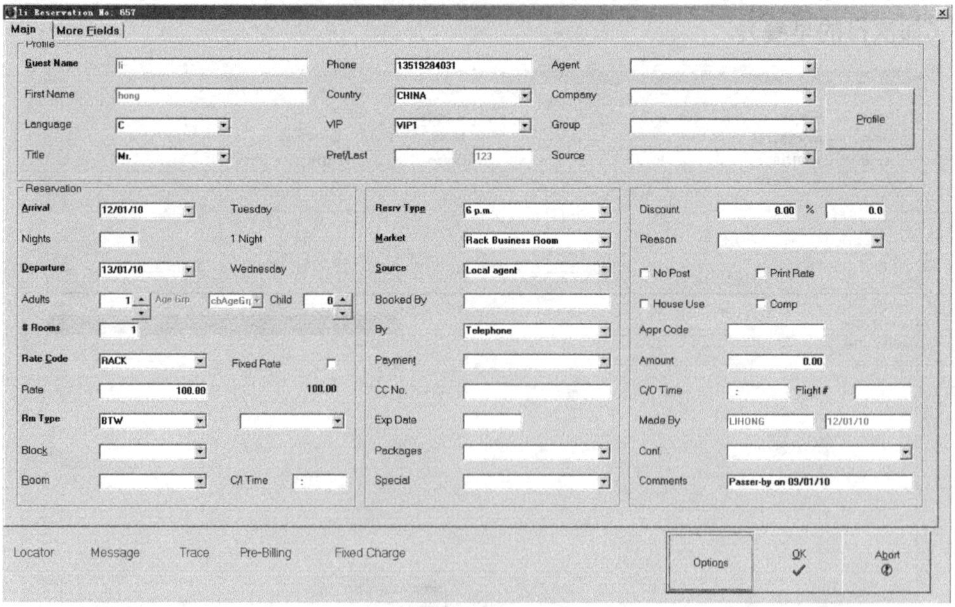

图 4-68 Reservation Options 操作结果提示

4.2.2 团队预订（Groups）

团队一般包括客房团队和宴会团队。客房团队主要指旅行团队，宴会团队分为无住房宴会、住房宴会两种类型。通常一个团队选定了一家酒店，它的代理人就会与酒店的销售部联系。如果酒店能提供足够的客房，就会为团队预留商定的客房数量，这种客房叫作预留房。团队成员会得到一个专门的订房代码或者订房卡，在预留的房间范围内为自己预订客房。预订员收到团队成员的订房要求，就会减少预留房的数量，为某一位团员预订的房间叫作已订房（Booked）。团队成员预订了客房，房间状态就会从预留房转成已订房。一般情况下，酒店会规定由预留房转为已订房的具体期限。过了期限，未被订出的预留房会转为酒店可租房。这个时限通常叫作团队预订截止日期。过了截止日期，团队对于客房的增加或者减少就会受到限制，有的酒店会对此类型做扣除定金操作，有些酒店会在自己尚有可租房的情况下接受团队的订房要求。[①]

团队（Group）与散客小团队（Party）的区别是：团队中的每个成员有一个共同的应收挂账（City Ledger），Party 中每个成员之间的关系是平等的，没有共同的团账。

团队预订过程包括：建立团队档案（New）；新建团队预订（Group）；团队锁房（Grid）；团队分房列表（Rooming List）；团队预订分房（Room Block）。

1. 新建团队预订

（1）标准团队模式（Standard Group Module）。标准团队模式是为 5 人或成员更多的团队建立预订的模式，团队成员的共同特点是来自同一个公司、旅行团，几乎同一时间到店的团员。

下面介绍新建团队档案的具体操作。

① 查找已有的团队。

操作步骤：Reservation→Groups→输入查询条件→OK。

在 Sinfonia PMS 系统主窗口的菜单栏中，选择"Reservation"命令，在弹出的子菜单中选择"Groups"命令，弹出"Groups"界面，输入查询条件后，弹出符合查询条件的预订。与个人预订类似，在建立团队预订前，先在系统中查找某个团队预订，如果没有找到，新建该团队预订（如果该团队还没有档案，必须预先替它建立团队档案）。

在图 4-69 中，查询条件包括 6 个选项，即 Block Search（从指定的字母开始）、Date（团队停留的日期）、First Arrival（团队抵达日）、Trace Date（事项跟进日期）、User ID（建立预订者的代码）、Agent（预订旅行社）。

状态栏（Status）中共有 All、Open、Initial 三种状态。

该界面右下角的"Cutoff All Blocks"选项，表示所有团队释放迄今为止（包括今天在内）的所有可用房。

② 新建团队预订。内容包括团队相关档案关联信息、本次预订基本信息、本次团队预订住房信息。

操作步骤：Reservation→Groups→Standard Group Module→New→Close。

在 Sinfonia PMS 系统主窗口的菜单栏中，选择"Reservation"命令，在弹出的子菜单中选择"Groups"命令，弹出"Groups"界面，单击其中的"Standard Group Module"按钮（图 4-69），弹出标准团队界面，单击"New"按钮，输入团队信息，并保存，建立团队档案，然后继续建立团队预订。

[①] 穆林，李东旭，王海军. 酒店信息系统实务（内部教材）. 2008：154-155.

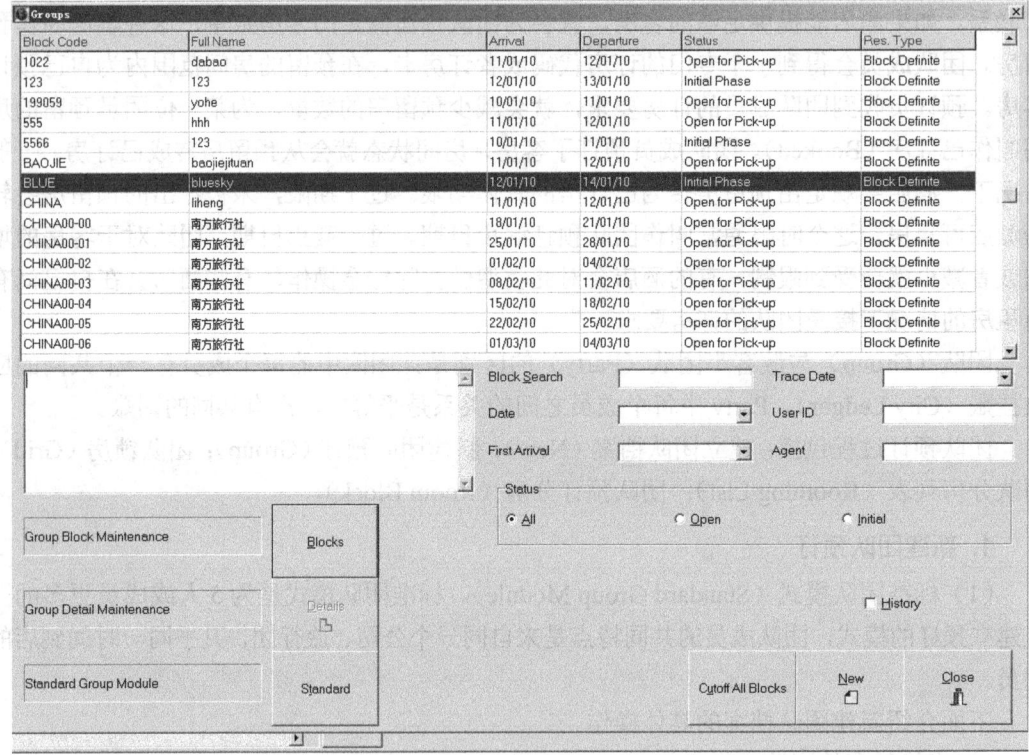

图 4-69　新建团队预订

在"Group Reservation List"界面中（图 4-70），各选项含义如下。

- 上半部分：预订基本信息。Last Name/First：团队名称。Arrival/Departure：第一位团队客人抵达时间/最后一位团队客人离开时间。Prs：每个房间的成人数。Rms：客房数。RmT：房型。Rate：房价。Status：团队状态（全体、开放、初始）。
- 窗口底部各选项含义如下。
  - Check-In：为标准团队客人办理入住，若该客人已经入住，由此进入收银系统查看其账单。
  - Profile：（团队或个人）档案。
  - Cancel（Reactivate/Cancel Cl）：取消整个团队或个别团队预订（激活某个已取消的团队预订/从团队中取消已入住团队客人）。
  - Options：即 Reservation Options，显示预订的更多功能。
  - Group Op（Group Options）。包括：Rooming List，团队分房列表，根据团队名单，为团队成员做预订；Check In Group，整团入住登记，即在同一时间自动为所有团队成员办理入住；Delete，从系统中删除团队；Room Assign，给团队分房；Room Type Assign，自动分配某些指定房型给团队成员；New Post Master，新建团队主账房（增加一个假房间）；Statistic，显示团队摘要信息；Room Status，显示为团队预留客房的房态；Print Keys，自动打印整个团队信息。
  - Split All：团队预订根据团员数量自动进行拆分，拆分后团队有了主账房（Post Master，PM），其数量为 1。

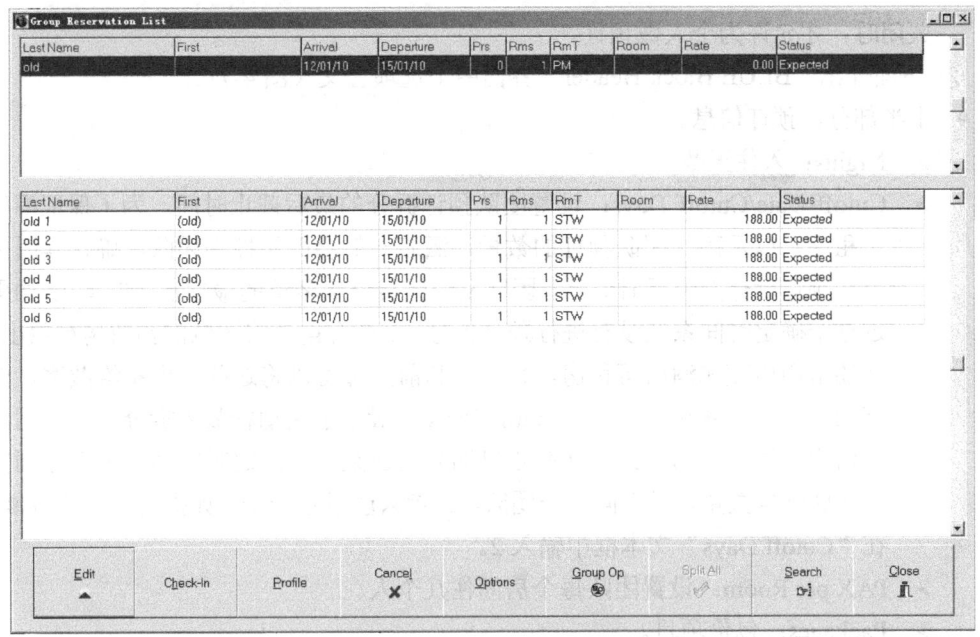

图 4-70 团队预订拆分列表

（2）高级团队模式（Advanced Group Module）/Blocks。高级团队模式是适用于大型团队的高效、可行的预订方式。这种团队预订对房型的需求、抵达/离开时间、占房情况等随时都处于动态变化之中。Blocks 适用于：大型会议，满足参会者的要求并分别为他们办理入住；对团队锁房数量进行强化管理；实时跟踪监测预抵/预离客人、每天订房数量和房价动态变化。

① 建立团队信息（Group Block Header）。

操作步骤：Reservation→Groups→Blocks→New。

在 Sinfonia PMS 系统主窗口的菜单栏中，选择"Reservation"命令，在弹出的子菜单中选择"Groups"命令，弹出"Groups"界面（图 4-69），单击"New"按钮，如果参数"Offeropt"为"ON"状态，系统询问团队是哪一种状态（Offer、Option、Initial），单击合适的按钮，出现团队引导信息，在界面的右上角出现团队目前状态。

团队状态与团队阶段对应，通常定义了以下 4 种状态，但并非所有酒店都必须套用，也并非所有团队都必须套用。各个酒店会制订自己的运用协议，规定什么时候从一种状态进入下一种状态。

- Offer：第一阶段，提议被录入系统，没有任何客房被锁。
- Option：第二阶段，持续协商，更新团队信息，没有任何客房被锁。
- Initial：经过沟通，得知团队在某个时间段需要一定数量的客房。一般来说，此时双方还没有签署合同，酒店也没有收到预付款。然而，酒店会对一些客房实施锁房，以免其他销售人员将这些客房卖出去。这个阶段必须持续地对团队锁房的数量、价格、入住/离店日期实施动态更新。
- Open for Pick-up：公开接待。尽管系统没有强制什么时候可以公开接待，酒店通常要等到所有团队安排都完成时。在团队状态为 Open for Pick-up，初始表（Initial）

关闭时，才允许为个人做预订。
② 下面介绍"BLUE Block Header"界面中个选项含义（图 4-71）。
- 上半部分，预订信息。
  - Nights：入住天数。
  - Cutoff Date/Cutoff Days：设置团队预订拆分的最后截止时间。为了保证酒店的出租率，以及确认团队预订的数量，酒店一般会严格控制团队，确认其团员名单和预订拆分的最后时间（即团队发送团员分房名单的最后截止时间）。如果超过这个确定时间系统没有进行预订拆分，系统会自动将团队的预留房释放出来，并还给酒店变成酒店可租房，预订部和前厅部可以将这些房出租给散客，以提高酒店的出租率和收益率。Cutoff Days 一般用于滚动释放未拆分到预订团队的预留房数量；Cutoff Date（截止日期）指在某一个固定时间释放未拆分到预订的团队锁房数量。对于同一个团队，二者只能设置一个。如提前两天告诉酒店，在"Cutoff Days"文本框中输入 2。
  - PAX per Room：设置团队每个房间住几个人。
  - Packages：包价项目。
  - Channel：团队预订方式，如电话、传真等。
  - Activate Default Routing：为团队预订设置默认的分账方法。该分账方法将适用于所有显示在团队分房列表的预订。
  - Elastic Block：弹性锁房。若不勾选此复选框，团队在酒店入住的开始/结束时间、订房数量一旦被确认，不可以更改；若选中该复选框（打√），允许弹性处理房型和房数，允许变更开始/结束时间、订房数量。在做团队分房列表或实际入住期间，允许用房弹性变化的团队可以根据实际住房情况，增加或者减少用房量，改变团员入住时间等，当超出预订时的锁房量时，系统允许从酒店其他可卖房中"借房"以满足团队要求。

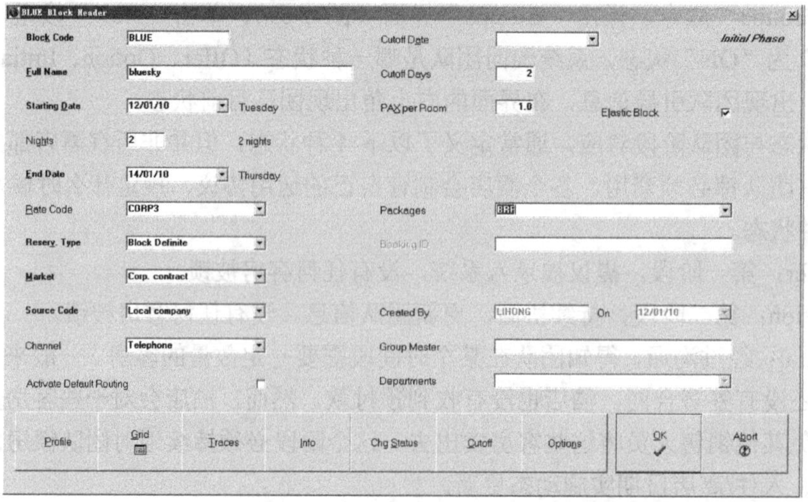

图 4-71 新建团队预订界面

- 底部各选项的含义如下。

> Profile：建立团队档案，与公司、旅行社、预订来源档案建立连接。
> Grid：显示团队预订占房表。
> Traces：显示团队相关的跟进信息。
> Info：输入团队额外的信息。
> Chg Status：改变团队状态（从 Initial 到 Open）。
> Cutoff：手工释放团队占用的客房数量。如团队订了 10 间客房，实际来人占了 6 间，前台人员必须单击"Cutoff"按钮，把多余的 4 间客房返还给酒店。否则，当有其他客人来了以后，计算机系统无法把客人安排到被团队预订多占用的 4 间客房中去。
> Options：显示团队选项（Block Options）。包括：Delete，从系统中删除团队表头；Move Block，整体入住时间改期；Refresh Grid Rates，在团队引导信息中修改价格代码后，修改房价表；Changes，查看团队预订变更信息，如日期、房间数、状态；Summary Info，查看团队摘要和每天统计信息；Cancel/Reinstate，取消团队引导信息（如果已经做了团队预订，就无法取消团队），或者激活已被取消的团队表头；Tour Series，在一定的时间间隔内，复制一个团队；Custom Tour Series，在指定日期复制一个团队；Booking Position History，查看团队预订历史信息列表。
> OK：保存修改，关闭窗口。
> Abort：关闭窗口，不保存修改内容。

③ 查询现存的团队引导信息。

操作步骤：Reservation→Groups→选择查询条件。

在 Sinfonia PMS 系统主窗口的菜单栏中，选择"Reservation"命令，在弹出的子菜单中选择"Groups"命令，弹出"Groups"界面（图 4-69），选择查询指标，按回车键或 Tab 键，会出现满足条件的团队引导信息。

查询条件有 6 个，即 Block Search（从指定的字母开始）、Date（团队停留期的日期）、First Arrival（团队抵达日）、Trace Date（事项跟进日期）、User ID（建立预订者的代码）、Agent（预订旅行社）。

2. 团队预订占房（Grid）

客房表（Room Grid）允许输入每天每种房型锁房数量。价格表（Rate Grid）允许输入所有不同房型、每个房间住 4 人时的房价。

当酒店核对团队到店当日可租房数据后，如果能够满足团队的订房要求，就会向客户发出意向书，确认团队的订房要求。当旅行社确认该团队入住意向后，酒店给该团队占房。Grid，原意是网格、方格，在团队预订中引申为"占房"。

操作步骤：Reservation→Groups→Blocks→Grid。

在 Sinfonia PMS 系统主窗口的菜单栏中，选择"Reservation"命令，在弹出的子菜单中选择"Groups"命令，弹出"Groups"界面，单击团队预订主界面左下角的"Grid"按钮（图 4-71），进入占房界面。根据酒店现有的可租房型及其对应的日期，直接在空格中输入房间数。例如，Blue 团队预订了 6 间房，其中，2 间 STW、4 间 SKN。1 月 12 日，在 STW 房型中，填入 2，在 SKN 房型中，填入 4。1 月 13 日，在两个房型中填入相同的数字（图 4-72）。

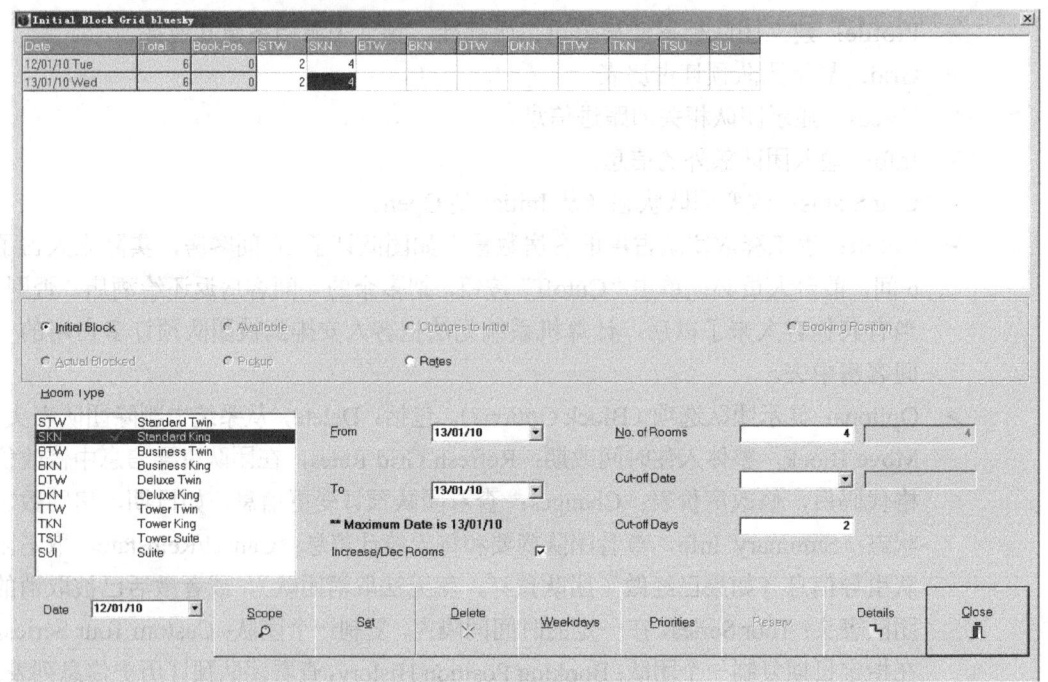

图 4-72 团队预订锁房界面

（1）图 4-72 中有 7 个团队状态。
- Initial Block：初始阶段占房表。
- Actual Blocked：某一时期实际占房数量表。
- Available：可租房数量。
- Pickup：客房占用百分比。
- Changes to Initial：实际锁房与初始占房差异表。
- Rates：各种房型房价表。
- Booking Position：预订的客房数量，但还没有为客人占房。

（2）图 4-72 中底部各按钮的含义如下。
- Scope：显示列表框，以便选择房型或摘要信息。
- Set：在可选择范围内的所有房型中，设置指定的客房数量。
- Delete：删除高亮显示的值。
- Weekdays：工作日。显示列表框，从中选择一周内哪些天要锁房。
- Priorities：优先权。设置酒店房型在锁房界面上显示的顺序。如果团队预订锁房，考虑房间使用情况要对房间锁房顺序排序，则可以使用此功能，对团队的可选房型进行排序。在这个界面上，可以直接看到房型的整体可租房数，在锁房的时候可以参考。
- Reserv：显示在指定日期某种房型的个人预订列表。
- Details：显示在指定日期所选房型的详细信息。
- Close：关闭客房表。

3. 生成、取消团员预订（Blocks）

是否允许进行团员预订拆分，取决于该团队的状态（Block Status）。一般情况下，酒店要求只有团队确认入住且已经提交了担保金，才开始做团队预订的拆分。系统一般要求团队预订状态由 Tentative（确认预订，但无团队名单）转为 Definite（最终确认团队名单）。

（1）建立团队主账房。

操作步骤：Reservation→Groups→Group Op→New Post Master→Yes。

在 Sinfonia PMS 系统主窗口的菜单栏中，选择"Reservation"命令，在弹出的子菜单中选择"Groups"命令，弹出"Groups"界面；单击"Group Op"按钮，弹出"Group Options"界面（图 4-73），单击"New Post Master"按钮，系统会弹出提示信息："Post Master reservation will be created. Would you like to continue?"询问是否继续创建团队主账房（Post Master，PM），单击"Yes"按钮，新建团队主账房。

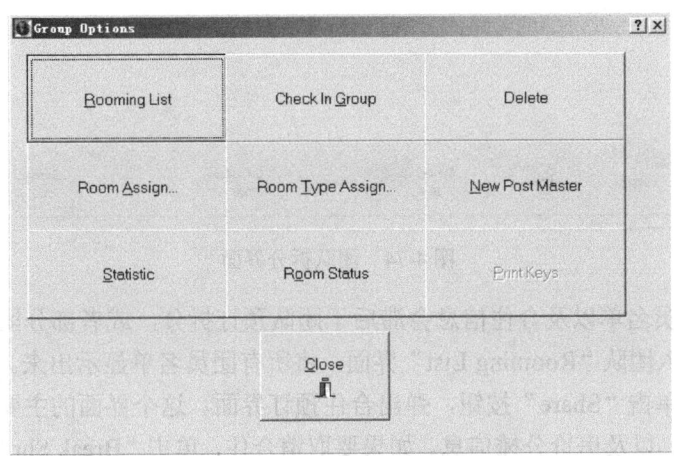

图 4-73 "Group Options"界面

主账房（Post Master）是一个虚拟房型，是处理团队账的地方。每个团队至少需要一个主账房。

（2）团队分房列表（Rooming List）。为了保证团队预订拆分的速度，设计了一个团队分房名单。每一行表示一间客房，可直接录入团员名字、到店时间、离店时间、入住房型和房价信息等。每一行的"Status"（状态）均为"Expected"（预期到达）。

操作步骤：Reservation→Groups→Group Op→Rooming List。

在 Sinfonia PMS 系统主窗口的菜单栏中，选择"Reservation"命令，在弹出的子菜单中选择"Groups"命令，弹出"Groups"界面，单击"Group Op"按钮，弹出"Group Options"界面，单击"Rooming List"按钮，弹出分房列表界面，对当前团队成员预订拆分情况，显示在界面中部，可以看到每个房型已经拆分的数量和剩余数量（图 4-74）。

（3）团员合住预订（Share Reservation）。团队中团员合住是最常见的情况，特别是旅行团。在进行团队预订拆分时，需要进行团员的合住操作，一般有两种做法。

方法一：团队提前将名单提交给预订部，或者确定该团是两人一间的合住情况。进入团员订单界面，单击"Group Options"按钮，进入"Rooming List"界面；录入团员预订信息，在某一个合住的客人前面选择 X，该条记录颜色变青，那么这个客人将与它前面的预订合住，形成合住预订。确认合住以后，单击"Save"按钮，出现房价分摊确认界面，选择相应的房价分摊选项即可。这种方法能快速地对团员合住预订进行操作。

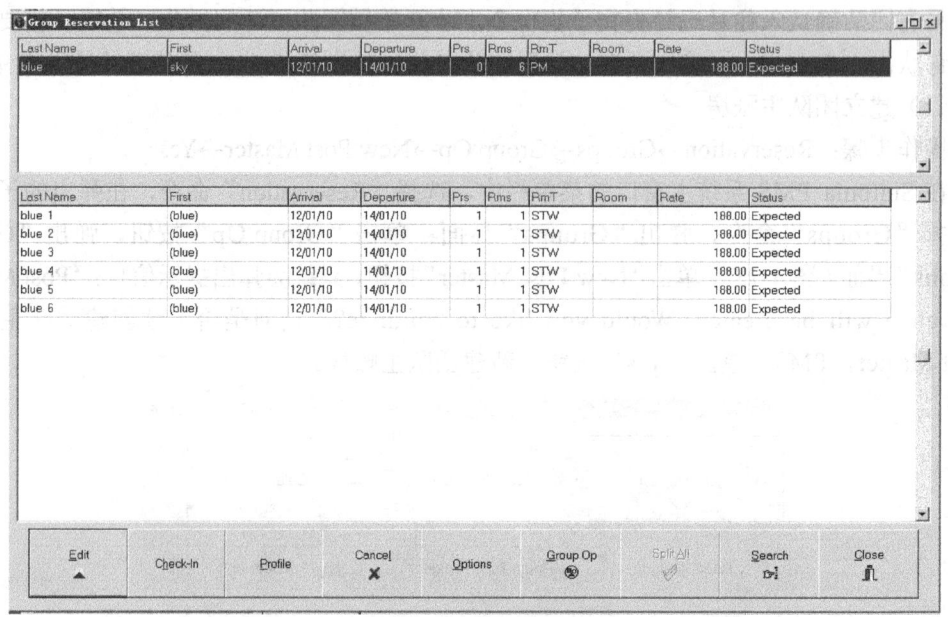

图 4-74　团队拆分界面

方法二：团员名单以及合住信息会滞后于团队预订拆分，或者部分团员入住后要求合住或者单住，进入团队"Rooming List"界面，将所有团员名单显示出来。选择需要办理合住的两个预订，单击"Share"按钮，弹出合住预订界面。这个界面的主要作用是定义合住客人的入住时间，以及房价分摊信息。如果要取消合住，单击"Break Shr."按钮（即 Break Share）即可。

对于个别的团员需要合住，单独打开其预订，用 Combine 功能来操作。

（4）团员费用设定。团员费用一般由公司或者旅行社支付，尤其是房费。但是系统是按照订单来自动录入房费的，因此，预订部或者前台在团队入住前或者入住时，根据该团队的分账要求，将团员的房费通过分账指令（Routing），转入团队主账房 PM。

① 选择一个团员预订，单击"Options"界面中的"Routing"按钮。

② 单击"New"按钮新增分账，将房租分开后转移到团队主账房。

③ 首先取消选中"Same Room"右侧的复选框（不打√），出现"Other Room"选项，在其中输入团队名，在"Name"下拉列表中选择主单代码，找出 PM 房型的预订，然后单击"OK"按钮继续操作。

④ 主单代码的预订显示在"Other Room"下拉列表里，单击"OK"按钮完成操作。

⑤ 单击"Close"按钮，选择"All Guest in the Group/Party"单选按钮，复制 Routing 到团队的其他团员预订里。

⑥ 回到团队主单预订，在"Options"界面中单击"Routing"按钮。

⑦ 设置"Window"为 2，单击"Edit"按钮，将"Departments"改为"*"，代表所有入账号，选中"Same Room"右侧的复选框，在"Name"下拉列表选择旅行社的档案，在

"Payment"下拉列表选择挂账,并查看是否有应收账号,单击"OK"按钮。

单击"Close"按钮结束操作,请选择"This Guest Only"单选按钮。

步骤①~④是建立一个团员与 PM 房的入账程序。步骤⑤是将步骤①~④入账到 PM 房的程序,复制 Routing 到其他团员的预订里;步骤⑥~⑦是将 PM 房的房费与旅行社的应收挂账(City Ledger)建立关联(图 4-75)。

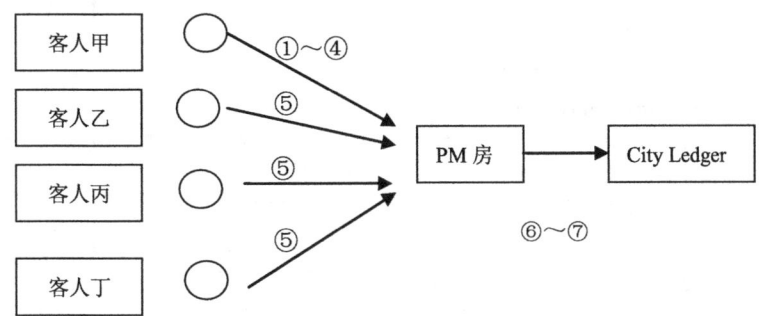

图 4-75　团员费用—团队 PM 房—旅行社应收账关系示意图

在结账的时候,为了使员工更加清晰地了解该团队预订的分账要求,一般酒店会要求在收银备注(Cashier Comments)中注明费用公摊规则。选中一个团员预订,单击预订"Options"界面中的"Routing"按钮,在做完分账(Routing)后,系统会出现批量更新团员预订的操作,选择"All Guest in the Group"单选按钮,则所有团员预订均设置了分账指令(复制 Routing 到其他团员预订里)。如果只是团队中的部分预订有分账指令,单独选中这部分预订,设置分账指令即可(图 4-76、图 4-77 和图-4-78)。

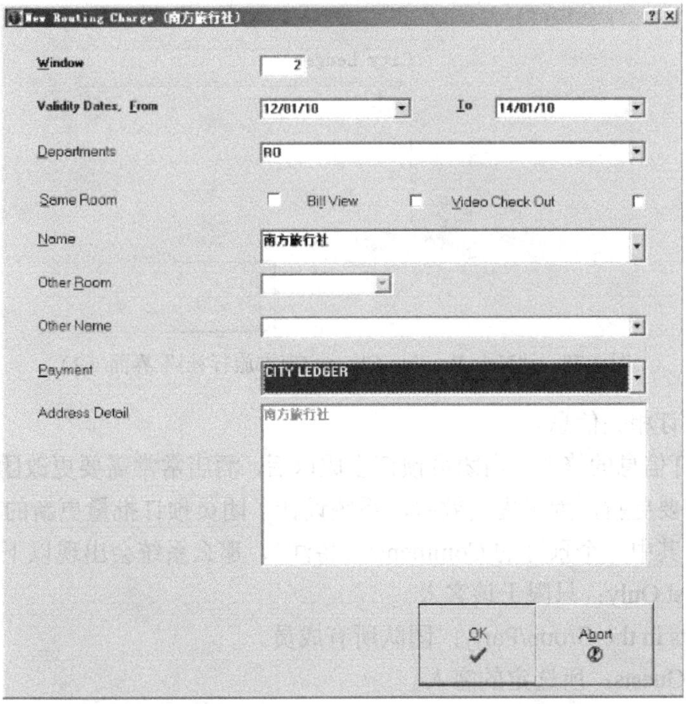

图 4-76　"New Routing Charge(南方旅行社)"界面(1)

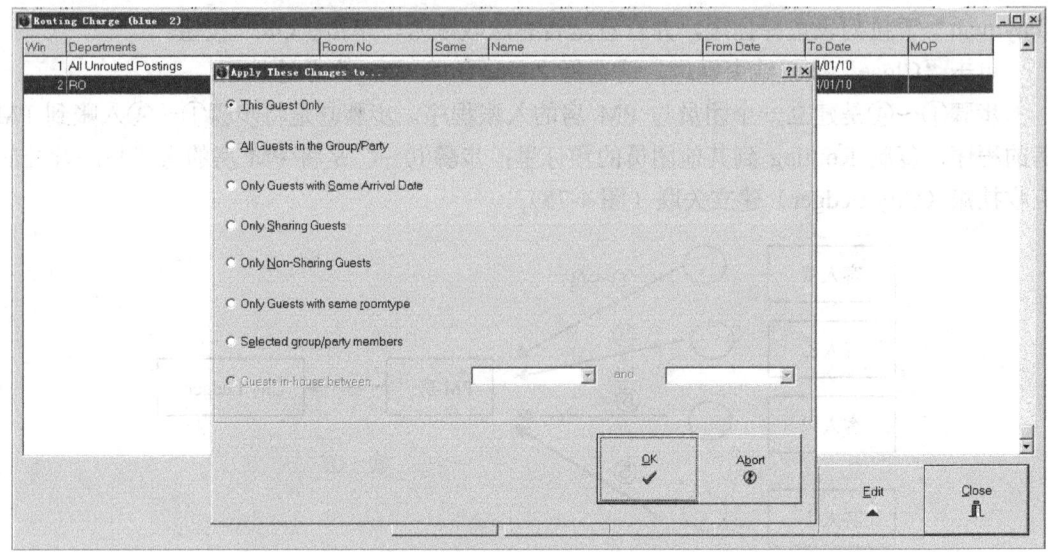

图 4-77 "Routing Charge (blue 2)" 界面

图 4-78 "New Routing Charge (南方旅行社)" 界面（2）

（5）团员预订相关信息。

① 团员预订信息的修改。当团员预订生成以后，酒店常常需要更改团员信息。通常每个团员预订都需要更新，为了提高效率，系统设计了团员预订批量更新的功能。

如果修改了其中一个预订的 Comments（备注），那么系统会出现以下提示：

- This Guest Only：只限于该客人。
- All Guests in the Group/Party：团队所有成员。
- Selected Guests：所选定的客人。
- Only Guests with Same Arrival Data：到店日期相同的客人。

- All Checked in the Guests：所有已入住的客人。
- Guests In House between：某段时间在店的客人。

执行完毕后，符合条件的预订会全部被更新。对于敏感信息，如房价、报价等，建议单独操作，不要批量更新。

② 新增团员预订。在团队确认团员名单后，时常会要求增加团员预订。在酒店客房允许的情况下，酒店一般会同意增加新预订。增加团员新预订有两种做法。

方法一：找到团队预订 Block，单击"Group Op"按钮，再单击"Rooming List"按钮，建立团员预订。

操作步骤：Reservation→Groups→Group Block Maintenance→Group Op→Rooming List。

方法二：找到一个团员预订，用 Add On 功能复制一个新预订。

操作步骤：Reservation→Groups→Group Op→Add On。

注意：新增团队预订很可能需要增加团队锁房，是否允许增加团队用房取决于团队预订时的 Elastic 弹性锁房功能是否打开；新的团队预订后要检查该预订，一定要关联该团队的 Block Code，使用团队的房价代码，遵守账目分账要求。

③ 取消团员预订。
- 在将团员预订拆分后，可能有某个团员忽然不来了，需要删除团员预订。

操作步骤：Group Reservation List→Cancel→OK。

在团队的"Group Reservation List"界面（图 4-70），找到团队中要取消的团员预订，单击"Cancel"按钮，弹出取消团员预订界面，录入取消原因，单击"OK"按钮，返回"Group Reservation List"界面。如果团队客人只是脱离团队而不是取消预订，那么在删除团队代码（Block Code）之后，要检查该预订的房价代码、分账要求、备注等信息。

如果要从团队中激活已取消的预订，在团队的"Group Reservation List"界面，选择要激活的预订，单击"Reactive"按钮，确认要激活的预订，单击"Yes"按钮，对预订做必要的补充。单击"OK"按钮确认，返回"Group Reservation List"界面，所选择预订的房态现在显示为"Expected"（预期到达），其他预订未发生变化。

- 从团队中删除已经登记入住的团员。

操作步骤：Group Reservation List→Cancel Cl→Yes。

显示团队的"Group Reservation List"界面（图 4-70），找到团队中要取消的、已经登记入住团员的预订，单击"Cancel Cl"按钮，单击"Yes"按钮，弹出取消预订界面，系统询问是否要修改房态，单击"Yes"按钮，将房态改为脏房，单击"No"按钮不修改房态。系统询问是否要将客房为该团队预订分房，回答后，该客人预订状态变成了"Expected"（预期到达）。

4. 团队预订变更（Move Block）

团队预订经常发生改期的情况，包括整团预订改期、某些团员预订改期。

（1）整团预订改期。

操作步骤：Reservation→Groups→Options→Move Block。

在 Sinfonia PMS 主界面的"Reservation"工具栏中，单击"Groups"按钮，弹出"Groups"界面，单击界面右下角的"Options"按钮，弹出"Block Options"界面，单击其中的"Move Block"按钮，在弹出的"Move Block"界面中，录入团队新的到店日期

（Starting Date），或者在显示出来的日历中修改。团队将于更新的日期到店入住，其他时间也做相应调整。

注意：只有未拆分团员预订的团队预订才允许用这个功能改变行程。

（2）某些团员预订改期。如果团员预订已经完成，那么只能先改团员预订的到店时间，然后再修改团队预订主页的到店、离店时间。团队预订的到店、离店时间一定要覆盖所有团员的在店时间。

选择其中一个团员，修改其到店或者离店时间，然后再将更改更新至所有团员预订中（All Guests in the Group）。

注意：是否允许团队更改到店时间，取决于 Elastic 选项是否都是开放的。

在变更了团队到店、离店时间以后，需要及时释放原本团队锁住的房间数量，以免影响酒店可租房。通过 Block Options 中的 Cutoff，手动释放多余房间。

（3）团队预订取消。包括：取消整个团队预订；取消主预订（Group Master）；取消某个团员或取消团队中已入住（Checked In）团员的预订。

① 取消整个团队预订：选择"Group Master"，单击"Cancel"按钮，出现取消团队预订界面，明确整个团队预订将被取消，单击"OK"按钮，在弹出界面的"Reasons"中录入取消团队预订的原因。

② 取消主预订（Group Master）：选择"Group Master"，单击"Cancel"按钮，弹出取消团队预订界面，明确只有主预订（Group Master）将被取消，单击"OK"按钮，在弹出的界面中，在"Reasons"中录入取消主预订的原因。注意：团队中每位团员的预订仍保留。

练习题

1. 为某家庭（夫妻俩、一儿一女）4人预订三间房，住2晚，需要1 000元定金（价格自选，房型自选）。

2. 替与酒店有协议的公司介绍来的两位客户办理预订，住2晚，房费由该公司承担，客人需要酒店免费提供一个电源插座；餐费由客人本人自理。

3. A先生夫妻和父母、弟弟夫妻共6人，赴海南度假，住5晚，需要预订标准间3间，父母的房费由A先生与弟弟平均分摊。

4. 给某旅行社新建一个团队预订，在酒店住3晚，第一晚需要20间客房，第二晚需要22间客房，第三晚需要20间客房。

5. 某公司在酒店预订14间客房，其中标准间11间、单人间3间，定金3万元。该公司为酒店的会员，房费将由公司直接转账给酒店。

6. 某公司5名员工（4女1男，其中一对是夫妻）。在酒店预订4间客房，住3晚。要求每个人开具一张发票，并将在店期间的餐费及其他费用打入账单。一同出差的人中，有1男1女（非夫妻）只住了2晚就提前离开，并要求提前开具所有人的发票用于报销。其余的人继续留宿。在计算机上如何实现以上过程？

7. 为3类客人建立预订：第一次入住酒店无重名客人；曾经入住酒店的客人；系统内

有其名的第一次入住的客人。

    8. 朋友甲与朋友乙两个家庭相约至泰国曼谷旅游，朋友甲夫妻 2 人，朋友乙夫妻 2 人及 18 岁的孩子，共需订 3 间客房，住 5 晚。整个出行由朋友甲负责预订，无预订押金。在入住 3 天后，朋友乙的孩子取消旅行回国。

第 5 章 前台管理

前台（Front Desk）管理模块的任务是销售酒店的主要产品——客房，掌握正确的房态，协调对客服务，并为客人提供住宿、行李、委托代办业务、记账和结账等服务。前台的工作质量不仅直接影响客房的出租率和酒店的经济效益，而且还反映酒店的工作效率、服务质量和管理水平。[1]

酒店为客人新建预订后，客人状态（Status）变为"Expected"（预期到达）；客人登记入住后，其状态变为"Checked In"（已入住）；当客人结账离开后，其状态变为"Checked Out"。如果因为误操作为客人办理了入住，则更正信息后客人状态由"Checked In"（已入住）变为"Expected"（预期到达）。如果客人取消预订后又重新办理入住，则客人状态由"Canceled"（取消）变为"Checked In"（已入住）。

5.1 前台管理模块功能

前台管理模块包括以下功能。
- 查询预订：查询条件包括"所有""预期到达"（Expected）"明日将到""应到未到"（所有已到预订入住日期却还未到店入住的预订）。[2]
- 办理入住、分房：整团办理入住登记（Group Check In）；假房入住；分房（Room Blocking），一般用于当天到达的客人，查看房态。假房是给团队准备的专门用来抛账的一个房号，所有的费用都会在这间房间里显示出来。但事实上，酒店并没有这间房。
- 其他服务：包括换房（Room Move）、加床、交押金、借用物品、黑名单、留言、提前离店。Fidelio 系统与房卡制作系统之间有接口，在客人入住的时候，发送相关客人信息到制卡系统，自动制卡；同样，当客人离店的时候，离店请求也会发送至制卡系统，房卡自动失效。

在主窗口的菜单栏中选择"Front Desk"命令（图 5-1），其子菜单中有更多命令。
- Arrivals：散客分房和入住。

---

[1] 张艳玲，赵宇茹，邵磊. 饭店管理实验教程：Micros Fidelio 的运营实践. 北京：清华大学出版社，北京交通大学出版社，2013：44-45.
[2] 石应平，冷奇君. 酒店管理信息系统实务. 北京：高等教育出版社，2011：72.

- In-House Guests：查询在店客人信息。
- Room Blocking：分房相关操作。
- Messages：为客人留言、发送信息。
- House Status：查看酒店所有客房的实时状态。
- House Accounts：非住店客人或单独付账客人的账目操作。
- Q-Rooms：客房清洁队列。用于客人较预订时间提前到店的情况。它与 Waitlist（等候名单）的区别是，Q-Rooms 已经接受了客人的预订，而 Waitlist 还没有接受客人的预订，是否接受预订取决于酒店是否有空房。

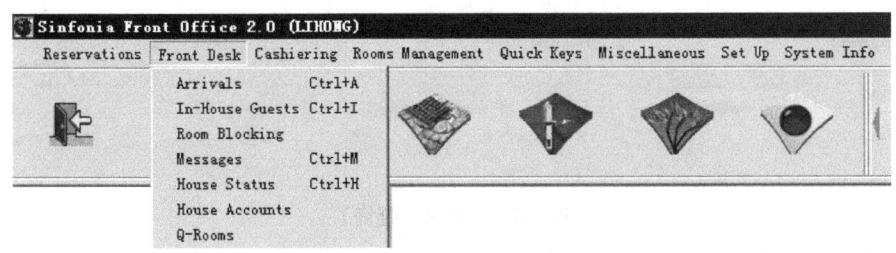

图 5-1 选择"Front Desk"命令

办理入住的流程：客人出现在前台，出示证件→查询预订（Search/Advance Search）→选择房间（Block）→支付押金→入住登记（Check In）→入住单签字→入住办理完成。当客人抵店后，前台确认客人名字及预订，为其办理入住手续。客人提交身份证明的证件，支付押金，前台人员在系统中为其办理入住。在中国，客人的身份证件信息需要上传到公安局备案，一般前台人员会将客人身份证件信息扫描后录入系统客户档案中。

5.2 前台模块操作简介

5.2.1 散客分房和入住（Arrivals）

1. 散客信息查询

Arrivals，指到达的人或事（persons or things that arrives）。前台使用该功能快速查询当天预抵的客人信息。查询方法：一是通过 Search（图 5-2）；二是通过 Advance Search（图 5-3）。

操作步骤：Front Desk→Arrivals→Search 或 Advance Search→Check-In。

在 Sinfonia PMS 系统主窗口中，选择菜单栏中的"Front Desk"命令，在弹出的子菜单中选择"Arrivals"命令，弹出"Arrivals"（抵达）界面；在该界面中填写客人的相关信息，如姓名、公司、旅行社或团队名称、预订确认号和预订类型（Resrv Type）、负责做预订的人（Booker）等，单击"Search"按钮查找客人的预订信息；查到该客人的预订后，单击"Walk In"按钮，该预订变成"已入住"（Checked In）状态，酒店打印临时入住登记单，客人需要签字确认。

Advance Search 即高级查询或复合查询。查询条件扩大到国家/城市、房间号/房型、会员号、中央预订系统号（CRS No.）、信用卡号、VIP 编号、入店/离店时间、市场来源（Source）。

查询范围包括所有客人（General）、已登记入住的客人（Already Checked In）、日用房（Day Use）、公司（Comp）、所有预订（All Reservations）、Q房（Q Rooms）等。其中，日用房（Day Use）指客人要求租用客房半天，不过夜，一般租用时间为六小时以内，退房时间为下午六点钟以前。

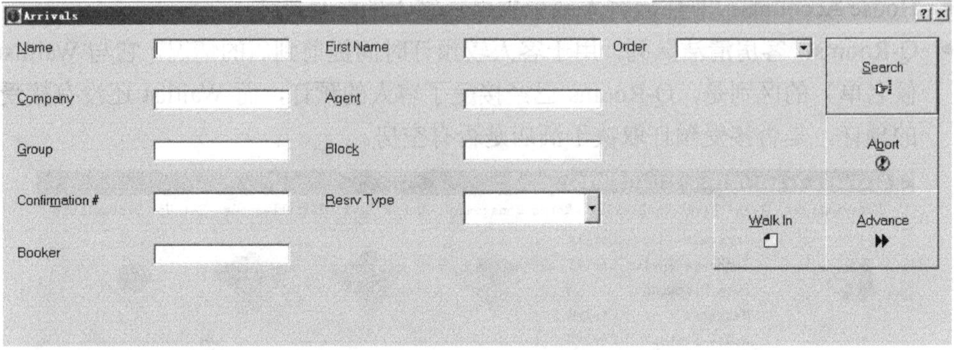

图 5-2　Search（查询）

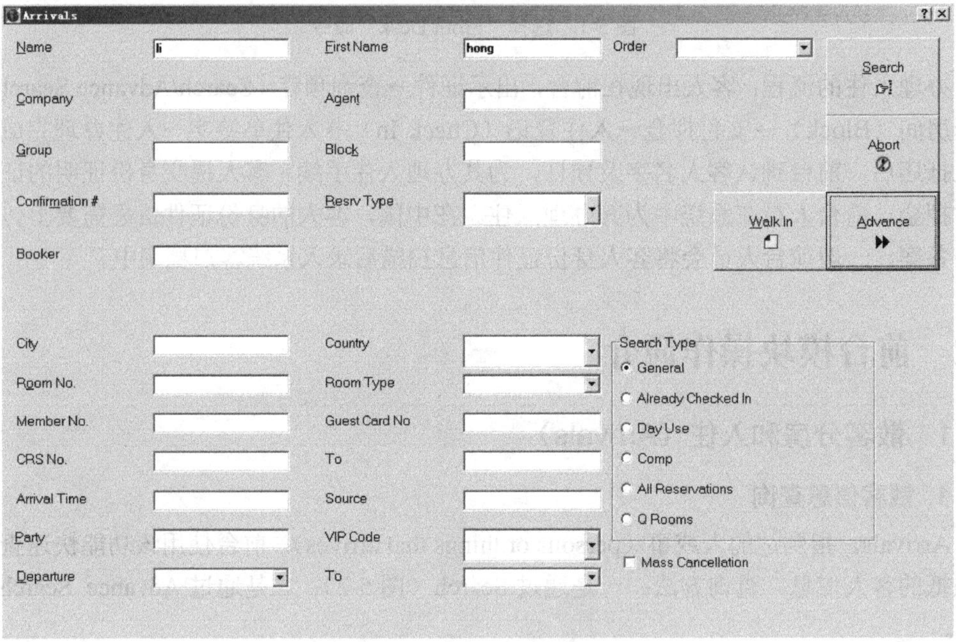

图 5-3　Advance Search（高级查询）

Mass Cancellation 即批量取消预订。如果要取消多个预订（如旅行社或团队的预订信息），则可在"Arrivals"界面中，打开高级查询功能，输入查找条件后单击"Search"按钮，所有符合条件的预订信息将显示出来（图 5-4）。选中右下角的"Mass Cancellation"复选框（打√），弹出一个对话框，询问是否要将查询出来的所有预订取消，确定无误后，单击"Yes"按钮，弹出取消对话框，要求在"Reasons"下拉列表中选择原因，单击"Yes"按钮，完成取消预订。

利用高级查询也可以对客人预订进行编辑。在图 5-4 所示的界面中，单击右下角的"Edit"按钮，出现预订编辑对话框，在该对话框中可以对预订内容进行修订。在预定编辑对话框，单击"OK"按钮，弹出确认对话框，询问是否需要分配房间号和为该客人办理登记入住。单击"Yes"按钮，如果有可用房，则完成预订编辑和分房，为客人办理入住手续。如果没有可用房，则弹出询问对话框，如果选择"Yes"，则预订被更新并退出预订编辑界面；若选择"No"，则在客房区域选择一个房间号，或者从客房查询对话框中选择一个房间号，最后单击"OK"按钮，为客人完成登记入住。

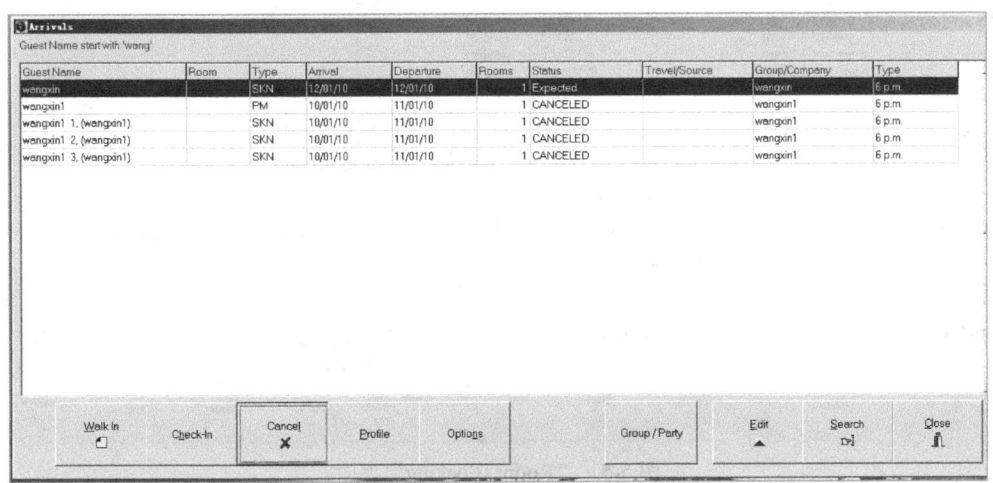

图 5-4　高级查询结果

2. 散客分房

（1）Room Blocking：预订分房。在酒店信息系统中，预订分房表示为预抵客人分配客房。酒店一般会在客人到店前先把客房分配好，以提高入住办理速度，也可以在客人到达酒店办理入住手续时进行分配。在 Sinfonia PMS 系统主窗口中，分房时系统会自动提供一个待租房作为选择，前台员工单击房号右侧的下拉按钮，进行手动分房，也可以直接单击"OK"按钮，接受默认房间号。[1]

分房有两种方法，一种是自动分房，一种是手动分房。

① 自动分房。自动分房适用于符合条件的团队、散客小团队（Party）或 VIP 客人。根据客人预订的房型，查找所有符合房型要求，并且房态为空净（Vacant Clean，VC）的客房；在所有满足条件的客房中，选择数字最小的一间作为自动分配的客房。[2]

操作步骤：Front Desk→Room Blocking→Auto→Block→OK。

在 Sinfonia PMS 系统主窗口中，选择菜单栏中的"Front Desk"命令，在弹出的子菜单中选择"Room Blocking"命令，弹出"Room Blocking"界面（图 5-5）。在预抵客人预订列表下面的字段（如入住日期、团队名称、团队代码、房型等）中，录入查询条件（如果不录入查询条件，则所有的预订被自动分房）。单击"Auto"按钮，弹出"Automatic Room Block"（自动分房）界面（图 5-6），在其中录入预抵日期、房间特点等内容，系统将自动分房，且客人姓名、房间号分别出现在"Guest""Room"字段中。分房后，出现一个信息提示框，单击"OK"按钮进行确定，完成自动分房。

---

[1] 穆林. 酒店信息系统实务. 上海：上海交通大学出版社，2011：70.
[2] 穆林. 酒店信息系统实务. 上海：上海交通大学出版社，2011：73.

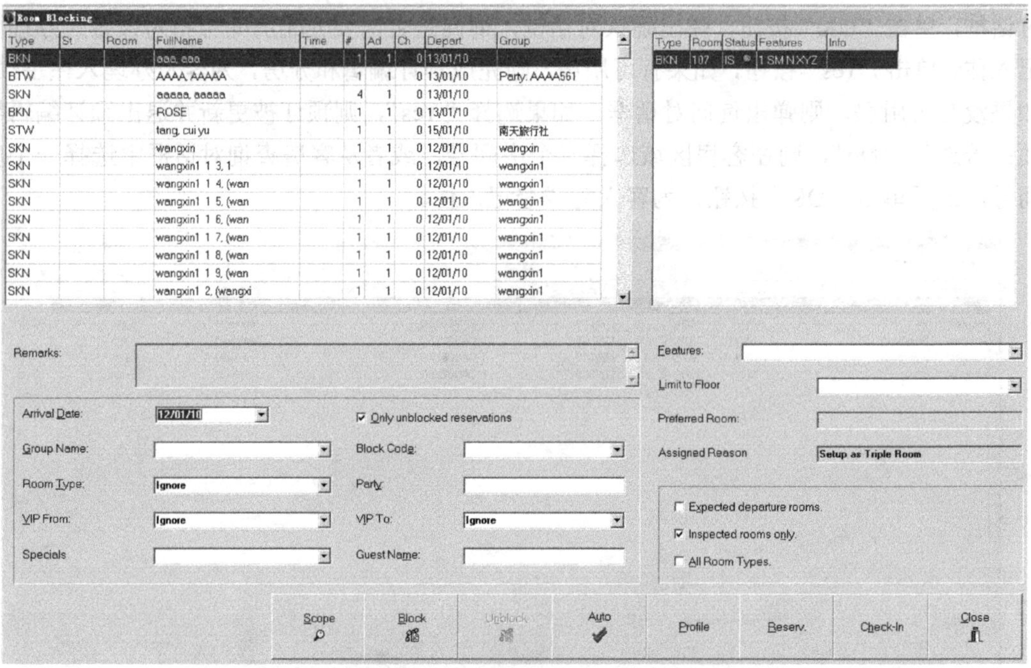

图 5-5 "Room Blocking"界面

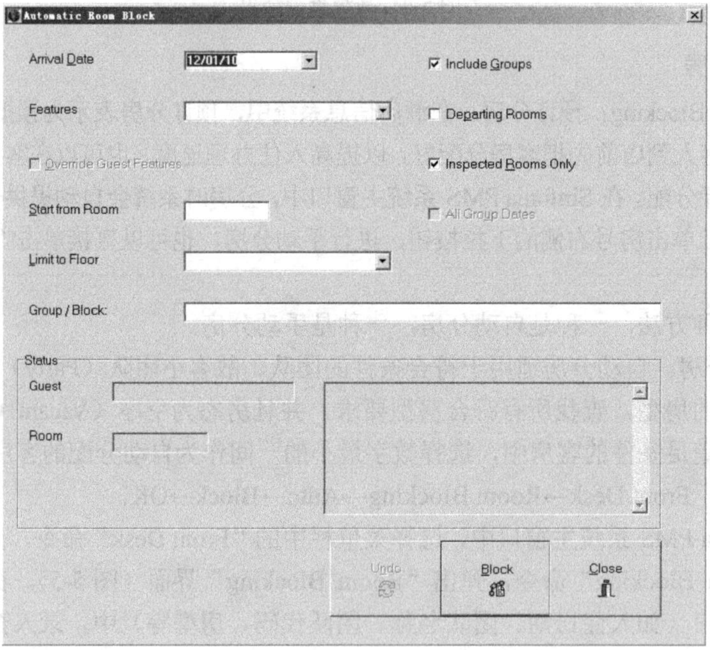

图 5-6 "Automatic Room Block"（自动分房）界面

如果要在预抵客人列表中显示某些指定的预订，则可在预抵客人列表下方，选择入住日期等字段，按"Tab"键，符合条件的预订出现在预抵客人列表中。如果要根据房价、市场或房间特点、最短停留时间，选择公司、旅行社或预订代理进行预订，则可单击图 5-5 所示界面底部的"Scope"按钮，会弹出"Scope for additional search"界面。可在该界面中设置"Rate Code"（价格代码）、"Market"（市场代码）、"Features"（房间特征）、"Minmum length of stay"(最短停留时间),并且在"Agent""Source""Company"3个单选按钮中选择其中之一(图5-7),单击"OK"按钮,返回到"Room Blocking"界面,则在预抵客人列表中显示出符合条件的客人预订。

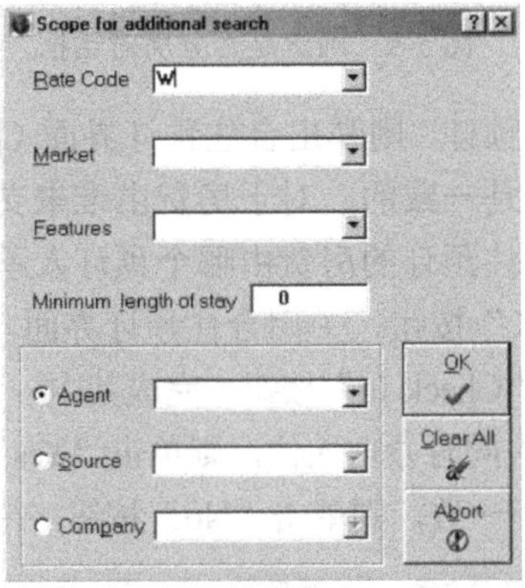

图 5-7 "Scope for additional search"界面

在"Automatic Room Block"界面中,如果选中了"Override Guest Features"复选框(打√),在分房时应优先考虑客人的特点,而不是房间特征(Features)。

② 手动分房。

操作步骤:Front Desk→Room Blocking→Block。

在图5-8所示界面的右下方录入查询条件,按"Tab"键,在界面左侧上部显示符合条件的预订,在右侧上部显示可用房型列表。在左侧预抵客人列表中,选择要为哪位客人锁房,在右侧上部的可用房型列表中选择房间号,单击界面下部的"Block"按钮(快捷建:Alt+B),分房成功后,被分配给客人的房间将从右侧上部的可用房型列表中消失。如果被选择的客房已经有了客房安排(双人房或合住房),则系统弹出确认是否分房对话框(图5-9),单击"Yes"按钮,确认分房;否则,要从可用的客房列中选择其他客房。

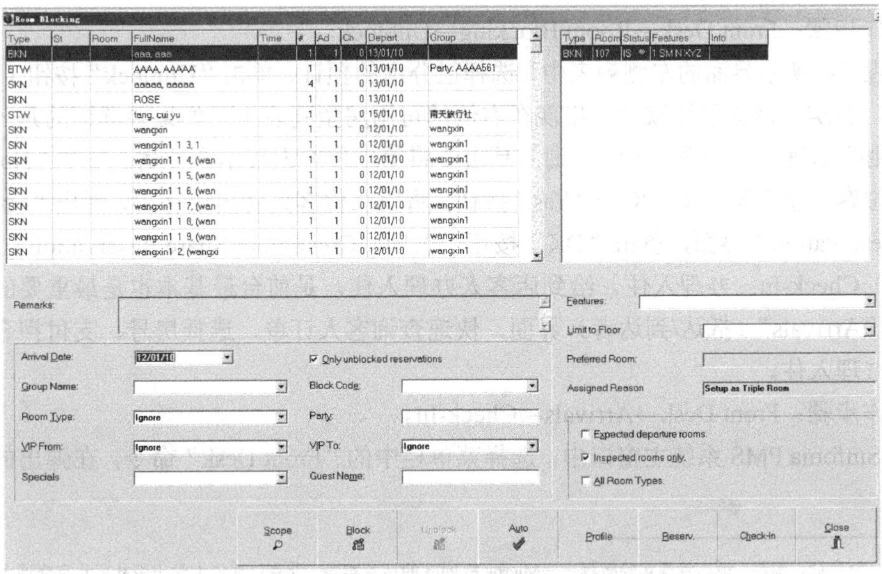

图 5-8 "Room Blocking"界面

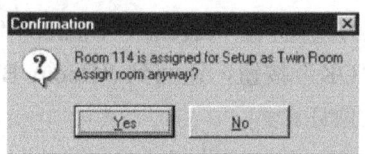

图 5-9 确定是否分房对话框

如果分配的客房属于合住预订，则弹出合住预订界面（图 5-10）。合住预订与单独预订这二者的入住办理流程基本上是一致的，对于房费由谁来支付，前台员工需要在办理入住时再确认一遍。一般来讲，合住预订的房费由哪个预订人承担，押金支付也应该在哪个预订人的订单上处理。单击"OK"按钮，关闭合住预订界面，返回"Room Blocking"界面。

在完成押金支付后，单击"Check-In"按钮，完成其中一个预订之后，系统会自动弹出提示框。如果与他（她）合住的人同时办理入住，则单击"Yes"按钮，两个合住预订同时办理入住；如果合住的人入住时间不一致，则单击"No"按钮，待另外一位客人到店后办理入住。

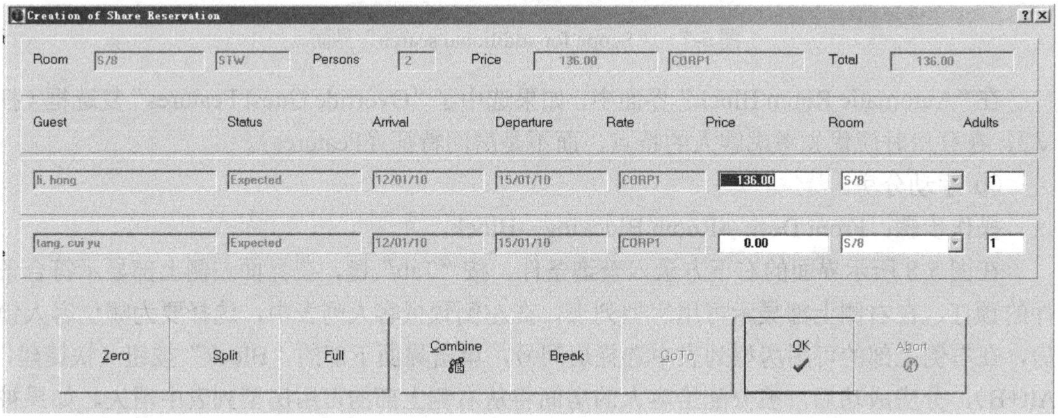

图 5-10 合住预订界面

③ 为预抵客人解锁已分配的客房。

操作步骤：Front Desk→Room Blocking→Unblock。

在图 5-5 所示界面的左侧列表中，选择已分房的预订，单击"Unblock"按钮（快捷键：Alt+N），客房号从该预订取消，出现在右侧的可用房型列表中。如果要解锁的是一个合住预订，则弹出确认对话框，系统将询问是否要将第二位客人移出合住房。单击"No"按钮，将第二位客人留在该客房；单击"Yes"按钮，将第二位客人转出该客房，弹出"Creation of Share Reservation"界面，单击"OK"按钮，关闭"Creation of Share Reservation"界面。[1]

（2）Check-In：办理入住。给到店客人办理入住，是前台最基本也是最重要的一项职能。在"Arrivals"（抵达/到达者）界面，快速查询客人订单，选择房号、支付押金后，在系统中办理入住。

操作步骤：Front Desk→Arrivals→Check-In。

在 Sinfonia PMS 系统主窗口中，选择菜单栏中的"Front Desk"命令，在弹出的子菜单

---

[1] 张艳玲，赵宇茹，邵磊. 饭店管理实验教程——Micros Fidelio 的运营实践. 北京：清华大学出版社，北京交通大学出版社，2013：56-57.

中选择"Arrivals"命令,弹出"Arrivals"界面。选择要办理入住的客人预订,如果该预订尚未被分配客房,则弹出"Room Block"分房对话框(图5-11),自动生成房间号(系统默认的房间号是可选房型中第一个可用房的房间号)。单击"OK"按钮,接受该默认的房间号。再单击"Check-In"按钮,该预订变成已入住状态。

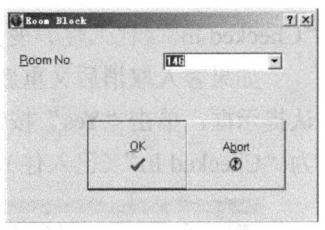

图 5-11 "Room Block"分房对话框

如果要另选房间号,则单击"Room No."右侧的下拉按钮,打开"Room Search, 3 rooms available for this search criteria"界面,录入开始日期(Start Date)、客人住的天数(Days)、房型(Room Types)、房间特征(Features)、楼层(Floor)等条件,查询合适的客房。查找到合适的客房后,选择该客房,单击"Select"按钮,完成Check-In。该房间的入住信息会被发送到制卡机器上,为客人制房卡。打印客人住宿登记单(Reg.Card,即 Registration Card),由客人签字确认。

图5-12界面中各复选项含义如下。

- Include Hskp Assigned Rooms:选中该复选框(打√),表示包括客房部已分配的客房。
- Include Departures:选中该复选框(打√),表示包括已退房。
- Include Blocked Rooms:选中该复选框(打√),表示包括已锁客房。
- Clean-Not Inspected:选中该复选框(打√),表示包括干净但尚未检查的客房。
- Inspected Rooms:选中该复选框(打√),表示包括已经检查的客房。

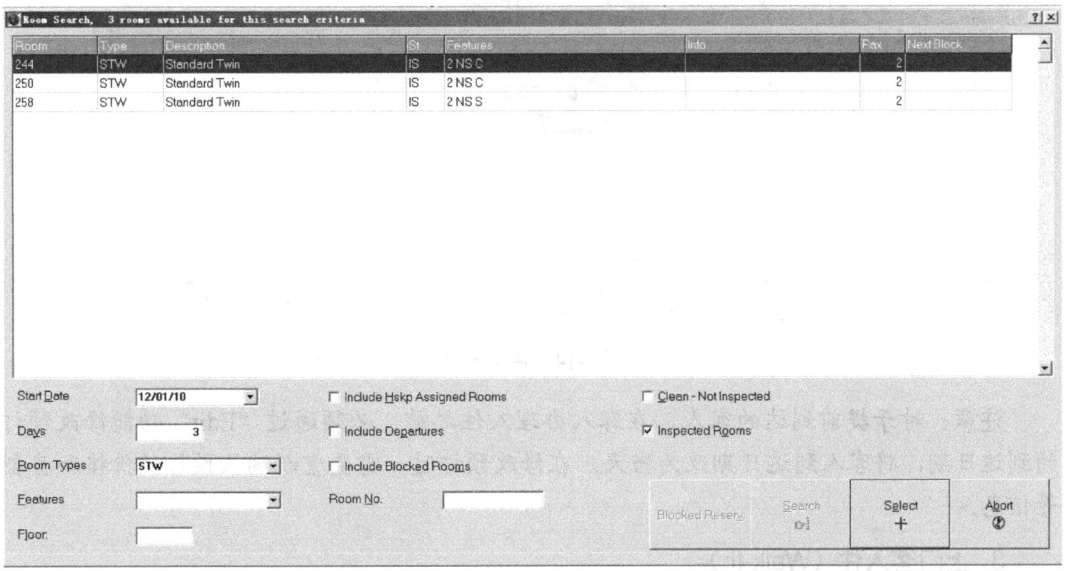

图 5-12 "Room Search, 3 rooms available for this search criteria"界面

(3) Cancel CI.(Cancel Check In):取消入住。客人因为某些原因(多次预订、晚上六点后到达、计划改变、天气原因、会议取消、疾病、无理由),可能会取消或推迟预订。在"Arrivals"界面中,查找到客人的预订信息,单击下方的"Cancel Cl."按钮,在"Reasons"下拉列表中选择取消预订的原因,单击"Yes"按钮确认,即实现取消预订。客人状态由

"Checked In"(已入住)变为"Expected"(预期到达)。

如果客人取消后又重新恢复预订,则单击"Reactivate"按钮,弹出"Confirmation"确认提示框,单击"Yes"按钮即可恢复预订,客人状态(Status)由"Canceled"(取消)变为"Checked In"(已入住),见图 5-13 和图 5-14。

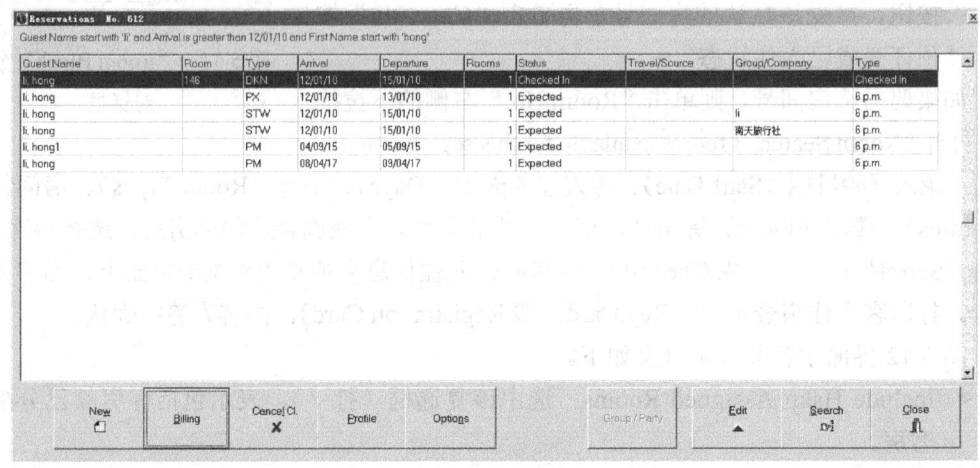

图 5-13 取消预订

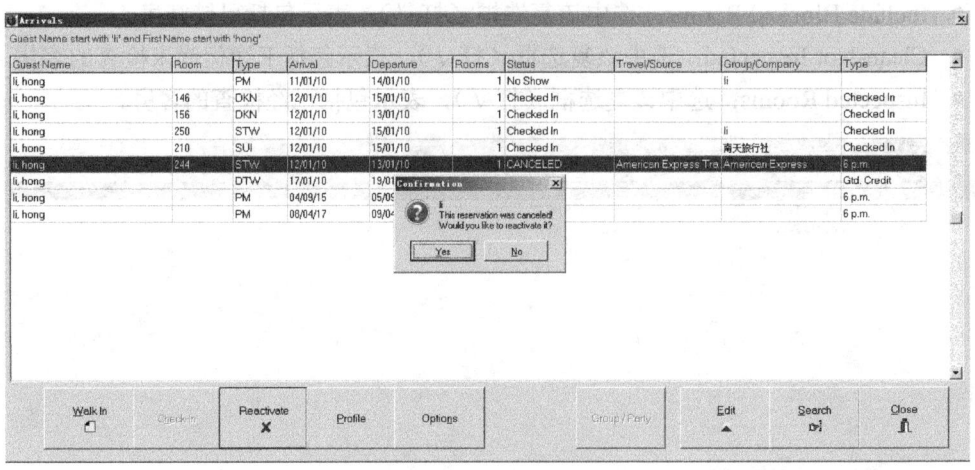

图 5-14 恢复预订

注意:对于提前到达的客人,在客人办理入住之前,必须通过"Edit"功能修改预订的到达日期,将客人到达日期改为当天。在修改预订时,需要重新确认预订的价格和房型等信息。

3. 上门客入住(Walk In)

Walk In 指没有预先订房而前来入住的客人,称为无预订客人或上门客。Walk In 的入住时间实际上是当天,是临时预订类型的客人。[1]与有预订的散客一样,在为上门客办理入住时,首先也要替他们建立客史档案,然后收取押金,办理入住。无预订客人预订后,客

---

[1] 张艳玲,赵宇茹,邵磊. 饭店管理实验教程:Micros Fidelio 的运营实践. 北京:清华大学出版社,北京交通大学出版社,2013:50.

人状态（Status）由"Walk In"（无预订）变为"Expected"（预期到达）。

操作步骤：Front Desk→Walk In→Check-In。

或：Front Desk→Arrivals→Walk In→Check-In。

在 Sinfonia PMS 系统主窗口中，选择菜单栏中的"Front Desk"命令，在弹出的子菜单中选择"Arrivals"命令，在弹出的界面中单击"Walk In"按钮预订，操作过程与做一个预订订单是相似的。在系统中，它们是同一个订单处理界面。在办理 Walk In 时，一般直接分房，收取押金后办理入住登记（Checked In）。

注意： 以上系列操作是连贯的，如果操作过程终止并且重新查询预订，则系统视该订单为一个预订，而非一个 Walk In。"Existing Profiles"对话框中的"Profile"功能用于查看客人资料，经常用在客人较多，不能确定哪一位为目标客人时，见图 5-15 和图 5-16。

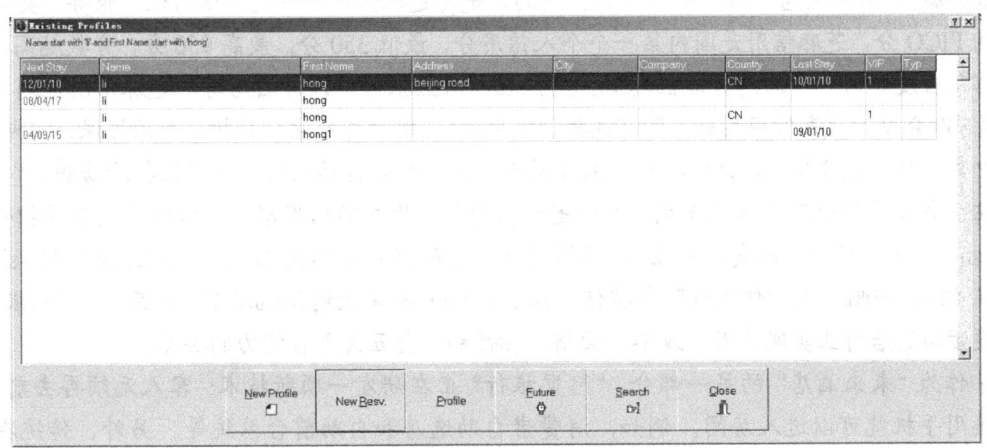

图 5-15　散客入住界面

图 5-16　"New Reservation"对话框

Walk In 订单操作与预订订单入住办理过程一致，只是不能中途退出预订界面。

Walk In 在系统中有单独的统计报表，酒店比较关注每日的 Walk In 数量，因为 Walk In 的客人一般是以门市价入住的，比一般的折扣价预订收益更高。Walk In 的数量及趋势决定了酒店的收益，也决定了酒店应预留多少房间以迎接 Walk In 类客人。

知识链接

未来的客房将实行智能化管理，客人自助办理入住，通过酒店人脸识别系统办理入住，不再需要办理房卡，只需在客房门禁前通过刷脸自动打开房门入住，并在离店时以此方式办理离店服务。2015 年 3 月 30 日，"阿里旅行·去啊"发布"未来酒店"战略：携手酒店同行业，打造一个面向未来的、基于信用体系之上的新型在线旅游服务平台，致力于为用户提供极致体验。"未来酒店"第一阶段最先上线的，是与芝麻信用合作的"信用住"服务。类似美国的 FICO 分，芝麻信用是国内第一个个人信用分，最低 350 分，最高 950 分，分数越高，代表信用程度越好，违约的可能性越低。用户在"阿里旅行"预订酒店时，芝麻信用达到 600 分（600 分以上代表信用良好）即可选择"信用住"。用户先入住后付款，无须担保，零押金。用户离店时也无须排队，只需将门卡放在前台，系统就会自动从用户账户里扣除房费。[①]"信用住"突破了前台现付返佣模式，通过芝麻信用了解用户的信用水平，解决了酒店最担心的 No-show（用户预订后未实际入住）率高的问题。数据表明，在传统 OTA 平台上，酒店 No-show 率在 40%~50%，而"信用住"或将使酒店 No-show 率降低到 30%以下。未来，"阿里旅行"将逐步向酒店行业实现信用、效率、营销、黏性和安全五大平台能力的共享。

作为"未来酒店"的另一部分，"阿里旅行"正在研发一项新技术：客人无须再去前台，直接用手机就可以进入房间。例如，消费者自助选房和自助前台系统等。另外，传统在线旅游平台的会员体系独立，用户权益断层，而"未来酒店"将打通酒店和平台的会员体系，让散落在平台上、各家酒店会员卡里的"积分"真正可以"当钱花"。2014 年 11 月，喜达屋在全球率先推出了 SPG 智能入住（手机代替门卡的无钥匙智能入住服务），这也与阿里的"未来酒店"不谋而合。[②]

2018 年，全球首家无人酒店诞生于杭州西溪园内，该酒店采用全流程无人化操作。该酒店主要是阿里技术的综合应用，一旦进入大堂，互动景观大屏即可映入眼帘。酒店里没有前台，而是由机器人——天猫精灵迎宾、指引。客人可在大堂自助机刷脸办理入住或在手机上凭电子身份证完成登记入住。基于覆盖酒店内全场景的客人身份识别，无感梯控、无触门控将自动进行人脸识别，智能点亮客人入住楼层，自动开启房间门。客人步入房间，灯光会自动进入欢迎模式，电视机自动开启，并进入欢迎界面。房间内的空调、电视、灯光、窗帘等设备，全部不用手动操作，客人只要对着天猫精灵下达指令即可。

借助无感体控定位系统，客人离开房间的瞬间，电梯也将自动响应等候。登记时酒店系统会录入客人的样子，客人完全可以空手去餐厅、健身房、游泳池。在餐厅，人脸识别系统会识别出客人的身份和房间号，所点的餐品将被自动记录到消费清单。如果只想待在房间里，不想出去，则只需在手机上下单，天猫精灵就能把食物和水送到客人房间。

[①] 郑红. 大数据背景下北京旅游电商营销模式创新研究. 北京：旅游教育出版社，2017：25-26.
[②] 《中国旅游报》采访组. "未来酒店"拿什么赌明天. 1 版. 中国旅游报. 2015：9-21.

5.2.2 团队分房和入住

团队分房量大，办理入住的工作量也大，为了缩短团队办理入住的时间，酒店会对即将到店的团队提前分房，提前打印入住登记单，提前做好团队房间钥匙。

1. 团队分房（Group Room Assignment）

团队房间数量较多，系统设置了自动分房功能，可进行手动分房和系统自动分房。通常，团队会要求尽量住靠近的楼层，在房源允许的情况下，酒店也会尽量将团队成员安排在相近楼层中。酒店通过选择楼层（Limit to Floor）、开始客房（Start from Room）来限制分房。

方法一：

操作步骤：Reservation→Groups→Group Op→Room Assign→Block→OK→Close。

在 Sinfonia PMS 系统主界面的菜单栏中，选择"Reservation"命令，在弹出的子菜单中选择"Groups"命令，出现团队预订主界面；单击"Group Op"按钮，弹出"Group Options"界面；单击"Room Assign"按钮，弹出"Automatic Room Block"界面；定义分房规则，单击"Block"按钮，团队中的所有预订被分配相应的客房，系统即显示有多少间客房被成功分配；单击"OK"按钮，分配给团队的客房显示在界面中；单击"Close"按钮，房间号显示在"Room"栏中。

方法二：

操作步骤：Front Desk→Room Blocking→Auto→Block→OK→Close→Yes→OK。

（1）在前台（Front Desk）工具栏中，单击"Room Blocking"按钮，弹出"Room Blocking"界面，指定分房规则，如日期、团队、团队代码、散客小团队、房型或 VIP 等级。如果不指定分房规则，则所有预订自动锁定。单击"Auto"按钮，弹出"Automatic Room Block"（自动分房）界面（图 5-17）。

图 5-17 "Automatic Room Block"（自动分房）界面

图 5-17 中各复选项含义如下。
- Include Groups：选中该复选框（打√），表示包含团队。
- Departing Rooms：选中该复选框（打√），表示包含客人当天的退房。
- Inspected Rooms Only：选中该复选框（打√），表示只包含已经检查的客房。
- All Group Dates：选中该复选框（打√），表示所有团队成员自动分房入住，即使他们抵店时间不同。

（2）填写所需字段，单击"Block"按钮，执行分房操作，客人名字和分配的房间号各自出现在每一个预订的"Guest""Room"字段中。执行分房操作后，弹出"Sinfonia Front Office"确认提示框（图 5-18）。

（3）单击"确定"按钮，返回"Automatic Room Block"界面。单击"Close"按钮，返回"Room Blocking"界面。单击"Undo"按钮，未被分配的客房被锁定，弹出"Confirm"确认提示框（图 5-19 和图 5-20）。

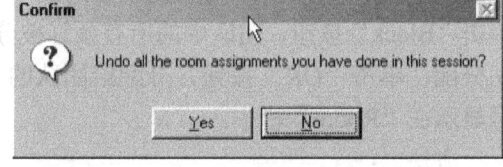

图 5-18　"Sinfonia Front Office"确认提示框（1）　　图 5-19　"Confirm"确认提示框

（4）单击"Yes"按钮，再单击"OK"按钮，在状态栏中显示所有未被分配的客房。

当系统由于各种原因无法为客人自动锁定房间时，前台员工需要手动为客人锁定房间，操作方法是：在"Room Block"对话框中（图 5-21），单击"Room No."（房号）右侧的下拉按钮，接下来可看到手动分房界面。

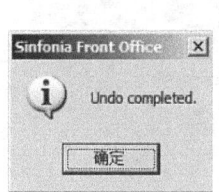

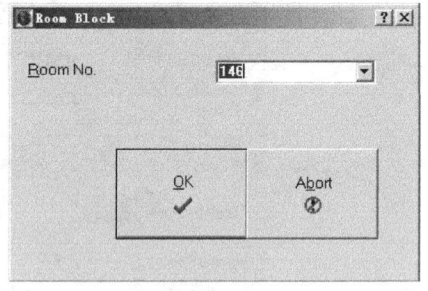

图 5-20　"Sinfonia Front Office"确认提示框（2）　　图 5-21　"Room Block"对话框

2. 团队入住（Check-In Group）

整团办理入住登记一般需要等到团员到店以后执行，用制卡机提前制出房卡，在团队办理入住的时候不再需要制房卡。

在团队预订时，逐一办理团员入住。

操作步骤：Front Desk→Arrivals→Check-In。

在"Group Options"团队预订界面中，快速办理团员入住。

操作步骤：Reservation→Groups→Standard Group→Group Op→Check-In Group。

在 Sinfonia PMS 系统主界面的菜单栏中，选择"Reservation"命令，在弹出的子菜单中选择"Groups"命令,弹出"Groups"对话框。单击其中的"Standard Group Module"按钮,弹出"Group Reservation List"对话框。单击"Check-In Group"按钮,在弹出的对话框中有许多选项。

如果选中"Check-in inspected rooms only"复选框(打√),则按干净房办理入住(Check-In);如果未选中该复选框,则按所有已分房办理入住(Check-In),不管是干净房还是脏房(预离的脏房是允许分配的,这一点要注意)。设置完毕后,单击"Start"按钮,在弹出的对话框中根据团队实际情况进行设置,则所有符合条件的团队预订就完成了入住(图 5-22 和图 5-23)。

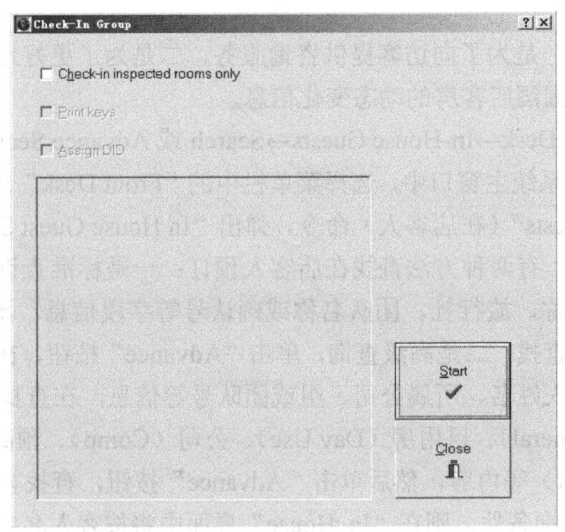

图 5-22 "Check-In Group"对话框

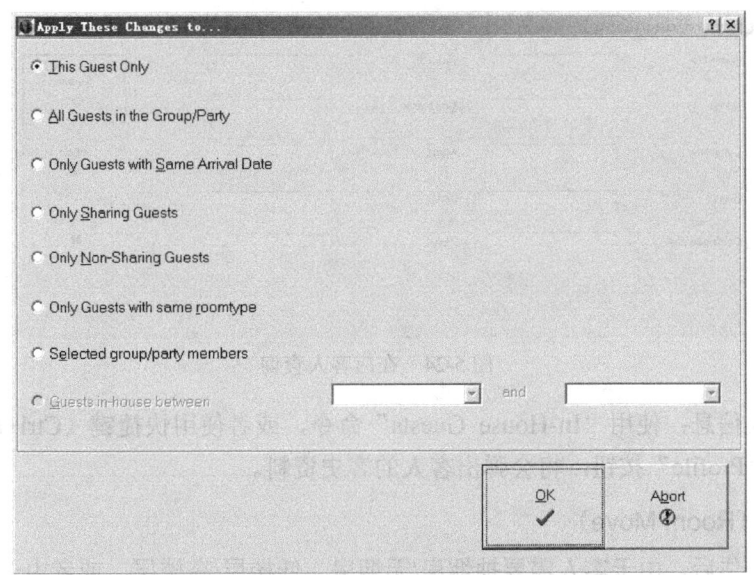

图 5-23 办理团队入住

注意：一般来讲,团员是不需要额外支付押金的,团员的部分费用(主要是房费)是由团队主账房支付的。因此,押金也是由主账房来支付的。

5.2.3 在店客人服务（In-House Guests）

"我们的工作属于服务行业，服务第一。""我们必须做到完美，绝对不能放过任何一个微妙的细节。我们是商业服务机关，所以要把所谓的感觉放弃，来保证我们能对得起这份工作、这份工资，以及顾客花在酒店上的钱。"每个酒店管理者都会如此说。

当客人住进酒店后，Sinfonia PMS 几乎实现了关于入住客人的全部操作，内容包括：查找在店入住客人、查看在店入住客人档案、取消入住、恢复已经被取消的入住、换房（Room Move）、客房升级（Upgrade）、修改入住信息、查看客人消费账单等。

1. 查找在店客人

查找在店客人，一是为了向访客提供咨询服务，二是为了更好地向客人提供个性化定制服务，三是为了掌握酒店客房的动态变化信息。

操作步骤：Front Desk→In-House Guests→Search 或 Advance Search。

在 Sinfonia PMS 系统主窗口中，选择菜单栏中的"Front Desk"命令，在弹出的子菜单中选择"In-House Guests"（在店客人）命令，弹出"In House Guest Seach"界面（快捷键：Ctrl+I）。在该界面中，有两种方法查找在店客人预订：一是标准查询，在该界面中录入房间号、姓名、公司名称、旅行社、团队名称或确认号等字段信息，单击"Search"按钮，在已入住客人预订中查找；二是高级查询，单击"Advance"按钮，在弹出的在店客人高级查询界面中，录入客人姓名、所属公司、组或团队号等信息，在查找类型（Search Type）中选择所有客人（General）、日用房（Day Use）、公司（Comp）、预离房（Due Out）、结账后退房（Checked Out）等内容，然后单击"Advance"按钮，查找客人预订（图 5-24～图 5-26）。如果不录入查询条件，则在"In House"界面中将按客人名字的英文字母顺序显示预订信息。

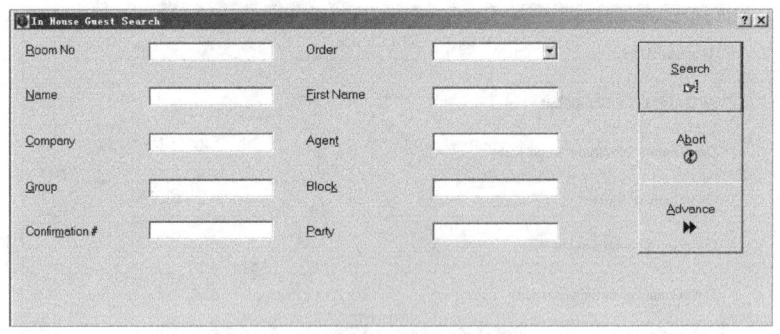

图 5-24　在店客人查询

查看客人信息：使用"In-House Guests"命令，或者使用快捷键（Ctrl+I），找到客人之后，单击"Profile"按钮，将会弹出客人的客史资料。

2. 换房（Room Move）

当客人入住后，由于客人需要抽烟房/无烟房、低楼层/高楼层，或者由于客房不干净、噪声太大、漏水（Water leak）、电话故障（Telephone not work）等原因要求换房，前台员工需要在系统中执行换房操作（Room Move）。换房有可能会导致房价的变化，是否变更房价，酒店需要根据具体情况处理。

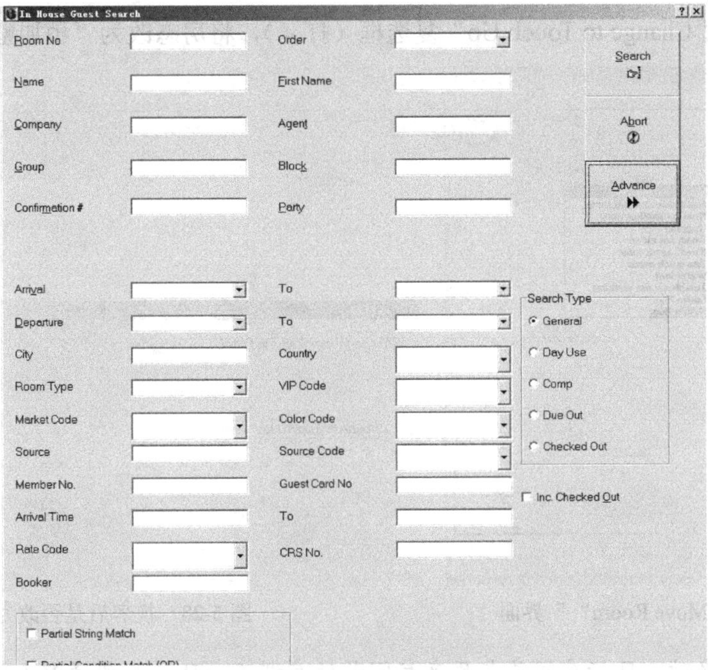

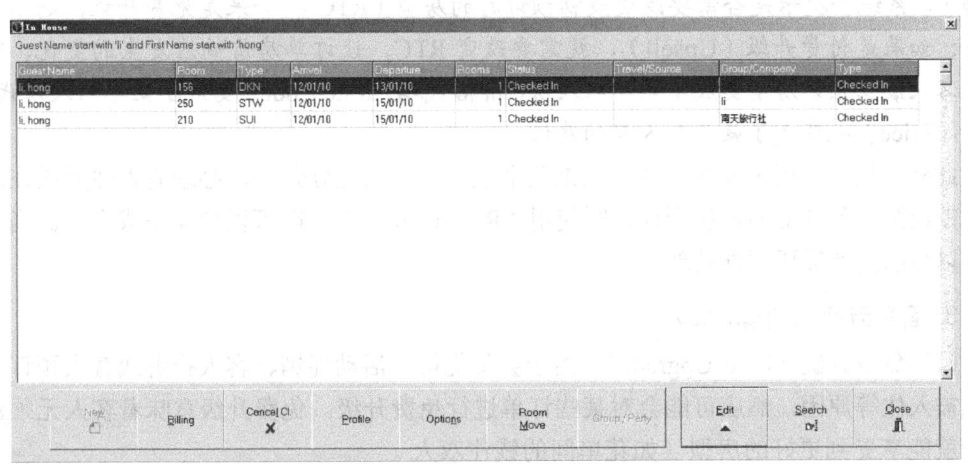

图 5-25　在店客人高级查询

图 5-26　在店客人预订查询结果

操作步骤：Front Desk→In-House Guests→Room Move。

在 Sinfonia PMS 系统主窗口中，选择菜单栏中的"Front Desk"命令，在弹出的子菜单中选择"In-House Guests"命令，在弹出的查询界面中，选择需要换房的客人，单击"Room Move"按钮。或者在"Reservation Options"预订界面，单击"Room Move"按钮，弹出"Move Room？"界面（图 5-27）。

在"Room No."下拉列表框中直接录入目标房间号。在"Reasons"下拉列表中选择换房的原因。单击"Yes"按钮，系统会询问需要是否要把原来的房间改为脏房。一般会选择把房型变为"Dirty"（图 5-28），哪怕客人可能只是进入房间坐了一小会儿，也要由客房部人员检查后才能够作为可预订房。选择状态后，预订的房间号就变更了。在图 5-28 所示的界面中,选中"Change to Touch Up"复选框(打√),将房态改为"稍加整理"。

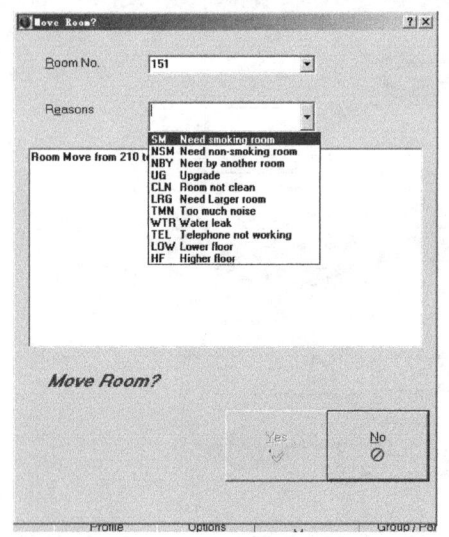

图 5-27 "Move Room?"界面

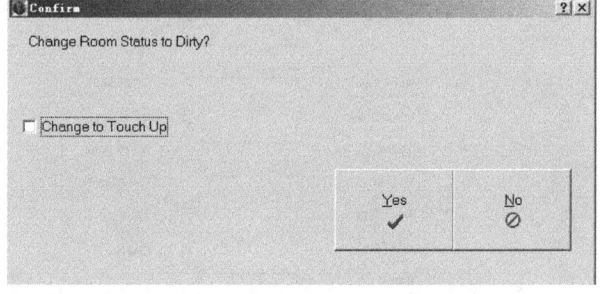

图 5-28 换房后是否改为脏房

注意:换房时,目标房间号与原来房间号的房型不一致(如普通双人间换成了豪华双人房),系统会提示是否需要改变最初预订时的房型(RTC)。如果是免费升级,则不需要改变;如果是付费升级(Upsell),就需要改变 RTC,让订单房价响应发生的变化,即订单中客人最初预订房型变成了豪华双人房,价格代码(Rate Code)变成了豪华双人房代码,房价(Price)也变成了豪华双人房的房价。

此外,换房可用于操作合住。如果两个预订一开始是分开的,办理完入住后或在店期间,期望两个预订变为合住预订,则使用"Room Move"功能可以自动完成合住。当然,合住以后的房费需要额外处理。

3. 客房升级(Upgrade)

(1)免费升级(Free Upgrade)。由于会员优待、活动促销、客人投诉或客人预订的房型已被入住等原因,酒店可能会对某些订单进行免费升级。免费升级意味着客人无须额外付费就能享受到更好的房型(如花单间的钱住双人房,花普通双人房的钱住豪华双人房)。

在 Sinfonia PMS 预订界面中,"Rm Type"右侧有两个下拉列表框,前者用于选择客人实际入住的房型(物理房型),后者用于选择客人最初预订的房型。一般情况下,这两个位置的房型是一致的。当为客人免费升级时,前者一般比后者房间面积更大、价格更高或设施更豪华。如果客人预订的是标准双人房(Standard Room,STW)房型,实际入住时升级为豪华双人房(Deluxe Twin,DTW)房型,则在图 5-29 所示的房型的前一个下拉列表中选择"DTW",在后一个下拉列表中选择"STW"。

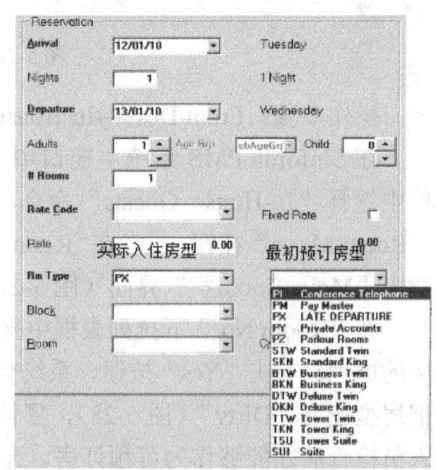

图 5-29 客房免费升级

（2）Upsell：付费升级。客人愿意付更高的房费换至更好的房型，房价会由预订初始房型的房价，变为实际入住房型的房价。

4. 取消入住（Cancel Checked In）

取消入住即将本来已经办理入住的订单取消，将其状态改为预订状态，而不是删除预订。取消入住的原因可能是前台员工误操作替未到店的客人办理了入住手续，又或者是客人已经到店，但是不满意服务而要求离开等。取消入住有两个条件：第一，必须是入住当天取消，过了夜审时间则无法再取消预订；第二，客人未发生任何费用，即客人账目余额（Banlance）=0。[①]

操作步骤：Front Desk→In-House Guests→Cancel C/I。

在 Sinfonia PMS 系统主窗口中，选择菜单栏中的"Front Desk"命令，在弹出的子菜单中选择"In-House Guests"命令，在弹出的界面中，单击"Cancel C/I"按钮，取消入住后，客人订单状态由"已入住"（CHECKED IN）变成"预抵"（DUE IN）。前台工作人员要根据实际情况修改该房间的房态。如果是误操作，则将房态保持为干净房；如果客人进入过房间，则建议将房态变为脏房，或者请客房部尽快确认房态再处理（图 5-30）。

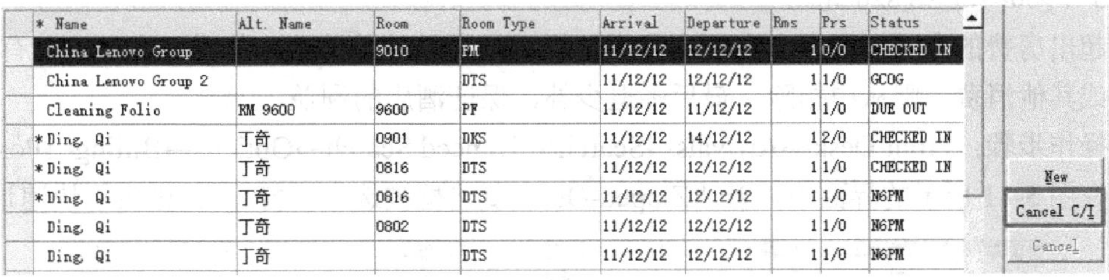

* Name	Alt. Name	Room	Room Type	Arrival	Departure	Rms	Prs	Status
China Lenovo Group		9010	FM	11/12/12	12/12/12	1	0/0	CHECKED IN
China Lenovo Group 2			DTS	11/12/12	12/12/12	1	1/0	GCOG
Cleaning Folio	RM 9600	9600	PF	11/12/12	11/12/12	1	1/0	DUE OUT
*Ding Qi	丁奇	0901	DKS	11/12/12	14/12/12	1	2/0	CHECKED IN
*Ding Qi	丁奇	0816	DTS	11/12/12	12/12/12	1	1/0	CHECKED IN
*Ding Qi	丁奇	0816	DTS	11/12/12	12/12/12	1	1/0	N6PM
Ding Qi	丁奇	0802	DTS	11/12/12	12/12/12	1	1/0	N6PM
Ding Qi	丁奇		DTS	11/12/12	12/12/12	1	1/0	N6PM

图 5-30 取消入住界面

5. 查看客人消费账单（Billing）

如果要查看客人的消费账单，则可利用"In-House Guests"命令，通过姓名、房间等客人信息查找到客人，然后在"In House"界面中单击"Billing"按钮，弹出收银界面，录入收银员工号和密码，登录收银系统，弹出"Billing Guest Select"界面，显示所有已登记入住或离店客人账单基本信息，以及账户余额情况。选择某位客人，单击右下角的"Select"按钮，显示其账单信息。

操作步骤：Front Desk→In House Guests→Billings→Select。

在客人入住时，酒店一般会收取相应额度的预付款（押金），并且系统提供了多种付款方式，如现金、信用卡预授权。如果是现金，则在系统中办理入住后，前台员工登录客人账单界面执行付款操作；如果是信用卡，则首先应该在银行 POS 机上刷预授权，然后将信息录入 Sinfonia PMS 中（Sinfonia 提供与银行信用卡支付接口，银行刷卡机器上的刷卡信息，被自动传入该订单中）。如果要手动记录预授权信息，则单击客人"Reservation Options"预订选项中的"Credit Card"按钮。

所谓预授权（Pre-authorization），是类似押金的预付方式（Advance Payment），指特约商户向发卡机构取得持卡人在 30 天内不超过预授权金额一定比例范围的付款承诺，并在持

[①] 穆林. 酒店信息系统实务. 上海：上海交通大学出版社，2011：82.

卡人获取商品或接受服务后，向发卡机构承兑的业务。通俗地讲，当消费者持信用卡预订酒店、机票或租车时，银行会根据商户的请求，首先冻结信用卡中的一部分资金，作为消费者在该商户消费的押金。预授权额度一般不超过信用卡可用额度的上限，虽然预授权不等于实际付款，但也占用信用额度。如果客人做完预授权后没有买单就离开酒店，则酒店可向银行提出预授权完成的申请，并提供客人消费单据和预授权单据。这样银行就可以从跑单客人的卡里把钱划入酒店账户。例如，持卡人实际消费 500 元，预授权额度为 1000 元，多余的 500 元将会被解冻并返还到持卡人的信用卡上；如果商户没有及时撤销预授权，则银行自预授权交易日起 1 个月左右，才会对预授权冻结金额进行"自然解冻"，商户在此之前仍可进行扣款操作。

下面介绍预付款金额的计算方法。

方法一：根据客人入住天数、每天的房费、固定消费值计算。比如，客人入住 3 天，每天的房费是 1 960 元，每天的固定消费值为 500 元，则预付款金额 = 3×(1 960+500) =7 380 元。

方法二：根据客人入住天数、每天的房费、每天的服务费来计算。比如，客人入住 3 天，每天的房费是 1 960 元，每天的服务费是 50%（有的五星级酒店为 15%），则预付款金额 = 3×1 960×1.5 = 8 820 元。

超出房费的金额方便客人在酒店餐厅、娱乐场所等签单消费，如果退房时发现有物品损坏或其他消费，则从中扣除，最后多退少补，保证酒店的利益。

操作步骤：Front Desk→Arrivals→Search/Advanced Search→Options→Billing→Post。

在图 5-31 所示的界面中，若"Zipped-Out"复选框被选中（打√），则表示快速退房。

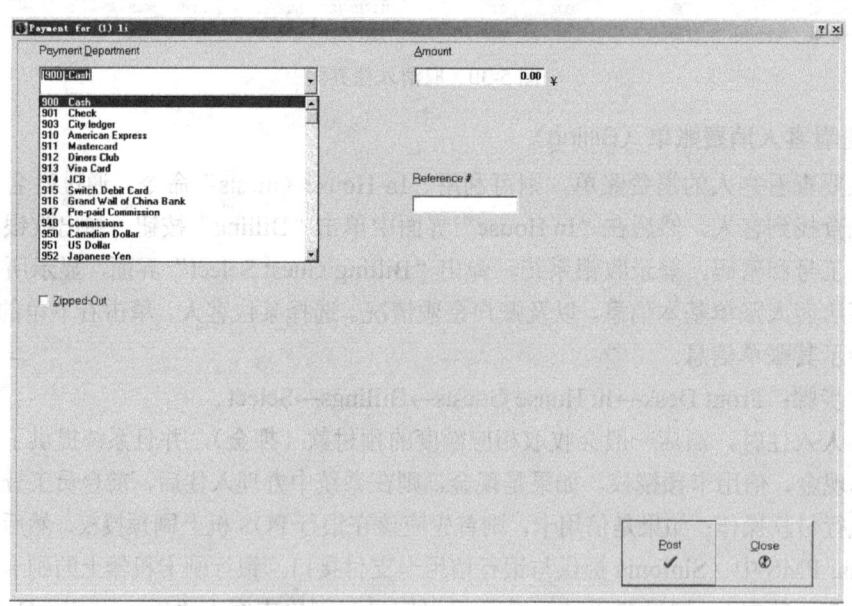

图 5-31 "Payment for (1) li"界面

在图 5-32 所示的界面中，"Payment Department"表示付款方式；"Amount"表示预付款总金额；"Pre-Paid Commission"表示预付佣金，"%"表示金额的百分比，"￥"表示已支付的定金金额；"Total Amount"为押金总金额（包括预付款、预付佣金两项）。

信用卡基本信息会显示在授权页面上，方便员工核对信息，酒店员工直接录入授权金额及授权代码即可（授权代码在银行卡上）。如果没有银行授权接口，则这个信息在 Sinfonia PMS 中只是起到备注的作用，通过报表比较客人消费是否超出授权金额；如果有银行授权接口，则在结算该预订的时候，系统会将结算信息自动发送到银行，进行授权消费操作。

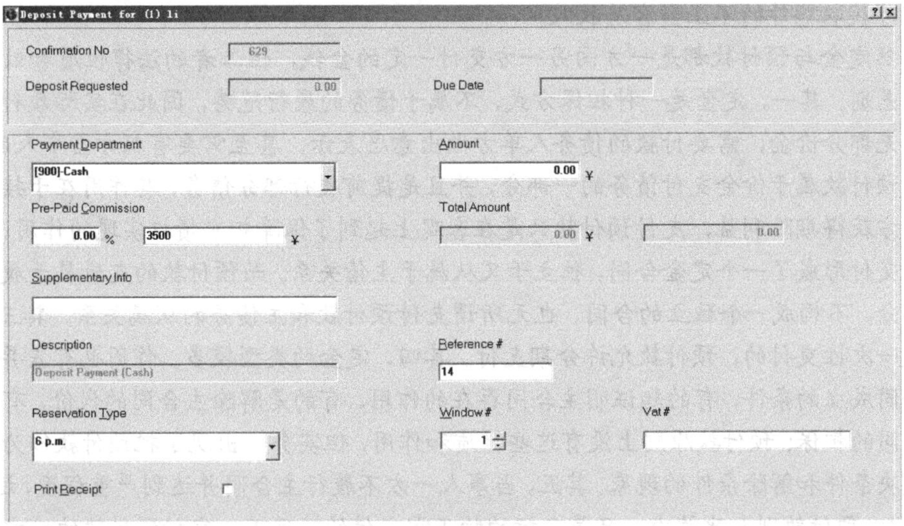

图 5-32 押金支付界面

如果预授权录入错误，则需要进行冲抵。在冲抵时，录入与授权金额等额的负值，使用相同的授权代码，即可在系统中冲抵该笔错误授权。

在预订期间，如果客人已经支付了预付押金（Advance Deposit），那么当客人状态由"Expected"（预期到达）改为"Checked In"（已入住）时，该笔现金会自动转入客人账单中，变为该预订的押金。如果客人要改变押金方式，则前台需要对前期支付的这笔现金进行退款操作，具体操作详见 Cashier（收银）模块的 Paidout 操作。

知识链接

定金、预付款、押金的区别

定金，是指合同双方当事人为了确保合同的履行，依据法律规定或当事人双方的约定，由当事人一方在合同订立时，或者订立后、履行前，按合同标的额的一定比例，预先付给对方当事人的金钱或其他代替物。[1]《中华人民共和国合同法》第一百一十五条规定："当事人可以依照《中华人民共和国担保法》约定一方向对方给付定金作为债权的担保。债务人履行债务后，定金应当抵作价款或者收回。给付定金的一方不履行约定的债务的，无权要求返还定金；收受定金的一方不履行约定的债务的，应当双倍返还定金。"

定金的法律特征：定金的标的物为金钱或其他可代替物；定金是预先支付的；交付定金的目的之一是担保合同债务的履行。定金的交付将在当事人之间产生定金合同关系，该合同是当事人设立定金时所达成的协议。[2]定金合同为实践性的，仅有设立定金的合意，而无定金的实际支付，不产生定金合同。定金合同是主合同的从合同，在主合同无效时，从合同亦无效。目前，到我国南方的海岛过春节已经成为一种时尚，一些人早早地预订了酒

---

[1] 合同法总论. 2版. 北京：中国人民大学出版社, 2016：409-426.
[2] 王利明. 合同法研究第三卷. 北京：中国人民大学出版社, 2015：723-745.

店客房，并交纳了不菲的定金（如每房每晚2 000元）。在极端的情况下，当客房价格迅速上涨时（如每房每晚达8 000~10 000元），一些缺乏职业道德的酒店，受经济利益驱使，可能会出现毁约的现象，将原来客人预订的客房销售给其他客人，即便扣除双倍返还的定金，仍可获取额外的不正当客房收入。

虽然定金与预付款都是一方向另一方交付一定的金钱，但二者的法律性质和效力却存在很大差别。其一，定金是一种担保方式，不属于债务的履行范畴，因此在实际履行过程中定金抵充部分价金，需要付款的债务人单方做出意思表示，甚至需要有双方当事人的合意；而支付预付款属于价金支付债务的一部分，并且是提前履行部分债务，其作用在于接受预付款的一方获得期限利益，支付预付款只是在客观上起到了保障相应债权实现的作用。其二，定金的交付形成了一个定金合同，独立于又从属于主债关系；而预付款的支付属于履行主债的一部分，不构成一个独立的合同，也无所谓支付预付款和主债务的从属关系。其三，定金一般是一次性交付的，预付款允许分期支付。其四，定金的类型较多，作用也有差异。有的是主合同成立的条件，有的起证明主合同存在的作用，有的是解除主合同的代价，有的是签订主合同的担保；预付款原则上没有这些性质和作用，但实务中出现了把预付款作为合同生效的先决条件和解除条件的现象。其五，当事人一方不履行主合同并达到严重程度，适用"定金罚则"；预付款则无此效力，只是在标的物正常交付的情况下，交付预付款的一方再补充剩余的价款即可。在交付标的物的一方违约的情况下，如果交付预付款的一方解除合同，那么他有权请求返还预付款；如果他不解除，则有义务继续交付剩余的价款。

"定金"和"订金"虽然只有一字之差，却有天壤之别。定金是有一定法律效力的，适用"定金罚则"，具有担保性质。如果交定金的一方违约了，定金很难收回了；如果收定金的一方违约，则要双倍返还违约金。订金则不一样，因为是预付款，所以不管谁违约了，除非有特殊约定，否则一般情况下都能要回来。

定金和押金均属于金钱担保范畴，都是当事人一方按约定给付另一方的金钱或其他代替物。在合同适当履行后，都发生返还的法律后果。但它们仍为不同的担保方式。其一，定金的交付通常是在合同订立时或履行前，具有预先给付的特点；押金的交付，或与履行主合同同时进行，或与履行主合同相继进行，不是预付。其二，定金担保的对象是主合同的主给付，押金担保的对象往往是主合同中的从给付。其三，定金的数额低于主合同的标的额，并且不得超过法定的比例；押金的数额往往高于被担保的债权额。其四，在一方违约时，定金具有双倍返还的效力；押金没有双倍返还的法律效果。①②

6. 留言传送（Messages）

（1）给客人留言。此处的客人留言与客人预订中的客人留言是同一个功能，只是预订中的留言只针对某一预订，而这里的Messages可以查看所有预订及在店客人（In-House Guests）的留言情况，方便前台或总机处理客人留言。

总机一般每天不定期地处理客人的留言信息，打印出留言条或电话通知客人。根据留言状态筛选留言（Received/Unreceived），或者结合客人状态查询留言。

---

① 合同法总论. 2版. 北京：中国人民大学出版社，2016：409-426.
② 崔建元. 合同法. 3版. 北京：北京大学出版社，2012：225-234.

操作步骤：Front Desk→Messages。

在 Sinfonia PMS 系统主窗口中，选择菜单栏中的"Front Desk"命令，在弹出的子菜单中选择"Messages"命令，弹出"Select"（选择留言）对话框（快捷键：Ctrl+M），在其中选择将要实现的功能。单击"Display Messages"按钮，可以显示留言消息；单击"Send Messages"按钮，可以发送留言信息；单击"Display Traces"按钮可以查看工作事项跟进留言（图 5-33）。

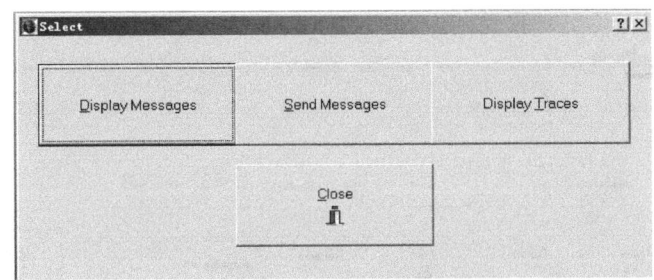

图 5-33　选择留言

（2）Display Messages：显示留言信息。

操作步骤：Front Desk→Messages→Display Messages→All Messages。

在 Sinfonia PMS 系统主窗口中，选择菜单栏中的"Front Desk"命令，在弹出的子菜单中选择"Messages"命令，弹出"Select"界面。单击"Display Messages"按钮，弹出"DISPLAY MESSAGES FOR："对话框。其中，"Received/NOT Received"按钮用于切换留言状态；"Manual Received"按钮用于查看被接收的信息；"Printed"按钮用于查看已经被打印的信息；"Lamp On/Lamp Off"按钮用于切换留言灯的开与关；"Video Sent"用于查看已经发送到客人电视显示系统的信息；"Video Received"按钮用于查看客人已经通过电视显示系统查看到的信息（图 5-34）。

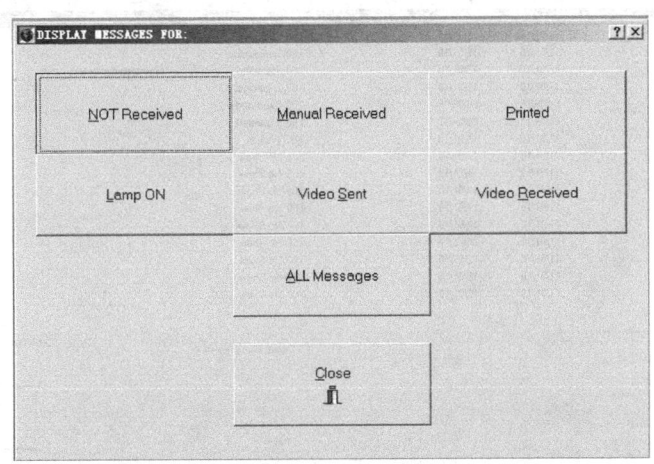

图 5-34　"DISPLAY MESSAGES FOR："对话框

在图 5-34 中，单击"All Messages"按钮，弹出"All message NOT received"对话框（图 5-35），选择需要留言的客人，单击该界面底部的"Receive"或"Receive All"按钮，可逐一或全部接收留言。

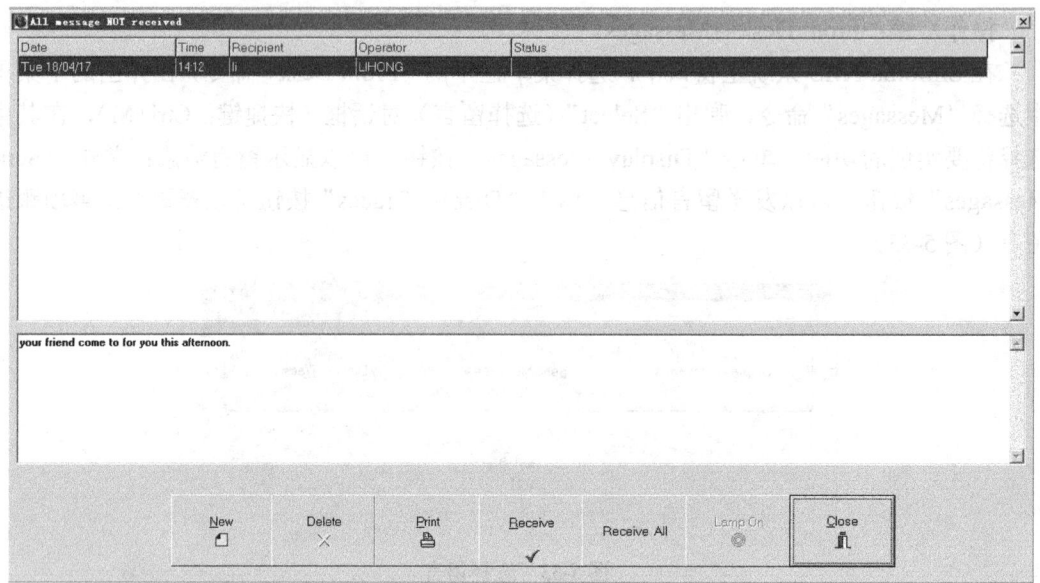

图 5-35 "All message NOT received" 对话框

下面介绍如何新建留言。

操作步骤：All message NOT received→New→Select。

在图 5-35 所示的对话框中，选择需要留言的客人，单击"New"按钮，弹出"Send Message to:"界面（图 5-36）。选择要发送信息的客人，或者在该界面下方，在房间号码、姓名、团队等文本框中输入查询条件，缩小查询范围。单击"Select"按钮，弹出"Guest New Message"对话框，在其左侧的文本框中录入留言，或者双击预先设置好的留言，它就会出现在左侧的文本框中。单击"Save"或"Print"按钮，可以保存或打印留言。

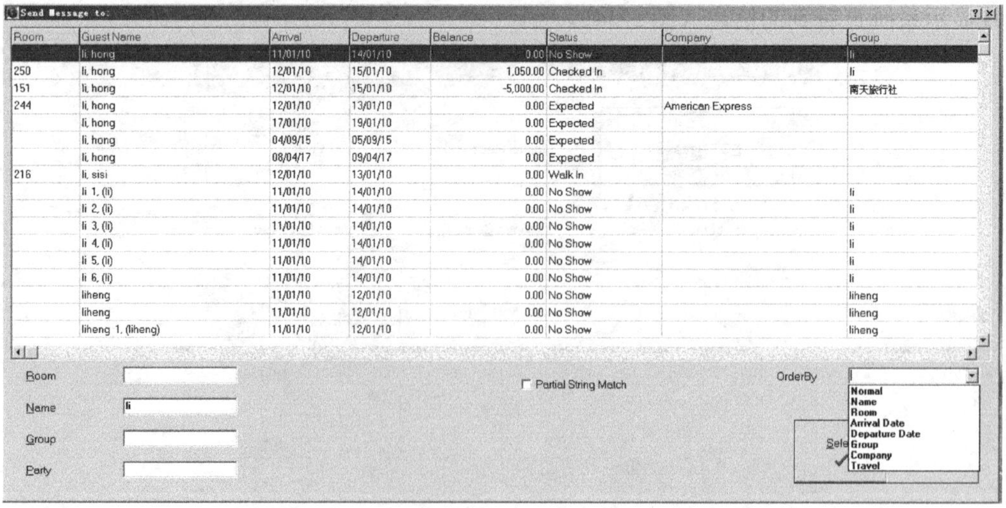

图 5-36 "Send Message to:" 对话框

如果该新建留言是为团队而建的，则弹出"Print message for…"确认对话框，必须从众多单选按钮中选择其中之一，单击"OK"按钮，完成新建留言（图 5-37）。

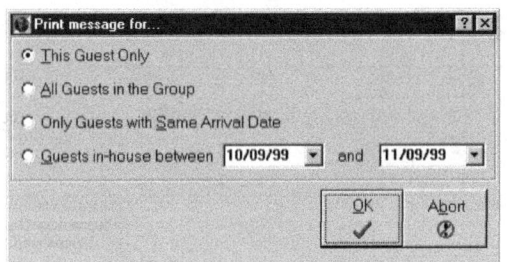

图 5-37 为个人或团队新建留言

如果要删除留言,在"All message NOT received"对话框中(图 5-35),选择要删除的留言,单击"Delete"按钮,弹出删除确认对话框,单击"Yes"按钮,即可将留言删除。

(3) Send Messages:给……发送留言。

操作步骤:Front Desk→Guest Arriving Today→Yes。

选择要发送留言的客人类型,比如,为今天抵达酒店的客人发送信息,在"Front Desk"工具栏中单击"Guest Arriving Today"按钮,弹出"Messages for guests arriving today"对话框,填写客人的 VIP 等级、语言,单击"OK"按钮,该对话框会发生新的变化,下方出现文本框供录入留言内容,"Print"或"Save"按钮被激活。单击"Save"按钮保存留言,单击"Print"按钮保存并打印留言,同时弹出确认对话框,单击"Yes"按钮即可发送留言(图 5-38 和图 5-39)。

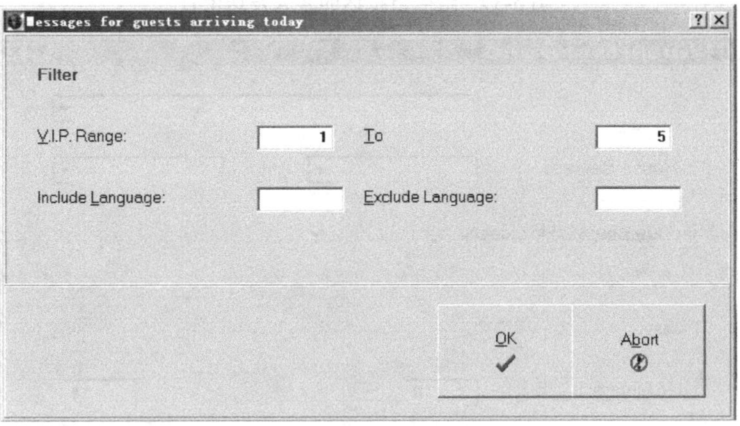

图 5-38 给今日抵达的客人发送留言(1)

当为团队客人发送留言时(Send Messages to Group),在"Front Desk"工具栏中单击"Group Guests"按钮,弹出"Messages for group guests"对话框。在"Group"下拉列表中选择团队名称,在"In House Between…And…"下拉列表中选择团队成员入住时间。勾选"Include Checked-In Guests"复选框(打√),表示包括已办理入住的客人;否则,只包括未办理入住的客人。之后选择 VIP 等级、语言,对客人进行筛选(图 5-40)。单击"OK"按钮,"Messages for group guests"对话框即发生变化:上部是客人姓名、房间号、VIP 等级、团队名等信息,下部的文本框用于录入要发送给团队客人的留言。单击"Save"或"Print"按钮,可以保存或打印留言。当客人登记入住后,就可以对该团队的所有客人发送留言了(图 5-41)。

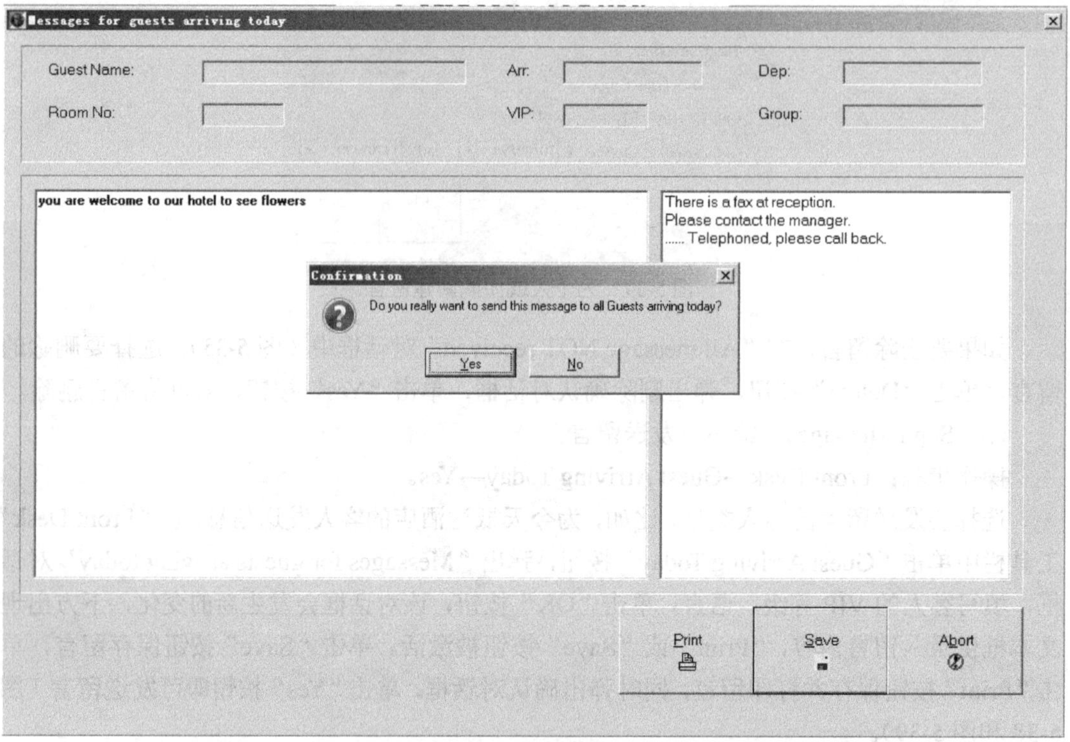

图 5-39 给今日抵达的客人发送留言

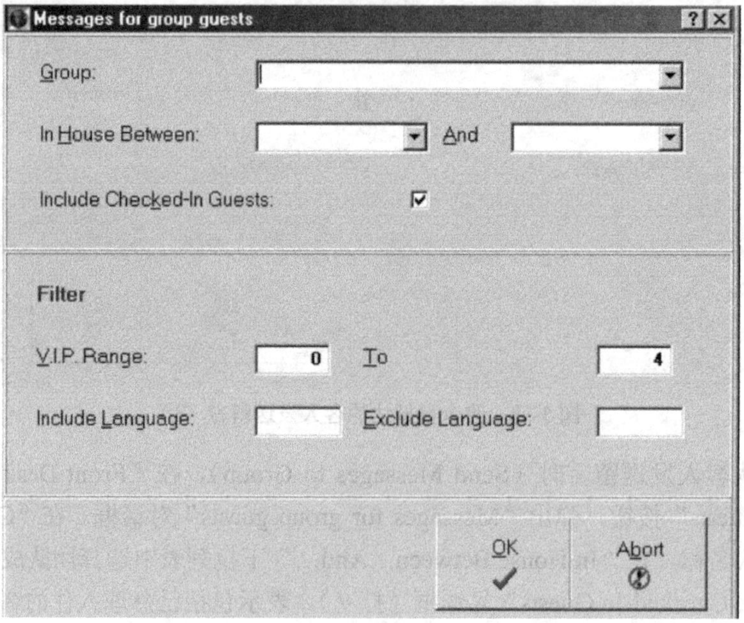

图 5-40 给团队客人留言（1）

（4）Display Traces：显示工作事项跟进留言。Traces 是酒店员工之间相互交流的信息，交流内容主要是关于客人的需求信息。

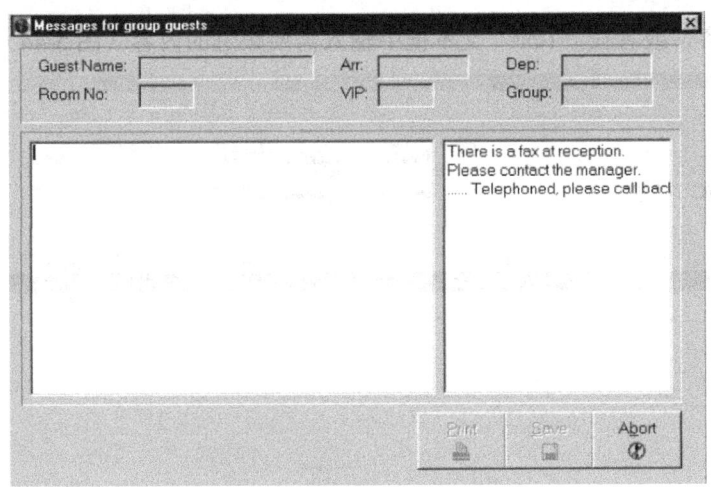

图 5-41　给团队客人留言（2）

Messages 与 Traces 的区别：Messages 是外部客人给酒店客人的留言，或者是酒店员工给客人的留言，如催交房费、特殊事务通知等；Traces 是酒店员工之间的工作跟进留言。此处的 Traces 功能与客人预订中的 Traces 功能相同，只是预订中的 Traces 只针对该预订，而这里的 Traces 查看所有预订，以及对在店客人的服务工作跟进情况，以方便前台或其他部门同事集中查询处理跟进事项。

每个部门（Department）查询需要本部门跟进的事项，或者查询已处理（Resolved）和未处理（Unresolved）的事项。

操作步骤：Front Desk→Messages→Display Traces→All Traces。

在 Sinfonia PMS 系统主窗口中，选择菜单栏中的"Front Desk"命令，在弹出的子菜单中选择"Messages"命令，弹出"Select"界面。单击"Display Traces"按钮，弹出"DISPLAY TRACES"界面。单击"All Traces"按钮，弹出"Traces"（事项跟进）对话框（图 5-42 和图 5-43）。

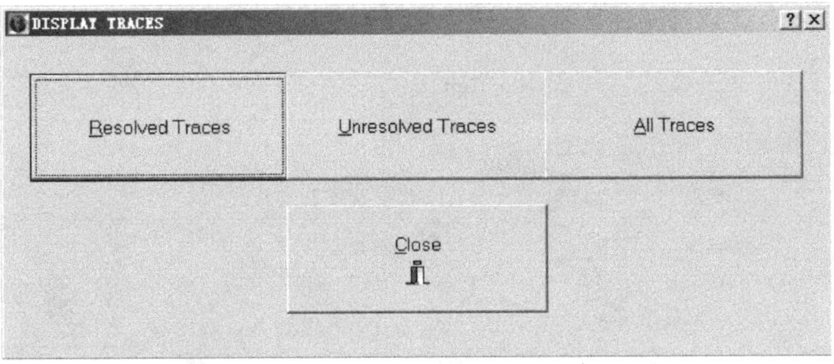

图 5-42　"DISPLAY TRACES"对话框

下面介绍新建事项跟进的步骤。

操作步骤：Front Desk→Messages→Display Traces→All Traces→New。

在图 5-43 所示的界面中，根据房间号码、姓名、团队等选项查询并选择要新建事项跟进的客人，单击"New"按钮，弹出"New Trace Entry for Mr. hong li, Room No. 151"（新建事项跟进）对话框。在该界面左侧的列表框中选择跟进的部门，在右侧的文本框中选择需要跟进的内容，或者在"Text"文本框中输入需要跟进的内容（图5-44）。

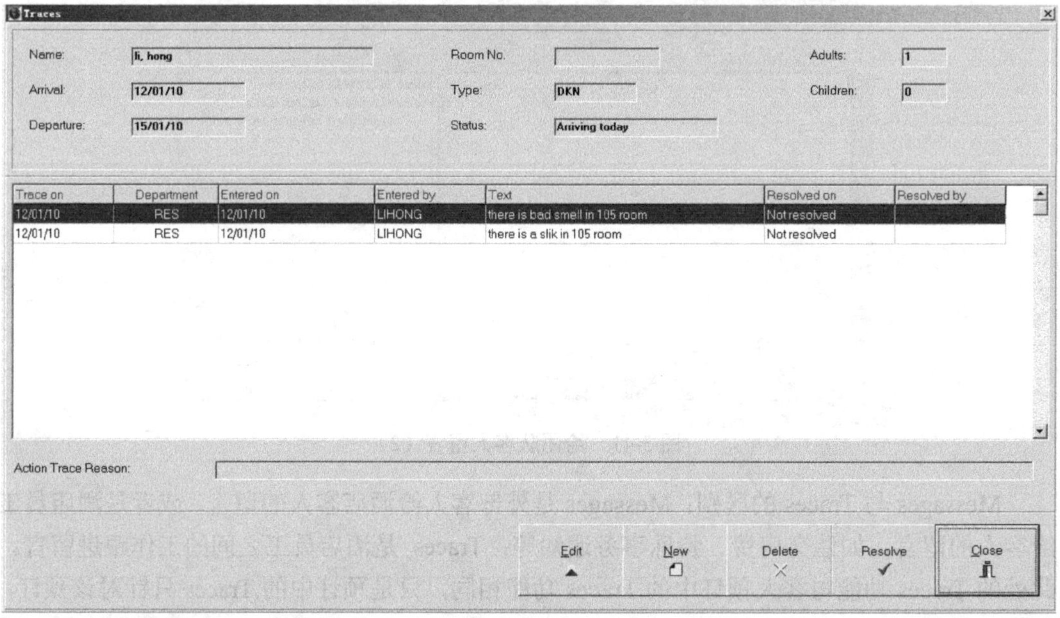

图 5-43　事项跟进

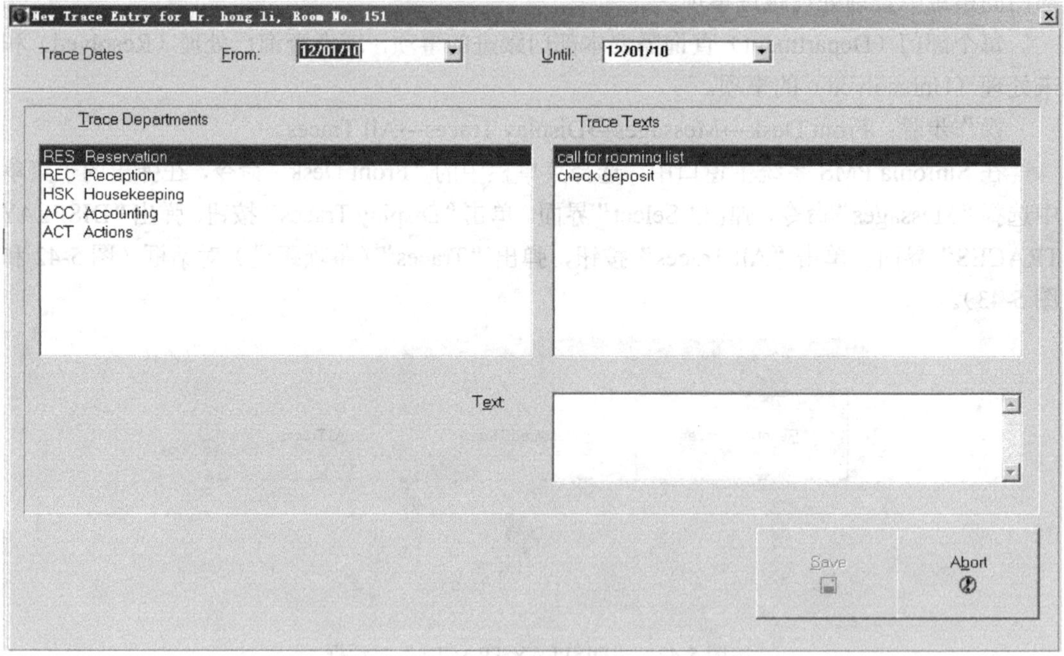

图 5-44　新建事项跟进

如果该客人是团队的一名成员，那么当保存或打印该客人事项跟进信息时，会弹出提示框，询问是否要将新建或编辑的事项跟进信息用于团队具有某些属性的客人（如相同抵达时间、合住客人或非合住客人、同样房型的客人、所选的团队成员或散客小团队成员、已登记入住的成员）。选择合适的单选按钮，单击"OK"按钮，完成新建事项跟进（图5-45）。

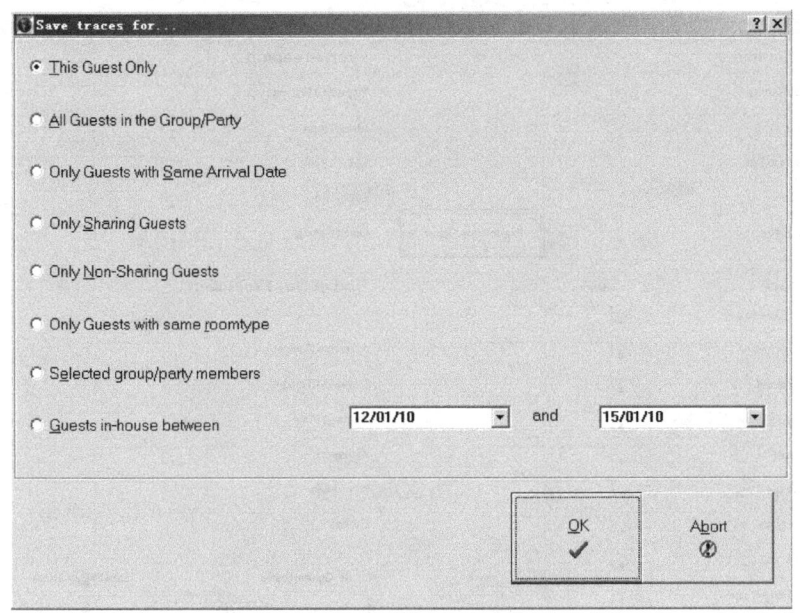

图 5-45 为个人或团队新建事项跟进

编辑（Edit）事项跟进信息。

操作步骤：Front Desk→Messages→Display Traces→选择事项跟进类型→Edit。

在图 5-43 所示的事项跟进界面中，选择要编辑的事项跟进信息，单击"Edit"按钮，弹出编辑对话框，在文本框中对其进行编辑，单击"Save"按钮，保存修改的信息。

删除标记：Unresolve。

如果一个事项跟进被误操作为"Resolved on"，则可通过"Unresolve"按钮删除标记，恢复为未处理信息。

操作步骤：Front Desk→Messages→Display Traces→All Traces→Unresolve。

在图 5-43 所示的事项跟进界面中，选择要删除标记的事项跟进信息，单击"Unresolve"按钮，该条事项跟进信息从已解决的对话框移到了未解决的对话框中，其状态也从"已解决"（Resolved）恢复为"未解决"（Unresolved）。

7．其他

（1）查看整个酒店客房房态。

操作步骤：Front Desk→House Status。

在 Sinfonia PMS 系统主窗口中，选择菜单栏中的"Front Desk"命令，在弹出的子菜单中选择"House Status"命令，在弹出的界面中，显示整个酒店的客房房态（图 5-46）。

（2）House Accounts：客房账目。关于非住店客人或单独付账客人的账目。

从"Front Desk"工具栏中，单击"House Accounts"功能按钮，弹出图 5-47 所示的界面。

- Account Until：账目有效期，默认是第二天。
- Market Code：下拉列表中显示了市场代码，用于市场细分的统计。
- Source Code：下拉列表中显示了来源代码，用于商务来源的统计。

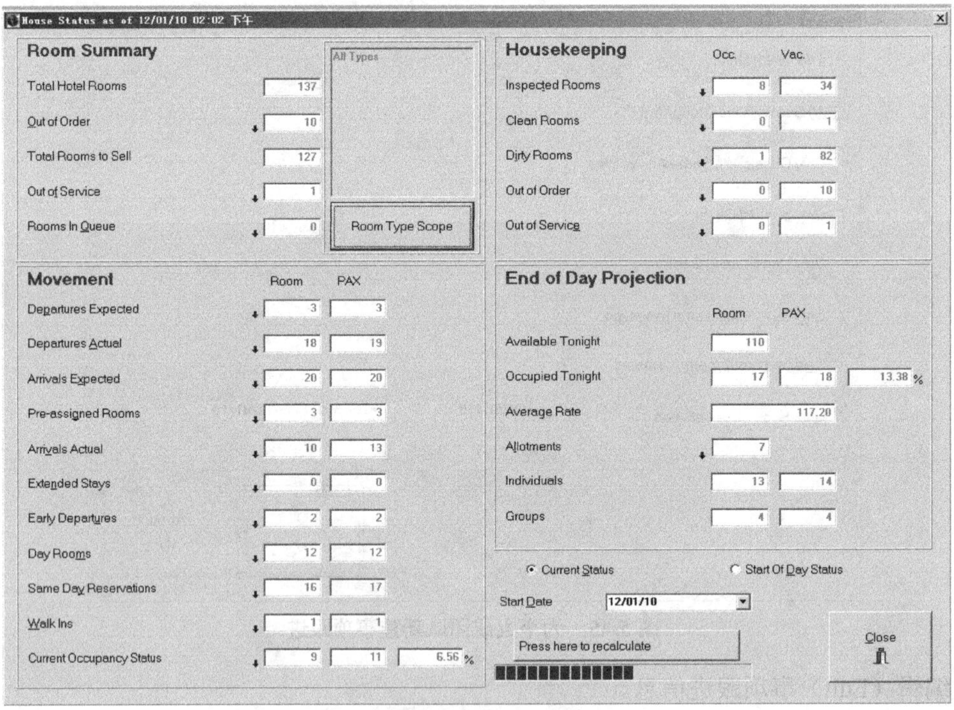

图 5-46 酒店客房房态

建立客房账户程序。在"Last Name"文本框中输入客人的姓氏或姓氏的首字母,单击"Profile"按钮。如果客史档案查询对话框中显示出与客人姓氏匹配的名字(First Name),则选择该客人名字,单击"OK"按钮,会弹出填有该客人名字的客房账户界面,输入账户有效期、市场代码、来源代码,单击"OK"按钮。反之,如果客史档案查询对话框没有显示出与客人姓氏匹配的名字(First Name),则说明酒店没有该客人档案,或者没有与客人姓氏相匹配的客人档案。单击"New"按钮,新建客人档案,填入必要的信息后,保存,将弹出填有客人名字的"House Accounts"对话框(图5-48),输入账目有效期、市场代码、来源代码,单击"OK"按钮,弹出客房账户提示界面,确认客人已经登记入住。最后单击"OK"按钮,关闭客房账户对话框。

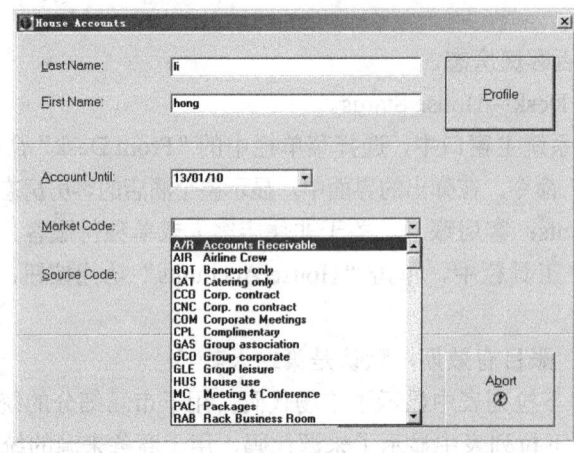

图 5-47 "House Accounts"客房账户对话框(1)

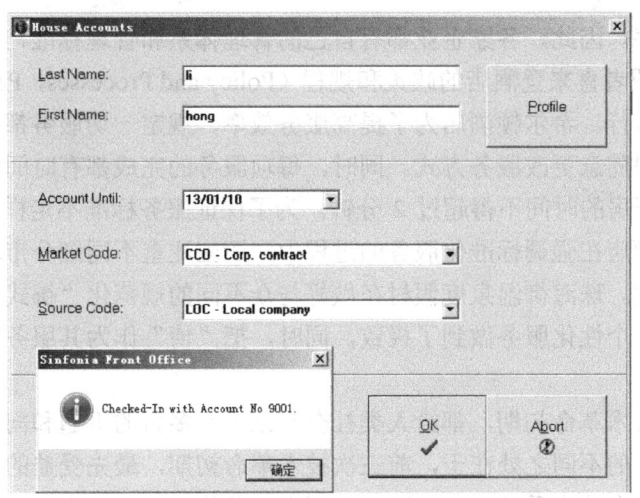

图 5-48　"House Accounts"客房账户对话框（2）

（3）Q-Rooms：客房清洁队列。该选项用于客人在客房准备好之前登记入住的情况。

操作步骤：Housekeeping→Arrivals→Options→Q Rooms。

或者 Reservation→Update Reservation→Search→Options→Q Rooms。

在系统主窗口的菜单栏中，选择"Reservations"命令，在弹出的子菜单中选择"Update Reservation"命令（快捷键：Ctrl+U），弹出"Reservation"对话框，在其中输入查询条件后，单击"Search"按钮，从搜索结果中选择要查看或要编辑的客人预订。单击"Options"按钮，弹出"Reservation Options"界面，单击"Q-Rooms"按钮，弹出"Confirmation"确认提示框，提示是否将预订放入 Q-Rooms。单击"Yes"按钮，该客房被加入客房清洁队列。当从列表中选择该客人的名字时，他的这间客房放入清洁队列的时间长度显示在"Arrivals"界面的顶端。客房显示在前台 Q-Rooms 列表中。再次单击"Q-Rooms"按钮，则提示是否将预订从 Q-Rooms 中移出，见图 5-49。

查看 Q 房：在"Arrivals"界面中显示 Q-Rooms 列表。具体操作：单击"Advance"按钮，在弹出的"Arrivals"界面中，选择"Search Type"中的"Q-Rooms"选项，则在"Arrivals"界面中显示出清洁队列中的所有客房。

操作步骤详见本书 6.2.1 节中的相关内容。

 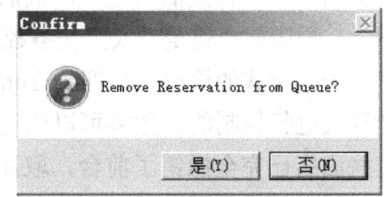

图 5-49　客房清洁

5.3　前台管理思考

为了提高服务传递的效率，保证稳定而高水平的服务质量，服务性企业都会制定规范的服务规定或秩序。因此，各家企业都有自己的管理体系和管理标准，如马里奥特酒店集团的"SOP"①，或者喜来登酒店的政策和规程（Policy and Processes，P&P）等，都要求酒店自上而下认真执行。希尔顿酒店为了提高服务效率，规定一切服务都必须按照规定的服务程序进行，不得随意更改服务方式。同时，每项服务的完成都有时间限制。例如，客人在总服务台等待开房的时间不得超过2分钟。为了保证服务标准不走样，这些企业年复一年地坚持培训。酒店在强调标准化服务的过程中，还应注重不同细分市场、不同个人需求的个性化、差异化。珠海御温泉度假村在做好与众不同的规范化"御式"服务的基础上，把"尊贵独有"的个性化服务做到了极致，同时，把"情"作为其服务的灵魂，贯穿于一切工作的始终。②

人类前三次技术革命初期，都给人类社会带来了许多新的机遇和问题。数字技术革命和前三次技术革命的不同之处在于，前三次技术革命初期，最先受益的都是富裕阶层，普通人和穷人不仅没有从中受益，而且还可能因为机器代替人工而失去了工作。而数字技术革命从一开始就带着普惠的基因，让普通人也享受到技术的红利。③

每一次生产力的大变革，都可能会带来机器取代人的恐慌，许多人担心人类的工作岗位被科技进步和机械化取代，但是，实际的结果是人类的劳动向深度和广度进一步突进。当人类的创造性能力大规模充分涌现出来的时候，人类对这种创造性能力带来的产品和服务会更强烈地、超前地表达出来。机器取代了大部分、甚至全部规则性、可编程的体力劳动和脑力劳动之后，将有数不清的非规则性、不可编程的体力劳动和脑力劳动在等着我们。因此，应从调整教育、劳动关系、分配关系这三个方面考虑，帮助员工逐步适应和从事今天还没有出现的工作岗位，掌握今天还没有出现的技术技能等，以帮助他们自主获得知识、技能，并创造性地生活。④

在原子工业化之后，人类进入后工业化社会，人们的存在与生活方式将愈加虚拟化，计算机、手机、网络购物，以及"数字毒品"等，多少让人领略了何谓"数字化生存"⑤。在"数字化生存"的信息化时代，前台自助入住登记（或离店结账）具有较高的效率，是未来的发展趋势。入住登记（或离店结账）机是以终端与酒店管理系统的接口为基础的。在大型酒店，使用这些机器的目的在于消灭客人等候时排起的长队，减少高峰时期对工作人员的需求。⑥例如，Yotel酒店是一家英国连锁品牌，纽约Yotel酒店坐落在纽约第十大道，被称为美国十大高科技酒店之一。酒店设计风格新潮，进入酒店时人们会有一种置身于太空的感觉。酒店前台就是"太空任务控制中心"，酒店客房就像一个个太空舱，智能客房让住客有一个太空式的旅行。在纽约Yotel酒店办理入住/结账离店（Check In/Check Out）是利用计算机进行控制的，住客可以通过触摸屏登记入住、退房。

有些酒店已完全撤销了前台，取而代之的是一个接待区，由一位主人或大堂副经理在

---

① 标准营运规程（Standard Operating Procedure，SOP）：将某一事件的标准操作步骤和要求，以统一的格式描述出来，用来指导和规范日常的工作。
② 卓跃．东方服务：中国温泉旅游知名品牌御温泉探秘．北京：中国旅游出版社，2006：52-53．
③ 刘洋．数字技术会让更多人失业，还是会让工作时间变短．北京晚报，2019.6.25（8）．
④ 陈宇．人工智能会造成大规模失业吗：未来就业，我们该做些什么．北京日报，2019.5.6（14）．
⑤ 刘华杰．博物学文化与编史．上海：上海交通大学出版社，2014：119．
⑥ Chuck Y. Gee．度假饭店的开发与管理．向萍，译．北京：中国旅游出版社，2003：328-329．

那里接待客人。前台的忙碌和等候的长队也随之消失。主人会亲自问候每一位客人，送上新鲜的食品和饮料表示欢迎。登记表或者由主人与客人闲谈时填好，或者由预订处在客人抵达之前填好，只需要客人签名即可。旅途劳顿的客人因此有机会放松一下，同行的孩子也可以得到一个小玩具。主人会回答客人提出的一些问题或担忧，并简要介绍酒店的设施、服务、就餐选择等。这种款待贯穿了整个入住的过程。[①]

作为新进入酒店业的创业者，2007年，荷兰citizenM酒店的联合创始人迈克尔·勒维、拉顿·查达哈，想以一种新型连锁酒店开创蓝海。迈克尔、拉顿和研究团队致力于分析移动一族要么住三星级酒店，要么住豪华酒店的原因。调查发现，目标顾客在选择酒店时的关注点不是传统意义上的基础元素，如行李员、餐厅或客房大小，而是地段、睡眠环境、淋浴设施及高品质的感觉。无论是五星级还是三星级酒店的顾客，都没有把前台、礼宾服务、行李员和门童看作购买决定的关键。团队意识到前台并不为顾客提供价值，它的存在主要是为了能让酒店记录入住人员和办理付款。同样，对经常旅行、行李很少的人来说，行李员也不是必要的，甚至是麻烦的。至于礼宾服务，常住顾客多半都能玩转网络技术，更愿意自己去搜索路线，寻找饭馆和景点。

随着团队成员继续研读和诠释他们从市场中获得的启发性见解，他们也意识到还能创造全新种类的价值。"要是没有前台、礼宾员、行李员，又要传统的大堂干什么呢？这简直就是空置、浪费的空间。我们不如开辟一个公共生活空间，一天24小时，每周7天，任何时候顾客都可以在此自由地吃喝、会友、工作、娱乐，就像在家里一样。要是这个生活空间舒适、放松又格外美观，常住豪华酒店的客人一进来，就会立即感到他们对美和灵感的需求得到了满足，而常住三星级酒店的客人本来就不喜欢一本正经、矫揉造作的气氛，这样我们的酒店正对他们的胃口。"

2008年，citizenM在阿姆斯特丹史基浦机场的第一家酒店开张，以其针对常住顾客的轻奢酒店概念，在竞争激烈的酒店业另辟蹊径。citizenM定位于打造"人们住得起的轻奢酒店"，将客户范围扩展到规模日益壮大的移动一族。酒店剔除了前台和礼宾服务，减小了客房面积，减少了酒店所需的员工数量（与拥有200～400间客房的常规酒店相比，该酒店的员工数量减少了一半还多），以及总体人员配置成本。酒店去除了传统的大堂和餐厅，同时把客房面积缩小50%，大大减少了在房地产这个昂贵的成本元素上的投入，而这方面的影响还延伸到顾客所看不见的空间，因为citizenM也可以相应地去掉专用餐厅这一空间，并剔除与建造和维护厂房相关的成本。此外，citizenM将不同房型简化成单一房型，在建造过程中可以更加精简，提高效率（图5-50）。[②]

顾客自助办理入住，采用标准化房型，配置高级床品和隔音材料，减少了排队现象，提升了顾客体验。同时，他们还将餐饮和客房管理这两个重要领域，外包给附近街区的精品餐饮企业，借助合作伙伴的专长，提升买方价值，使客房费用低于产业平均水平。citizenM的业绩表现超越了所有传统酒店企业，每平方米利润率是可比类型高档酒店的两倍。[③]

---

① Chuck Y. Gee. 度假饭店的开发与管理. 向萍, 译. 北京：中国旅游出版社：2003：325.
② W·钱·金, 勒妮·莫博涅. 蓝海战略2：蓝海转型. 吉宓, 译. 杭州：浙江大学出版社, 2018：337-338.
③ W·钱·金, 勒妮·莫博涅. 蓝海战略2：蓝海转型. 吉宓, 译. 杭州：浙江大学出版社, 2018：287-293.

剔除	增加
前台和礼宾服务 行李员和门童 全服务型餐厅和客房送餐服务 大堂	睡眠环境——超大、豪华床上用品，安静度高、水压强的淋浴 黄金地段 免费电影点播、IP电话费率、免费高速即时上网、很多电源插头
减少	创造
客房类型 房间面积 相对于豪华酒店的价格	1～3分钟快速自助入住登记 公共生活空间，配以全天候吧台、小吃部和客用iMac 以热情和肯干为标准录用的身兼多职的"大使"，员工不再照本宣科

图 5-50 "剔除—减少—增加—创造"坐标格（ERRC 坐标格）：citizenM

练习题

1. 某先生预订了一间房（价格 RACK，房型 SKN），但到店后发现 SKN 这种房型已经没有了，酒店只能将房型免费升级为 BTW。

2. 某先生周四在酒店预订了一间房（价格 RACK，房型 SKN），住 4 晚，但酒店周五、周六、周一只有 BTW 房型，为客人完成预订，办理入住。

3. 某旅行社计划招徕一个 50 人的团队，但实际上只来了 25 人，其中有 5 对夫妻，单身一人的有 15 人（男性 10 人）。住宿计划如下：5 对夫妻安排住大床房；单身男性，8 人合住标准间，2 人住标准间；单身女性，3 人住单人间，2 人合住 1 个标准间。出于管理的需要，这些客人需要尽可能按排在相邻的客房，或者尽可能安排在同一个楼层。导游只负责客人在酒店的住宿费、行李搬运费，其他费用由客人自己承担。由于旅行团第二天要一早出发，希望前台预先开好发票，以便快速离店。

4. 为一位已经入住的客人延房 3 天，并查看其账单。

5. 为某一在店客人留言，告诉该客人次日下午来拜访他的客人，会在 14：30—16：30 在酒店的某一会议室等他。

6. 综合练习题。

Mike Ding 初次来到一家酒店，没有经过预订直接来到前台议价，以 RACK 价格入住，房型为：XXX，以现金方式结账，在酒店入住两晚。在入住的同时，接待员向客人收取了 500 美元的入住押金。

随后，Mike Ding 为他的兄弟 Tom Ding 预订了一间客房，价格和房型都是一样的。但由于酒店房间紧张，前台人员只能将其放入等候名单当中。

过了一会儿，前台人员通知 Mike，现在已经有空余的房间了，要求 Mike Ding 预交 500 美元的押金，Mike Ding 只好照办。Mike 通知前台 Tom 的入住时间预计是 11：00，并且要求前台当 Tom 入住时通知他。

刚刚过了一会儿，天空突降大雨，Tom 通知 Mike 取消此次行程。Mike 急忙来到前台与前台人员商议希望能够返还押金，并取消此次预订，好在办理预定时间不长，前台人员同意了他的请求。

天空突然放晴，这时 Tom 出现在了前台，好在房间还没有被预订。就在入住的同时，Tom 发现哥哥是按照门市价预订的，感觉吃了亏，于是找前台经理理论，要求为自己打折。前台经理为 Tom 打了 50 美元的折扣，并为 Tom 办理入住。

　　前台人员要求 Tom 缴纳 500 美元押金，但 Tom 一分钱也没有，只好找到了哥哥。可是，这时哥哥也没钱了，刚才他用退回的 500 美元押金为他的儿子买了礼物。经过协商，Tom 的所有费用由哥哥 Mike 支付，同时 Mike 又做了一个 Visa 的 500 美元预授权，此事才得到解决。前台人员要求所有餐厅不允许 Tom 签单。

　　其实，Mike 一家是来度假的。由于工作原因，Mike 的妻子 Rose 才刚刚带着他们的孩子（小 George）到达酒店。她与 Mike 同住一个房间，房费由 Mike 支付，同时要求酒店加一张婴儿床。但是 Rose 到了房间之后，发现 Mike 并不在房间内，于是她向前台询问。好在 Mike 早已告诉了前台这个时间段他在游泳池。

　　Tom 的房间又出现了状况。Tom 说房间打扫得不干净，要求换房，并且要求再次打折，经过协商，酒店为 Tom 换房并赠送果篮一个。由于 Tom 的举动引起了酒店的重视，前台经理要求前台人员在 Tom 办理离店的时候通知他。

　　经理通知所有员工，一旦 Tom 再次入住酒店，马上通知他，因为 Tom 是个 trouble guest。

　　酒店恢复了以往的平静，Mike 要求酒店在他入住期间，每天晚上都往他的房间送一枝玫瑰花，价格 10 美元。

第 6 章 客房管理

客房（Hotel Room）是酒店的核心资源，是酒店向宾客提供住宿和休息服务的主要设施，也是创造营业收入的主要来源。客房部（Housekeeping Department），又称"管家部""房务部"，是酒店向客人提供住宿及各种相关客房服务的部门。其主要职责是：负责客房设施设备的清洁和维护，并承担客房和酒店公共区域的清洁卫生工作；负责管理、使用和洗涤各种布巾、员工制服和客人衣物。国内酒店的客房收入一般占酒店总收入的 40%～60%，在欧美国家，这一比例高达 70%。[①]

客房管理（Housekeeping）是酒店客房资源在 PMS 中的映射。对于大多数酒店来说，客房部能带来比酒店其他部门更多的收入。客房部的其他部门（如客房部、布草房和制服间等）都是前台的辅助中心。客房部不仅要及时为客人准备好整洁的房间，还要对酒店的一切设施设备进行清洁和保养，以使酒店环境始终如一。

客房部主要与前台进行沟通，借助酒店信息系统，迅速地完成信息的及时交互。酒店信息系统的出现，使酒店前台与客房之间的信息交流成为"即时"通信，极大地提高了酒店的工作效率，尤其是在酒店出租率高或处于客满（Full）状态时，随时更新房态信息，保证了酒店最大限度地获取客房收入的能力，同时也缩短了客人入住前的等待时间。

6.1 客房管理模块功能

在系统主窗口的菜单栏中选择"Rooms Management"命令，在弹出的下拉菜单中显示相关的命令，见图 6-1。

- Housekeeping：房态管理。
- Out of Order/Service：维修房/暂时停用房。
- Room Assignment：房型设置。
- Room History：客房使用历史。
- Overbookings：超额预订。
- Occupancy Graph：客房占用图示。
- Maintenance：客房维修。

[①] 邵琪伟. 中国旅游大辞典. 上海：上海辞书出版社，2012：219.

- Attendants：清洁任务派工单。
- Q-Rooms：客房清洁列队。

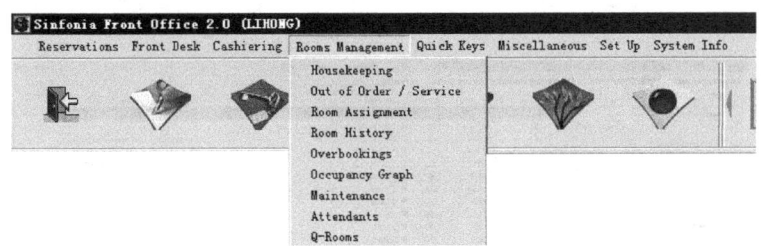

图 6-1　"Rooms Management"菜单

6.2　客房管理模块操作简介

6.2.1　房型管理

房型（Room Type），即客房类型，按客房设施及规模、级别、朝向进行分类。

- 按设施及规模分类：单人间（Single Room）、双人间（Double Room）、大床间（King Size & Queen Room）、标准间（Standard）、标准间单人住（Twin for Sole Use，TSU）、三人间（Triple）、四人间（Quad）、套间（Suite）、公寓（Apartment）、别墅（Villa）。
- 按级别分类：经济间（Economic Room）、普通间（Standard Room）、高级间（Superior Room）、豪华间（Deluxe Room）、商务标间（Business Room）、行政标间（Executive Room）、行政楼层（Executive Floor）。
- 按朝向分类：朝街房（Front View Room）、背街房（Rear View Room）、城景房（City View Room）、园景房（Garden View Room）、海景房（Sea View Room）、湖景房（Lake View Room）。
- 特殊房型：不限房型（Run of the House）、无烟标准间（Non-Smoking）、残疾人客房（Handicapped Room）、带厨房客房（Room with Kitchen）、相邻房（Adjoining Room）。[1]

房型管理包括对客房级别、房型、数量、客房的具体参数（描述）、房价代码、床的类型、公开房价、有效期等进行设置，并了解相关内容。

1. 房型设置

（1）房型浏览。酒店所有客房分为已指定房型（Assigned Rooms）和未指定房型（Unassigned Rooms）两大类。

操作步骤：Room Management→Room Assignment。

在 Sinfonia PMS 系统主窗口中，选择菜单栏中的"Room Management"命令，在弹出的子菜单中选择"Room Assignment"命令，弹出"Room Assignment"（房型设置）对话框。在该界面左侧的"Show"选项组中，当选择"Assigned rooms"单选按钮时，在右侧显示已指定房型的客房；类似地，当选择"Unassigned rooms"单选按钮时，显示其余未指定房

---

[1] 许鹏. 酒店管理信息系统教程实训手册. 北京：中国旅游出版社，2012：255-256。

型;当选择"All Rooms"单选按钮时,在右侧显示酒店所有的客房,其属性值包括房间号(Room)、房型(Type)、房态(Status)、房间特征(Features)、注释(Remarks)、原因(Reason)(图 6-2)。

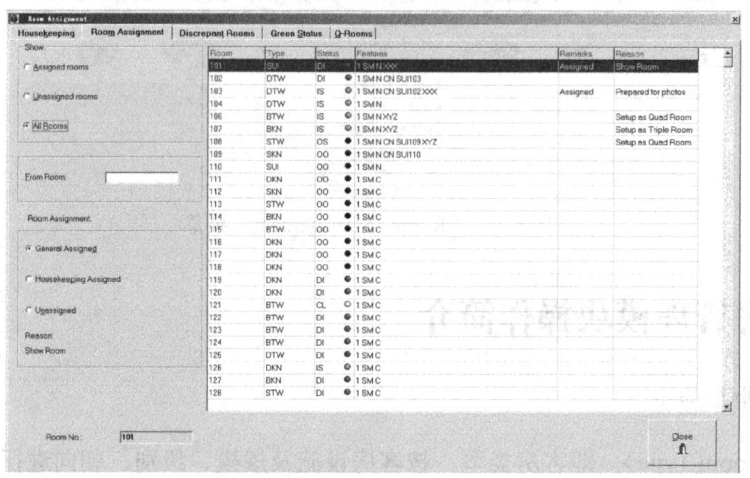

图 6-2 "Room Assignment"(房型设置)对话框

(2)房型变更。如果要将酒店的客房变更为标准间、三人间或多人间,则可在图 6-2 所示的房型设置对话框中,选择"Show"选项组中的"Unassigned rooms"单选按钮,在右侧的房型列表中显示所有未指定房型的客房。在"Room Assignment"选项组中,选择"Housekeeping Assigned"单选按钮,在弹出的"Edit Room Assignment"对话框中,从"Reason"下拉列表中选择"TWN Setup as Twin Room"(双人房)、"TRI Setup as Triple Room"(三人房)、"QUA Setup as Quad Room"(四人房)、"OFC Setup as Office"(办公室),单击"OK"按钮,则该客房被设置为双人、三人、四人或办公用房。选择"General Assigned"单选按钮,在"Reason"下拉列表中可以选择 SHW(Show Room,展示房)或 PHO(Prepared for photos,摄影房),单击"OK"按钮,则客房类型被设置为展示房或摄影房。设置完成后单击"OK"按钮,完成对酒店所有房型的设置(图 6-3 和图 6-4)。

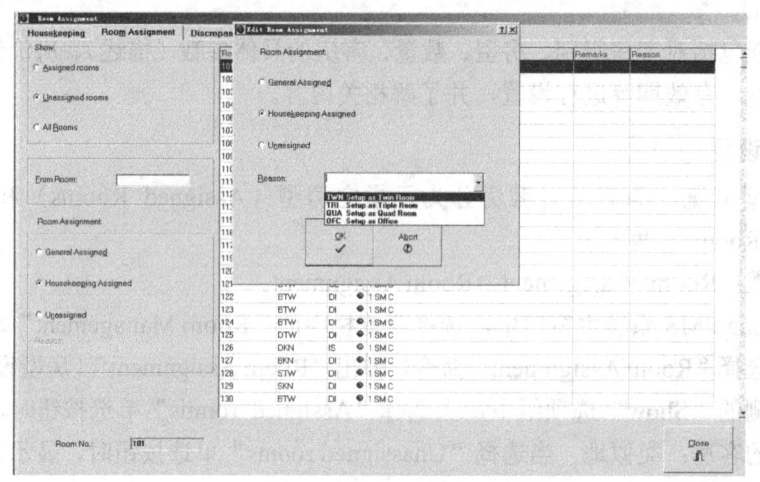

图 6-3 将客房设置为双人房

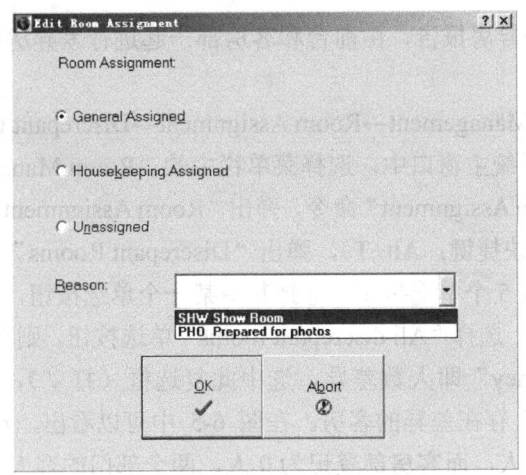

图 6-4 将客房设置为展示房或摄影房

如果要一次设置多间客房，则在"Room Assignment"（房型设置）对话框中的"From Room"文本框中输入房间号。

取消选择"General Assigned"或"Housekeeping Assigned"房间类型。在图6-3所示的界面中，选择"Show"选项组中的"Assigned rooms"单选按钮，在右侧房型列表中找出所有已指定房型的客房；若在"Room Assignment"选项组中选择"Unassigned"单选按钮，则所选客房的房型变为未设置。

2．差异房设置

（1）差异房概述。差异房（Room Discrepancy[①]），也称"矛盾房"，即酒店前台和客房部出现的某间客房的房态信息不一致的情况，包括有/无客人（Occupied/Vacant）、清洁/脏房（Clean/Dirty）和人数等方面的差异。在差异房中，客房部只需在"Room Status"选项组中选择自己想要看到的状态即可。表6-1中列出了前台与客房部关于房态差异比较。

表 6-1 前台与客房部关于房态差异比较

类型	Front Desk（前台）	Housekeeping（客房部）
Skip（逃账房）	Occupied（占房）	Vacant（空房）
Sleep（沉睡房）	Vacant（空房）	Occupied（占房）
Person Discrepancy（人数矛盾）	登记为1人	查房时发现实住2人

差异房产生的几种常见原因如下。

① 客人已经付清账目，但前台收银未在计算机中处理。
② 客人已经换房，前台接待人员尚未及时更新计算机中的信息。
③ 客人已经入住酒店，前台接待人员尚未及时将客人信息输入计算机中。
④ 客人在店但外宿，客房部查房后定义为空房。

差异房可能导致客房资源闲置和浪费，或者出现一房两卖的情况，由此引发客人的投诉，因此，差异房要引起酒店管理层的高度关注。通常，酒店每天至少检查差异房情况 4

---

① Discrepancy：different，failure to agree，差异，不符，不一致。

次,夜审前也要打印差异房报告,由前台和客房部一起进行差异房的核实处理。

(2)显示差异房。

操作步骤:Room Management→Room Assignment→Discrepant Rooms→OK。

在 Sinfonia PMS 系统主窗口中,选择菜单栏中的"Room Management"命令,在弹出的子菜单中选择"Room Assignment"命令,弹出"Room Assignment"对话框。单击"Discrepant Rooms"选项卡(快捷键:Alt+T),弹出"Discrepant Rooms"对话框。在该界面左侧的"Show"选项组中有5个单选按钮,选择其中某一个单选按钮,在右侧的列表中会出现对应的客房列表。例如,选择"All discrepant rooms"单选按钮,则在右侧显示所有差异房。

"Persons Discrepancy"即人数差异,选中此复选框(打√),右侧列表中显示"Hsk Persons""FO Persons"存在差异的客房。在图6-5中可以看出,对101、202、303、306客房,前台登记均为1人,而客房部登记为0人,两个部门的客人数产生差异。

"Room Status"(房态)选项组中有4个单选按钮,即已检查(Inspected)、干净(Clean)、稍加整理(Touch Up)、脏房(Dirty)。"Housekeeping Status"(客房管理状态)选项组中有两个单选按钮,即空房(Vacant)和占用房(Occupied)。

注意:"Hsk Person""FO Person"这两栏表示前台订单人数与客房查房确认人数,这个"Persons"的差异主要是由客房人员查房后录入系统中的人数与订单人数差异造成的。一般在高端奢侈酒店及顶级度假酒店用得比较多,当人数对客房耗品成本影响较大时才会关注这个差异。

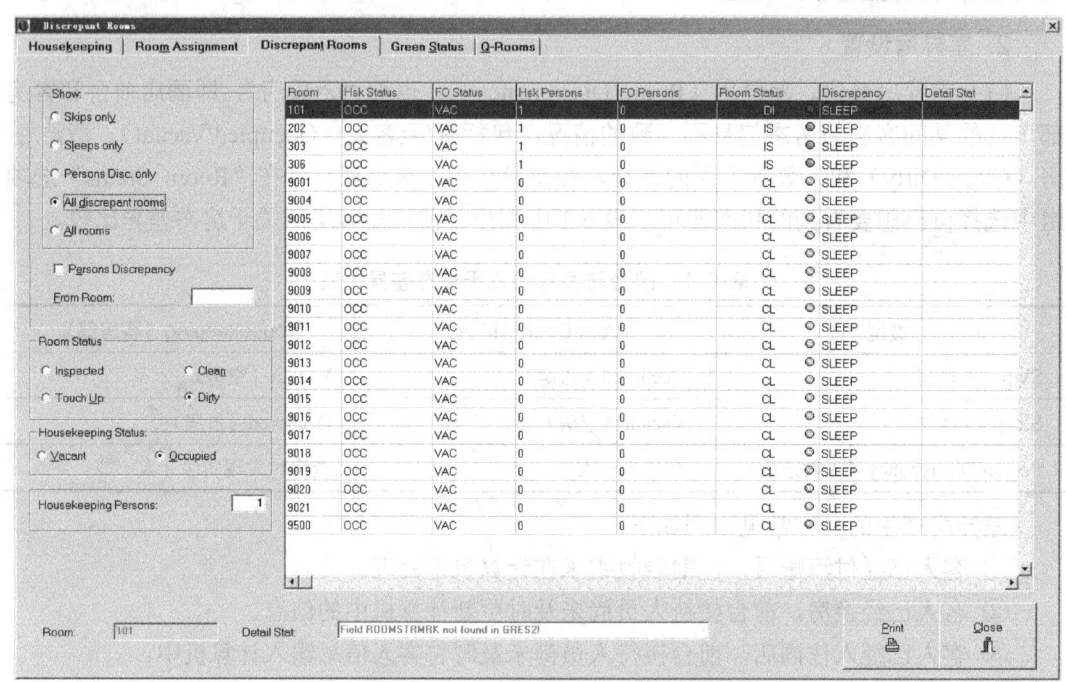

图6-5 "Discrepant Rooms"界面

(3)更改差异房房态。一般需要核实客房订单及消费信息。

操作步骤:Room Management→Room Assignment→Discrepant Rooms。

在 Sinfonia PMS 系统主窗口中,选择菜单栏中的"Room Management"命令,在弹出的子菜单中选择"Room Assignment"命令,弹出"Room Assignment"对话框。单击"Discrepant Room"选项卡(快捷键:Alt+T),弹出"Discrepant Rooms"对话框。在该界面左侧的"Show"选项组框中有 5 个单选按钮,选择其中某一个单选按钮,在右侧的列表中会显示对应的客房列表。选择"All discrepant rooms"单选按钮,在右侧显示符合条件的客房,选择一间差异房,在"Housekeeping Status"选项组中有两个单选按钮,用于选择客房部房态;在"Housekeeping Persons"文本框中修改客房人数。

(4)清除差异房。如果是逃账房,则意味着客房部人员报告客房是空的,此时需要让逃账者退房(Check Out),清除差异房状态。如果是睡眠房,则意味着客房是占用的,此时应给该客人办理登记入住(Check In),改变差异房房态。

3. 日用织品和毛巾设置

操作步骤:Room Management→Room Assignment→Green Status→Close。

在 Sinfonia PMS 系统主窗口中,选择菜单栏中的"Room Management"命令,在弹出的子菜单中选择"Room Assignment"命令,弹出"Room Assignment"对话框。单击"Green Status"选项卡,弹出"Green Status"对话框。在该界面左侧的"From Room"文本框中输入日用织品或毛巾数量要变更的房间号,在"Change"选项组中改变日用织品(Linen)和毛巾(Towels)数量。最后单击"Close"按钮保存,关闭页面(图 6-6)。

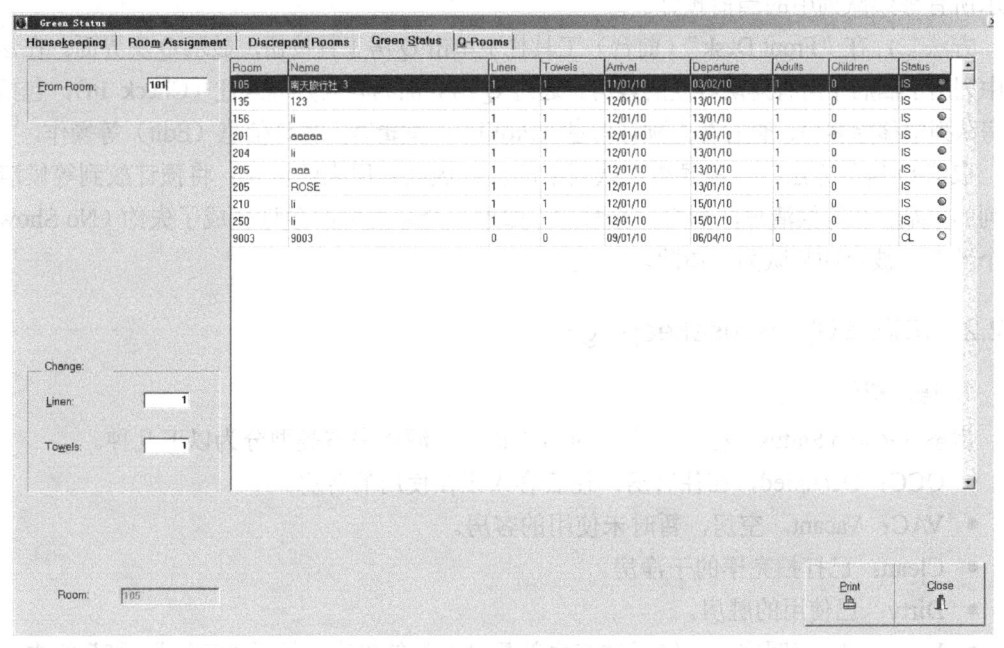

图 6-6 日用织品和毛巾数量设置

4. 客房清洁队列(Queue Rooms)

客房清洁队列(Queue Room, Q 房)用于客人已经到达酒店前台,酒店客房尚未准备好的情况。此时,需打扫的客房被放入清洁队列,客房部员工将优先打扫这些客房。客房被打扫干净、检查合格后,客房部员工将队列中的房间标注出来,此时前台就可以为客人办理入住手续了。

当某种房型的客房正在排队等待打扫，但先后有两个客人登记入住并且安排了同样房型的一间客房时，前台工作人员应优先满足先来客人的需求。一旦清理完毕，应分配给先来的客人，为新来的客人另外清理出房型相同的一间客房。

注意：在使用这个选项时，应激活 Q-Rooms 参数。

（1）将客房移入 Q 房。将客房移入 Q 房有两种方法。

操作步骤：Reservation→Update Reservation→Search→Options→Q-Rooms→Yes。

方法一：当客人抵达酒店前台办理入住时，在预订选项对话框（Reservation Options）中，单击"Q-Rooms"按钮，确认 Q-Rooms 的安排，单击"Yes"按钮，某间客房被列入等候队列，并且它被移入 Q 房的时间长度也会被显示出来。

操作步骤：Front Desk→Arrivals→Options→Q-Rooms→Yes。

方法二：通过"Front Desk"（前台）菜单选择"Arrivals"命令，在弹出的对话框中填写客人的相关信息，查找客人的预订。选择"Options"命令，在打开的对话框中单击"Q-Rooms"按钮，弹出将某间客房移入 Q 房确认提示框，单击"Yes"按钮，即可成功地实现将该客人的客房移入 Q 房队列。

（2）查看 Q 房。显示等候队列中的客房名单有两个方法。

方法一：通过高级查询（Advanced Search）（即 Front Desk→Arrivals→Advanced Search），显示所有等候队列中的当前预订。

方法二：在"Front Desk"（前台）工具栏中单击 Q 房工具按钮，显示 Q 房界面。在该界面中列出了酒店中所有排队等候的客房。通过 Q 房界面为客人办理入住（Check In），包括从 Q 房队列中移除客房、查看客人预订信息（Profile）、编辑客人预订信息（Edit）等操作。[①]

取消 Q 房的方法：将等候清理队列中的预订放回它原来的位置；将预订放到等候清理队列的末端；从等候清理队列中完全移除。如果一个队列中的预订变成了失约（No Show），这个预订将被自动从队列中清除。

6.2.2 房态管理（Housekeeping）

1. 房态概述

房态（Room Status）标记了客房的当前状态。酒店房态类型分为以下几种。

- OCC：Occupied，在住客房，住店客人正在使用的客房。
- VAC：Vacant，空房，暂时未使用的客房。
- Clean：已打扫完毕的干净房。
- Dirty：已使用的脏房。
- Inspected：表明客房已经经过客房部督导人员的检查，处于"清洁""脏"的中间状态。只有经过酒店检查的客房才能预订给客人。
- VC：Vacant and Clean，空房已清洁。
- VD：Vacant and Dirty，空房未清洁。

[①] 张艳玲，赵宇茹，邵磊. 饭店管理实验教程：Micros Fidelio 的运营实践. 北京：清华大学出版社、北京交通大学出版社，2013：63-64.

- OC：Occupied and Clean，在住已清洁房。
- OD：Occupied and Dirty，在住未清洁房。
- OOO：Out of Order，维修房，也可以说是大修房。
- OOS：Out of Service，暂时停用房。

房态变化是一个动态的过程。客人在办理入住（Check In）前，客房房态为 VC（空房已清洁）；当客人办理入住后，房态变为 OC（在住已清洁房）。在夜审之后，房态变为 OD（在住未清洁房），客房部安排工作人员清扫，房态变为 OC（在住已清洁房）。当客人退房后，房态由 OD 变为 VD（空房未清洁），当客房部清扫客房后，房态变为 VC（空房已清洁）（图 6-7）。

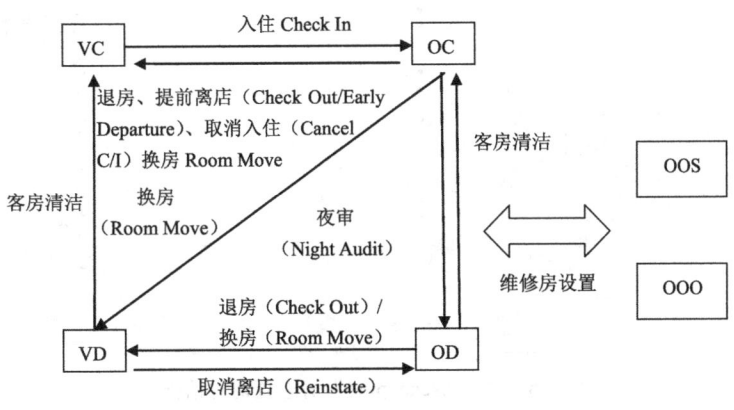

图 6-7 酒店房态变化与酒店操作关系图

注意：当客人入住后，因各种原因要求换房时，则房态由 OC（在住已清洁房）变为 VD（空房未清洁），此时必须立即安排工作人员清扫。

该模块还会涉及的客房名词有 FO Status（前台状态）：Vacant（空房）、Occupied（锁房）。

在系统中，"Reservation Status"（预订状态）的订单有以下几种：Arrival（预抵房）、Arrived（已到店）、Stay over（过夜房）、Due out（预离房[①]）、Departed（已离房）、Not Reserved（未预订房）、Reserved（已预订房）、Day Use（日用房）。

2. 房态查询

操作步骤：Room Management→Housekeeping→Search。

在 Sinfonia PMS 系统主窗口中，选择菜单栏中的"Room Management"命令，在弹出的子菜单中选择"Housekeeping"命令，弹出"Housekeeping"对话框。在该对话框左侧的房态选择列表框中选择合适的选项。比如，选择"All Vacant Rooms"选项，单击"Search"（查询）按钮，显示所有空房。类似地，选择"All Dirty Vacant Rooms""All Rooms checked in Today"等选项，然后单击"Search"（查询）按钮，将分别显示所有脏房、今日入住房等房态。

显示单个客房房态：高亮显示某一客房房间号，或者用鼠标拖动滚动条滚动至该房间号，

---

① 预离房：指客人该退房了，比如入住宾馆后只住一天，那么第二天中午的预定状态就是 Due out。

或者在房型、房态文本框中输入查询信息，按"Tab"键，在右侧显示所要查找的客房信息。

显示某个区域客房的房态：在"Housekeeping"对话框左下角，在"Section"文本框中输入区号，单击"Search"（查询）按钮，该区域所有客房显示在右侧的列表中，从中选择一个客房的房间号，它的详情会显示在房态显示框中（图6-8）。

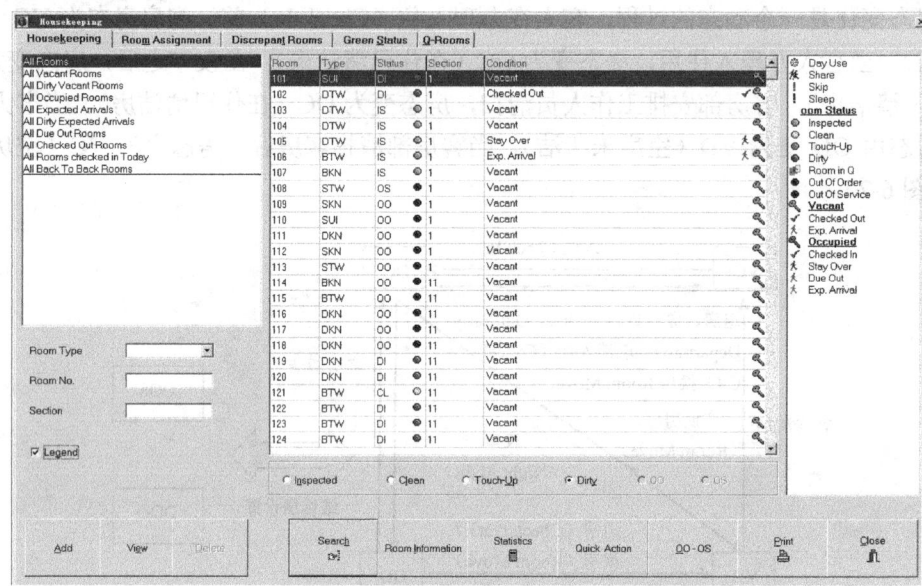

图6-8 "Housekeeping"房态查询对话框

3. 房态修改

在 Sinfonia PMS 系统主窗口中可以手动修改房态，既可以逐个修改房态，也可以批量修改房态。

（1）修改单个客房房态。

操作步骤：Room Management→Housekeeping→OK。

在 Sinfonia PMS 系统主窗口中，选择菜单栏中的"Room Management"命令，在弹出的子菜单中选择"Housekeeping"命令，弹出"House keeping"对话框。从该对话框中的客房列表中双击某间客房，弹出"Change Status Confirmation"确认对话框。选择某一房态，单击"OK"按钮，保存修改结果（图6-9）。

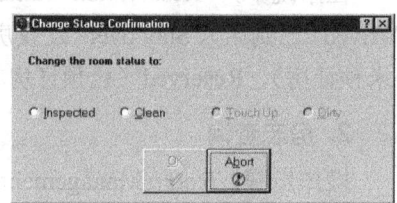

图6-9 改变房态确认对话框

（2）批量修改房态。

操作步骤：Room Management→Housekeeping→Quick Action→OK。

在 Sinfonia PMS 系统主窗口中，选择菜单栏中的"Room Management"命令，在弹出的子菜单中选择"Housekeeping"命令，弹出"Housekeeping"对话框。单击该对话框底部的"Quick Action"按钮，弹出"Quick Action"对话框。在"List Rooms"文本框中输入单个客房的房间号，或者在"From Room /To Room"文本框中输入客房的起止房间号，在"Change To Status"选项组中选择某一房态，单击"OK"按钮，完成一个或一系列客房房态的更改（图6-10）。

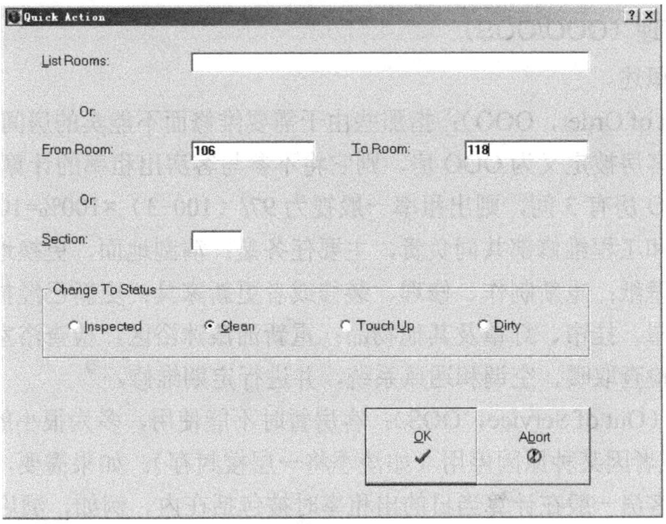

图 6-10 "Quick Action"修改房态对话框

4．房态信息统计

房态信息统计能帮助酒店快速查看酒店所有客房房态的统计信息。

操作步骤：Room Management→Housekeeping→Statistics→Close。

在 Sinfonia PMS 系统主窗口中，选择菜单栏中的"Room Management"命令，在弹出的子菜单中选择"Housekeeping"命令，弹出"Housekeeping"对话框。单击该对话框底部的"Statistics"按钮，弹出"Statistics"对话框，显示酒店所有客房房态。单击"Close"按钮即可关闭统计信息界面（图 6-11）。

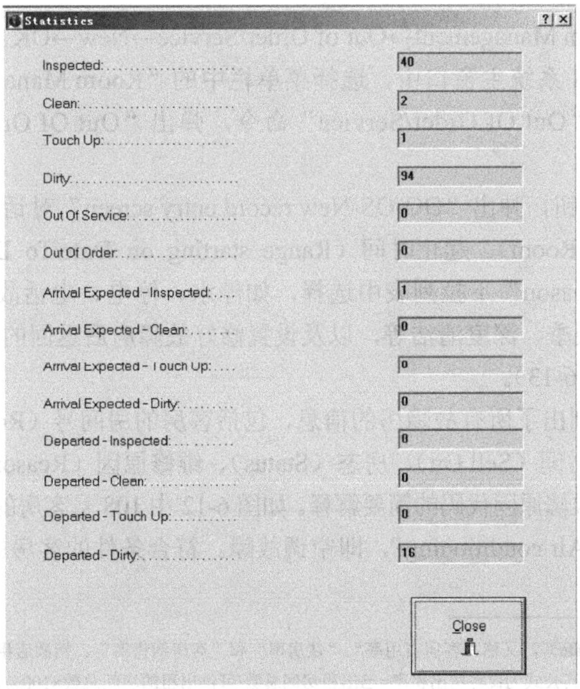

图 6-11 客房房态统计

5. 故障房管理（OOO/OOS）

（1）故障房概述。

维修房（Out of Order，OOO）：指那些由于需要维修而不能卖的房间，也称为大修房、严重坏房。如果客房被定义为OOO房，则它将不参与客房出租率的计算。[1]例如，酒店有100间客房，OOO房有3间，则出租率一般视为97/（100-3）×100%=100%。客房维修更新计划由客房部和工程维修部共同负责，主要任务是：清刮地面，更换地毯；清刮墙壁，重新油漆，重贴壁纸；重新制作、修理、装修或者更新家具；更新已经损坏、磨损或带有污点的床单、床罩、挂帘、灯罩及其他物品；重新油漆沐浴区，检查浴室管道，对已损坏部分加以更换；检查取暖、空调和通风系统，并进行定期维修。[2]

暂时停用房（Out of Service，OOS）：客房暂时不能使用，多为很小的故障（如灯泡或水龙头坏了），或者因某种原因停用（如淡季将一层楼封存）。如果需要，可以激活暂时停用房出租。这种客房一般在计算当日的出租率时被包括在内。例如，酒店客房有100间，OOS房有3间，则考核时出租率为97/100×100%=97%。

OOO/OOS统称为故障房，通常要从前台可卖房中屏蔽，否则一旦前台员工将这些客房订给客人，可能会引起客人的投诉。在分房功能中设置状态有效期限，当有效期限过后，酒店一般要求系统将其恢复成空脏房（VD）状态，经过清扫，将房态变更为空干净房（VC）。有的酒店会将VC房视为可卖房，有的酒店则要求经过客房领班或主管检查，将房态改为"Inspected"后才视其为可卖房。

不能将已入住或被预订的客房设置为大修房。

（2）故障房类型设置。

① 新建故障房。

操作步骤：Room Management→Out of Order/Service→New→OK。

在Sinfonia PMS系统主窗口中，选择菜单栏中的"Room Management"命令，在弹出的子菜单中选择"Out Of Order/Service"命令，弹出"Out Of Order/Out Of Service"对话框（图6-12）。

单击"New"按钮，弹出"OO-OS-New record entry screen"对话框，设置起止客房范围（From Room/To Room）、起止时间（Range starting on Date/To Date），设置故障原因（Reason），可在"Reason"下拉列表中选择，如停水、停电、电话故障、Minibar破损、地毯或空调问题、淡季、深度清洁等，以及设置修好故障房后返回的状态（Return Status）——Clean/Dirty（图6-13）。

在图6-12中，列出了所有故障房的信息，包括客房的房间号（Room）、锁房起始时间（Lock From）、销售时间（Sell On）、房态（Status）、维修原因（Reason）、注释（Remark）。这里的"注释"是对维修原因代码的简要解释。如图6-12中108号客房的"Reason"为"AIR"，"Remark"内容为"Air conditioning"，即空调故障。符合条件的客房被设置为OO/OS房。

---

[1] 客房出租率（occupancy rate），又称"客房占用率""住房率"和"客房销售率"。指酒店租出去的房间数占它拥有的可出租的房间数的百分比。其公式为：客房出租率=已出租房间总数/可供出租的房间总数×100%。它反映客房销售情况和客房利用率，是体现酒店经营好坏的一个灵敏指标，是酒店经营管理追求和考核的主要经济指标之一。

[2] Chuck Y. Gee. 度假饭店的开发与管理. 向萍, 译. 北京：中国旅游出版社，2003：388.

如果要将其他符合条件的客房也改为 OO/OS 房，单击右侧的"Similar"按钮，结果见图 6-14。

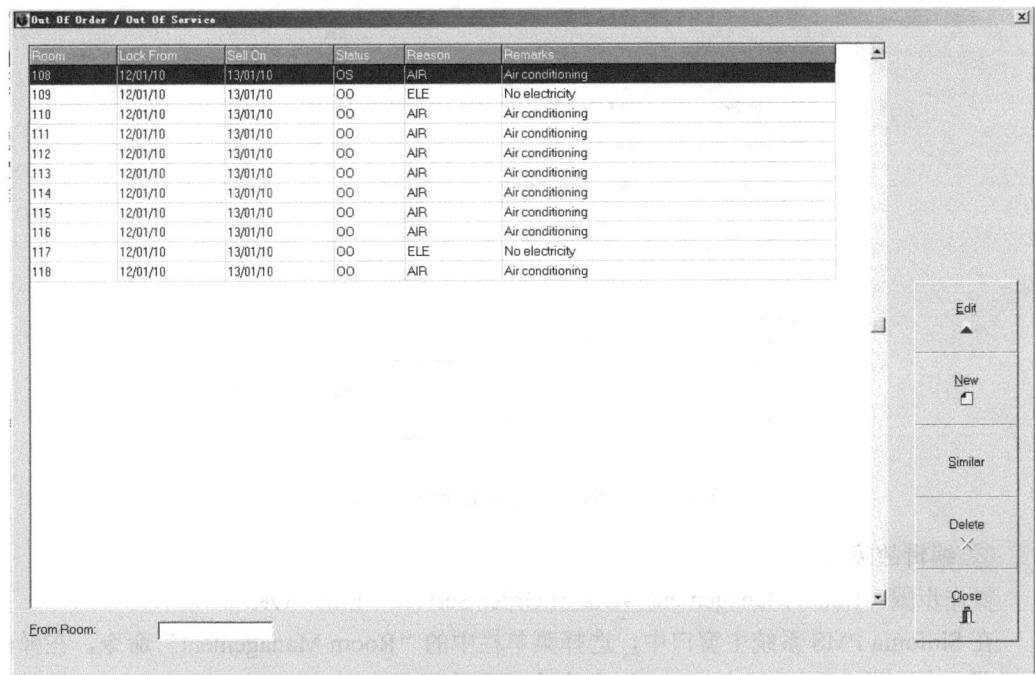

图 6-12　新建 OOO/OOS 房

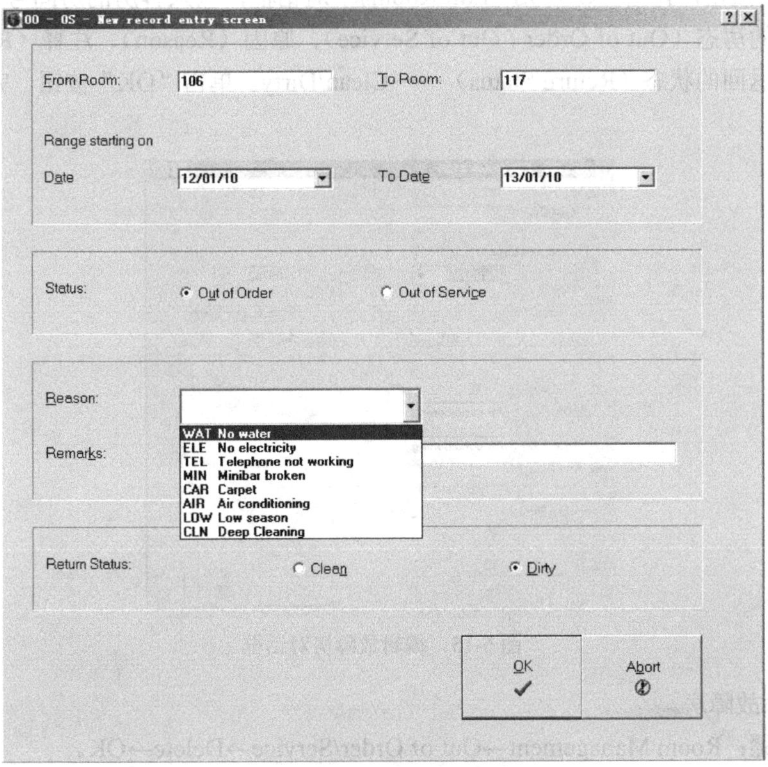

图 6-13　批量设置故障房

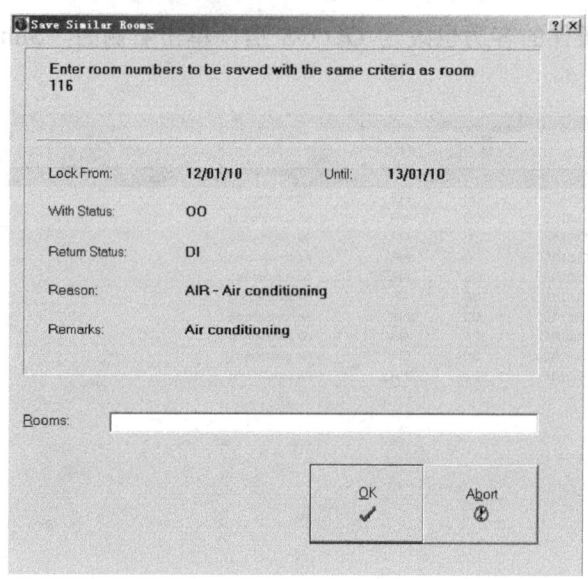

图 6-14 "Save Similar Rooms" 对话框

② 编辑故障房。

操作步骤：Room Management→Out of Order/Service→Edit→OK。

在 Sinfonia PMS 系统主窗口中，选择菜单栏中的"Room Management"命令，在弹出的子菜单中选择"Out Of Order/Service"命令，弹出"Out Of Order/Out Of Service"对话框。单击"Edit"按钮，弹出"OO-OS - Edit Room#"对话框，输入客房的房间号、起止时间，选择故障房的房态（Out of Order / Out of Service）、原因（Reason）、注释（Remarks）、修好故障房后返回的状态（Return Status）——Clean/Dirty。单击"OK"按钮，完成编辑任务（图 6-15）。

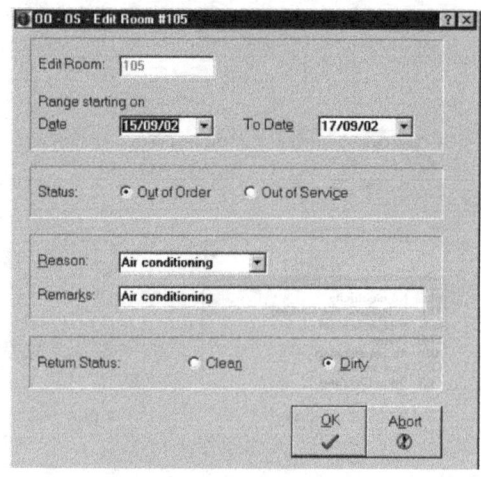

图 6-15 编辑故障房对话框

③ 删除故障房。

操作步骤：Room Management→Out of Order/Service→Delete→OK。

在 Sinfonia PMS 系统主窗口中，选择菜单栏中的"Room Management"命令，在弹出的子菜单中选择"Out Of Order/Service"命令,弹出"Out Of Order/Out Of Service"对话框。单击"Delete"按钮,弹出"OO/OS Rooms-Delete Range"对话框,输入客房的起止房间号、起止时间,选择故障房的房态(Out of Order / Out of Service)等。单击"Delete"按钮,完成删除任务(图6-16)。

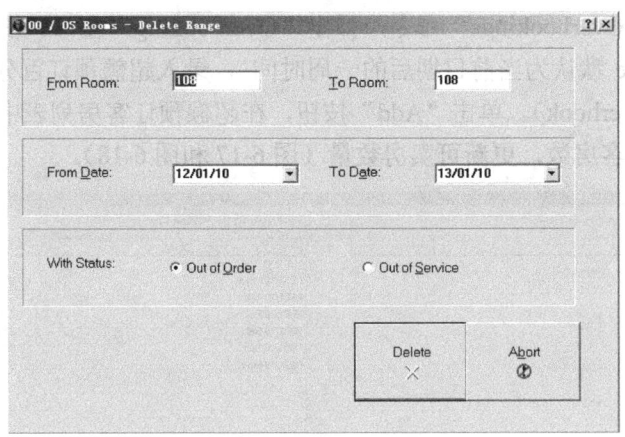

图6-16　删除OO /OS Rooms

6.2.3　超额预订管理(Overbooking)

1. 超额预订概述

超额预订是指在酒店客房已预订完的情况下,再适当增加订房数量,旨在有效地减少延迟入住、没有入住、临时取消订房和提前退房等给客房收入造成的损失。为了增加客房出租率,一般的酒店都接受超额预订。超额预订是酒店、航空业、交通运输业中常用的一种销售策略。在销售旺季,通过超额预订,增加酒店或航空业、交通运输业的收入。

超额预订率指超额预订的客房数与可供客房数之比。

超额预订客房数=临时取消预订的客房数＋没有人入住的客房数＋提前退房的客房数－延长住宿的客房数

如果团体客人占所有客人的比例较大,可适当调高上述超额预订房数量；反之,如果散客较多,可适当调低超额预订数量。酒店应参考酒店业超额预订经验决定自己的超额预订客房数。

超额预订带来的负面影响是：损失客人；客人将自己的抱怨和不满告诉他人,给酒店的形象造成损失。

如何妥善地处理因超额预订而把客人安排到别的酒店住的情况？做好将已预订客房的客人安排到其他酒店住宿的准备工作；选择容易安排到其他酒店住宿的客人；寻找愿意到其他酒店住宿的志愿者；将酒店超额预定的做法广而告之,让市场有心理准备。[①]

根据《中国旅游饭店行业规范》(2009年8月修订版)第五条规定："由于饭店出现超额预订而使客人不能入住的,饭店应当主动替客人安排本地同档次或高于本饭店档次的饭店入住,所产生的有关费用由饭店承担。"

---

① 胡质健. 收益管理. 北京：旅游教育出版社,2009：236-242.

2. 超额预订操作

（1）超额预订所有客房。

操作步骤：Room Management→Overbookings→Add。

在 Sinfonia PMS 系统主窗口中，选择菜单栏中的"Room Management"命令，在弹出的子菜单中选择"Overbookings"命令，弹出"Overbooking"窗口。在该窗口底部，选择起止时间（To Date 默认为当前日期后的一周时间），录入超额预订百分比（Percentage）、超预订客房数（Overbook）。单击"Add"按钮，在超额预订客房列表中，根据超额预订百分比或者超额预订客房数，更新可卖房数量（图 6-17 和图 6-18）。

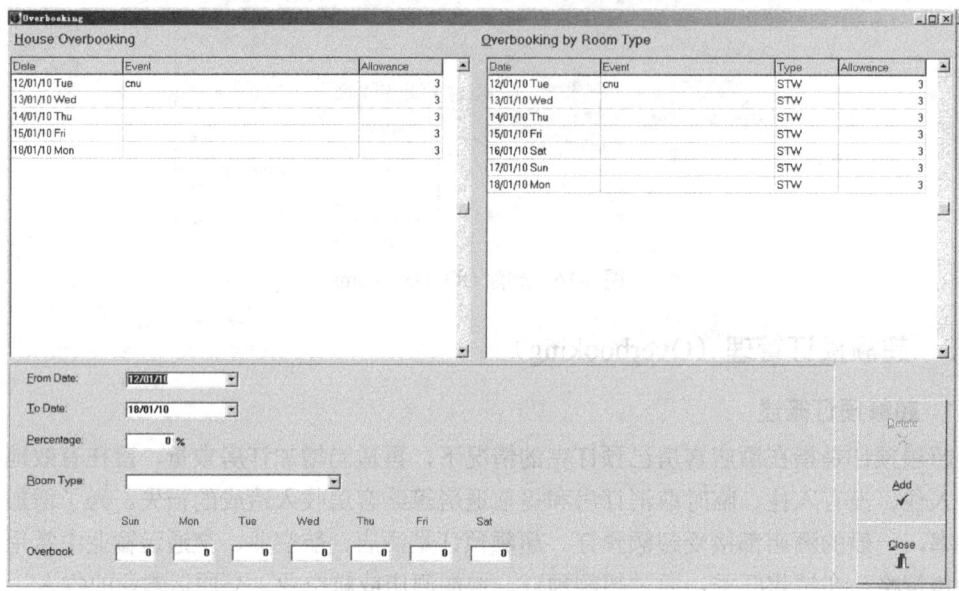

图 6-17　超额预订所有房型

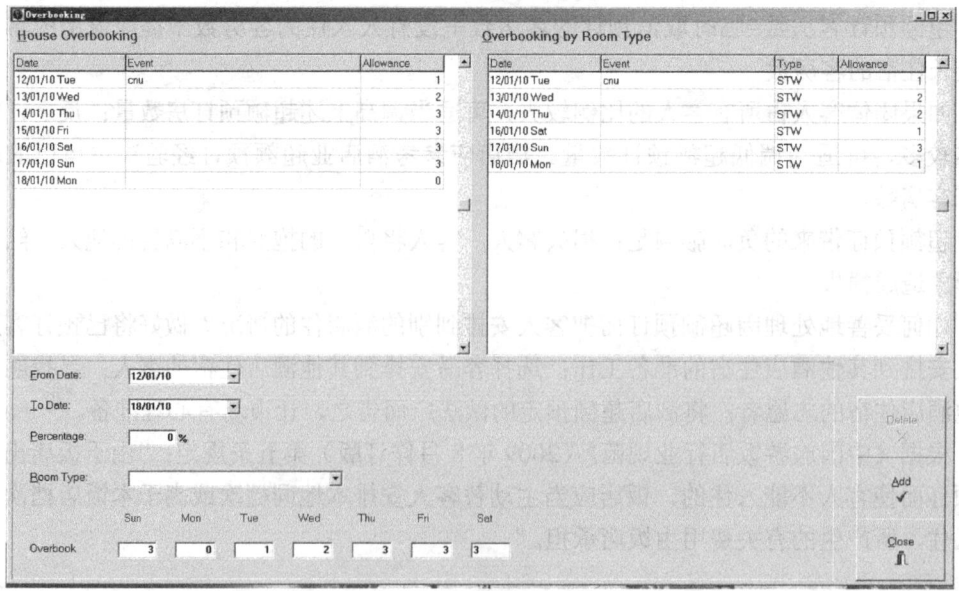

图 6-18　超额预订结果

（2）超额预订某些房型。

操作步骤：Room Management→Overbookings→选择房型→Include（或 Exclude）→OK→Add。

在 Sinfonia PMS 系统主窗口中，选择菜单栏中的"Room Management"命令，在弹出的子菜单中选择"Overbookings"命令，弹出"Overbooking"窗口。在该窗口底部，选择起止时间（To Date 默认为当前日期后的一周时间），录入超额预订百分比（Percentage）、超额预订客房数（Overbook）。双击某一房型，弹出"Select"对话框（图 6-19），选择要超额预订的房型，单击"Include"按钮，则在该房型前出现"√"符号，若取消这些房型的超额预订，单击"Exclude"按钮或者按空格键即可，然后单击"OK"按钮，再单击"Add"按钮，完成某一房型的超额预订。

（3）删除某个特定日期或某个特定房型的超额预订。

操作步骤：Room Management→Overbooking→选择房型、日期→Delete→Yes。

在"Overbooking"窗口中，从"House Overbooking"或"Overbooking by Room Type"列表框中，选择某一日期或房型，单击"Delete"按钮，出现确认提示框（图 6-20），单击"Yes"按钮，则所选中的超额预订信息从超额预订列表中被删除。

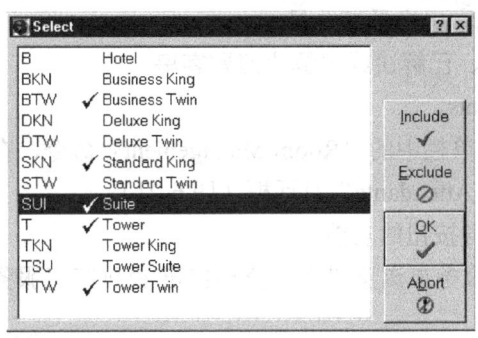

图 6-19　超额预订某些房型

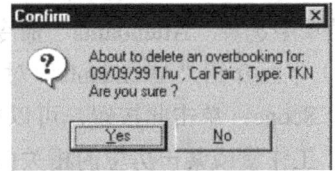

图 6-20　删除超额预订

超售现象在酒店、演唱会、旅行团乃至医疗等领域都存在，它们都属于在特定时间内供给刚性的行业，在产品销售和对客服务上都有极其相似的属性和特征。超售行为是为了使收益最大化，但也必须有效地控制资源，兼顾空置和超售之间的平衡。消费者无论是购买机票、预订酒店，还是享受旅行团服务，都属于和这些公司建立了合同关系。作为遭受现实违约的经济受害人，消费者应主动跟公司提出赔偿责任，让其做出合理、公平的补偿。当消费者无法和公司达成一致时，可留好必要证据，事后对公司进行投诉。[1]

6.2.4　清洁任务派工单（Attendants）

1. 客房服务员概述

（1）概述。客房服务员（Room Attendant）指隶属于客房部，在楼层主管的带领下，完成楼层服务及其他相关工作的酒店工作人员。其主要任务是：了解房态信息，做好本楼层迎送客人的服务工作；根据客人要求，以及前厅、楼层的工作安排，为客人提供洗衣、擦

---

[1] 袁璐. 商家超售：消费者如何维权. 北京晚报：2017-4-11（20）.

鞋、加床、开夜床等服务；按照客房服务规范，整理本楼层客房并做好卫生清洁工作；按照酒店规定的客用物品配备标准，配齐或补齐客房服务器，并检查房间及楼层的设备使用情况，发现故障及时报修；做好每日房态记录，填写交换班记录，及时记录和报告所管客房的异常情况，以确保客人的人身和财产安全。[①]

酒店客房部每天都要对客房进行清洁打扫或者检查。管理者每天需要将清洁任务分发给每位客房服务员。系统提供非常便利的清洁任务派工功能，用于给客房服务员分配客房清洁工作。在系统中给客房服务员派发派工单，支持逐个客房派工和批量客房派工。

下面介绍与派工有关的概念及其设置。

- Housekeeping Credit：客房清洁任务量，一般叫作当量。假设打扫一个标准间需要 45 分钟，此为 1 个当量，而打扫套房需要 90 分钟，则为 2 个当量。对每一间客房赋予对应的清洁当量，系统在给客房服务员派工时会自动累计这些当量，以平衡客房服务员的任务量。
- Housekeeping Attendants：客房服务员。系统会按照上班的服务人员来派工。[②]
- Housekeeping Section：客房区域。如果客人所在楼层面积很大，每一层楼可能由 2～3 个清洁人员负责，那么需要按照区域来派工，并设置客房所属的楼层区域。当系统按照区域派工时，会自动将该区域客房当量汇总显示。

（2）浏览客房维修信息。包括所有客房、已解决或未解决问题客房。

操作步骤：Room Management→Attendants。

在 Sinfonia PMS 系统主窗口中，选择菜单栏中的"Room Management"命令，在弹出的子菜单中选择"Attendants"命令，弹出"Attendants"对话框（图 6-21）。

① 下面介绍"Attendants"对话框下方各按钮的功能。

- Scope：单击此按钮，可以打开客房服务员浏览界面，查询白班/夜班客房服务员的工作量或某一房型的相关信息。
- Add Room：单击此按钮，可以打开可卖房列表，增加某一客房服务员的任务量。
- Delete Room：单击此按钮，可以从可卖房列表中，删除所选客房，减少客房服务员的任务量。
- Room Information：单击此按钮，可以打开客户信息列表，提供进入预订功能的路径。
- Note&Name：单击此按钮，可以打开客房服务员属性对话框，允许输入客房服务员姓名，打印报表时客房服务员的姓名将出现在报表上。
- Increase Credits/Decrease Credits：单击这两个按钮，可以增加或减少某一客房当量。
- Print：单击此按钮，打印包含摘要统计信息的房务报告，该报告可打印、可在屏幕上浏览或被存储在文件里。
- Locate Attendant：单击此按钮，可以查找和高亮显示某一位客房服务员。
- Reorganize：单击此按钮，可以按照某一标准重新组织客房服务员列表。
- New Attendant：单击此按钮，可以打开客房服务员属性对话框，输入服务员编号和姓名。

---

① 邵琪伟．中国旅游大辞典．上海：上海辞书出版社，2012：219-220．
② Attendant：person whose job is to provide a service in a public place，服务员、侍者。

第6章 客房管理

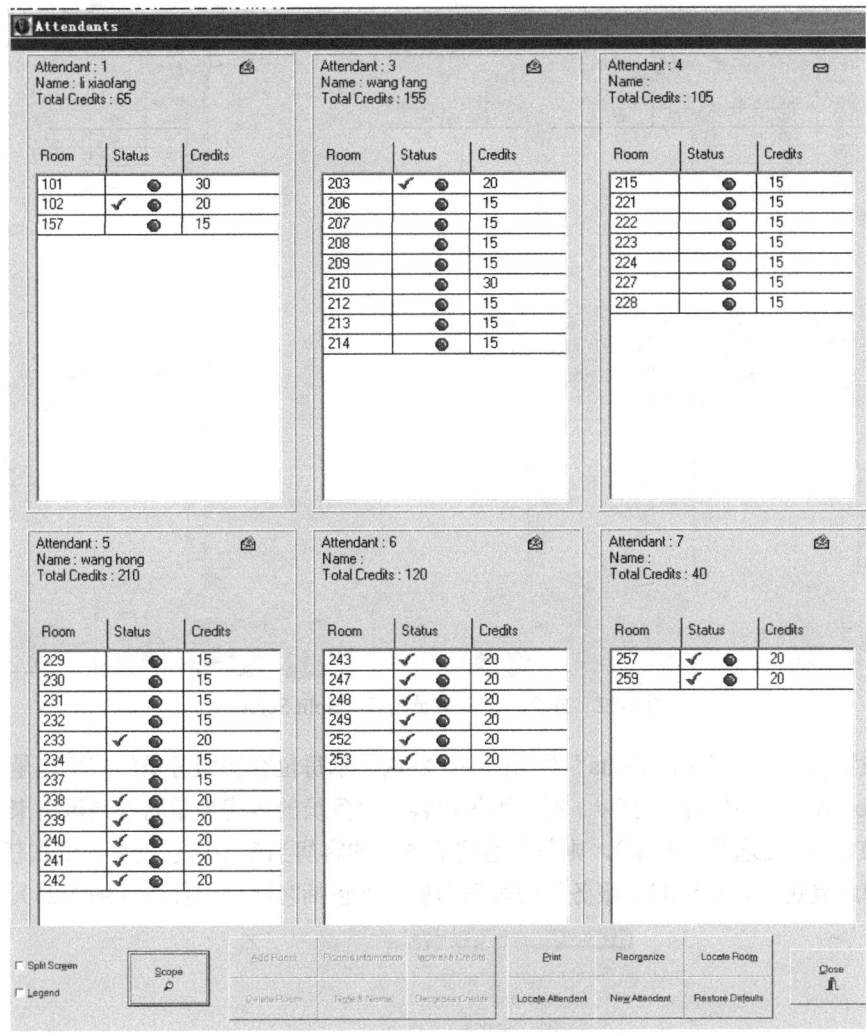

图 6-21 "Attendants"对话框

- Locate Room：单击此按钮，可以找到和高亮显示理想的客房。
- Restore Defaults：单击此按钮，可以将新建的客房服务员界面恢复至默认的显示状态。

② 将屏幕分块。

操作步骤：Room Management→Attendants→Split Screen。

在"Attendants"对话框中，若选中左下角的"Split Screen"复选框（打√），则屏幕分块显示客房服务员列表两次（图 6-22）。这样做的好处是，当一个客房服务员有太多的工作量或太少的工作量时，增加或减少一两间客房。可以将第一个客房服务员放在预览中，而将另一个窗口作为添加项或接收器。

③ 查询白班/夜班客房服务员的工作量，或关于某一房型的工作量。

操作步骤：Room Management→Attendants→Score。

单击"Attendants"对话框左下角的"Scope"功能按钮，弹出"Attedants Viewing Scope"对话框，可以查看客房服务员的值班信息，在"Section"选项组中，有"Day Sections"和"Evening Sections"两个单选按钮。

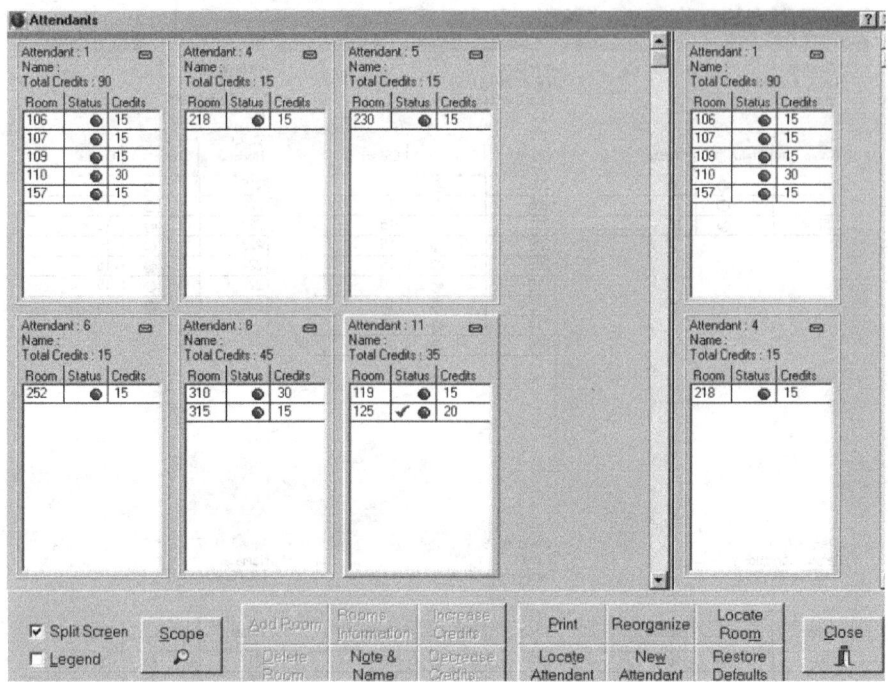

图 6-22 分块显示服务员列表（Split Screen）

一般情况下，在"Attendants"对话框中，默认显示每位客房服务员的客房当量。当选中"Show No Credits"复选框（打√）时，则每位客房服务员的客房当量将不显示出来；若选中"Include Parlors 复选框（打√），则每位客房服务员的客房当量中将包括客厅清扫任务在内，若未选中此复选框，每位客房服务员的客房当量中不包括客厅清扫任务（图 6-23）。

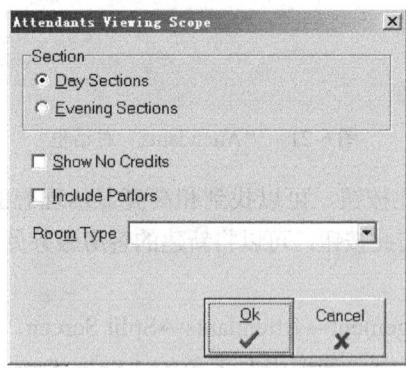

图 6-23 查看客房服务员的信息

2. 客房服务员的管理

（1）查找某一客房服务员。

操作步骤：Room Management→Attendants→Locate Attentant→OK。

在 Sinfonia PMS 系统主窗口中，选择菜单栏中的"Room Management"命令，在弹出的子菜单中选择"Attendants"命令，弹出"Attendants"对话框。单击"Locate Attendant"按钮，弹出"Attendant To Go"对话框（图 6-24）。在该对话框中，选择客房服务员工号或姓名，然后在"Attendant No."文本框中输入客房服务员工号或姓名。最后单击"OK"按钮，则客房服务员的信息将高亮显示在"Attendant"对话框中。

查找某一客房的方法与此类似。

操作步骤：Room Management→Attendants→Locate Room→OK。

在 Sinfonia PMS 系统主窗口中，选择菜单栏中的"Room Management"命令，在弹出的子菜单中选择"Attendants"命令，弹出"Attendants"对话框。单击"Locate Room"按钮，弹出"Room To Go"对话框（图 6-25），在其中输入客房号，单击"OK"按钮，在"Attendants"对话框中，该客房所属的客房服务员信息被高亮显示。

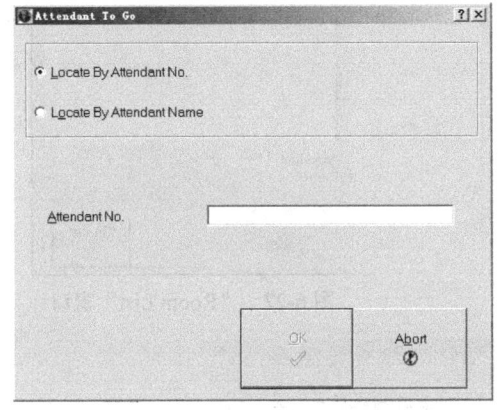
图 6-24　查找客房服务员

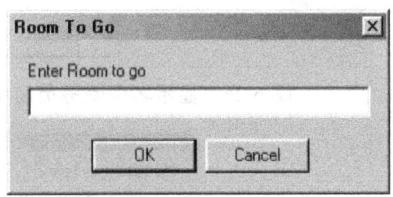
图 6-25　查找客房

（2）新增/删除服务员。

操作步骤：Room Management→Attendants→New Attendant。

在 Sinfonia PMS 系统主窗口中，选择菜单栏中的"Room Management"命令，在弹出的子菜单中选择"Attendants"命令，弹出"Attendants"对话框。单击"New Attendant"按钮，弹出"Attendant Properties"对话框（图 6-26），完成设置，单击"OK"按钮。其中，"Attendant ID"表示服务员工号，"Attendant Name"表示客房服务员姓名，"Notes to be Printed on Report"表示在报表上打印备注信息，选中"Copy note to all attendants"复选框（打√），表示该备注信息不复制给所有的客房服务员。

（3）工作量调整。当客人结账离店时，系统会自动将客人之前居住的客房清扫任务分配给某位客房服务员。如果有必要重新分配，必须先从该客房服务员的客房当量中删除该客房。在"Attendants"对话框中，单击"Add Room"按钮，可以在不同的客房服务员之间重新分配客房清扫任务。

操作步骤：Room Management→Attendants→Delete→Yes→Add Room→Add。

选择某一客房服务员名下的客房列表，单击"Delete"按钮，弹出确认提示框；单击"Yes"按钮，则从该客房服务员名下删除客房，同时激活"Add Room"按钮；找到要添加该客房的服务员，单击"Add Room"按钮，弹出"Room List"窗口（图 6-27），选择一间或多间客房至要添加客房的服务员，"Add"按钮被激活，单击"Add"按钮，所选客房出现在该客房服务员名下。

（4）Reorganizetion：重新分配工作量。分配形式包括按客房当量或按客房服务员人数分配。

操作步骤：Room Management→Attendants→Reorganize。

在 Sinfonia PMS 系统主窗口中，选择菜单栏中的"Room Management"命令，在弹出的子菜单中选择"Attendants"命令，弹出"Attendants"对话框，单击"Reorganize"按钮，弹出"Reorganize Rooms"对话框（图 6-28）。

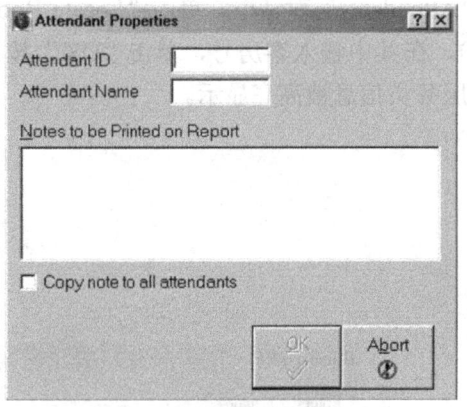
图 6-26　显示客房服务员信息

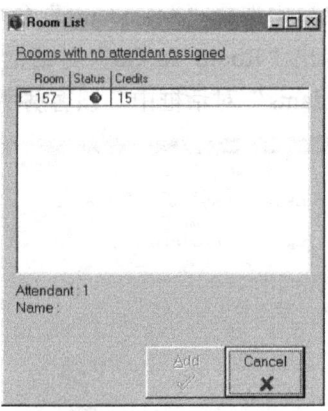
图 6-27　"Room List"窗口

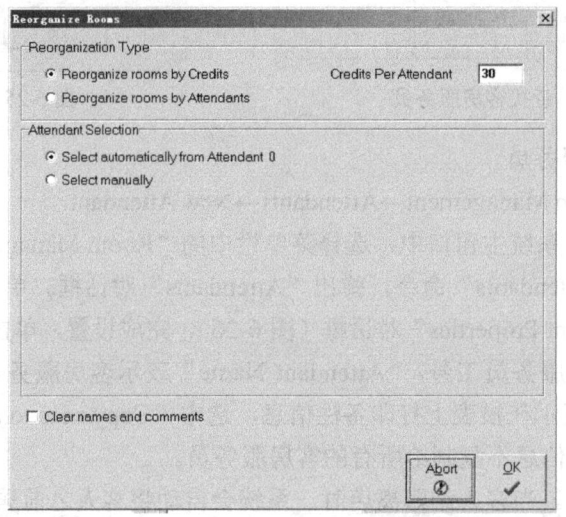
图 6-28　"Reorganize Rooms"重新分配工作量对话框

"Credits Per Attendant"用于设置每位客房服务员清洁的客房当量。如果每个客房服务员按 30 个客房当量分配工作，则选择"Reorganize rooms by Credits"形式，包括自动或手动选择，所有客房当量被平均分摊至所有客房服务员。

通常在给客房服务员派工时，都要显示客房服务员姓名和备注，若选中"Clear names and comments"复选框（打√），则派工时不显示客房服务员的姓名和备注。

（5）Restore Defaults：恢复至默认的客房设置。

操作步骤：Room Management→Attendants→Restore Defaults。

在 Sinfonia PMS 系统主窗口中，选择菜单栏中的"Room Management"命令，在弹出的子菜单中选择"Attendants"命令，弹出"Attendants"对话框。单击"Restore Defaults"按钮，弹出"Restore Defaults"对话框（图 6-29）。在"Restore Defaults"对话框中，"Restore the defaults to room No."和"Restore the defaults to all rooms"两个单选按钮分别表示按某间客房的房间号或将所有房间恢复至默认设置。要恢复的区域包括：当量（Credits）、部门当量（Departure Credits）、白班（Day Section）、夜班（Evening Section）。

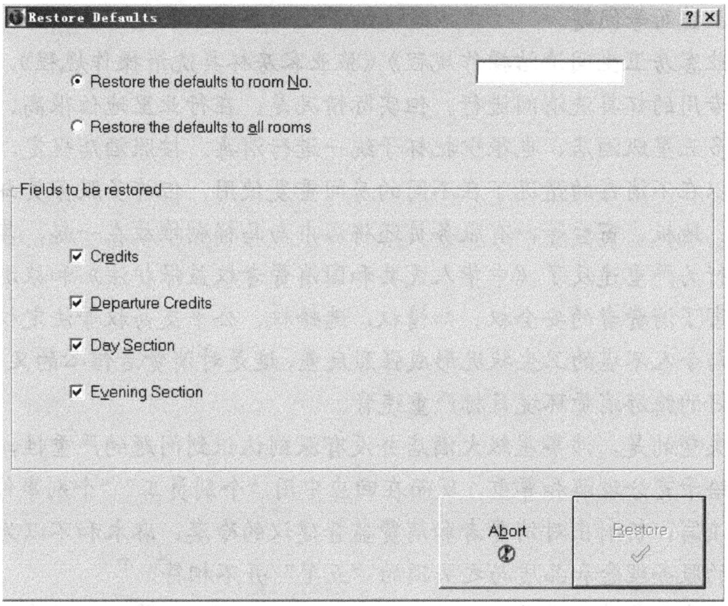

图 6-29　恢复默认设置

客房状态用不同的颜色明显区分开，每个客房服务员的派工单包括客房的房间号（Room）、房态（Status）、当量数（Credits）。若要调整派工单之间的客房，选择某间客房，将其直接拖至另一张派工单中即可。调整完毕后，单击打印按钮，即可将派工单打印出来分发给客房服务员（图 6-30）。

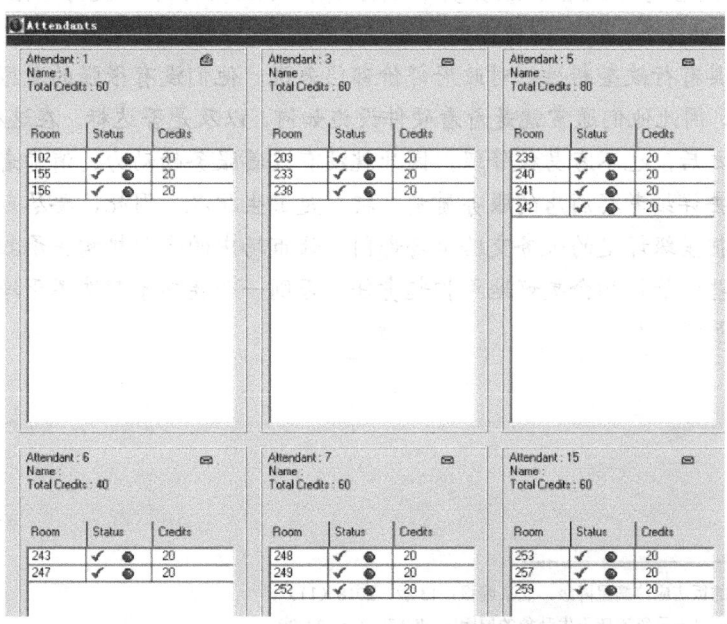

图 6-30　手动逐个调整派工单中的客房

知识链接

2018年11月14日，微博网友"花总丢了金箍棒"发布视频《杯子的秘密》，聚焦酒店业长期存在的卫生问题，曝光了多家高档酒店服务员使用脏抹布、脏浴巾或脏海绵擦拭杯子、洗手台、镜面等问题。

根据《旅业客房卫生间清洁操作规程》《旅业客房杯具洗消操作规程》，客房杯具的消洗应由专人在专用的杯具洗消间进行。但实际情况是，在行业里地位很高、管理很规范、价格很高的许多五星级酒店，也很少把杯子统一进行消毒。按照酒店规定，浴巾不可以当抹布用，不可以在不消毒的情况下在不同的房间重复使用，但许多服务员却用客人浴巾擦拭杯具、马桶、地板、窗台等，有服务员还将浴巾与马桶刷堆放在一起，甚至用洗发液清洁杯具。这些行为严重违反了《中华人民共和国消费者权益保护法》和旅游酒店业的相关规定，严重损害了消费者的安全权、知情权、选择权、公平交易权等法定权益，高星级酒店亮丽的表面与令人不堪的卫生状况形成强烈反差，这是对消费者信心的又一次沉重打击，更是与营造良好的旅游消费环境目标严重违背。

更加令人失望的是，涉事星级大酒店并没有深刻认识到问题的严重性，也没有对消费者的监督建议给予充分理解和尊重，反而在回应中用"个别员工""个别事件"的表述对存在的问题轻描淡写，折射出对消费者和消费监督建议的冷漠、麻木和不以为然，这种态度显示出其真实的服务理念和品质与之头顶的"五星"并不相符。①

星级酒店卫生乱象产生的原因是什么？有人认为，酒店为降低劳动力成本支出，提高工作效率，严格控制或削减客房服务员数量；客房服务员服务意识淡薄，缺乏专业的培训和监督机制；劳动强度大，工资收入偏低，客房服务员流失率很高。现在很多酒店客房服务员每天所承担的清洁房间的数量在16～17间，有的甚至达到或超过20间。但大部分酒店客房服务员的工资非常低。问题的关键不在于工资的高低，或服务质量的好坏，而是信息不对称更容易导致客房服务员和酒店的机会主义行为，使得酒店利用这种信息"优势"获得"租金"，成为一种垄断收益。②

星级评定具有行政垄断性，对政府评价部门来说，他们没有很强的激励措施去监管酒店的服务质量，因此他们通常就是看看硬件设施如何，以及是否达标。在这种评价机制下，酒店被评星级之后，也不容易被降级，因此就没有改善服务的动力。消费者一般也没有能力在入住之前去详细考察酒店的服务质量，特别是卫生状况。因此，要尽可能破除人为的垄断，比如，把星级评定的服务交给市场部门，让市场中的专业机构去承担，在市场竞争的压力下，这些评价机构会更好地承担起责任。否则一个连杯子都洗不干净的酒店，有什么资格挂上"星级"？

---

① 杨滨. 名不副实的饭店应该摘星降级. 北京晚报：13版. 2018（11）.
② 朱海就. 工资低不是五星级酒店卫生乱象的原因[ED/OL]. 2018-11-20.
https://baijiahao. baidu. com/s?id=1617614161668345186&wfr=spider&for=pc

6.2.5 客房维修与客房使用历史

1. 客房维修

及时维修客房，保障客房的良好运行，是酒店客房部一项重要的、基础性的工作，它直接关系到客房能否发挥其经济效益。

（1）浏览客房维修信息，包括已解决或未解决问题客房。

操作步骤：Room Management→Maintenance。

在 Sinfonia PMS 系统主窗口中，选择菜单栏中的"Room Management"命令，在弹出的子菜单中选择"Maintenance"命令，弹出"Maintenance"对话框。在此对话框中，上半部分显示客房的维修记录，下半部分的"Problem"列表框中显示的是客房存在的问题，"Solution"列表框中显示的是解决方案。"Show All""Show Resolved""Show Unresolved"等 3 个单选按钮，分别表示所有客房、已解决问题客房、未解决问题客房（图 6-31）。

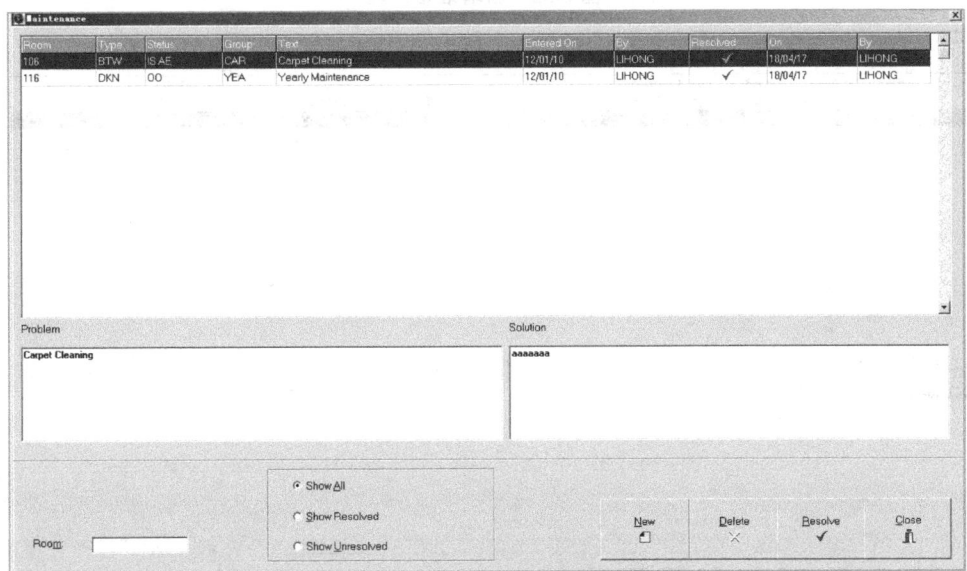

图 6-31　维修记录

（2）新建客房维护。

操作步骤：Room Management→Maintenance→New。

在"Maintenance"界面中，单击"New"按钮，弹出"Add Room Maintenance"对话框。在此对话框中，可在"Reason"下拉列表中选择维修原因。TV 表示电视故障；CAR 表示地毯清洁；YEA 表示年度维修；EMG 表示紧急修理；SPR 表示春季大扫除；LIG 表示灯光坏了；PLU 表示管道工程故障；PAI 表示喷漆问题（图 6-32）。

在"Add Room Maintenance"对话框中，如果单击"OOO-OOS"按钮，则被选中的客房被设置为"OOO-OOS"（故障房）。

（3）解决客房维修问题。

操作步骤：Room Management→Maintenance→Resolve。

在"Maintenance"对话框中，选择某一间客房，单击右下角的"Resolve"按钮，则该记录被设置为已维修好的客房，该客房的"Resolved"栏显示"√"（图 6-33）。

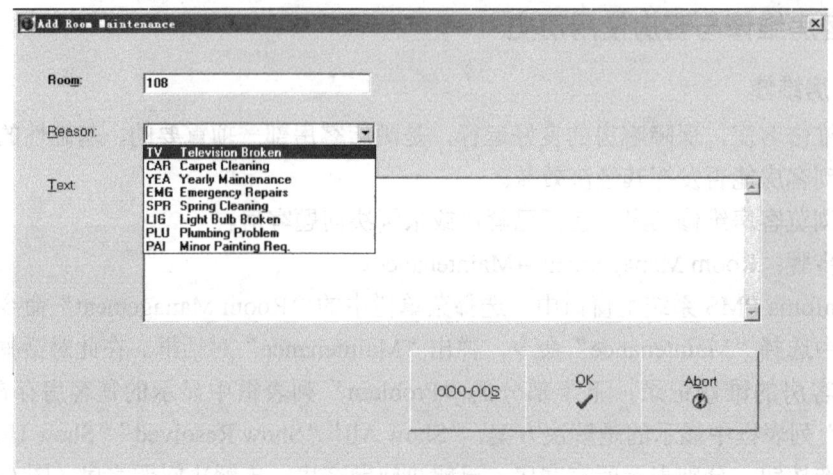

图 6-32　新增维修记录

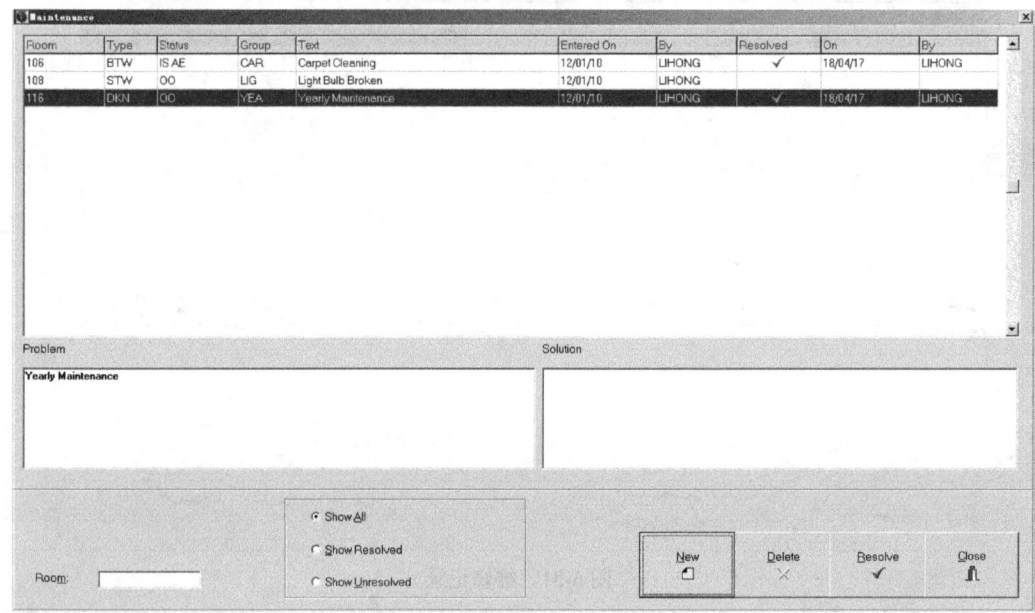

图 6-33　新增维修记录结果

2. 客房使用历史

Room History（客房使用历史）功能可以帮助酒店快速查看某间客房的历史入住情况，是前台、客房部常用的功能。

（1）浏览客房使用历史记录。

操作步骤：Room Management→Room History→Search。

在 Sinfonia PMS 系统主窗口中，选择菜单栏中的"Room Management"命令，在弹出的子菜单中选择"Room History"命令，弹出 Room History – Departures for room 106 since 13/12/09 窗口；在"Departures Since"下拉列表中选择开始日期，在"Room No."文本框中输入客房的房间号，单击"Search"按钮，会显示该客房某一时段内客人的入住信息（图 6-34）。

图 6-34 查询客房使用历史

（2）浏览客房使用历史。

操作步骤：Room Management→Room History→Search→Details。

在图 6-34 中查询到某间客房某一时段内客人的入住信息后，选择某一客人，单击"Details"按钮，弹出"Guest History"对话框，在此对话框中会详细显示这间客房该客人某一次入住的详细信息（图 6-35）。

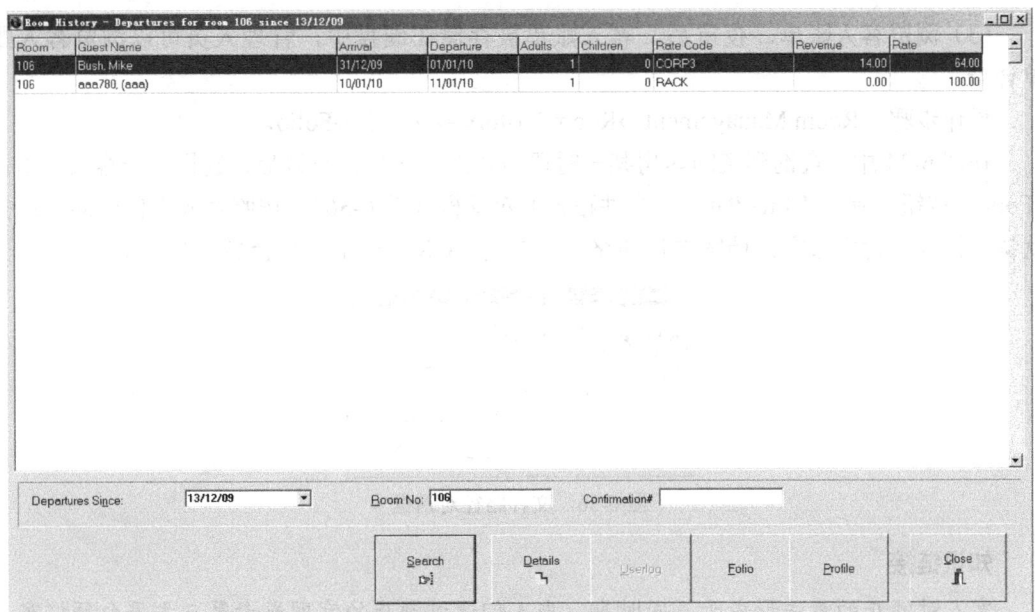

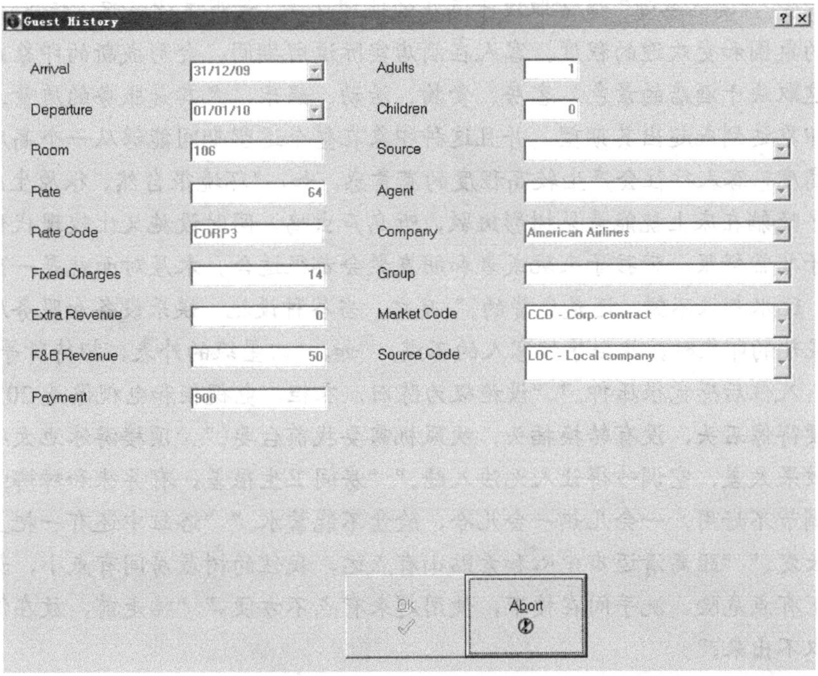

图 6-35 房客使用详细信息

（3）浏览客人账单。夜审后，客人账单被存储在硬盘中，管理人员可以浏览客人账单详情。

操作步骤：Room Management→Room History→Search→Folio。

在图 6-34 中，查询到某间客房某一时段内客人的入住信息以后，选择某一客人，单击"Folio"按钮，弹出"File Path"（文件路径）对话框（图 6-36），按照客人入住时间，选择默认路径或包含所选客人档案文件的路径，单击"OK"按钮，则会显示客人账单。

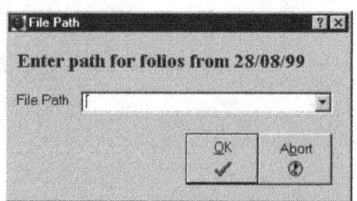

图 6-36　文件路径对话框

知识链接

客人对酒店的看法形成于不同时期。当人们通过酒店的官网或者第三方平台预订客房时，一般首先看到的是各种房型的总平面图、平面图、透视图，由此做出是否预订的判断。这种感受称为"图纸感受"或"图形感受"。当客人入住客房之后，人们在其中活动，通过各种感觉器官产生关于客房的实际感受，被称为"实际感受"。"图形感受"与"实际感受"往往不是一回事，人们容易受图纸感受的"误导"，导致"实际感受"不太理想。

在预订阶段，客人与酒店展示的各种图片之间的关系是：入住之前，主要通过视觉来静态地感受。而在实际入住酒店后，主要通过视觉、听觉、触觉、嗅觉等各种感觉器官进行动态的感受。"实际感受"通常取决于酒店的地理环境、景观美化情况、标志、主体建筑、接待区域的氛围和受欢迎的程度。客人在酒店实际逗留期间，会形成新的印象或强化原有的印象，这取决于酒店的景色、客房、食物、活动、娱乐，尤其是服务的质量。如果客人所获得的印象达到或超出其期望，并且这种印象在整个逗留期间能够从一个高度持续上升到一个新高度，客人往往会产生较高程度的满意感。如，"环境很自然、很原生态，树屋很有意思，早晚躺在床上就能看见树影斑驳，听鸟声虫鸣，同时设施又比较现代化。""木屋围成的院子非常舒服，带孩子来玩或者和朋友聚会都很适合。木屋对面就是一条小河，捞小鱼小虾、玩水都很不错，还是免费的。"反之，当各种设施、娱乐设备和服务质量互不协调，给人混乱的印象时，就会导致客人的不满。[①] 如，"四星级的外表，招待所等级的内饰，装修太旧，入住后感觉很压抑。""设施极为陈旧，衣柜、电视柜和电视像是 20 世纪 80 年代的，床硬得像石头，没有转换插头，吹风机需要找前台要。""顶楼游泳池太小。""房间内的隔音效果太差，空调吵得让人无法入睡。""房间卫生很差，有异味和蟑螂；卫生间很脏，热水调节不好用，一会儿热一会儿冷，脸盆不能蓄水。""浴缸中还有一把上一个客人留下来的长发。""距离清迈市中心和素贴山有点远，我住的树屋房间有点小，如果带小孩居住，上下有点危险。洗手间在楼下，使用起来有点不方便。""临走前，放在保险箱内的贵重物品取不出来。"

---

① Chuck Y. Gee. 度假饭店的开发与管理. 向萍，译. 北京：中国旅游出版社，2003：141.

6.3 客房管理思考

6.3.1 酒店卫生清洁

中国酒店行业供过于求,绝大多数酒店是在亏损状态下维系运营的,直接导致其对成本控制的需求非常强烈。其中,最重要的是人力成本的控制。以低成本招聘到的服务人员素质参差不齐,拿着低廉工资的客房服务员干着高强度的工作,很难不敷衍了事。虽然目前酒店有行业的星级标准,酒店内部也大多制定了操作规范,但操作规范只是引导性的,不具备约束力。由于技术和隐私等方面的制约,对于客房服务员的个人行为,也很难进行监督。目前只能从提高客房服务员道德水平,以及完善相关法律方面进行管理。

不是星级高、价格高的酒店卫生就有保证。确保干净、卫生是酒店服务的底线,仅靠酒店自律自觉,恐怕很难实现整体性的改观。没有卫生安全就没有行业的健康发展,为客人提供良好的卫生环境,是法律法规的要求,更是酒店必须坚守的服务底线。要解决星级酒店频频被曝光的卫生问题,方法之一是对酒店的清洁服务采取外包合作的方式。就像很多餐饮企业一样,餐具的消毒工作外包给有资质的公司,既能控制成本,也能严格把控质量。2017 年,华住酒店集团和 IDG 资本共同出资成立城家保洁,类似于滴滴模式,专注于为酒店、公寓等提供客房服务与清洁打扫服务。酒店采用一套客房智能管理平台,将客房打扫质量、布草更换、客用品增补等情况,以数据化的方式呈现出来。提供清洁服务的一方提供监管系统,让酒店随时监督。酒店工程维护可以采用外包、合作用工等方式。例如,附近有 3 家酒店,一个工程部对 3 家酒店进行负责。

在传统酒店退房时,前台会派保洁人员前去查房,但在无人酒店,客人只需在手机上退房,系统就会弹出客人的所有消费记录及消费金额。确认以上信息无误后,可以随时离店,省时、省力、更省心!无人酒店不代表无人打扫卫生,当客人离开后,房间会自动生成一张打扫订单,就像网约车一样,附近的在线保洁人员接到订单就会前来打扫房间,酒店无须专门请清洁工。通过酒店管理能力的提升,使用数字化、智能化的解决方案,阿里巴巴正在为酒店装上智慧大脑,无人酒店的人效比是传统同档次、同等规模酒店的 1.5 倍。[①]

在人工成本一再看涨、员工流动率日益增长、服务质量每况愈下的情况下,小费制比服务费制更直观、有效。因为这不仅有助于缓解酒店业的成本压力,也可以奖励优秀的服务从业者。在世界各地,酒店业及其从业人员是收取小费(tip,fee)最多的行业,小费也成为酒店业稳定员工队伍、提升服务质量的一种重要手段。在泰国的酒店,每天客人在枕头下放 20 泰铢,以表达对客房服务员清洁客房的谢意。至于酒店在消费账单上增收的 10%~15%的服务费,则应当专门用于支付一线员工的报酬,不应落入企业业主的腰包,更不能落入酒店管理层的囊中。对于酒店司机、行李员、客房服务员的优质服务,则不妨用小费制的小额现金现场即时地进行物质及精神奖励。因此,呼吁、培养小费的支付习惯是我国旅游消费进一步与国际接轨,营造良好旅游环境和氛围的重要课题。[②]

---

① 世界首家无人酒店开业了,竟然就开在这里[ED/OL]. 2018-11-08(http://www.sohu.com/a/274100528_443934)
② 旅游住宿业服务秉性的试金石:从服务费制迈向小费制[ED/OL]. 2019-02-18(http://www.ccshis.com/news/show/2811.html)

6.3.2 酒店物品及客人衣物清洗方案

从财务和经营的角度看,酒店与客人衣物清洗的 4 种备选方案依次代表着固定资产投资水平的逐渐提高,以及在物质设施的设计布局、人员配置、工作任务的组织安排和必要的程序控制营运系统的愈趋复杂(表 6-2)。

表 6-2 酒店与客人衣物清洗方案

方案	酒店物品	客人衣物
方案 1	完全通过租赁的方式获得洁净编织用品;其他物品由外来企业设在酒店的洗衣店洗涤	外来企业设在酒店的洗衣店洗涤
方案 2	设立小型洗衣站洗涤酒店用小件物品,大件编织用品通过租赁获得;其他物品由外来企业设在酒店的洗衣店洗涤	外来企业设在酒店的洗衣店洗涤
方案 3	建立全套的洗衣和干洗车间	外来企业设在酒店的洗衣店洗涤
方案 4	建立全套的洗衣和干洗车间	干洗车间清洗

方案 1:酒店对自有编织品库存和洗衣站的投资被压缩到最低限度,租赁编织用品的主要优势在于需要的投资水平低,而且将对操作空间的需要降到了最低限度——只要有足够的空间用来存放编织品库存,以及处理已用脏的编织品即可,其中包括取送客人需要湿洗、干洗衣物的空间。

方案 2:酒店对编织品和洗衣站的投资有所增加。增加的对编织品的投资包括购买经过加压定型处理的编织品的费用,而增加的洗衣站资产则是一套无熨烫设备的小型洗衣系统,通常安装在酒店内由房务部负责操作。小型洗衣站的设计仅限于洗涤客用毛巾、餐巾、员工制服和其他小件物品。按照工作的自然流程,安排小型洗衣站的设施布局,使之紧靠并通往房务部的编织品及制服储藏室。这样,劳动力得到了最充分的利用,一个良好的工作流程得以建立起来,而每磅衣物的洗涤成本则降到了最低。

方案 3 和方案 4:需要投入大量资金购买编织品,并且洗衣车间也需要投入资金。酒店自营的这种洗衣车间是一个提供全套服务的营业单位,其范围从一般的无熨烫设备但有干洗能力的洗衣站,到一个拥有洗衣综合设施,拥有能够湿洗各种可洗织物的设备、干洗设备及蒸汽熨烫设备。

今天,在酒店内安装洗衣设施——无论是有限的洗衣设施还是提供全面服务的设施,对各种类型、各种规模的酒店来说,都已成为越来越常见的现象。与此同时,一度可见于除大型酒店的所有酒店中那种编织品出租服务,似乎在整个酒店业内都处于萎缩状态。

建立酒店自营洗衣车间的主要原因包括:节约成本、减少编织品的磨损、灵活、方便,以及对编织品供应进行更好的库存和质量控制等。酒店自营洗衣车间还使得酒店得以选择质量、设计和色彩等都完全符合其期望的编织品,而不必担心那些带有特殊设计图案或标志的编织品因为洗涤过程中的粗心大意而缩短使用寿命。酒店在湿洗、干洗方面的要求涉及客房和公共区域内使用的各种天然、合成及混纺的装潢材料。酒店客人往往会带来多种多样的服装,其中有一些需要特殊洗涤,只有酒店自营的湿、干洗服务才能满足这种需要,这在位置偏远的旅游目的地尤其如此。[1]

练习题

1. 在酒店周一的例会上，销售部通知前台：周二要将某一行政客房用作酒店参观用房（Show Room），要对该房进行"大清扫"（Deep Cleaning），并设置成停用房（OS）。
2. 酒店工程部准备对5楼的客房进行大修，工程完成后，所有客房的房态为"脏房"，提醒客房服务员清扫。
3. 某职业学校的学生被分配到酒店客房实习，他们只承担客房服务员1/3的工作量，请预测未来一个月需要的客房服务员人数，并合理安排客房服务员的作息时间。
4. 查看酒店目前有多少间Q房，为新到但房间尚未准备好的客人准备Q房。

---

[1] Chuck Y. Gee. 度假饭店的开发与管理. 向萍，译. 北京：中国旅游出版社，2003：390-394.

ID:# 第 7 章
收银管理

收银管理（Cashiering）是酒店前台管理系统的重要组成部分，也是酒店前台最主要的工作之一。收银管理包括客人押金收取（Payment）、入账（Postings）、账单调整（Adjust/Rebate）、付款、应收挂账（City Ledger）、打印（Print）、退款（Paid out）、离店结账（Check out）等。

酒店收费通常分为以下类型。

- 房费、餐饮费、销售税，有时还包括客房税。按照国际惯例，酒店的入住时间为 14：00，离店时间为正午 12：00。如果提前入住（Early Check In）或延迟退房（Late Check Out），酒店会酌情加收一定的费用。根据《中国旅游饭店行业规范》（2002 年 5 月 1 日执行）第十条规定："饭店客房收费以'间/夜'为计算单位（钟点房除外）。按客人住一'间/夜'，计收一天房费；次日 12 时以后、18 时以前办理退房手续者，饭店可以加收半天房费；次日 18 时以后退房者，饭店可以加收一天房费。"但在 2009 年 8 月的修订版中，删除了该项规定。
- 餐厅签单、客房送餐服务需支付的费用和酒吧消费需支付的费用。
- 酒店其他部门为客人提供服务后开具的消费凭证，如电话费、桑拿使用费、洗衣及熨衣服务收费。
- 与酒店信用卡相关的部门提供的票据。酒店信用卡可用于酒店内的娱乐设施，如高尔夫、网球俱乐部的收费。
- 由酒店替客人预付的服务费支出凭证、预付现金及其他预付项目的凭证。例如，由酒店外送药品的费用、汽车租金、来往于飞机场及酒店的接送费、给酒店员工的小费，尤其是那些与团体会议有关的小费等。[①]

客人结算支持多种付款方式（Payment Method），包括现金、支票、信用卡和应收挂账，以及当下比较流行的支付宝（Alipay）、微信（Wechat）等。在多酒店模式环境下，Sinfonia PMS 还支持各营业场所的跨酒店相互入账。

酒店的每一个消费项目，在系统中都被冠以一个账目代码，叫作 Transaction Code。同样，收银工作涉及账目的调整，那么每个消费项目都有对应的调账代码，叫作 Adjust Code；日常账务处理需要有严格的执行标准，虽然每个酒店都有差异，而一个标准化的客账体系，

---

① Chuck Y. Gee. 度假饭店的开发与管理. 向萍，译. 北京：中国旅游出版社，2003：329-330.

需要以标准化的入账代码为基础。如表 7-1 列出了常用财务用语中英文对照。

表 7-1 常用财务用语中英文对照

英文	中文	英文	中文
Cashier	收银员	Split	劈账
Fee/charge	费用	Payment	付款
Balance	账户余额、结余	City ledger	应收挂账
Transaction	账目	Commission	佣金
Account	账户	Pre-arrivals	预期到达客人
Bill/billing	账单/结账	Due In	预期抵达
Folio	账页	Due Out	预期离店
Cashbox	钱箱、金库	Checked In	已入住
Amount	总金额	Checked Out	已退房
Accounts Receivable	应收账款	Check Out Only	退房
Aging Level	应收账龄	Overstay	延住
Bank Account	银行账号	Early Check In	提前入住
Cashiering	收银	Late Check Out	延迟退房
Routing	分账	In-House	在店客人
Posting	入账、抛账、过账、输账	Expected Arrival	（本日）预期到店
Manual posting	手动入账、手动抛账	Expected Departures	（本日）预期离店
Batch posting	批量入账、批量抛账	Early Departure	提前退房
Adjustment	账目调整、调账	Interim Bill	中期结账
Transfer	转账	Advance Bill	提前结账

7.1 收银管理模块功能

在 Sinfonia PMS 主窗口的菜单栏中，选择"Cashiering"命令，在下拉菜单中会显示相关的命令（图 7-1）。在工具栏中单击收银操作工具按钮，会在工具栏中弹出相关的工具按钮。

- Billings：在打开客人账单的情况下，为客人入账。
- Postings：在不打开客人账单的情况下，为客人入账。
- Cashier Functions：收银的其他功能。
- Close Cashier：关账。
- Passers By：过客。
- Quick Check Out：快速结账。
- Receivables：Receivable Accounts，应收账款。
- Travel Agent Processing：旅行社财务处理。

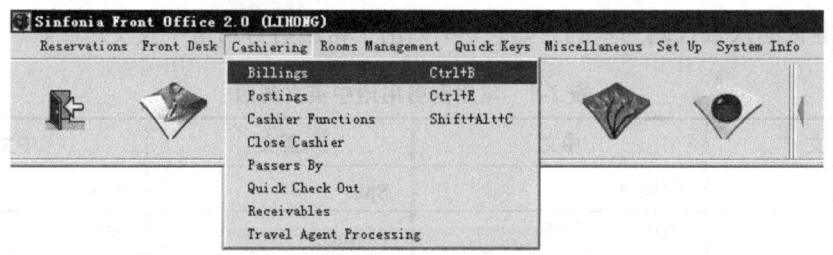

图 7-1 "Cashiering"(收银)菜单

账户操作与酒店服务管理的关系见图 7-2。

从预订到结账离开，酒店与客人的财务往来程序可以用以下案例来反映。例如，客人甲在临行前，在某酒店预订了一间标准间，预订住 3 晚。因正值旅游高峰，他通过信用卡交了 300 元预订押金（一晚的房费）（Reservation Deposit）。入住当天，在前台又通过刷卡给予酒店 1 000 元押金（Payment）。在入住期间，他在酒店内进餐、玩卡拉 OK、泡温泉浴、蒸桑拿、按摩、洗衣，这一切服务都由客人甲签单消费，录入到客人甲的账单上（Posting）。客人甲与其多年不见的好友客人乙恰好在酒店相逢，客人乙请客人甲到酒吧消费，客人甲消费了 100 元，被要求记在客人乙的账单上（Routing）。由于酒店员工的失误，客人甲价值 200 元的新衬衣被染上红色斑点，因此，酒店赔偿客人甲 200 元，从总费用中冲减（Rebate），并赠送了一个果盘致歉。由于客人甲所在公司每天经费包干是 500 元，因此，客人甲的绝大部分费用在单位报销，但要求住宿费及税费单列一个账页，而其他费用记录在其他账页中。

对酒店而言，类似的案例每天都在重复发生，尽管不同案例存在这样或那样的不同，但不外乎为客人建立账户、入账、分账、转账、结账离开。酒店前台管理信息系统就是酒店客房、客人行为及收银过程的信息化（图 7-3）。

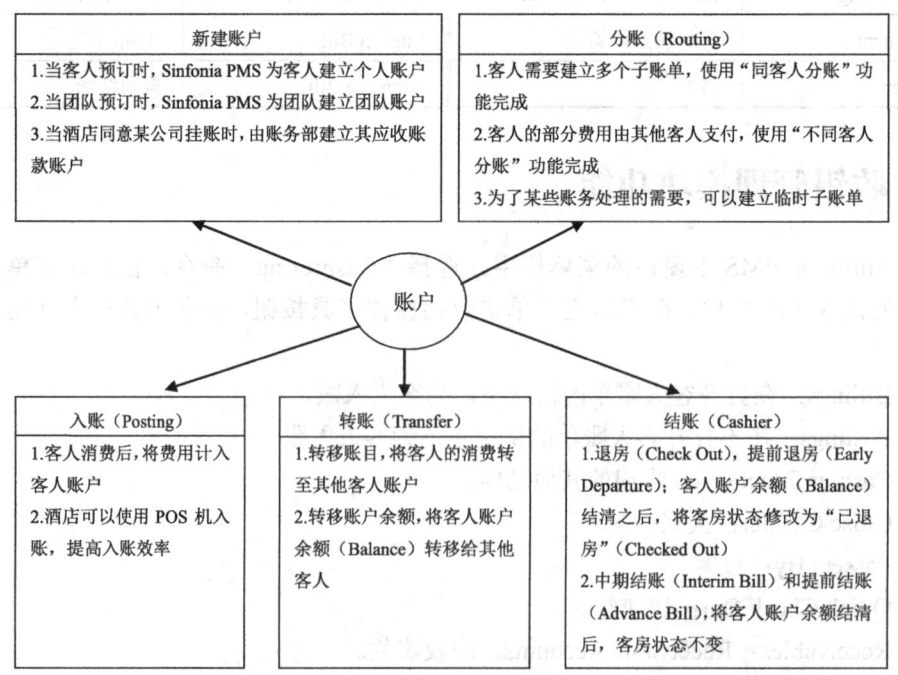

图 7-2 账户操作与酒店服务管理的关系

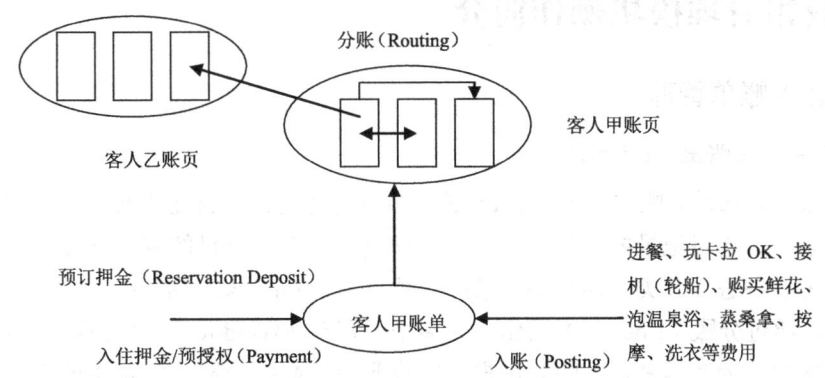

图 7-3 客人甲在酒店的消费及账户操作

在 Sinfonia PMS 中，每位涉及收银模块的员工都有专属的收银代码（Cashier No.），用于记录该员工当班期间所做的账务工作。收银员每次进入收银模块均需要输入个人工号、收银密码。收银员的工号具有唯一性，便于追踪其收银操作过程，维护客人的账务系统安全（图 7-4）。

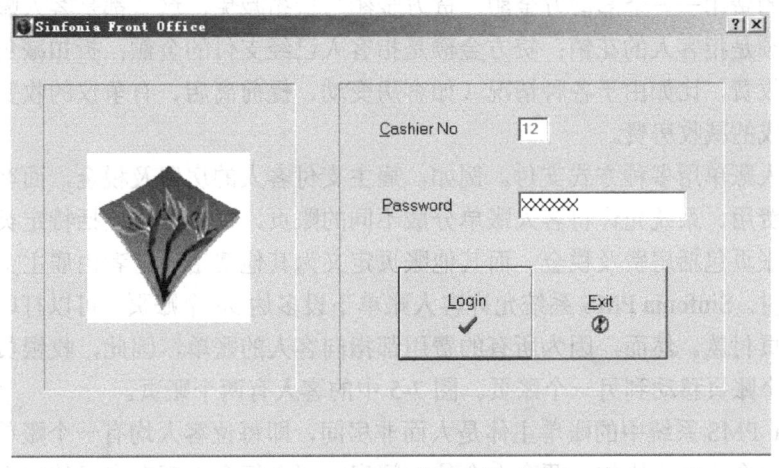

图 7-4 收银系统登录界面

当收银员开始上班时，登录收银系统（Open Cashier，开账）；在当班结束后，关账（Close Cashier）。这样的一个周期，被称为"一个班次"。注意：当收银员下班时，必须按酒店要求核对当班各类账目，并在系统中执行关账操作。系统要求收银员核对实际账务与系统账务，从系统中打印出该班次的收银报告，再加上实际交易单据，交付于财务部，这才算完成了本班次的所有工作。

关账时，核对的账务包括押金收取（Payment）、现金退款（Cash Paidout）、信用卡（Credit Card）、借记卡（Debit Card）、应收挂账（City Ledger）、外币兑换（Foreign Exchange）等。应收挂账（City Ledger），也称为同城挂账或客户往来账，指客人使用完酒店各种设施，但并不直接付款，而是先记账，之后一起计算。Pay in 是将钱存入银行，Paid out 是"付款、支付"的意思。收银员向客人收取现金或支票押金，当客人结账，所付押金有剩余金额要退还给客人的时候，就视为 Paid out。

7.2 收银管理模块操作简介

7.2.1 客人账单管理

1. 打开客人账单（Billing）

（1）账户与账单。账户（Account）是按照规定的会计科目在账簿中对各项经济业务进行分类、系统、连贯记录的一种手段，其实质是按照会计科目的规定开设，以特定的记录结构对经济业务进行分类、连续地记录的载体。[①]在 Sinfonia PMS 中，账户是客人消费情况的映射，通过分账（Routing）操作分为多个子账单（Windows）。[②]根据服务对象的不同，收银员将账户分为散客账户、团队账户、应收账户（A/R）等。[③]收银员所收的账务实质是会计意义上的预收账款和应收账款的混合类账户在总台的台账。[④]团队账户通常用于团队接待，应收账户通常是酒店财务给协议公司或者个人开通的一个酒店应收账号，在前台收银员的操作中，更多地将客人账户余额挂账到相应的应收账户中，而不是直接管理应收账号。

一个账单（Bill）是一个或多个账页的集合，而一个账页（Folio）是一个或多个交易的集合。[⑤]账页是通用的财务记录，用于记录客人在酒店住宿期间，非直接用现金交易的全部交易所产生的费用——全部借方金额、贷方金额与折扣减免，这些都是客人账单的组成部分。借方金额是指客人的花销；贷方金额是指客人已经支付的金额；折扣减免是由于多种原因减少的收费，比如由于各种情况（如客房变动、提前离店、有争议的收费、误收或漏收等）所造成的减收房费。

有时客人账单用多种方式支付。例如，雇主支付客人的房费及税金，而客人自己支付所有其他的费用。系统允许将客人账单分成不同的账页，每个账页包括特定类型的费用。例如，一个账页包括房费及税金，而其他账页定义为其他费用，前者由雇主支付，后者由客人自己支付。Sinfonia PMS 系统允许客人账单下设多达 98 个账页。可以打印这些费用并且为每个账页付款。然而，因为所有的费用都指向客人的账单，因此，收银员可以将客人的费用从一个账页移动到另一个账页。图 7-5 中的客人有两个账页。

Sinfonia PMS 系统中的账单主体是人而非房间，即每位客人均有一个账单（Bill），而不是每间房一个账单。比如，两个人合住一间房，那么每个人都有自己的独立账单，也可以理解为每个预订对应一个账单（因为一间房住两个人，系统需要创建两个预订）。系统允许将每个账单（Bill）细分为 8 个子账单（Windows），分别处理客人不同类型的消费。

（2）打开账单。从客人信息查询列表中选择客人的名字，然后打开客人账单。

操作步骤：Cashiering→Billings→Select→Postings→Post。

在 Sinfonia PMS 系统主窗口中，选择菜单栏中的"Cashiering"命令，在弹出的子菜单中选择"Billings"命令（快捷键：Ctrl+B），弹出收银界面。录入收银员工号和密码，登录收银系统，弹出"Billing Guest Search"对话框，如果没有选中任何复选框（打√），则显

---

① 樊彩霞，刘欣华，刘小军．新编会计学原理．2 版．北京：科学出版社，2013（2）．
② 穆林．酒店信息系统实务．上海：上海交通大学出版社，2011：161．
③ 穆林．酒店信息系统实务．上海：上海交通大学出版社，2011：98-99．
④ 石应平，冷奇君．酒店信息系统实务．北京：高等教育出版社，2011：83．
⑤ 陈为新，黄崎，杨荫稚．酒店管理信息系统教程：Opera 系统应用．北京：中国旅游出版社，2012：84．

示所有已登记入住或离店客人账单基本信息，以及账户余额情况。也可以从 6 个复选框中选中其中 1 个，作为查询依据，缩小查询范围，以利于快速查找所需要的客人账单。若客人的账户余额（Balance）为正数，则表示客人需要支付消费金额；若其账户余额（Balance）为负数，则表示酒店需要退还客人的预付金额（Paid out）。

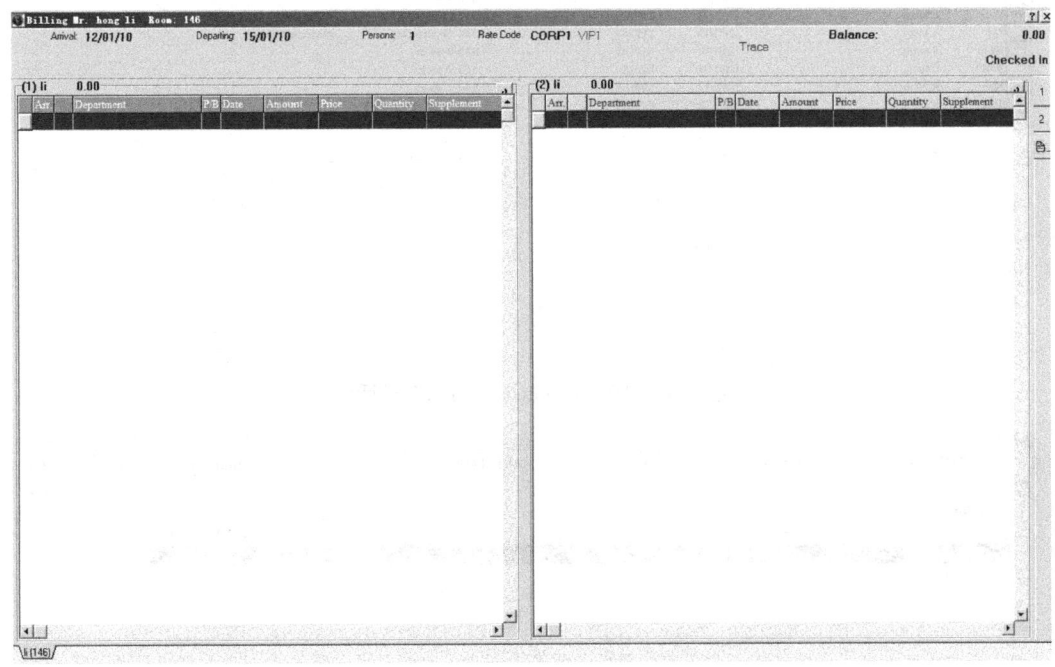

图 7-5　两个账页

打开客人账页有两种方式：选择一位或多位客人，单击"Billing Guest Search"对话框右下角的"Select"按钮，显示其账单信息。

如果要给还未登记入住的客人入账，在图 7-6 所示的对话框中，选中"Pre-Arrivals"复选框（打√），显示所有预期到达的客人。从中选择某位客人，单击"Select"按钮，弹出该客人账单界面。单击"Postings"按钮，弹出"Manual Posting"对话框，可手动入账。在"Department"下拉列表中，选择与费用对应的消费项目名称、代码，在房价文本框中输入房价，单击"Post"按钮，则新的费用被手动入账。

操作步骤：Cashiering→Billings→Select→ Postings→Post→Close。

如果要给已入住的客人入账，在图 7-6 所示的对话框中，选择在店入住的客人，单击"Select"按钮，弹出该客人账单界面。单击图 7-7 左下角的"Postings"按钮，弹出"Manual Posting"手动入账界面。在"Department"下拉列表中，选择与费用对应的消费项目名称、代码，在房价文本框中输入房价，单击"Post"按钮，则新的费用被手动入账，结算文本框被更新。重复相关步骤直到入账完毕，单击"Close"按钮，费用会出现在结算账目中。

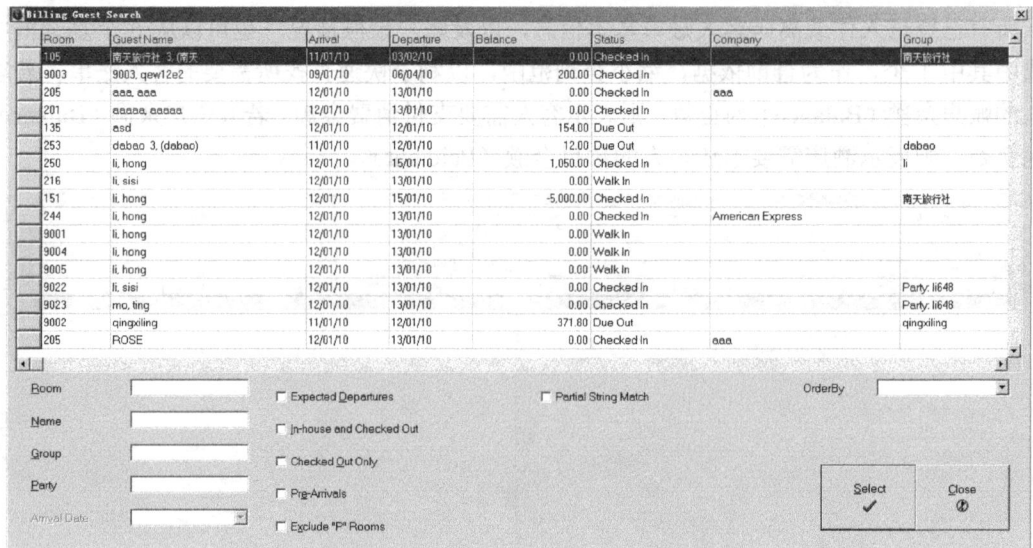

图7-6 "Billing Guest Search"对话框

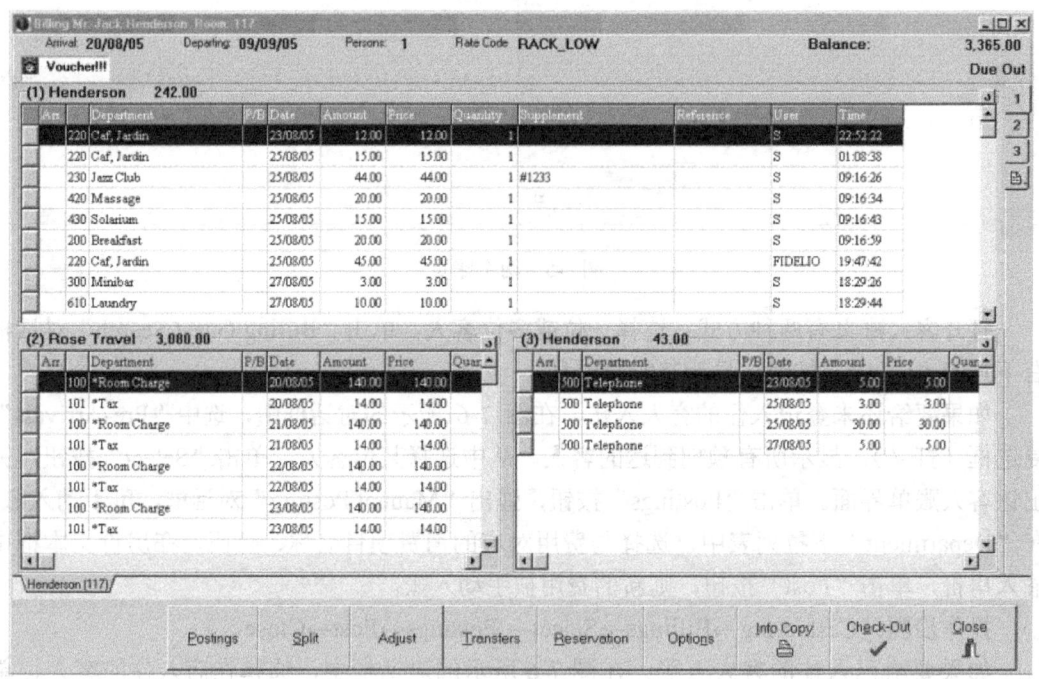

图7-7 客人账单详情

2. 入账（Postings）

入账（Postings），也称抛账、过账、输账、挂账，是指将客人的消费金额录入客人的账户中。[①]要给每位客人入一笔账，较慢、较笨的方法是Billing，即进入每位客人的账户，逐一入账；较快的方法是手动入账（Manual Posting）；最快但风险较大的方法是批量入账（Batch Posting），但一旦入错了账，就要手动逐一修改。

---

① 穆林. 酒店信息系统实务. 上海：上海交通大学出版社，2011：98.

(1) 手动入账 (Manual Posting)。即不打开客人账单，为一位客人入多笔费用或者为多位客人入多笔费用（逐一为每位客人入多笔费用）。

① 在不打开客人账单的情况下，为一位客人入一笔费用。

操作步骤：Cashiering→Postings→Manual Posting→Post→Close。

在 Sinfonia PMS 系统主窗口中，在菜单栏中选择"Cashiering"命令，在弹出的子菜单中选择"Postings"命令（快捷键：Ctrl+E），快速登录收银系统，弹出"Posting"界面，单击"Manual Posting"按钮，弹出空白的手动入账界面，客房区域是空的。如果要给还没有入住的客人入账（如预付房费），选中"Pre-Arrivals"复选框（打√），在客房文本框中输入客房的房间号或者打开"Billing Guest Search"对话框，从客人列表中选择要入账的客人，完成"Department""Price""Quantity""Remark"（备注）和"Reference"的设置，单击"Post"按钮，则某项费用被入账到所选定的客人名下。

Reference（引用）也是一种账目备注，一般由系统自动生成，用于存放单据号或者该账目的操作痕迹。

② 在不打开客人账单的情况下，给多位客人入多笔账。

操作步骤同上。如果要以同样的消费代码（Department Code）入多笔费用，选中"Lock Department Info"复选框（打√），锁定消费代码，单击"Post"按钮，则某项费用被入账到所选定的客人名下。重复相同的步骤，直到入账完毕，最后单击"Close"按钮，关闭手动入账界面。

如果要为某一客人入多笔费用，选中"Lock Guest Info"复选框（打√），单击"Post"按钮，则某项费用被入账到所选定的客人名下。重复相同的步骤，直到入账完毕，最后单击"Close"按钮，关闭手动入账界面。

(2) 批量入账 (Batch Posting)。批量入账是指给多位客人入相同的消费项目。对于同一类客人（如散客小团队、旅行团或者公司），如果有相同的消费项目，如行李托运费、加床、加餐或爵士俱乐部费用，批量入账省去了给多位客人逐一入账的麻烦，提高了入账效率。

操作步骤：Cashiering→Cashiering Functions→Batch Post→OK。

在 Sinfonia PMS 系统主窗口中，选择菜单栏中的"Cashiering"命令，在弹出的子菜单中选择"Cashiering Functions"命令，快速登录收银系统，弹出"Cashiering Functions"界面。单击"Batch Post"按钮，弹出"Batch Post"对话框（图 7-8），在"Department"下拉列表中选择客房的消费代码，在"Amount"（总金额）文本框中录入总金额，在"Rooms"下拉列表中选择房间号，在"Posting Text"文本框中，增加想要显示在账单中的文本内容，在"Supplement"（补充）文本框中，输入想要添加的更多信息。如果有必要，选中对话框下半部分的 3 个入账复选框，按成人数、总人数或当天预离人数计算消费金额。最后单击"OK"按钮，完成入账，并弹出确认提示框询问是否要浏览入账结果（图 7-9），单击"Yes"按钮，显示入账列表。

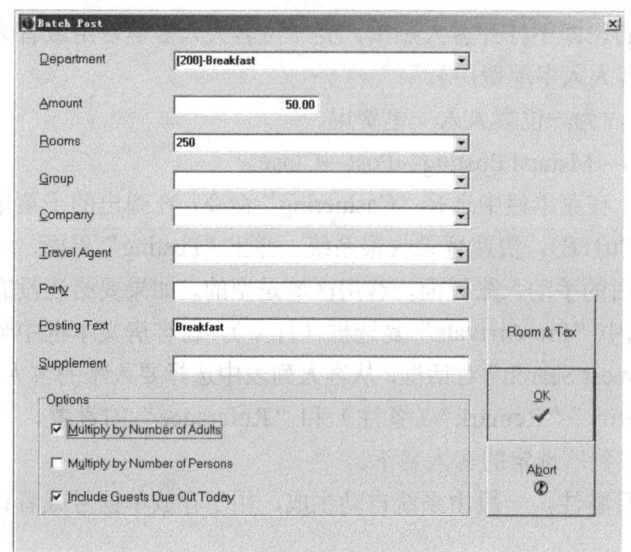

图 7-8 批量入账（1）

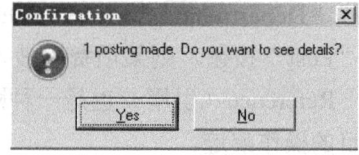

图 7-9 批量入账（2）

3. 账目调整

在记账过程中，如果发生借贷方向记反、数字错位、数字颠倒、重记、漏记等问题，都会影响到试算平衡和报表编制的准确性。[①]一旦入错账，不允许直接多退少补。

（1）修改或编辑当天的账。

① 修改当天入错的账。修改当天入错的账必须满足"4S"条件，即当天发生（Some Day）、由当事人亲自纠正（Same Person）、以同一个财务代码入账（Same Code）、金额必须用错账的相反数冲抵（Minus Same Amount）。在打开客人账单的情况下，通过 Posting 功能进行账务调整，利用特定的入账代码和金额的正负数来实现。

操作步骤：Cashiering→Billings→Select→Postings→Post→Close。

进入收银系统，选择某位客人，单击"Select"按钮，打开客人账单，单击"Posting"按钮，弹出"Manual Posting"界面，设置 Department Code（消费代码）、Price（价格）、Quantity（数量，应为负数）、Remark（备注）等。选择要入账的账页，单击"Post"按钮，在手动入账表中显示调整数，单击"Close"按钮，关闭手动入账界面，客人的账户余额（Balance）被更新。

② 修改部分消费记录。

操作步骤：Cashiering→Billings→Select→Edit Transaction Details→OK。

进入收银系统，选择某位客人，然后单击"Select"按钮，打开客人账单，单击账页号，激活要编辑修改的账页，其表头（Grid Caption）颜色由灰色变成蓝色。双击要修改的入账，或者单击鼠标右键，选择"Edit Transaction Details"命令，编辑交易详情，弹出"Edit Transaction Details"修改账目对话框（图 7-10）。重新设置数量（Quantity, Qty）、单价（Price）、总金额（Amount），在"Supplement"（补充）文本框中输入修改的原因。单击"OK"按钮，关闭"Edit Transaction Details"对话框，修改后的入账显示在账单中。

---

① 樊彩霞，刘欣华，刘小军. 新编会计学原理. 2 版. 北京：科学出版社，2013：217.

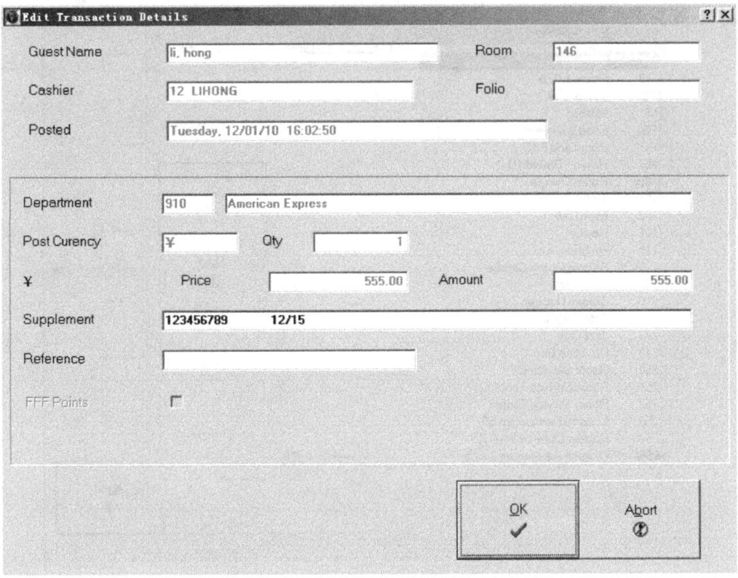

图 7-10 "Edit Transaction Details"对话框

（2）Adjust（调账）。对特定的消费收费进行调整或打折扣（修改通过率或数量）。

操作步骤：Cashiering→Billings→Select→Adjust→OK。

进入收银系统，选择某位客人，单击"Select"按钮，打开客人账单。如果客人有多个账页，激活要调整的账页，选择要调整的消费项目（参见图7-7）。单击"Adjust"按钮，弹出"Adjustments"对话框（图7-11），输入要做变更的日期范围，设置"Department Code"（消费代码），消费代码出现在"Department Code"下拉列表中，核实账页中的数字，输入折扣率或者总折扣额，单击"OK"按钮，弹出确认提示框，确认后，完成消费调整（图7-12）。

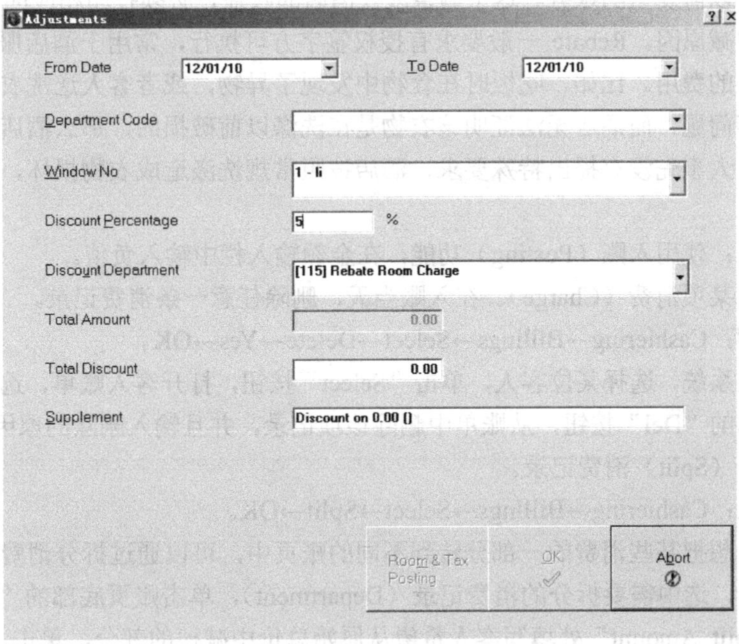

图 7-11 "Adjustments"账目调整界面（1）

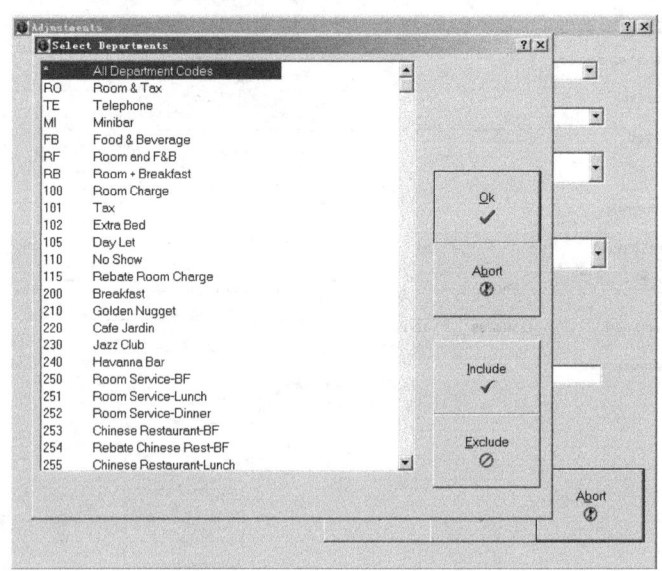

图 7-12　账目调整界面（2）

如果酒店所在的城市向客人征收额外的客房税，要将客房税单独打在账单上，或者用人工入账的方式，对房费进行调整（Adjustment），则收取的客房税额将会被自动入账。

从收银界面进入财务系统，找到某位客人的账单，然后单击"Adjust"按钮，弹出"Adjustments"对话框。单击"Room & Tex Posting"按钮，弹出房间号和客房税对话框，在入账区域录入金额，在文字补充区域（Supplement Text Field）输入简短的描述或原因，单击"OK"按钮，确认账单信息修改，则客房税入账会出现在客人的账单上。

（3）Rebate 是在入错账之后，对客人账目进行部分冲减或全额冲减，不限于是当天发生的还是夜审以前发生的账务。这个调整涉及酒店的收益，必须打印相应的 Rebate 表，并且书面说明冲减原因。Rebate 一般要求有授权签字方可执行，常用于酒店服务有过错，主动给客人减免的费用。比如，吃饭时在食物中发现了异物，或者客人送洗衣物在洗涤后即时发现破损等问题，而酒店无法证明该衣物是在洗涤以前破损的，那么酒店必须承担相应的责任。若客人事先没有提出特殊要求，酒店按照常规洗涤造成衣物损坏，则酒店不承担赔偿责任。

具体方法：使用入账（Posting）功能，在金额输入栏中输入负值。

（4）删除某项消费（Charge）。在入账当天，删除任意一条消费记录。

操作步骤：Cashiering→Billings→Select→Delete→Yes→OK。

进入收银系统，选择某位客人，单击"Select"按钮，打开客人账单，选中某条消费记录，单击底部的"Del"按钮，从账单中删除该项记录，并且输入删除的原因。

（5）拆分（Split）消费记录。

操作步骤：Cashiering→Billings→Select→Split→OK。

如果客人想把某些消费的一部分转到不同的账页中，可以通过拆分消费记录实现。打开客人的账单，选中需要拆分的消费记录（Department），单击账页底部的"Split"（劈账）按钮，在"Split Amount"处填写客人希望从原始总价中减掉的部分，单击"OK"按钮。操作结束后，在账页中最初的消费记录被分成两条，并且总价之和不变。

4. 转账（Transfer）

转账（Transfer）是将一个账本发生的账务转到另一个账本上去的操作。

Transfer 与 Routing 的区别：Transfer 仅用于转移已经被入账的消费，在实现从一个界面转移到另一个界面的同时，将消费从一间客房转移到另一间客房，实现将费用从所有团队成员的客房转移到团队的主账单。即"此消彼长，总量守恒"。Routing（分账）是给系统发出一个命令，将客人在不同部门的费用，自动转到客人的不同账页（Folio）中，这些账页中显示的可能是该客人的名字，也可能是其他人的名字。每一个账页定义不同的付款方式。账页在入账之前或在客人入账之后建立。建立账页后，客人的消费自动转到相应的账页中。[①]

转账一般有以下几种。

（1）账单内部费用转移。客人本人账单中账页之间的转账。

操作步骤：Cathering→Billings→Select→Transfer to Windows→Yes。

进入收银系统，选择某位客人，单击"Select"按钮，打开客人账单，选择要转移的消费记录（如电话费、午餐费），被选中的消费记录前有红色对钩标记，单击鼠标右键，选择"Transfer to Windows"命令，选择要转入的账页（有多少账页取决于为该客人创建了几个账页）。

（2）账单之间的费用转移，包括不同客人账单之间的转账，以及客房之间转账的操作。"Transfer"命令实现将费用从一个人的账单转移到另一个人的账单。

① 转移部分消费记录到其他客人的账单。

操作步骤：Cashiering→Billings→Select→Transfers→Select。

进入收银系统，选择某位客人，单击"Select"按钮，打开客人账单，选择要转移的消费记录（如某一天的午餐费），被选中的消费记录前有红色对钩标记，单击"Transfers"按钮，弹出"In-House Guest Search"界面，找到目标客人账单，单击"Select"按钮，已选择的消费记录会从原始客人账单转移到目标客人账单中，并弹出确认提示框，单击"OK"按钮确认转账。

② 将消费记录全部转移到其他人账单。通过该操作，将某一类型或某几个类型的费用全部转移到其他客人的账单。

操作步骤：Cashiering→Billings→Select→Transfers。

进入收银系统，选择某位客人，单击"Select"按钮，打开客人账单，单击"Transfers"按钮，弹出"Transfer Type"对话框（图7-13）。在该对话框中有两种转移方法，一是在"Transfer to room"选项组中，选择目标房间，将希望转移费用的客人的消费转移到目标客房；二是在"Transfer from room"选项组中，选择要转出费用的客房，将该客人的消费转移到目标客人的账单中。选择转移方向后，单击"Room"下拉按钮，在下拉列表中找到目标客房的房间号，被选择的目标客人的客房号和客人名称出现在相应的选项内，对话框中的"Return"按钮变成了"Transfer"按钮。单击"Transfer"按钮，弹出"Transfer to Select"对话框，在"Department Code"下拉列表中选择消费项目，默认的部门代码"*"代表将要转移账单中的所有

[①] 张艳玲，赵宇茹，邵磊．饭店管理实验教程：Micros Fidelio 的运营实践．北京：清华大学出版社，北京交通大学出版社，2013：81-84．

消费，如果只是转移某种类型的消费项目，从"Department Code"下拉列表中选择需要转移的消费项目代码，转移费用默认的时间范围为客人选择的新时间范围。最后关闭对话框，完成转移。

转账操作过程会被系统自动记录在该账单的 Reference 中以供查验。Reference 是系统的自动备注，不会显示在客人的账单里。

注意：转账时虽然显示的是"Room"，但是打开的是在店客人信息列表，选中其他客房或者选择合住的另外一位客人的预订转账即可。

③ Transfer Balances：账户余额转移。账户余额转移所转移的并不是客人的账款，而是账单的余额。

操作步骤：Cashiering→Billings→Select→Transfers→Balance Transfer。

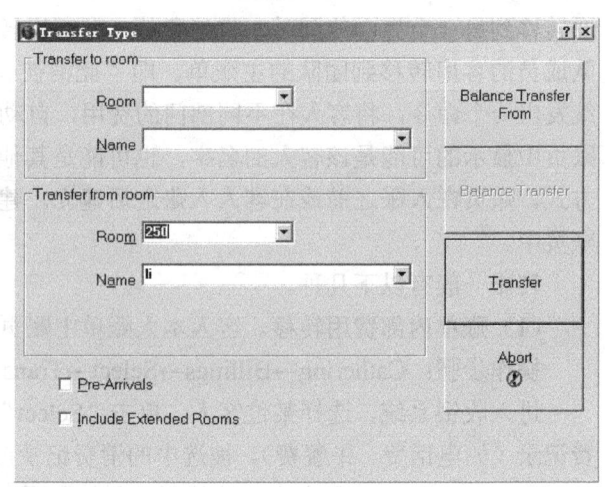

图 7-13　转移账目

进入收银系统，选择某位客人，单击"Select"按钮，打开客人账单，单击"Transfers"按钮，弹出"Transfer Type"对话框。单击该对话框中的"Balance Transfer"按钮，弹出"Transfer Balance"对话框。在转移余额子账单（Transfer Balance of Window）中选择待转移结余的账单项，在转移对象下拉列表（Transfer To）中选择目标客人客房号（Room）、姓名和子账单（Window）编号（如果是同客房不同客人账单之间的转移，可以使用"Same Room"复选框），完成设置后，确认转移。

5. 结账/退房（Check Out）

下面介绍为当日预离客人办理结账的一般程式。

操作步骤：Cashiering→Billings→Check-Out→Post→Yes→Close。

进入收银系统，选择某位客人，单击"Select"按钮，打开客人账单。如果账单有多个账页，则第 1 个账页高亮显示。单击账单下方的"Check-Out"按钮，弹出"Payment"（付款）界面，总费用显示在"Amount"（总金额）中，"Pay Department"字段默认显示预订界面中指定的支付方法。如果有必要，从下拉列表中改变支付方式，如支票、信用卡等。如果客人选择快速结账方式，选中"Zipped-Out"复选框（打√）。在"Payment"界面中，单击"Post"按钮，预付款被用于支付相关账页费用。如果账单中还有其他账页，系统会提示是否需要对它们加以处理，单击"Yes"按钮可以对其他账页进行处理。重复上述入账过程，直至客人的账户余额（Balance）为 0，最后单击"Close"按钮，关闭账单。完成结账退房后，客人状态从"Due Out"（预离）变成"Checked Out"（已退房）。

客人在酒店前台结账退房时，可能出现以下 5 种场景。

（1）场景一：当客人账户余额不为 0 时，给客人退款或者让客人补交欠费部分金额，为客人结账；当账户余额为 0，并且客人不关注账单细节时，让其快速结账。

① 账户余额小于 0（Balance<0）：客人有现金押金，退房时抵销费用后仍需要退还余

额，或者更换付款方式要求退还押金，退款后退房离店。打开客人账单后，显示需要退还多少金额给客人。单击"Postings"按钮，进行退款操作。退款使用特殊的代码，通常把退款操作变成 Paid out。入账完毕后，系统会自动打印退款单据，以备客人签字和财务审查（系统预设，每个酒店自定义单据格式）。

② 账户余额大于 0（Balance>0）：客人必须先补交不足部分金额，然后退房离店。操作步骤同上。选择相应的付款方式进行支付后，系统自动将此客房退房，客人状态从"Due out"变成"Checked Out"。

③ 账户余额等于 0（Balance=0），快速结账，适用于不关注账单详细信息的客人。若之前没有打印过账页，则打印账页。

操作步骤：Cashiering→Quick Check Out→Zero Balance Check-out→OK→Close。

在 Sinfonia PMS 系统主窗口中，选择菜单栏中的"Cashiering"命令，在弹出的子菜单中选择"Quick Check Out"命令，弹出"Quick Check-out Guest Search"对话框，显示当日所有预离客人。单击"Zero Balance Check-out"按钮，则会显示当天预离、账户余额（Balance）为 0 的客人。选择相应的客人，即可为这些客人快速办理退房。单击"OK"和"Close"按钮，关闭对话框（图 7-14）。

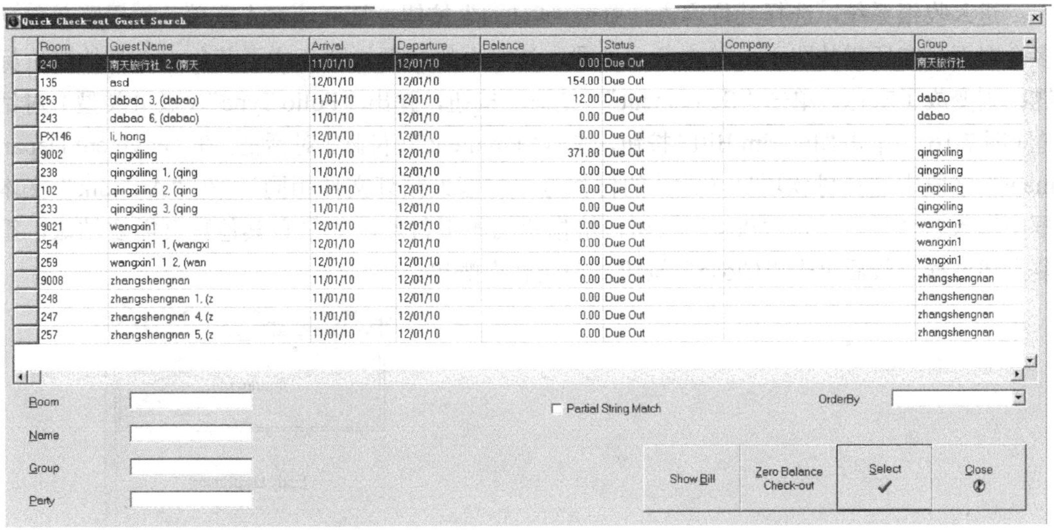

图 7-14　"Quick Check-out Guest Search"快速结账对话框

快速结账也适用于账户余额不为 0 的客人。

操作步骤：Cashiering→Quick Check Out→Select（→Zipped-Out）→Post。

在 Sinfonia PMS 系统主窗口中，选择菜单栏中的"Cashiering"命令，在弹出的子菜单中选择"Quick Check Out"命令，弹出"Quick Check-out Guest Search"对话框，显示当日所有预离客人。选择某位客人，单击右下角的"Select"按钮，弹出"Payment"（付款）界面。其中未支付的账户余额（Balance）按预订时指定的预付方式自动填充，如果预付方式是信用卡，信用卡号和有效期被自动填充。如果有必要，可以改变预付方法，输入补充信息。如果客人要快速退房，选中"Zipped-Out"复选框（打√），单击"Post"按钮，打印客人的收据。

（2）场景二：直接挂账。当客人消费由公司支付时，前台将客人全部消费或者某些消费挂账到指定的应收账户，剩余部分由客人在付款结算后退房。一般情况下，该客人属于协议公司的客户，享受公司协议价。要将客人的某些账目转入公司应收账户，必须满足 3 个条件：第一，客人预订与该公司档案相关联；第二，公司已经被分配了应收账户并允许前台转入；第三，定义好哪些账目允许转入公司应收账户。一般需要转入后台的账目，都提前放到一个单独的账页下，账页上方的付款者应该是公司名字。

操作步骤：Cashiering→Check-Out（→City Ledger）→Postings。

挂账退房：在客人账单详情界面中（参见图 7-7），单击"Check-Out"按钮，在弹出的对话框中，选择"City Ledger"（应收挂账，有的酒店叫作"Direct Bill"）付款方式，结算金额默认为该账页（Folio）的余额。单击"Postings"按钮，客人账单被关闭，客人的费用被转到公司或旅行社的应收挂账（City Ledger），并且会弹出图 7-15 所示的提示框，单击"Yes"按钮即可。

一旦挂账错误，系统允许当天内做冲销（Reverse Direct Bill）。

（3）场景三：中期结账（Interim Bill）。客人只结清消费项目，但是不退房。

操作步骤：Cashiering→Billings→Select→Settlement→Interim Bill→Post→Close。

进入收银系统，选择某位客人，单击"Select"按钮，打开该客人账单，如果账单包括多个账页，在所需的账页上单击任一位置，该账页的标题栏即变成了蓝色，而其他账页标题栏则变成了灰色。单击"Settlement"（结账）按钮，弹出"Folio Type"（账页类型）对话框（图 7-16），单击"Interim Bill"按钮，弹出"Payment"（付款）对话框，在"Payment Department"字段中选择付款项目（默认的付款方式与客人预订文件相同），在"Amount"文本框中输入总金额。单击"Post"按钮，给指定的账页付款。如果有其他账页需要结账，重复上述过程。最后单击"Close"按钮，关闭客人账单。

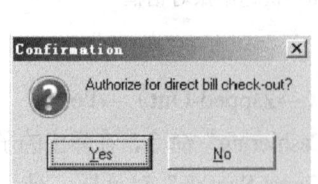

图 7-15 提示框

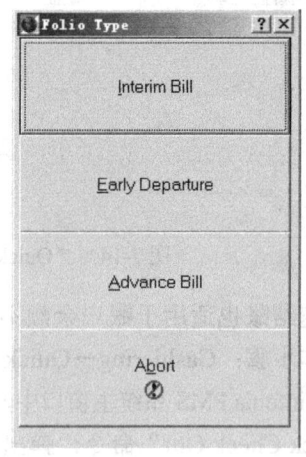

图 7-16 "Folio Type"（账页类型）对话框

中期结账也适合一些延住客人（Overstay），即推迟原先预订退房日期，准备再多留几天的客人。比如，客人原来计划住 3 天，因某种原因，需要比原计划多居住 2 天。此时，让客人先将前 3 天发生的费用（房费及其他）结算清楚，客人离店时再结算延期 2 天的费用。如果客人最初办理入住时刷信用卡，给予酒店住宿 3 天费用的预授权，现在客人要延期 2 天，就要再次刷卡，给予酒店延期住宿两天费用的预授权。[①]

如果常住客人（Permanent Guests）需要提前将费用转入公司应收账户但是不退房，则只能单击"Interim Bill"按钮来执行"City Ledger"（应收挂账），因为使用"Payment"功能是看不到"City Ledger"这种付款方式的。

（4）场景四：提前离店（Early Departure）。对于提前离店的客人，酒店一般有两种做法：一是先把客人原来的离店日期改成当天，然后做正常退房处理；二是直接用退房中的"Early Departure"功能来退房。用第二种处理方式的好处是方便系统统计每天实际有多少客人提前离店，而采用第一种处理方式的订单则不会在此统计中。

操作步骤：Cashiering→Billings→Select→Settlement→Early Departure→Post→Close。

进入收银系统，选择某位客人，单击"Select"按钮，打开该客人账单，如果账单包括多个账页，则在所需的账页上单击任一位置，该账页的标题栏会变成蓝色，而其他账页标题栏则变成了灰色。单击"Settlement"（结账）按钮，弹出"Folio Type"（账页类型）对话框，单击"Early Departure"按钮，弹出"Payment"（付款）对话框，在"Payment Department"字段中选择付款方法（默认的付款方式与客人预订文件相同），单击"Post"按钮，则当前账页的总金额被从账户余额中扣除。如果有其他账页，会弹出提示框询问是否要为它们结账，若结账重复上述过程即可。最后单击"Close"按钮，关闭客人账单。

注意：如果客人退房时余额小于 0，需要退款，则在执行"Early Departure"操作之前，应先进行退款（Paidout）。

（5）场景五：提前结账（Advance Bill，图 7-17）。常常有客人喜欢提前一天把账单结清，以加快次日退房速度，系统支持提前录入房费。

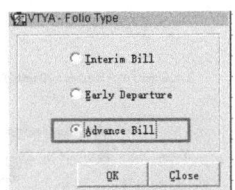 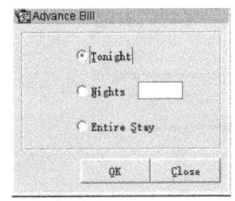

图 7-17　提前离店

操作步骤：Cashiering→Billings→Select→Settlement→Advance Bill→Post→Close。

进入收银系统，选择某位客人，单击"Select"按钮，打开该客人账单，如果账单包括多个账页，在所需的账页上单击任一位置，该账页的标题栏会变成蓝色，而其他账页标题栏则变成了灰色。单击"Settlement"（结账）按钮，弹出"Folio Type"（账页类型）对话框，单击"Advance Bill"按钮，系统会让收银员选择需要提前录入几晚的房费。大部分情况都是提前一天录入的，极少数要求一次录入多天房费。在"Payment"（付款）对话框中，如果有必要，选择正确的支付方式，单击"Post"按钮，当前账页的总金额会被从账户余额中扣除。如果有其他账页，会弹出提示框询问是否要为其他账页结账，确定后系统会打

---

① 预授权（Pre-authorized Debit）：指特约商户向发卡机构取得持卡人 30 天内在不超过预授权金额一定比例范围的付款承诺，并在持卡人获取商品或接受服务后由发卡机构进行承兑的业务。通俗地讲，就是先冻结银行卡内部分资金用作押金，后按实际消费金额结算的业务。一般而言，冻结金额不能超过预授权交易金额的 115%。预授权业务普遍用于宾馆酒店刷卡消费，通常有离线和在线预授权两种方式。

印已付总金额的账单。最后单击"Close"按钮,关闭客人账单。

6. 账单打印

系统支持在线预览客人账单和打印账单。

操作步骤:Cashiering→Billings→ Options→Folio Style→OK。

在 Sinfonia PMS 系统主窗口中,选择菜单栏中的"Cashiering"命令,在弹出的子菜单中选择"Billings"命令(快捷键:Ctrl+B),快速登录收银系统。查找到指定客人的账单,如果客人账单中有很多个账页(Folio),在希望打印输出的账页上单击,其标题栏被激活,高亮显示。打开客人账单后,单击账单界面下方的"Options"按钮,弹出"Check Out Options"对话框,单击"Folio Style"按钮,在打开的对话框中选择合适的账页类型(图7-18),单击"Close"按钮。单击账单界面下方的"Info Copy"按钮,在弹出的对话框中,确定要打印的账页的时间范围,确定时间范围后,单击"OK"按钮,打印被选中的客人账页。

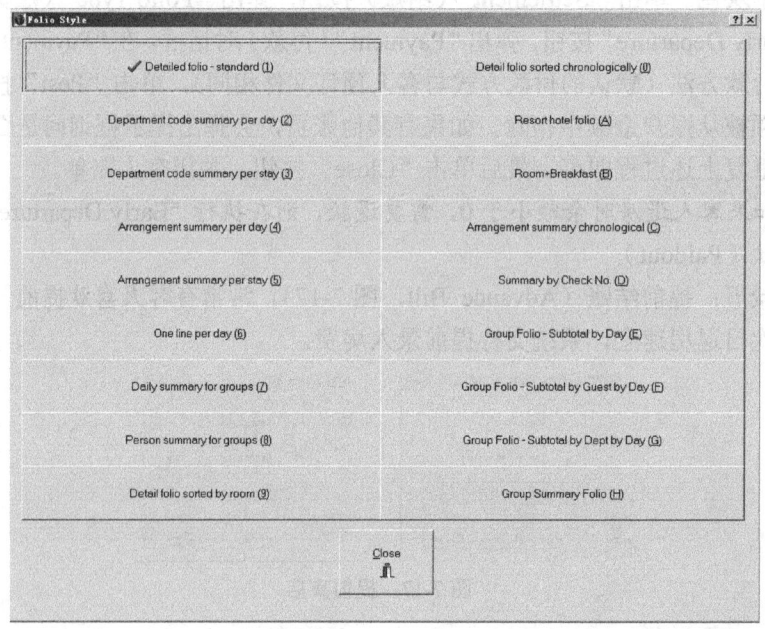

图 7-18 "Folio Style"(账页类型)对话框

当团队办理退房时,必须先结算团队成员个人的账单,再结算团队账单。这一过程与团队办理入住时的流程正好相反,团队入住要先建立团队账户,然后再为该团队的成员办理 Check In。

知识链接

杨先生于2015年5月2日晚入住成都某星级酒店。银行发来的短信通知显示,酒店获得了2 500元人民币额度的预授权。第二天早上,杨先生要去机场赶飞机,于是下楼结账,实际消费1 781.85元。杨先生刷了卡,确定了这笔交易,也收到了银行短信提醒,之后便打车离开。10多分钟之后,杨先生居然又收到一条短信提醒:您××银行信用卡××××北京时间03日7时36分撤销消费1 781.85元人民币。正在诧异,7时41分,又一条短信来了:您××银行信用卡××××北京时间03日7时39分消费2 106.85元人民币。

杨先生给酒店打电话后得知，酒店工作人员认为他的房间里打碎了一个杯子，因此按照酒店确定的价格，从其信用卡的预授权额度中进行了扣除。杨先生对此提出质疑，最终，酒店同意退还多扣除的325元。5月3日8时6分，杨先生又收到了2 106.85元人民币交易撤销和消费1 781.85元人民币的两条短信提醒。杨先生认为，酒店方在没有征得他同意的情况下，擅自对其信用卡的交易金额进行了改动，酒店方要为对他信用卡进行擅自交易的行为致歉，并支付其往返的飞机票费用。对此，前台经理表示，酒店方确实是在未告知杨先生的情况下，对其信用卡进行了交易的更改，这是不对的，但无法接受杨先生提出的赔偿条件。最终，经双方协商，杨先生接受了酒店方提出的建议：为他提供免费住宿一晚作为补偿。

杨先生经常出差，习惯使用信用卡预授权付房费。他认为，退房结账交易完成后，他在经POS机打印出来的签购单上签名，预授权就已经终止了，酒店就没有办法再刷他的卡了。实际上，预授权的交易在POS机上完成后，离银行确定这笔交易还有一段时间，收银员可能是在这段时间内进行操作的。银行客服人员表示，当客户对预授权进行结算时，该预授权将会被取消，但结算完成后，预授权的终止可能没有那么快。

7.2.2 过客（Passers By）

Passers By是指没有在酒店住宿的客人，客人只是在酒店进行了餐饮、娱乐、会客等方面的消费，这些费用可以直接结账，不需要再计入房账。在酒店入住的客人在酒店消费时，如果想要直接付款结账而不将费用转到房账，收银员也可以使用"Passers By"命令。

操作步骤：Cashiering→Passers By→Post→Close。

在Sinfonia PMS系统主窗口中，选择菜单栏中的"Cashiering"命令，在弹出的子菜单中选择"Passers By"命令，弹出"Passers By"对话框。

在"Passers By"对话框中，选择所需的档案类型（个人、公司、代理预订和旅行社），在姓名、市场（Market）和来源（Source）字段中输入查询条件，单击查询按钮，会弹出与查询条件相匹配的档案文件列表。如果过客的档案已经记录在系统数据库中，从档案文件列表中选择它，单击"OK"按钮。如果过客姓名没有出现在列表中，单击"New"按钮，弹出新建档案界面，完成客人档案信息的填写，单击"Save"按钮保存新建的档案，单击"Close"按钮，关闭新建档案和档案查询界面，客户信息出现在"Passers By"对话框中。选择适宜的"Market""Source"代码，单击"Post"按钮，弹出"Manual Posting"手动入账对话框。输入各字段信息，给客人入账，费用会出现在入账表中。若要入其他的费用，重复上述入账过程即可。

最后单击"Close"按钮，弹出"Payment for"对话框，所有费用显示在"Amount"（总金额）文本框中。

1. 以一种支付方式结账

操作步骤：Cashiering→Passers By（→Payment Department/Amount）→Post→Close。

如果客人用现金付账（当地的货币），从"Payment Department"下拉列表中选择现金方式，在"Amount"（总金额）文本框中输入金额，单击"Post"按钮，系统即处理客人费用，打印收据。

如果客人用支票付账，从"Payment Department"下拉列表中选择支票类型，在"Supplementary Info"文本框中输入支票号，单击"Post"按钮，给客人打印收据。

如果客人用信用卡付账，从"Payment Department"下拉列表中选择信用卡类型，再从支付方式列表中选择信用卡，按 Tab 键，输入信用卡号、有效期，单击"Post"按钮，给客人打印收据。

如果客人使用外币付账，从"Payment Department"下拉列表中选择外币类型，按 Tab 键，出现新的字段，显示外汇汇率、兑换金额，接受客人的预付款，单击"Post"按钮，系统即处理费用，打印客人的收据。

例如，3M Doutschland Gmbh 在酒店租会议室开研讨会，共消费 3 000 元，打印消费账单。操作过程见图 7-19～图 7-21。

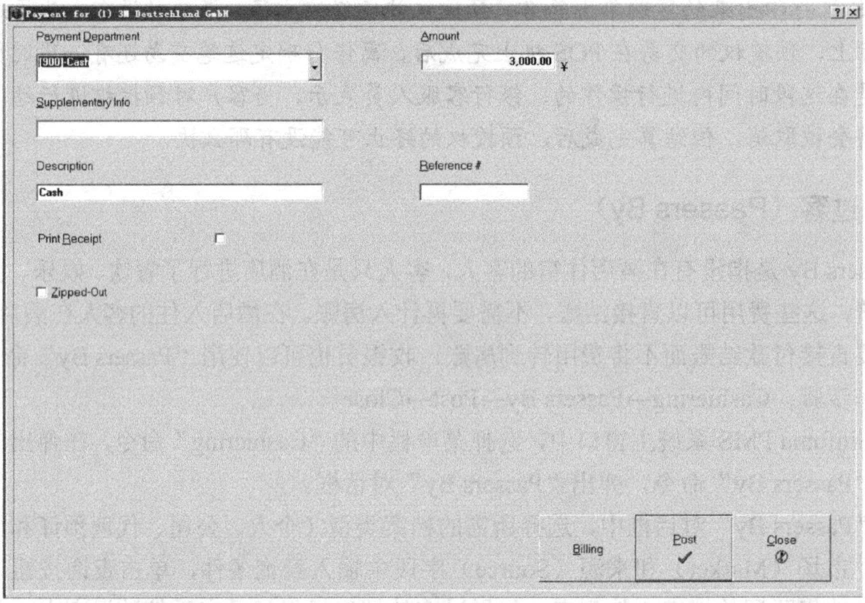

图 7-19　公司 Passers By（1）

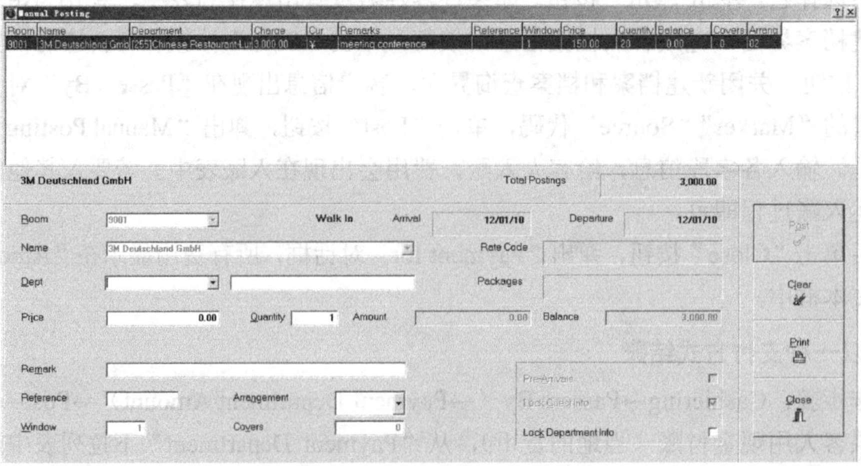

图 7-20　公司 Passers By（2）

```
Text                           Date      Debit          Credit

Chinese Restaurant-Lunc        12/01     3,000.00
meeting conference
Cash                           12/01                    3,000.00

Total:                                   3,000.00       3,000.00
Charges including tax                    0.00 ¥
Charges without tax                      0.00 ¥
Total net of tax                         0.00 ¥
VAT 10.00 %                              0.00 ¥         0.00 ¥
VAT Total                                0.00 ¥
```

图 7-21 公司 Passers By（3）

2．以两种支付方式结账

如果过客希望用多种支付方式付账（如一半现金一半支票），必须使用各种标准的方法来入账。

操作步骤：Cashiering→Passers By（→Payment Department/Amount）→Post→Close。

按前面介绍的方法选择"Passers By"命令，在打开的对话框中，在"Payment Department"下拉列表中选择支付方式（如现金），在"Amount"（总金额）文本框中输入第一种方式支付的消费金额（如现金），单击"Post"按钮。再在"Payment Department"下拉列表中选择剩余金额的支付方式（如支票、信用卡），在"Amount"（总金额）文本框中输入剩余的消费金额，单击"Post"按钮，打印客人的收据。之后返回"Passers By"对话框，单击"Close"按钮关闭该对话框。

3．部分结账

为过客入账时，给客人临时"登记入住"酒店。正常情况下，过客会立刻处理账单，一旦客人账户余额（Balance）为 0，系统自动为客人办理"结账离店"。如果客人只支付了一部分款项，在关闭系统时，系统将会提出警告。不推荐在过客总金额中留下未结账的账户余额（Balance）。

操作步骤：Cashiering→Passers By（→Payment Department/Amount）→Post→Close。

按前面介绍的方法选择"Passers By"命令，在打开的对话框中，在"Amount"文本框中，以当前支付的金额取代默认的应付总额，在"Payment Department"下拉列表中选择支付方式，单击"Post"按钮，那么在"Amount"文本框中，已支付的金额减少。此时单击"Close"按钮，系统会警告还有一部分总金额未支付。单击"Yes"按钮，系统会为已支付的款项打印收据，并返回"Passers By"对话框，单击"Close"按钮关闭该对话框即可。注意：在单击"Yes"按钮之前，确认酒店有办法收回客人的欠款。

4．延期结账

当用 Passers By 功能为客人支付了一部分费用，其余部分客人将延期支付时，可以通过以下步骤来完成。

操作步骤：Cashiering→Passers By→Close。

在 Sinfonia PMS 系统主窗口中，选择"Cashiering"→"Passers By"命令，设置好支付方式及总金额，单击"Close"按钮，系统会警告客人还有一部分消费金额（Amount）未支付，即存在未支付的总金额，客人支付后，单击"Yes"按钮，返回"Passers By"对话框，单击"Close"按钮关闭该对话框。

过客未支付的总金额可以在"Billing Guest Search"对话框中，通过客人姓名、临时房间号进行查询。

7.2.3 收银其他功能（Cashier Functions）

操作步骤：Cashiering→Cashier Functions。

在 Sinfonia PMS 系统主窗口中，选择菜单栏中的"Cashiering"命令，在弹出的子菜单中选择"Cashiering Functions"命令，输入收银员工号、密码，快速登录收银系统，弹出"Cashier Options"对话框（图7-22）。其中，Currency Exchange 表示外币兑换；Check Exchange 表示支票兑换；Exchange Rates 表示外汇汇率；Batch Postings 表示批量入账；House Bank 表示酒店内银行；Cashier Status 表示收银员状态；Folio History 表示客人账单历史；Batch Folios 表示批量打印账页；Hotel Cashier 表示酒店收银员、出纳员；Reservation Deposit 表示预订押金；Cashier Reports 表示打印收银报表；Post Covers 表示服务费入账。

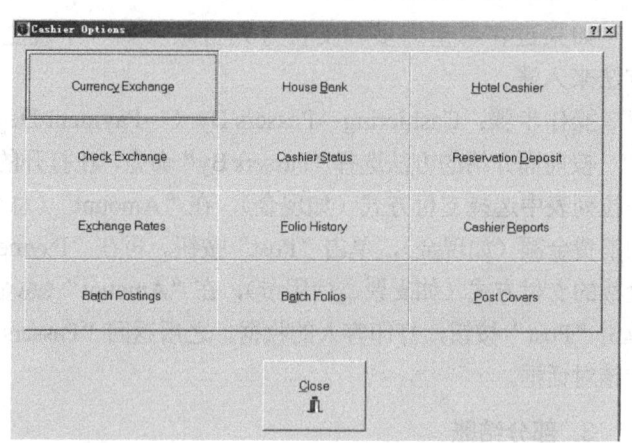

图 7-22 "Cashier Options"（收银选项）对话框

1. 外币兑换（Currency Exchange）

酒店可以替客人将其他国家的货币，如加元（Canadian Dollar）、美元（US Dollar）、日元（Japanese Yen）、英镑（English Pounds）、比索（Mexican Peso）、欧元（EURO）兑换成当地的货币。

操作步骤：Cashiering→Cashier Functions→Currency Exchange→OK。

在"Cashier Options"对话框中，单击"Currency Exchange"按钮，弹出"Hotel Cashier Exchange"对话框（图7-23）。

2. 外汇汇率（Exchange Rates）

高星级酒店一般都会接待外宾，提供外币兑换服务。酒店可以根据当天的牌价在 Sinfonia PMS 中录入常用外汇汇率（Exchange Rates）（图7-24～图7-25）。

（1）浏览外汇汇率。

操作步骤：Cashiering→Cashier Functions→Exchange Rates。

在"Cashier Options"对话框中，单击"Exchange Rates"按钮，在弹出的界面中会显示所有货币和它们当前的汇率，选择所需的兑换类型（将当地货币兑换成外币，或将外币兑换成当地货币）。如果客人所需的货币未出现在列表中，将滚动条向下滚动到所需要的货币，所选货币会高亮显示。

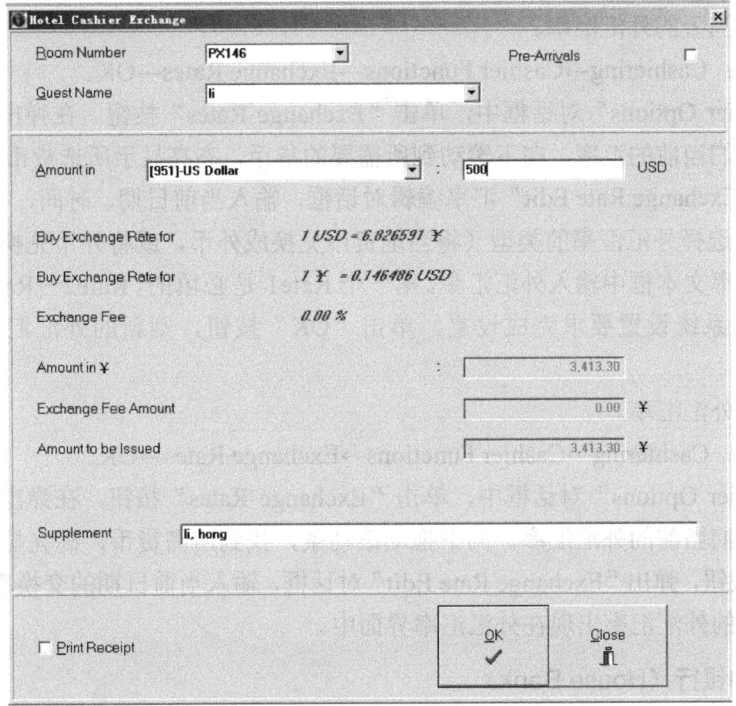

图 7-23　“Hotel Cashier Exchange”外币兑换对话框

Date	Time	Currency	Rate 1	Rate 2	Rate 3	Rate 4	Rate Type
29/12/09	16:08	950 - Canadian Dollar	6.445043	0.000000	0.000000	0.000000	1 ¥ = XXX CAD
29/12/09	16:07	951 - US Dollar	6.826591	0.000000	0.000000	0.000000	1 ¥ = XXX USD
29/12/09	16:07	952 - Japanese Yen	0.075816	0.000000	0.000000	0.000000	1 ¥ = XXX JPY
29/12/09	16:06	953 - Mexican Peso	0.530324	0.000000	0.000000	0.000000	1 ¥ = XXX MXP
29/12/09	16:05	954 - English Pounds	11.072726	0.000000	0.000000	0.000000	1 ¥ = XXX GBP
29/12/09	16:04	955 - EURO	9.635768	0.000000	0.000000	0.000000	1 ¥ = XXX EUR

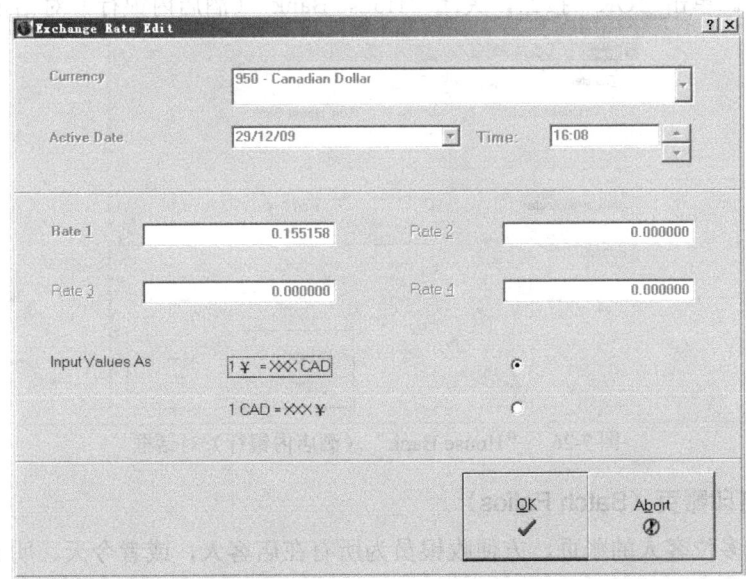

图 7-24　外汇汇率

图 7-25　“Exchange Rate Edit”（外汇汇率编辑）界面

(2) 输入当天的外汇汇率。

操作步骤：Cashiering→Cashier Functions→Exchange Rates→OK。

在"Cashier Options"对话框中，单击"Exchange Rates"按钮，在弹出的界面中显示所有货币和它们当前的汇率，向下滚动到所需要的货币，高亮显示所选货币。单击"New"按钮，弹出"Exchange Rate Edit"汇率编辑对话框，输入当前日期、时间，在"Input Value As"选项组中选择外汇汇率的类型（将当地货币兑换成外币，或将外币兑换成当地货币），在4个外汇汇率文本框中输入外汇汇率。第一个Rate1是必填的，Rate2～Rate4是优选值，根据所在酒店系统设置要求完成设置。单击"OK"按钮，则新的外汇汇率出现在外汇汇率界面中。

(3) 编辑外汇汇率。

操作步骤：Cashiering→Cashier Functions→Exchange Rates→OK。

在"Cashier Options"对话框中，单击"Exchange Rates"按钮，在弹出的界面中显示所有货币和它们当前的外汇汇率，向下拖动滚动条，找到所需货币，高亮显示所选货币。单击"Edit"按钮，弹出"Exchange Rate Edit"对话框，输入当前日期的交换率。单击"OK"按钮，更新后的外汇汇率出现在外汇汇率界面中。

3. 酒店内银行（House Bank）

如果在一个班次中，现金用完或者现金过多，收银员可能需要从酒店内银行支取现金，或者将过多的现金存入酒店内银行。

操作步骤：Cashiering→Cashier Functions→House Bank。

在"Cashier Options"对话框中，单击"House Bank"按钮，弹出收银员登录对话框，录入其工号、密码，进入"House Bank"对话框。选择"To House Bank"或"From House Bank"单选按钮，在"Amount to transfer"文本框中输入金额，在"Reason"（原因）文本框中输入原因。单击"OK"按钮，关闭"House Bank"（酒店内银行）对话框（图7-26）。

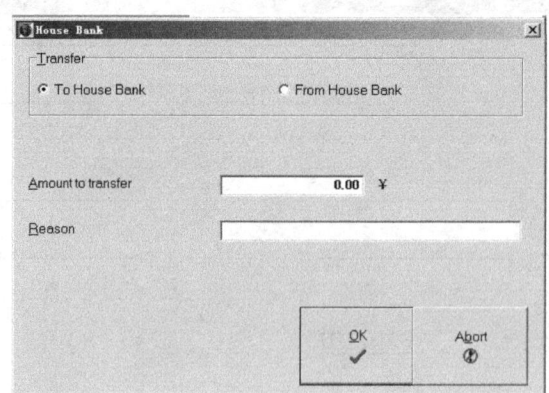

图7-26　"House Bank"（酒店内银行）对话框

4. 批量打印账页（Batch Folios）

快速打印多位客人的账页，方便收银员为所有在店客人，或者今天、明天离店的客人提前打印临时的或预付账单的账页（图7-27）。该功能有利于酒店在客人离开的前一夜打印出客人的账页，也让客人有机会在离店前检查他们的账页。如果客人以支票结账，方便他们在账页上签名，并将签单账页留在前台，或者通过视频办理结账离店，将账页作为信息备份。

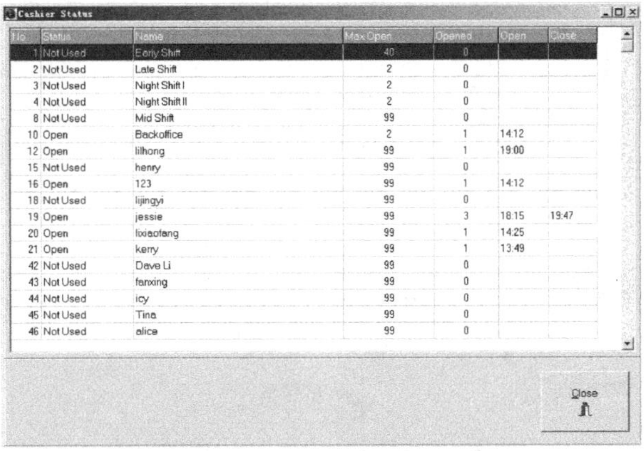

图 7-27 "Cashier Status" 窗口

操作步骤：Cashiering→Cashier Functions→Batch Folios→Print。

在"Cashier Options"对话框中，单击"Batch Folios"按钮，进入"Batch Folios"对话框，该对话框中共有 7 个单选按钮。选择相应的单选按钮，单击"Next"按钮，在接下来显示的对话框中根据需要进行设置，依次单击"Next"按钮，最后在显示的对话框中，单击"Print"按钮，操作过程见图 7-28～图 7-30。

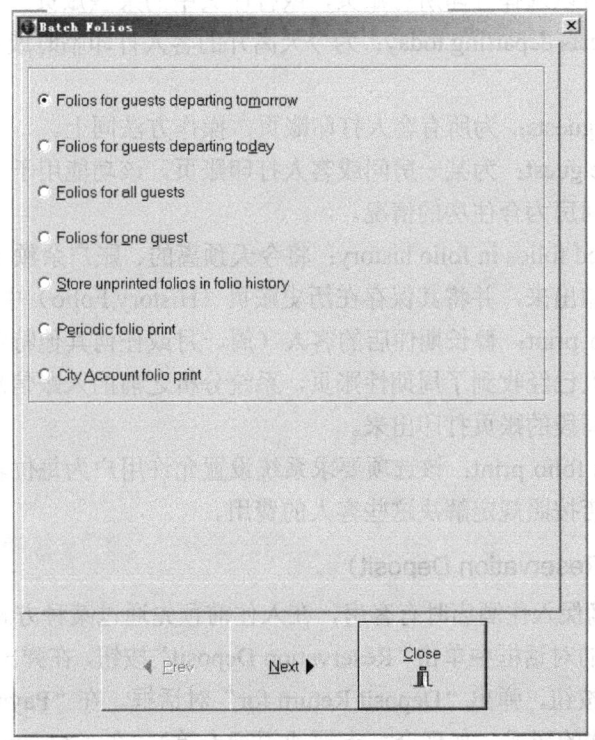

图 7-28 批量打印账页（1）

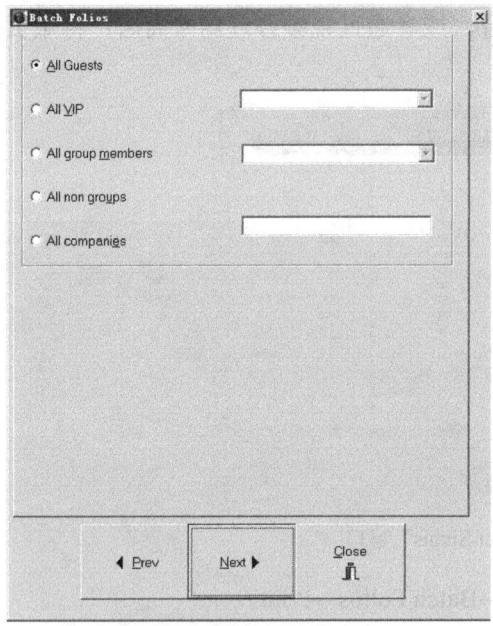
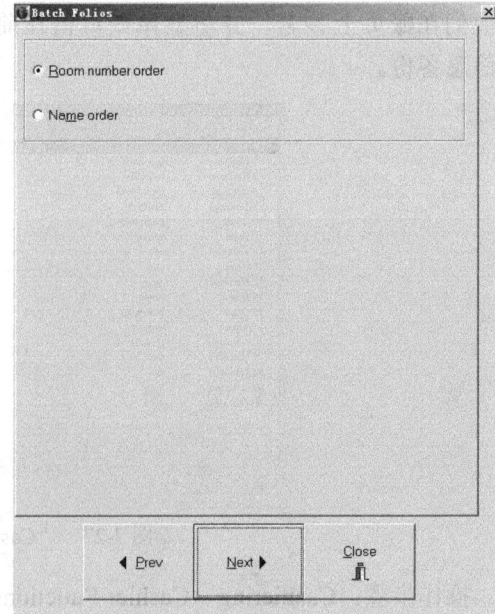

图 7-29　批量打印账页（2）　　　　图 7-30　批量打印账页（3）

- Folios for guests departing tomorrow：为明天离开的客人打印临时或预付账页。然后在接下来的对话框中选择客人类型，以及账页打印方式，如以房间号或姓名为顺序来打印，也可以选择打印所有账页，或打印其中的某些账页。
- Folios for guests departing today：为今天离开的客人打印临时或预付账页，操作方法同上。
- Folios for all guests：为所有客人打印账页，操作方法同上。
- Folios for one guest：为某一房间或客人打印账页。该功能用于一位客人在酒店有多间房，或一间房为合住房的情况。
- Store unprinted folios in folio history：将今天预离的、账户余额（Balance）为 0 的客人的账页打印出来，并将其保存在历史账页（History Folio）中。
- Periodic folio print：替长期住店的客人（周、月或任何其他特定时期）打印账页。如果一位客人已经收到了周期性账页，系统分析之前的入账信息，将最近一次结账页至当前时间段的账页打印出来。
- City Account folio print：该选项要求系统设置允许用户为每位客人选择某种应收挂账类型。酒店按照规定解决这些客人的费用。

5. 预订押金（Reservation Deposit）

一些客人为了确保入住酒店时有客房，在入住前预先通过某种方式提交预订押金。

在图 7-22 所示的对话框中单击"Reservation Deposit"按钮，在弹出的窗口中（图 7-31）单击"Pre-Billing"按钮，弹出"Deposit Return for"对话框。在"Payment Department"下拉列表中，选择付款的形式（如现金、支票或银行卡等），在"Amount"文本框中输入押金金额，在"Pre-Paid Commission"（预付手续费）文本框中输入押金的百分比数或实际押金金额。

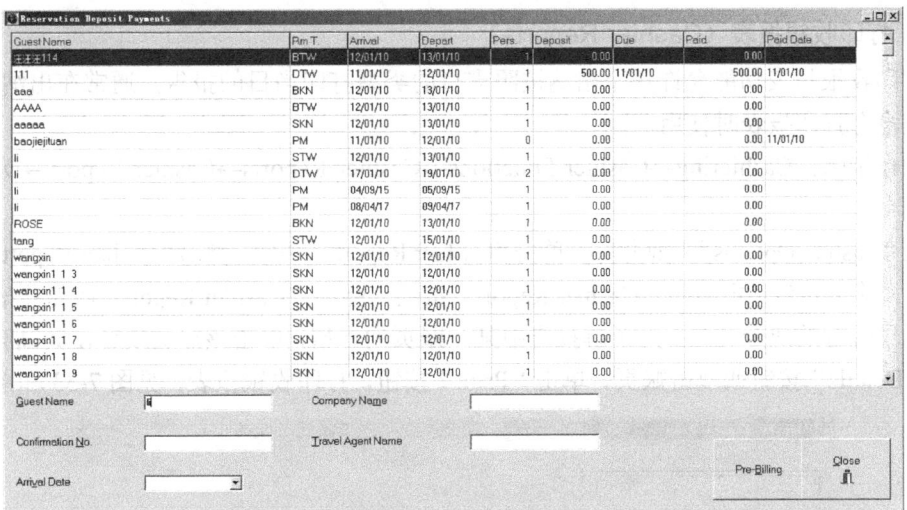

图 7-31 查询客人预订

如果客人预订时预付押金 3 500 元人民币，在"Payment Department"下拉列表中选择付款方式（如现金、银行卡等），在"Amount"文本框中输入预付金额（图 7-32）。

单击"Post"按钮，完成预付押金的输入。

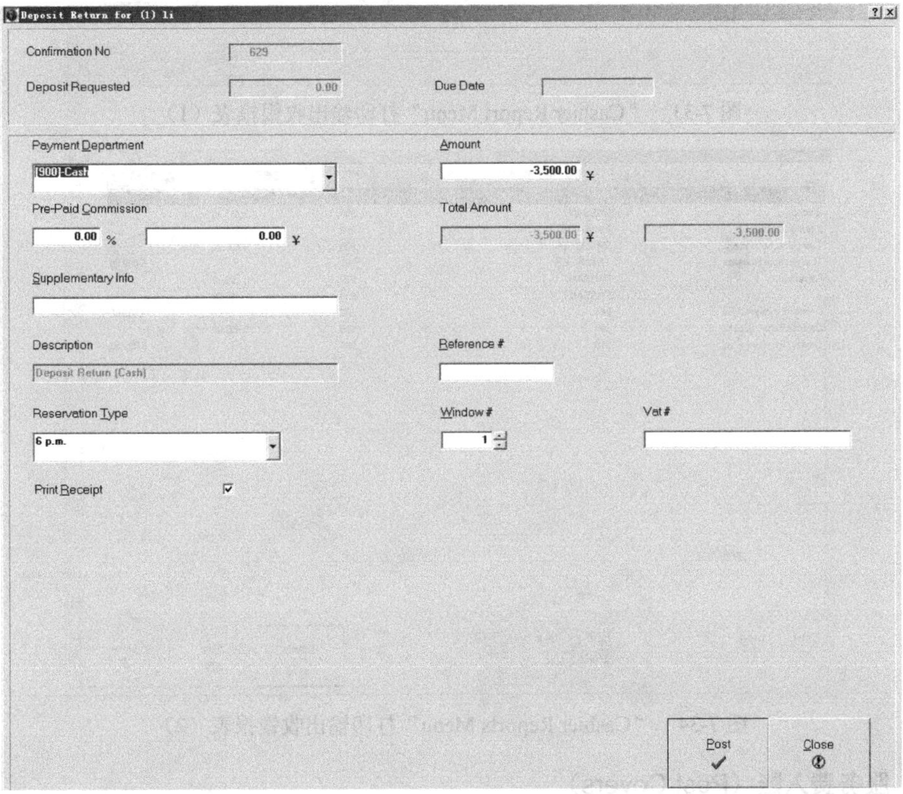

图 7-32 录入预订押金

6. 打印收银报表（Cashier Reports）

打印收银报表功能允许每个出纳按照支付的类型打印当日的报告，通常在出纳关闭系统但是没有打印报表时使用。

操作步骤：Cashiering→Cashier Functions→Cashier Reports→Cashier Report→Details→Print。

在"Cashier Options"对话框中，单击"Cashier Reports"按钮，弹出"Cashier Report Menu"对话框。单击该对话框中的"Cashier Report"按钮，弹出"Cashier Report"收银报表窗口，显示当日所有的现金交易。为了解报告中某一账页的详情，单击该账页或者使其高亮显示，单击"Details"按钮或双击账页，单击"Print"按钮，打印收银报表，见图 7-33 和图 7-34。

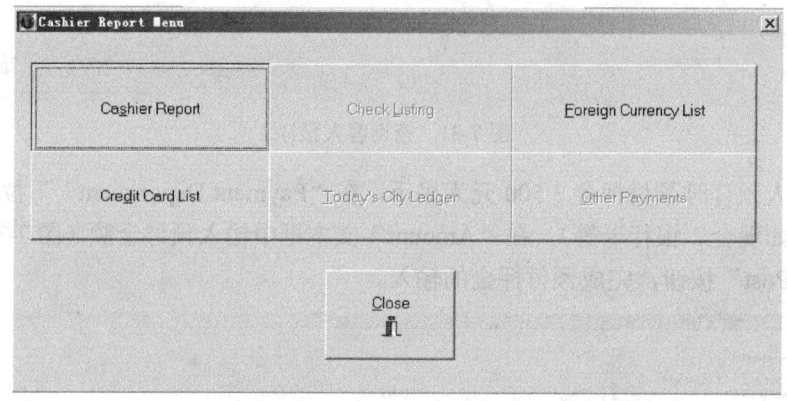

图 7-33　"Cashier Report Menu"打印输出收银报表（1）

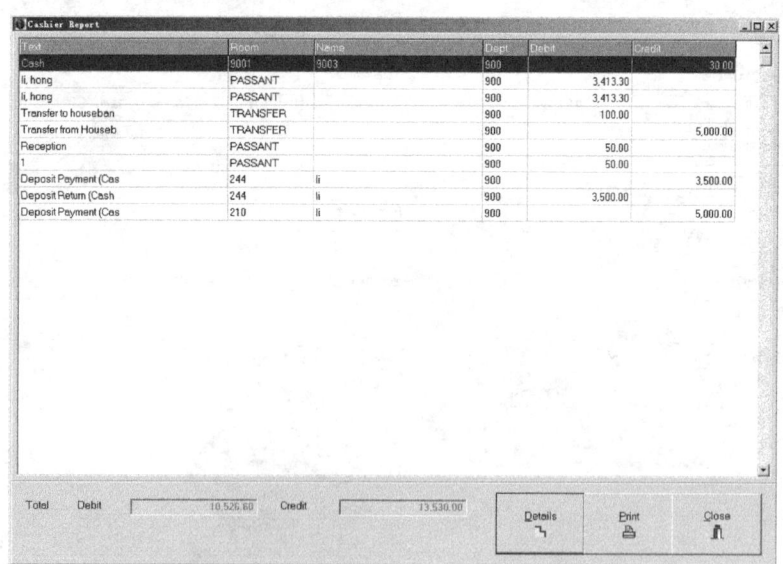

图 7-34　"Cashier Reports Menu"打印输出收银报表（2）

7. 服务费入账（Post Covers）

操作步骤：Cashiering→Cashier Functions→Post Covers→Close。

在"Cashier Options"对话框中，单击"Post Covers"按钮，弹出"Post Covers"当日服务费入账界面。选择希望改变的部门，在当日服务费字段中，输入服务费代码，按 Tab

键,则输入的服务费代码出现在当日服务费栏(Covers Today)[①],完成操作后单击"Close"按钮关闭对话框。

当需要重置当日服务费时,打开当日服务费入账界面,单击"Journal Covers Set"按钮,则系统中所有部门当日服务费(Covers Today)的金额在手动入账前被重置。

7.2.4 核对本班次账务与关账

关账(Close Cashier)是每位收银员每个班次必须执行的业务。收银员完成核对后,要在系统中执行关账操作,系统会要求收银员核对实际账务与系统账务。收银员从系统中打印当前班次的收银报告,再加上实际交易单据,交付财务部,这才算完成本班次的所有工作。每位收银员都有自己独立的工号。关账时核对账务就是核对该班次下这个工号处理过的所有客人账目。

操作步骤:Cashiering→Close Cashier→OK。

在 Sinfonia PMS 系统主窗口中,选择菜单栏中的"Cashiering"命令,在弹出的子菜单中选择"Close Cashier"命令,弹出"Billing Guest Search"对话框。如果有财务人员正在使用账务系统,系统提示"Cashbox already in use,Close other windows",见图7-35。

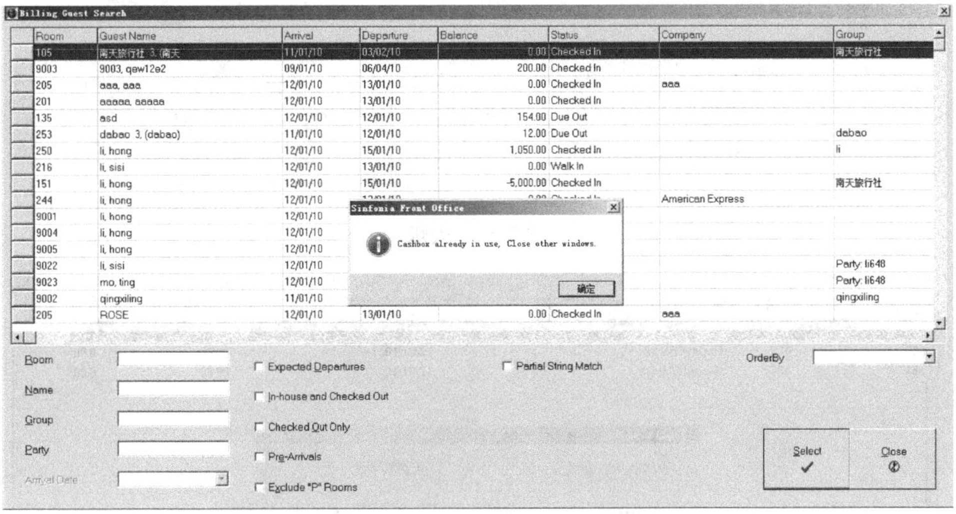

图 7-35 "Billing Guest Search"对话框

收银员退出财务系统后,再次选择"Close Cashier"命令,系统会显示每位收银员执行的业务,如收取的现金(Cash)、房费(Room Charge)、加床费(Extra Bed)、减免房费(Rebate Room Charge)、早餐费(Breakfast)、中餐费(Chinese Restaurant-Lunch)、自行车费(Bicycle)等,见图7-36。

在图7-36中,单击"Details"按钮,弹出"Journal"(日志)对话框。选择其中的某一条记录,单击下方的"Split"按钮,弹出"Split Amount"(劈账)对话框。例如,在"Amount to split"文本框中输入300后,第一条记录1 000元的总账款被拆分为700元和300元两条记录,见图7-37和图7-38。

---

① M-T-D:Displays the total number of covers fore the Month-to-Date; Y-T-D: Displays the total number of covers fore the Year-to-Date.

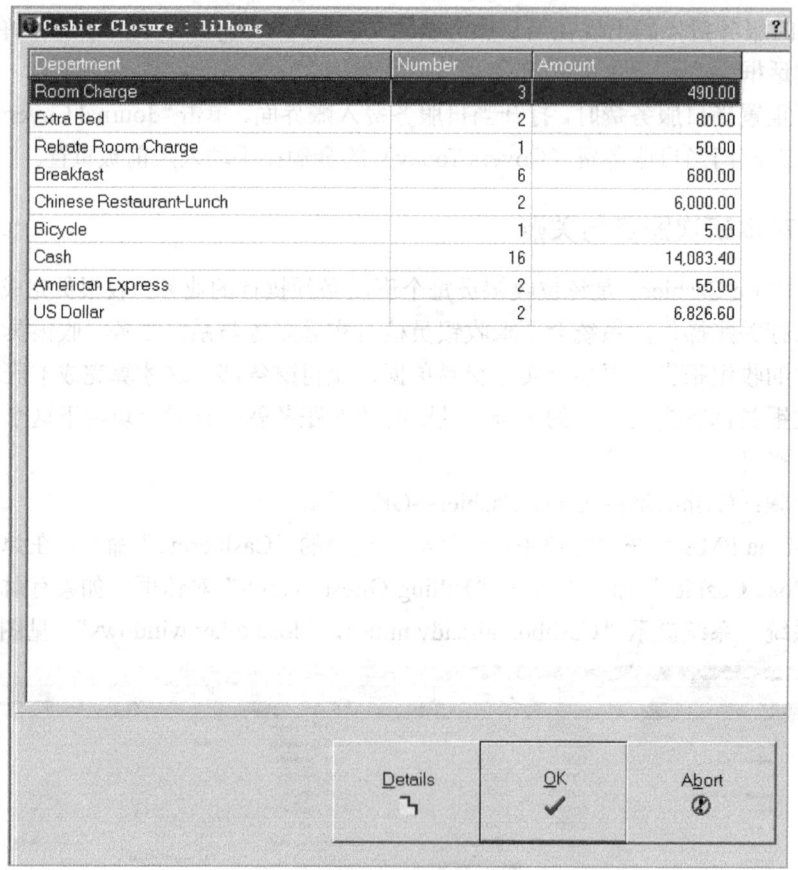

图 7-36 关账

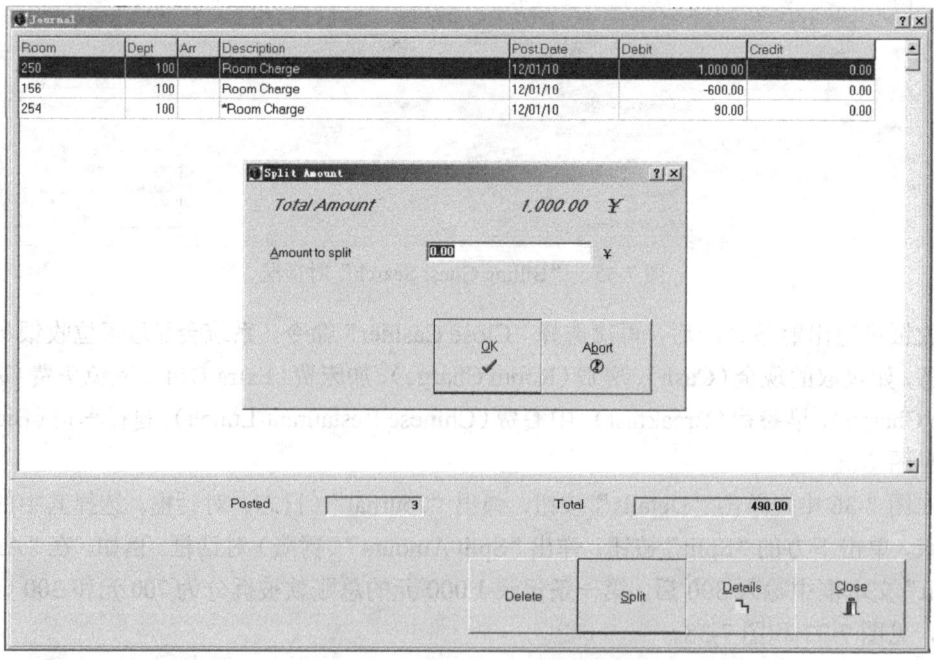

图 7-37 "Journal" 对话框（1）

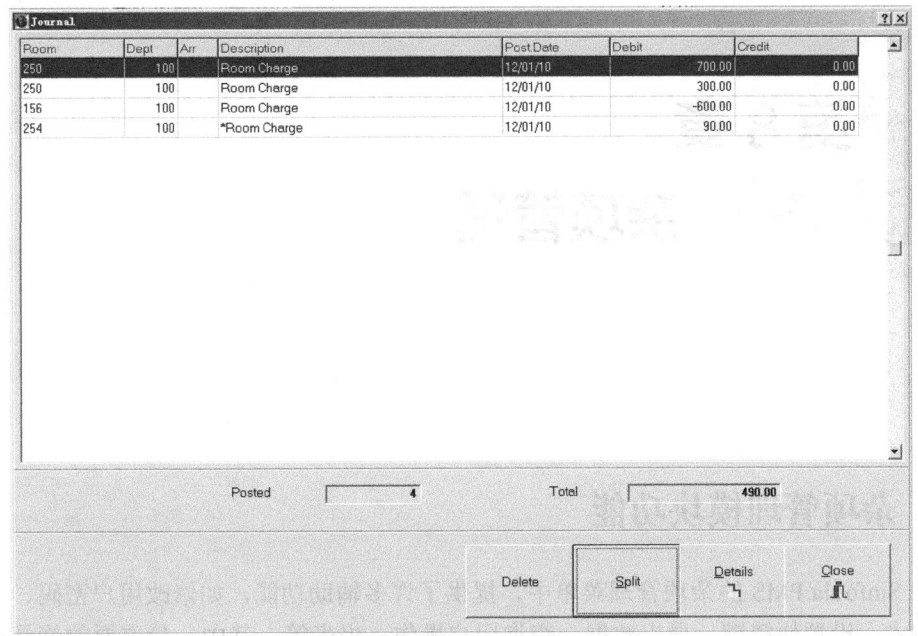

图 7-38 "Journal"对话框（2）

收银员核对账目后，执行关账操作。注意：选择"Close Cashier"命令后，首先出现该收银员本班次进行的所有账目操作，收银员核实无误后，单击"OK"按钮，即可进入关账界面。

练习题

1. 作为收银员为一位长期住店的客人制作账单。要求：住宿费单列；餐费、洗衣费及其他所有杂费均统计在一张报表中；客人续住。

2. 某旅行社在酒店预订了两间客房，住一晚，这两间客房的所有费用均由旅行社结账，请为该旅行社制作账单。

3. 某公司最近欠款较多，酒店决定将其账户纳入"禁止使用（Restricted）"的状态，并注明该账户以后付款时被禁止支付的原因。与此同时，酒店发现该账户有一份账单严重超期（超过了90天），于是通知相关部门每天催该公司财务部门尽快结账，直到该公司付清所有欠款。

第 8 章 杂项管理

8.1 杂项管理模块功能

在 Sinfonia PMS 的杂项管理菜单中，提供了许多辅助功能，如修改用户密码、使用酒店记事本、设置快捷键、导出数据、查询用户操作、报表等。其中，最重要的就是报表功能。图 8-1 即"Miscellaneous"（杂项）菜单。

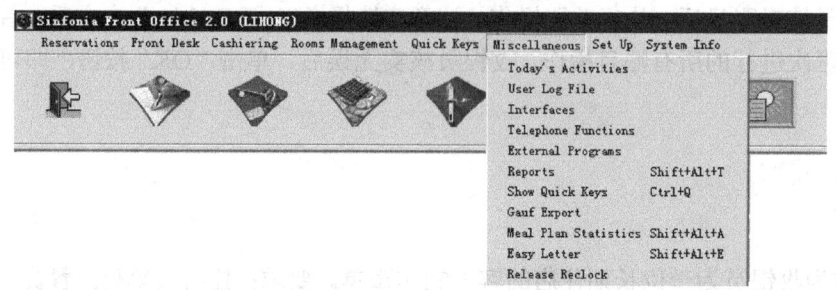

图 8-1　"Miscellaneous"（杂项）菜单

- Today's Activities：当日业务，详见 8.2.1。
- User Log File：用户日志文件，详见 8.2.2。
- Interfaces：接口。该功能提供了 Sinfonia PMS 中一些接口的系统信息。选择"Interfaces"命令，弹出"Interfaces"界面，界面左边列出了接口类型（MICROS POS 2700、FCS Call Acct、Move Link）；界面右侧是系统说明，包括时间、版本（Version）、收银员（Cashier）、开始时间（Started）、当前日期（Alive）等。
- Telephone Functions：电话功能。该功能的作用是为客房设置专线电话（Telephone Booth Bill）、打印呼叫信息、设置叫醒电话、更新叫醒电话等。其中，专线电话是指客人通过交换机直接与外界联系，或者其他人获得授权从外部直接打电话给客人。为此，必须在"Telephone Booth Bill"界面中输入客人姓名、房间号，并在客人的收银界面中，输入费用支付形式（现金或银行卡等）。
- External Programs：外部程序。选择此命令，可以看到在 Sinfonia PMS 中可用的程序，如 Microsoft Word、EMS Work Request 等。
- Reports：报表，详见 8.2.3。

- Show Quick Keys：显示 Sinfonia PMS 的快捷键。
- Gauf Export：样本输出。
- Meal Plan Statistics：用餐计划统计。
- Easy Letter：轻松写信。用轻松友好的界面和酒店定义的模板，快速地给客人、公司写信。利用"Easy Letter"功能产生的邮件会被存储，供未来使用。
- Release Reclock：释放重新计时。

8.2 杂项管理模块操作简介

8.2.1 当日业务（Today's Activities）

当日业务包括当天预离、预抵、取消预订和收银等操作。

操作步骤：Miscellaneous→Today's Activitives。

在 Sinfonia PMS 系统主窗口中，选择菜单栏中的"Miscellaneous"命令，在弹出的子菜单中选择"Today's Activitives"命令，即可显示当日业务信息。

1. 显示预抵客人信息

操作步骤：Miscellaneous→Today's Activitives→Arrivals。

在 Sinfonia PMS 系统主窗口中，选择菜单栏中的"Miscellaneous"命令，在弹出的子菜单中选择"Today's Activitives"命令，弹出"Today's Activities-Check-In"窗口，选择下方的"Arrivals"单选按钮，则在"Today's Activitives-Check In"显示当日所有预抵客人信息（图 8-2）。

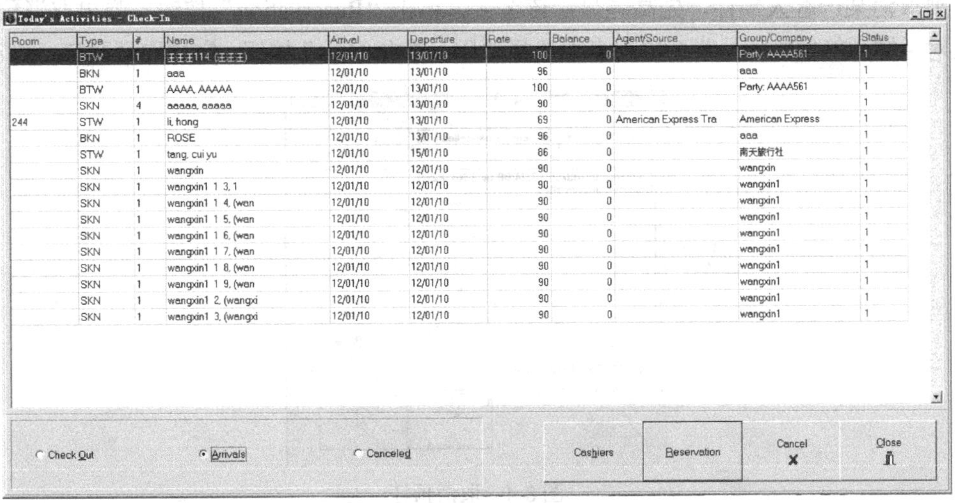

图 8-2　显示当日预抵客人信息

2. 显示当日预离客人

操作步骤：Miscellaneous→Today's Activitives→Check Out。

在 Sinfonia PMS 系统主窗口中，选择菜单栏中的"Miscellaneous"命令，在弹出的子菜单中选择"Today's Activitives"命令，在打开的窗口中，选择"Check Out"单选按钮，则在"Today's Activitives-Check-Out"窗口中显示当日所有预离客人信息。如果某个客人已经结账离开，则在当日业务列表中看不到他的信息（图 8-3）。

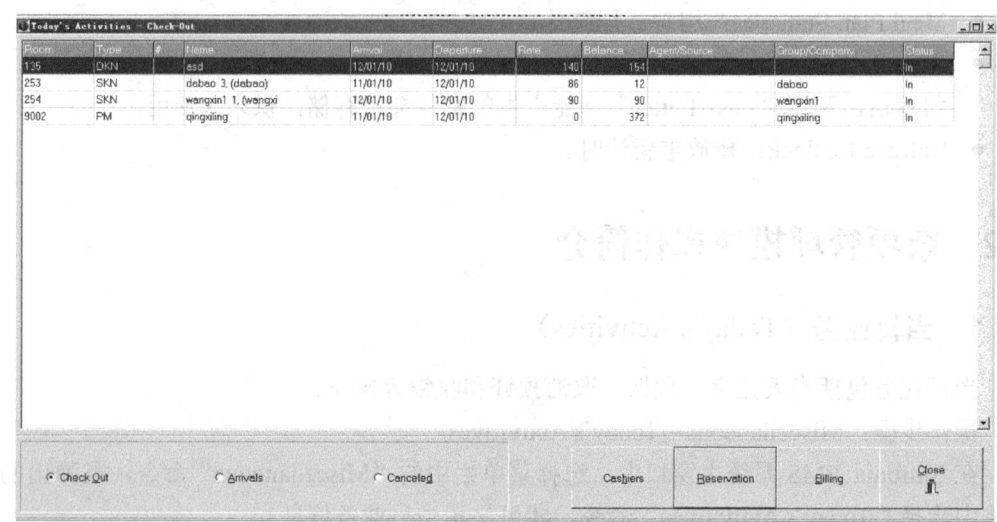

图 8-3　显示当日预离客人信息

3. 取消客人预订

操作步骤：Miscellaneous→Today's Activitives→Canceled。

在 Sinfonia PMS 系统主窗口中，选择菜单栏中的"Miscellaneous"命令，在弹出的子菜单中选择"Today's Activities"命令，弹出"Today's Activities-Check-In"窗口，选择"Canceled"单选按钮，将显示今日要取消的预订。

要取消某一客人预订，先高亮显示该客人，单击"Reservation"按钮，弹出取消预订的确认对话框，在"Reasons"下拉列表中选择原因，单击"Yes"按钮，完成取消预订（图 8-4）。

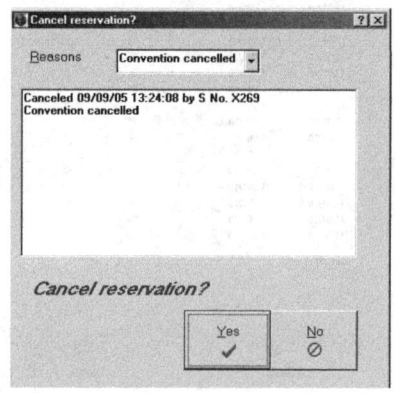

图 8-4　取消预订

若要恢复已取消的预订，在"Today's Activities-Check-In"窗口中，选择"Canceled"单选按钮，显示今日取消预订列表（图 8-5）。高亮显示要恢复的预订，单击"Reactivate"按钮，弹出"Confirmation"确认提示框（图 8-6）。单击"Yes"按钮，出现某个客人预订，修订后单击"OK"按钮保存，返回"Today's Activities Canceled"窗口，该客人预订则不再出现在已取消的预订列表中。

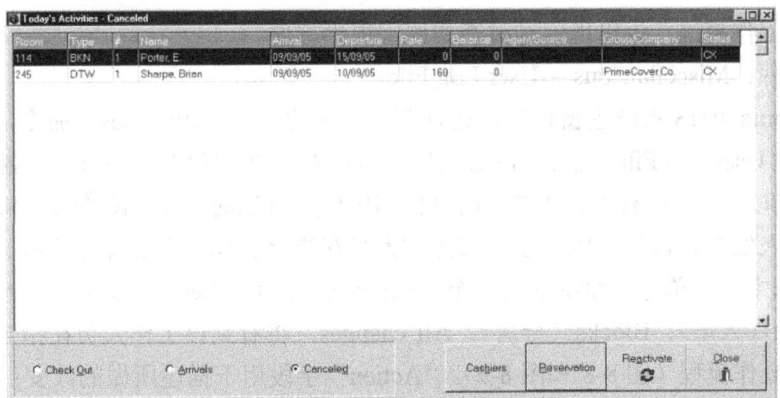

图 8-5 取消预订

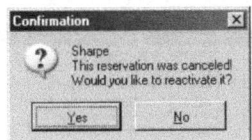

图 8-6 确认提示框

4．显示客人账单

操作步骤：Miscellaneous→Today's Activitives→Billing→Close。

在当日业务窗口中，高亮显示要查看账单信息的客人，然后登录收银系统，则该客人的费用显示在收银信息界面中（图 8-7）。完成收银信息变更后，单击"Close"按钮，退出收银系统。

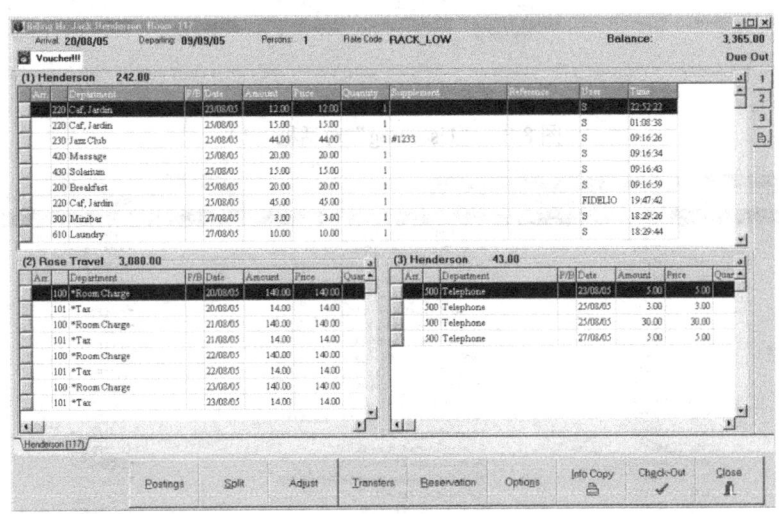

图 8-7 显示客人账单

8.2.2 用户日志文件（User Log File）

Sinfonia PMS 中的日志文件用于记录工作人员因某些业务操作产生的关键变化：预订；入账对客人账户的影响；客史档案永久信息保存；旅行团的任何变动。日志文件有助于记录各岗位的工作痕迹，为出现问题时查找原因提供方便。

操作步骤：Miscellaneous →User Log File。

在 Sinfonia PMS 系统主窗口中，选择菜单栏中的"Miscellaneous"命令，在弹出的子菜单中选择"User Log File"命令，弹出"User Log"对话框。当"User Name"（姓名）、"Date"（日期）为空时，显示所有工作人员、所有日期操作所引起的变化。在"User Name""Date"文本框中输入姓名、日期，则显示出该工作人员在指定日期所有的操作流程。选择"User Log"对话框中 6 个单选按钮中的某一个：Reservation、Profiles（档案）、Configuration（设置）、Posting（入账）、Blocks（分房）、All changes，将看到该工作人员在指定时间与所选内容对应的操作流程（图 8-8 和图 8-9）。"Action"字段用于描述所做的改变；"Station ID"字段为引起计算机系统变化的部门代码（如预订、前台、收银管理员等）。

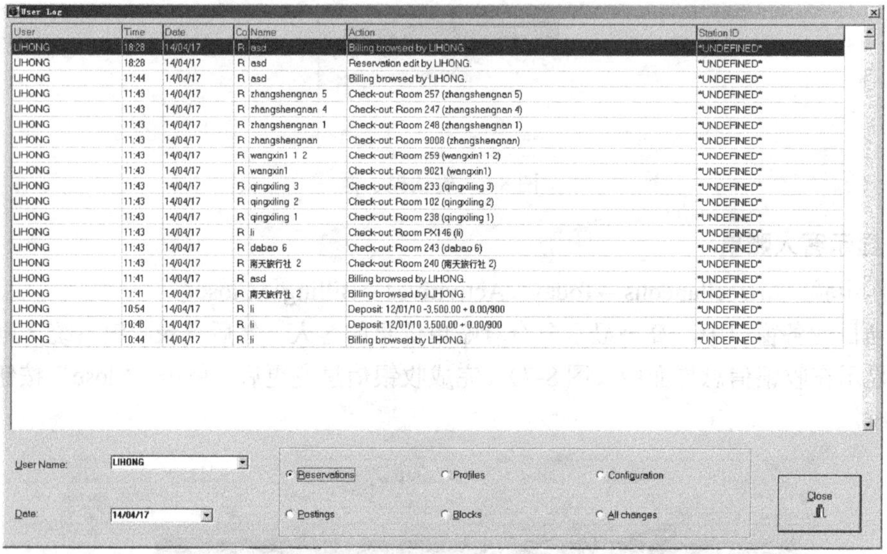

图 8-8 "User Log"对话框（1）

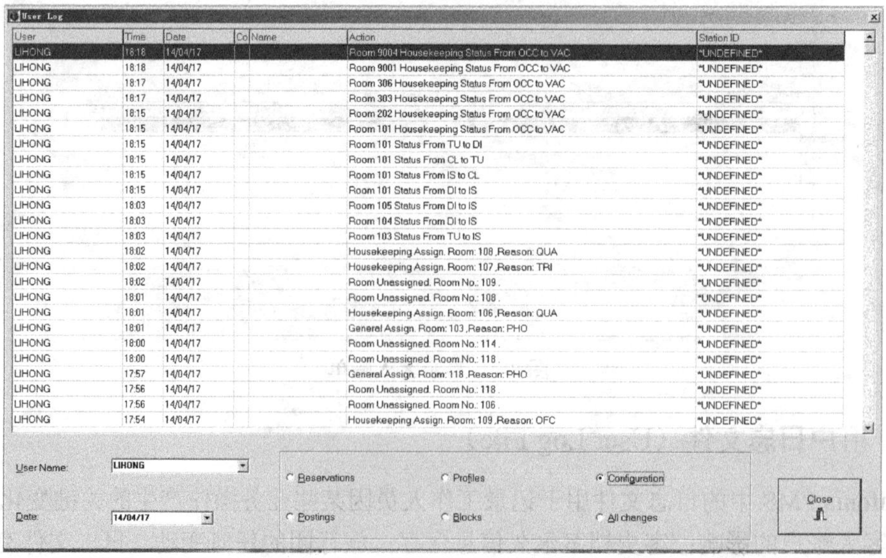

图 8-9 "User Log"对话框（2）

8.2.3 报表（Reports）

一个好的管理信息系统会输出各种有价值的报表，对管理者而言，报表生成和查询功能是信息系统最有价值的地方。[①]酒店各部门每天都会根据各自的需要打印相应的报表，辅助业务的执行。管理者通过统计报表，了解酒店运营数据并帮助制定经营决策。比如，每天每月都有失约客人（No Show），一段时间后，失约客人报表的统计数据对管理层来说是非常有参考价值的信息。大约计算出各种渠道的预订数与失约客人的比例，根据这项数据，管理层适当地进行超额预订管理，可以有效地避免失约客人给酒店带来的损失。根据统计结果，控制某一渠道的预订，可以有效地降低失约客人的比例。[②]

Sinfonia PMS 的报表功能为酒店工作人员操作报表提供了更多的可能性，包括：创造新的报表；编辑、打印现有的报表；在屏幕上浏览报表；将报表存入文档。报表功能提供了 400 种以上类型的报表，分为在店客人（Guests in House）、档案、预订、夜审、统计信息（Statistic）、财务分析（Financial）和系统设置（Configuration）。为了方便使用，报表被分门别类地组织在一起。一些酒店可能会根据需要增加新的报表，删除或者合并一些报表。系统也提供了内置报表模块，依据酒店要求，自定义创建全新格式的报表。

1. 查询报表

操作步骤：Miscellaneous→Reports→Search。

在 Sinfonia PMS 系统主窗口中，选择菜单栏中的"Miscellaneous"命令，在弹出的子菜单中选择"Reports"命令，弹出"Reports"对话框。在该对话框右侧上半部分的"Sections"选项组中，从众多报表类型中选择某一报表类型，则与之相对应的报表会出现在该对话框的左侧。在"Search"文本框中，输入需要的报表名称，按 Tab 键，则所查询的报表出现在对话框中（图 8-10）。

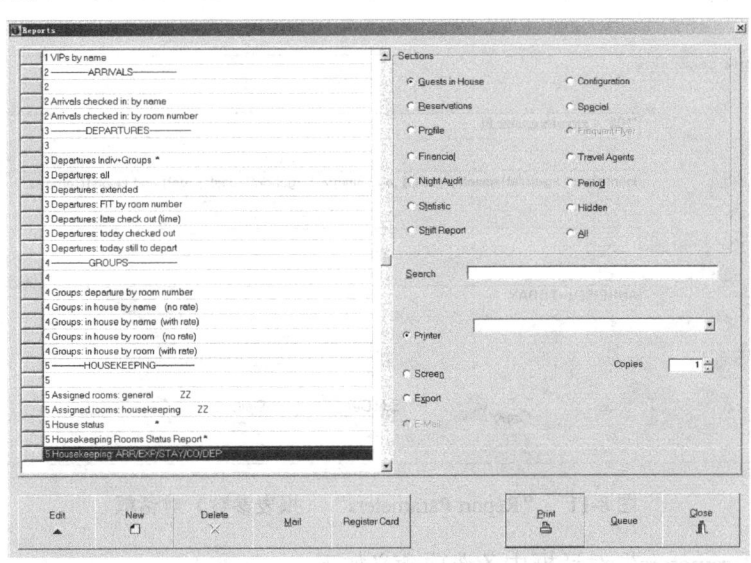

图 8-10 "Reports"（报表）对话框

---

① 陈为新，黄崎，杨荫稚. 酒店管理信息系统教程：Opera 系统应用. 北京：中国旅游出版社，2012：242.
② 陈为新，黄崎，杨荫稚. 酒店管理信息系统教程：Opera 系统应用. 北京：中国旅游出版社，2012：15.

2. 新建报表

一个报表由报表参数、报表定义两部分组成。其中，报表参数决定了报表的形式、数据库及其目录、排序标准、报表打印所用的字体，以及其他设置特征。报表定义为每一个报表创新了以.frm 为扩展名的独立文件。为了在同一报表中显示不同的信息，同一个报表定义也许与多个不同报表参数设置关联。例如，客人列表显示了姓名、到店和离店日期、房间号。也许有一些参数显示到店客人（Arrivals），另一些参数显示到店和在店客人（Arrivals+ In-house）。

操作步骤：Miscellaneous→Reports→New。

在图 8-10 所示的对话框中，单击"New"按钮，弹出"Report Parameters"对话框，在其中填写新报表的参数。在"File Name"下拉列表中选择所需选项后，该对话框下部的"Edit Def."按钮被激活，单击该按钮，可以完成构建新报表有关的任务：编辑报表名称；改变预设的表头；导入外部文件到报表中，或者将报表输出、复制到外部文件中（图 8-11）。

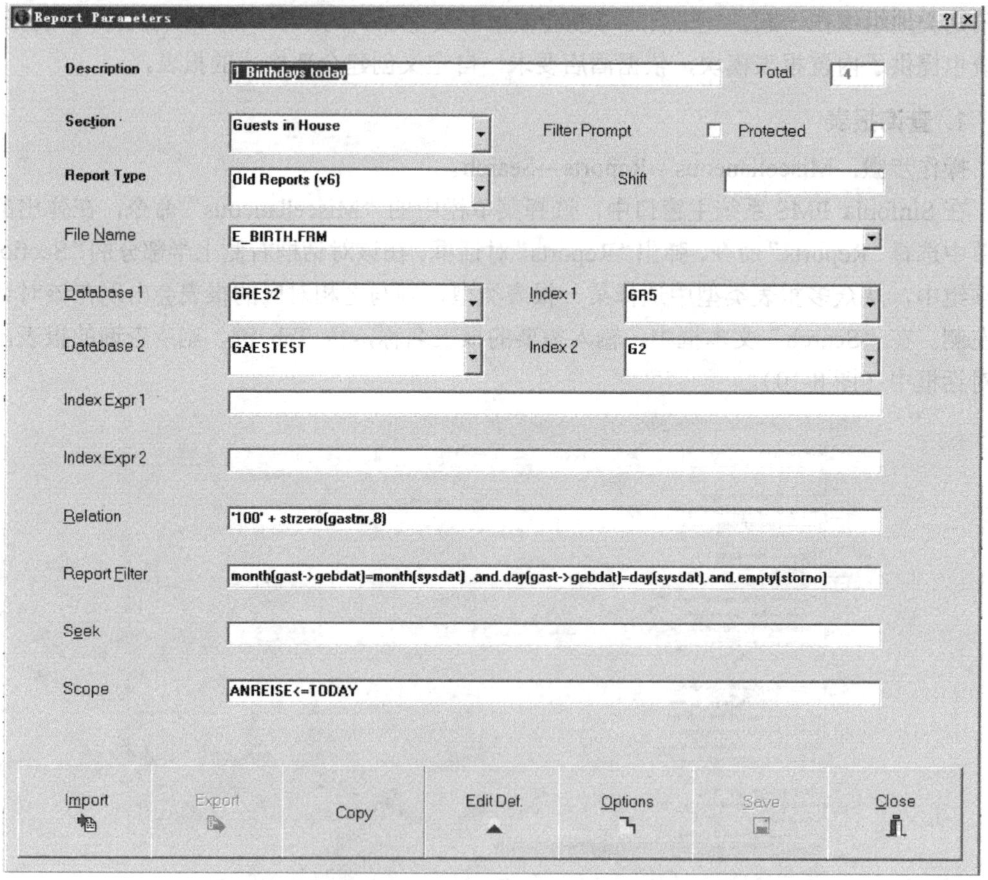

图 8-11 "Report Parameters"（报表参数）对话框

"Report Parameters"对话框中各选项含义如下。

"Description"：报表名称；"Total"：报表已被调用的次数；"Section"：要查找的报表种类；"Report Type"：报表或文件类型，从下拉列表中选择；"File Name"：存储报表时的名称；"Database 1&2/Index Expr 1&2"：从下拉列表中选择文件名、索引，决定以什么顺序

（字母、数字、抵达日期等）打印数据库；"Relation"：如果有两个或更多数据库，在不同数据库之间建立关联；"Report Filter"：该区域并不是每个报表都需要的，可以为空，当设置报表时，可以决定是否需要额外的过滤器；"Seek&Scope"：用于加速找到报表所需要的记录。

（1）设置报表参数。在创建一个报表前，应该让系统知道其数据来源、报表类型、标记方法，以及其他基本参数。

（2）编辑报表名称。这个功能允许用户定义报表内容和格式，并通过报表编辑界面来完成操作。"Page Details"：控制页面格式和打印选项；"Grouping"：控制报表显示信息的方式；"Columns"：控制表头、表头大小和显示哪些数据。

操作步骤：Miscellaneous→Reports→Edit Def.→Page Details→Save。

在图 8-11 所示的 "Report Parameters" 对话框中，单击 "Edit Def." 按钮，弹出 "Report Editor" 对话框。在 "Page Details" 选项卡中，完成页面格式（Page Formatting）的设置，以及打印选项（Printing Options）设置。单击 "Save" 按钮，保存表格内容的修改，也可以指定路径，以其他文件名存储报表（图 8-12）。

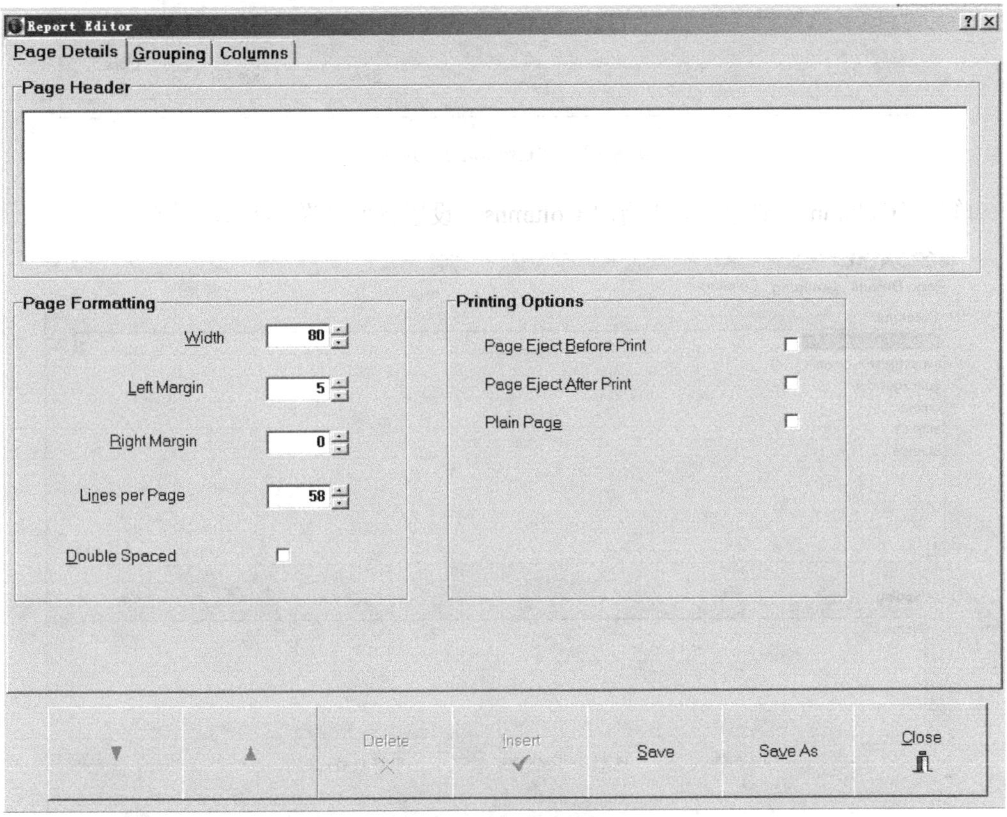

图 8-12　编辑报表名称

在图 8-12 所示的对话框中，单击 "Grouping" 选项卡，显示 "Grouping" 设置界面（图 8-13）。

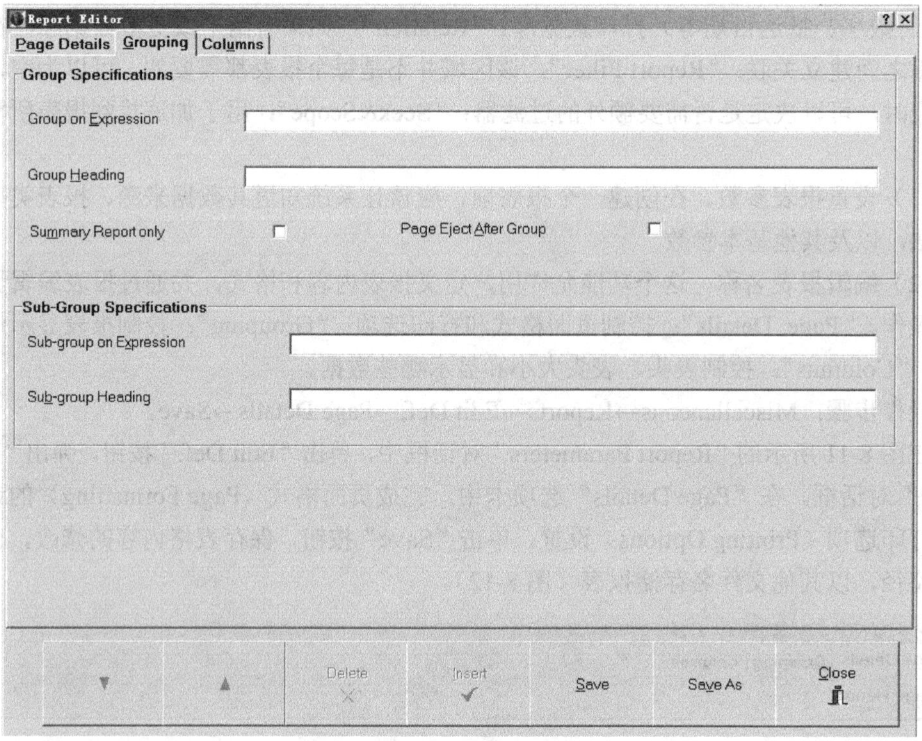

图 8-13 "Grouping"选项卡

单击"Columns"选项卡,显示"Columns"设置界面(图 8-14)。

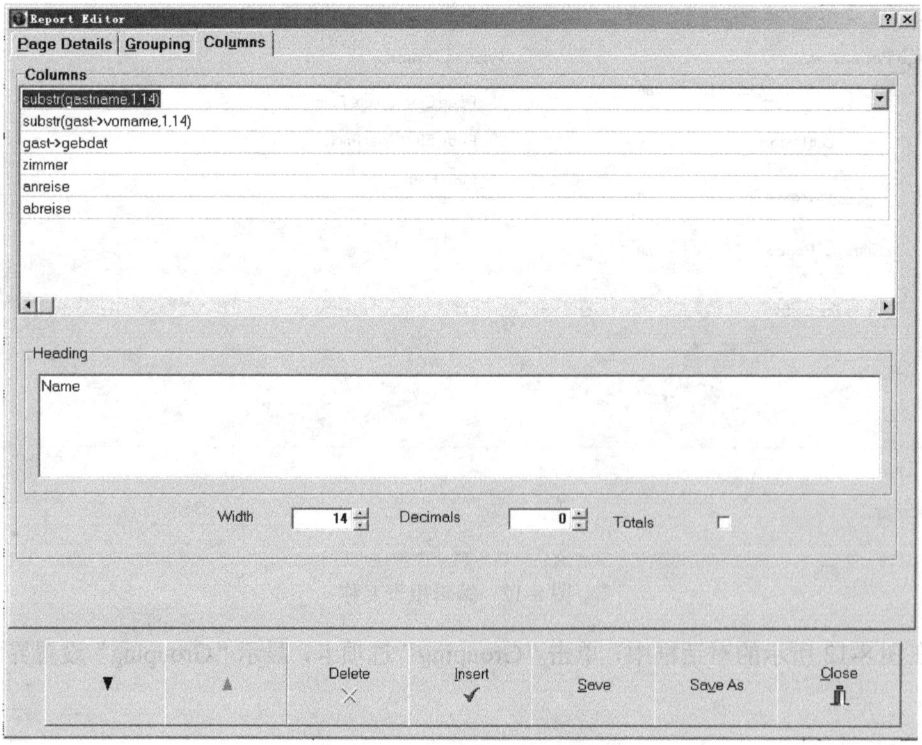

图 8-14 "Columns"选项卡

（3）改变报表预设的提示表头。在图 8-11 所示的报表参数设置界面，单击"Options"按钮，弹出"Report Options"对话框，在各个文本框输入相应参数（图 8-15）。

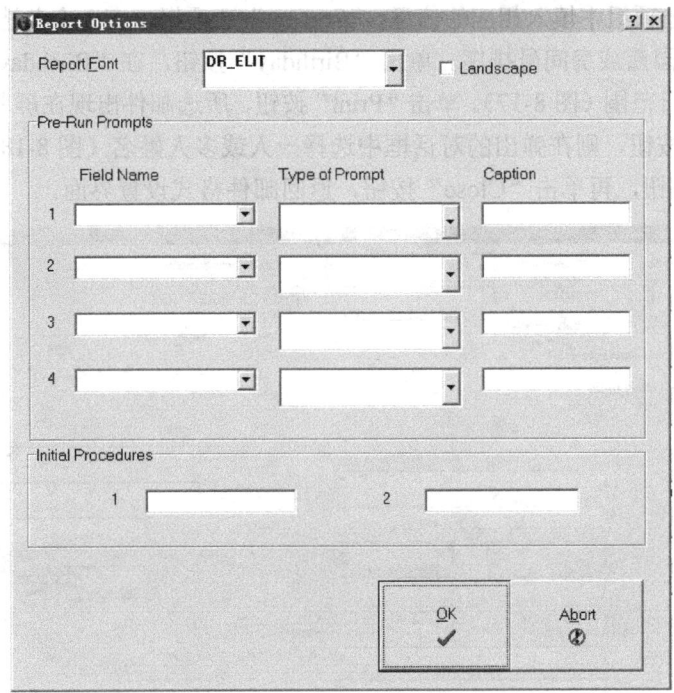

图 8-15 "Report Options"对话框

3．编辑报表

打开要编辑的报表，可以对报表格式、数据库及其目录、排序标准、打印所用的字体，以及其他重要的参数进行修改。

操作步骤：Miscellaneous→Reports→Edit。

在图 8-10 所示的"Reports"对话框中，选择要编辑的报表，单击"Edit"按钮，弹出"Report Parameters"（报表参数）对话框，其中包含所选择报表的参数。现在可以在参数字段中修改现有参数了。单击"Edit Def."按钮，在弹出的对话框中的"Page Details""Grouping""Column"选项卡中，编辑报表表头，为报表做一个备份。

4．邮件

邮件功能可用于发送套用信函；用文字或其他文本处理器建立、打印合并的文件；打印标签和信封；给在店客人发送邮件。

（1）发送邮件。

操作步骤：Miscellaneous→Reports→Mail。

在图 8-10 所示的对话框中，单击"Mail"按钮（快捷键：Alt+M），弹出"Mailing Form"对话框（图 8-16）。选择左上角的"Mailing"单选按钮。"Letter Name"下拉列表框被激活，可在下拉列表中选择文件名。高亮显示要发送的邮件类型，在对话框右上角选择合适的类型（3 个复选框），如果"Guests with reservation"复选框被选中（√），则将邮件发送给预订的客人；如果"Guests in house"复选框被选中（√），则将邮件发送给在店的客人；如果"Send to incomplete addersses"复选框被选中（√），则将邮件发送给地址不完整的客人（默认发送给地址完整的客人）。然后分别在"Guest Information""History Criteria""Guest Arrival Range"选项组中填入相应的信息。"Sort by"选项组中有3个单选按钮，分别选中后可以按姓名、国籍或房间号排序。单击"Birthday"按钮，在"Birthday Range"对话框中，可以设置生日范围（图8-17）。单击"Print"按钮，所选邮件出现在屏幕上，单击"File""Exit"或"X"按钮，则在弹出的对话框中选择一人或多人姓名（图8-18），单击"Print"或"Print All"按钮，再单击"Close"按钮，返回邮件格式设置界面。

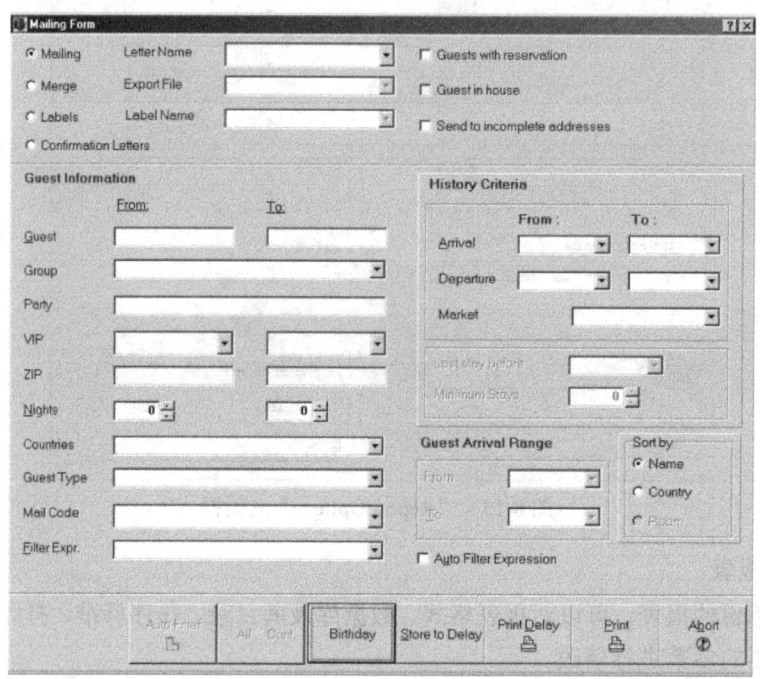

图8-16 设置邮件格式

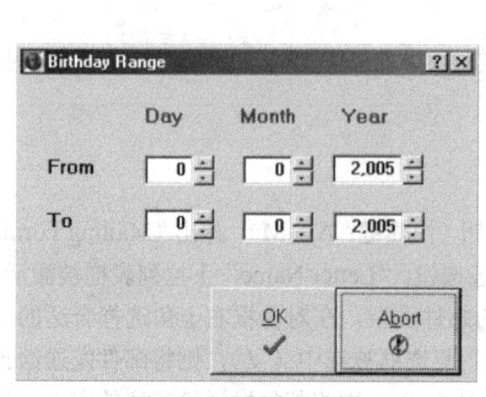

图8-17 设置生日范围

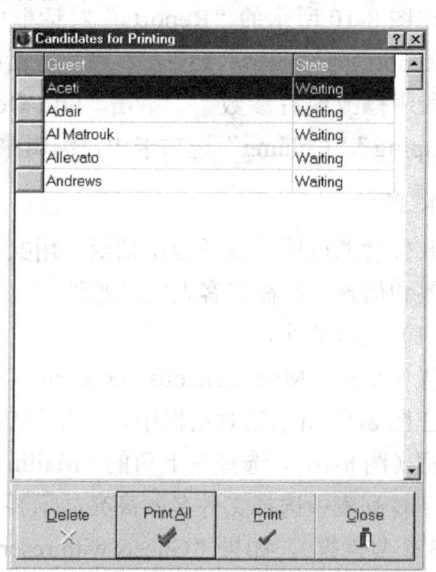

图8-18 备选打印邮件

(2)邮件融合功能。该功能允许将邮件输出到文本文件。系统将邮件地址信息保存在名为 WP.mrg 的 ASCII 文件中，该文件适用于处理大量邮件的情况。

操作步骤：Miscellaneous→Reports→Mail→Merge。

在图 8-10 所示的对话框中，单击"Mail"按钮（快捷键：Alt+M），弹出"Mailing Form"对话框，选择左上角的"Merge"（客史合并）单选按钮，其右侧的"Export File"下拉列表框被激活。在"Export File"下拉列表框中设置文件名，即可以直接输入文件名，又可以通过单击下拉按钮从已有文件中选择。输入地址选择标准，在界面右上角的"Guests with reservation""Guests in house""Send to incomplete addersses" 3 个复选框中选择合适的类型，并分别在"Guest Information""History Criteria""Guest Arrival Range"选项组中填入相应的信息，将客人姓名、地址列表写入 WP.mrg 文件中（路径 g:\sinfonia\fo_data）。打开文本处理器，对邮件进行设计，插入地址、称谓代码，用文本处理器的融合功能合并邮件与地址。

(3)地址标记功能。地址标记功能允许操作者以设置好的格式打印邮件。从邮件名下拉列表中选择邮件类型，"Label"下拉列表中提供了地址格式。

操作步骤：Miscellaneous→Reports→Mail→Lables。

在图 8-10 所示的对话框中，单击"Mail"按钮（快捷键：Alt+M），弹出"Mailing Form"对话框，选择左上角的"Labels"单选按钮，其右侧的"Labels Name"下拉列表框被激活。单击"Labels Name"右侧的下拉按钮，选择"Address"（地址）格式，在界面右上角的"Guests with reservation""Guests in house""Send to incomplete addersses" 3 个复选框中选择合适的类型，再分别在"Guest Information""History Criteria""Guest Arrival Range"选项组中填入相应的信息，在"Sort by"选项组中分别选择相应的单选按钮，可以按姓名或国籍排序。单击"Birthday"按钮，限定生日范围。单击"Print"按钮，所选邮件出现在屏幕上，单击"File""Exit"或"X"按钮，选择一人或多人姓名，再单击"Print"或"Print All"按钮，打印邮件。

8.2.4 财务报表简介

目前，大学存在的问题是教学与实践脱离，课堂所学与就业所需的能力存在一定的差距。酒店实现信息化管理后出现的组织机构精简和流程再造，对旅游管理专业在校学生的知识、能力提出了更新、更高的要求。旅游管理高等专业应培育管理者，而不是端茶送水的基层服务员。这就要求学生通过酒店管理信息系统的学习和实践，加深对酒店物质、能量、信息流的认识，成为能看懂财务报表的专业人士。

财务报表是对企业财务状况、经营成果、现金流量的结构性描述，具体包括资产负债表、利润表、现金流量表。财务报表是会计核算工作的总结，也是会计核算工作的最终产品（图 8-19）。[①]

1. 资产负债表

资产负债表是反映企业在某一特定时期财务状况的财务报表，是根据"资产=负债＋所有者权益"这一会计恒等式编制而成的。在持续经营的企业中，资产负债表反映各个时期

[①] 樊彩霞，刘欣华. 实用会计学. 北京：中国纺织出版社，2012：276.

（月末、季末、年末）企业拥有的或者控制的经济资源、企业所承担的债务和企业所有者所享有的权益。在具有一定的盈利能力和偿债能力，并能够确保企业信誉和持续经营的前提下，适度负债，涉及专业的财务指标分析。资产负债表是企业主要财务报表之一，每个独立核算的企业都应按期单独编制，并及时对外报送（图8-20）。

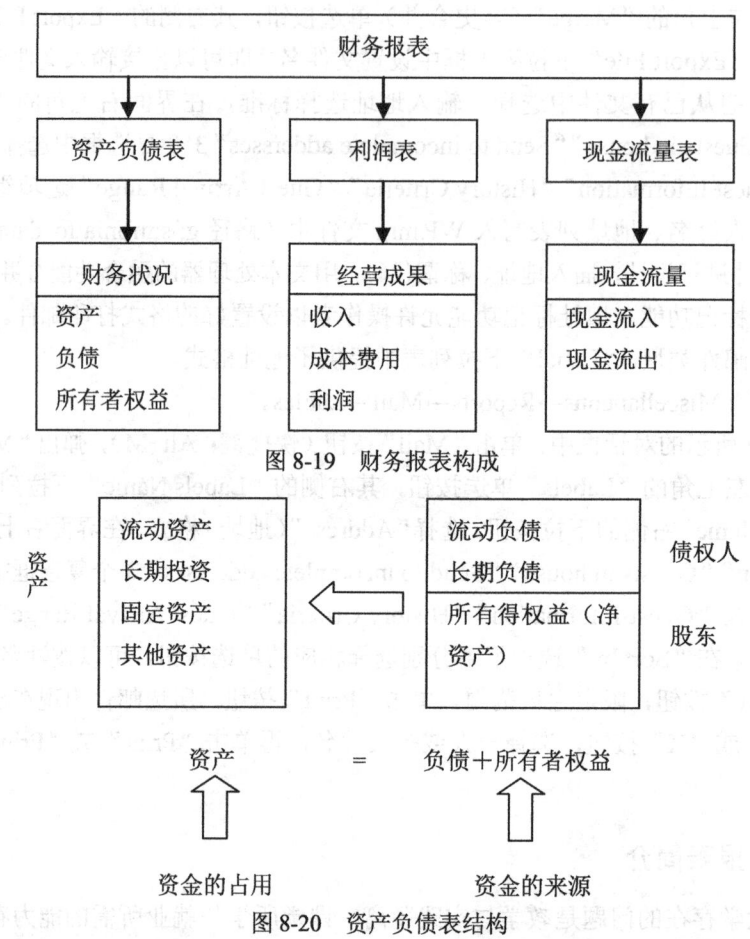

图 8-19　财务报表构成

图 8-20　资产负债表结构

资产负债表提供的信息包括：企业在某一特定时期所拥有的经济资源及其分布情况，企业资产的构成及其状况；企业某一特定时期的负债总额及其结构，目前与未来需要支付的债务数额；企业所有者的权益情况，企业现有的投资者在企业资产总额中所占的份额等会计信息。总之，通过资产负债表，有助于全面了解企业编表日的资产、负债和所有者权益的静态状况，总结评价和分析企业的财务状况，预测企业未来财务状况的变动趋势，从而做出相应的决策。

目前，国际上流行的资产负债表格式有两种形式：一种是报告式的，即按上下顺序依次排列资产、负债及所有者权益项目；另一种是账户式的，报表呈左右对称结构。账户式资产负债表分左右两个窗口，左边窗口为资产，全部项目按资产的流动性强弱（即资产的变现能力）排列：流动性强的资产排在前面，流动性弱的资产排在后面。右边窗口为负债及所有者权益，全部项目按偿还期间顺序排列。需要在一年以内或长于一年一个营业周期内偿还的流动负债排在前面，在一年以上或者长于一年或一个营业周期以上才能偿还的长期负债排在中间,在企业清算之前不需要偿还的所有者权益项目排在最后。

资产负债表中资产类项目和金额合计与负债和所有者权益类项目金额合计必须相等。

资产负债表的各项目均需填列"年初数"和"期末数"两栏。其中,"年初数"栏内各项数字,应根据上年末资产负债表的"期末数"栏内所列数字填列;"年末数"则可为月末、季末或年末的数字。[1]

2. 利润表

利润表是反映企业在一定时期内生产经营成果的会计报表,是根据"收入-费用=利润"这一公式编制的。利润表的核心是收入与净利润。大多数企业通过销售产品或服务来将产品或服务转化为销售收入和利润,所以一个公司的产品或服务是好是坏,主要通过两点来判断:一是产品(服务)是否好卖,二是是否赚钱。

利润表与损益表实质是一样的,但还是有一定区别的。利润表记载企业在一定会计期间的收入、成本费用和非经营性的损益,从中看出企业产生的净利润。损益表是反映企业一定时期经营状况的动态报表,提供企业的全部收入和全部成本。根据损益表的格式,损益表的编制方法大体分为两种:单步式损益表和多步式损益表。

编制利润表的意义体现在:通过利润表提供的不同时期的比较数字(本月数、本年累计数、上年数),分析评价企业的资本在经营过程中是否得到了保全;考核企业管理者的经营管理水平和经营业绩;预测企业的获利能力;帮助所有者和债权人进行各项决策。

利润表的第一行通常是企业的销售收入。产品和服务是否销售取决于数量。数量越大,增长就越好。与此相对应的是利润表的最后一行净利润。数量越大,公司赚的钱越多。如果是负的,那么负值越大,损失越大。收入、成本费用与企业利润池的关系见图 8-21。

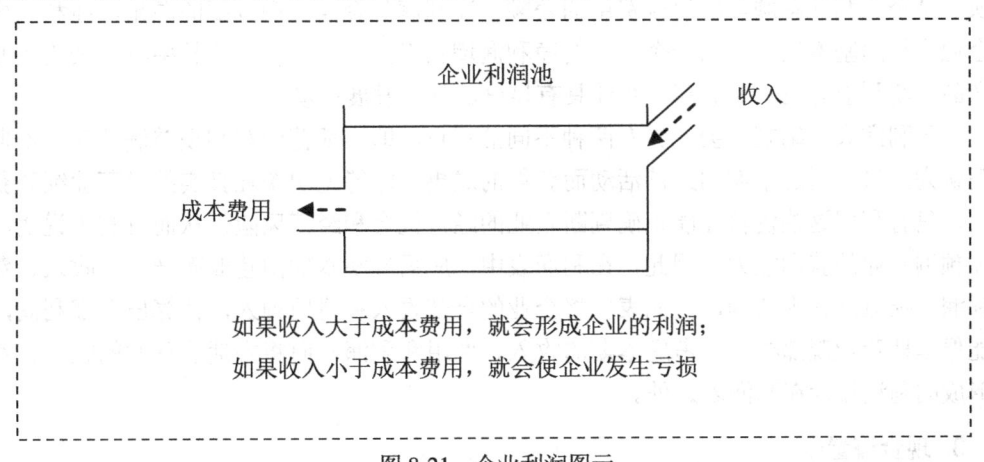

图 8-21 企业利润图示

按照利润表中各项利润的形成过程,将企业收入分为经营性收入和非经营性收入。经营性收入包括企业日常生产经营活动的收入和投资活动所取得的收入。企业日常生产经营活动收入分为主营业务收入和其他业务收入。其中,主营业务收入是指企业的主要业务收入,即营业执照上规定的主营业务内容所取得的收入。例如,旅游企业的主要业务收入包

---

[1] 樊彩霞,刘欣华,刘小军. 新编会计学原理. 2 版. 北京:科学出版社,2013 年:258-259.

括客房收入、餐饮收入等；其他业务收入是指企业除主营业务收入，其他销售或其他业务收入，如材料销售、代购代销等收入。投资活动所取得的收入包括：持有投资资产按公允价值计算所取得的公允价值，以及投资活动结束已实现的投资收益。非经营性收入是指企业在日常生产经营活动和投资活动之外所取得的收入，如处置固定资产、无形资产的净收入，以及债务重组收益、政府补助、接受捐赠所取得的收入等。

利润表中的费用分为经营性费用、非经营性损失和所得税费用3类。其中，经营性费用是指为取得经营性收入所发生的费用或抵减经营性收入的费用，包括成本类费用、税金类费用、期间类费用、损失类费用。在利润表中具体表现为营业成本、营业税金及附加、资产减值损失。非经营性损失是指企业正常的经营活动与投资活动之外的损失。如处置固定资产、无形资产的净损失，以及债务重组损失、捐赠支出等。所得税费用是指企业在一定时期内按税法要求上缴的所得税费用。目前，我国企业上缴的所得税是年度内预缴，年末汇算清缴，即在年度内计算上缴所得税时，直接以利润总额乘以适用税率计算，而在年末汇算清缴时，要按照税法的规定将利润总额调整为应纳税所得额，再乘以所得税税率，计算出年度内应纳的所得税。年度应纳的所得税与已交的所得税的差额为应补交或应退的企业所得税。

在利润表中，利润分为营业利润、利润总额和净利润。其中，营业利润表示企业日常的生产经营活动和投资活动所取得的利润。营业利润是预测企业未来盈利能力的重要会计信息，如果为亏损，则以负数表示。利润总额表示企业的经营性活动和非经营性活动所取得的利润总额，如果为亏损，则以负数表示。在利益总额中，营业利润所占比重的大小，是分析企业利润结构和判断企业未来发展前景的重要指标。净利润是企业经营成果的最终反映，是企业利润总额与所得税费用的差额。净利润是企业利润分配的源泉，净利润增长是企业成长的基本表现。当一个企业的净利润增长率高于主营业务增长率时，表明企业主营产品的获利能力在不断提高，企业具有良好的外部发展环境。[①]

对于利润表的编制，会计界有两种不同的观点，即本期营业观和损益满计观。本期营业观认为，只有通过本期的经营活动而获得的成果，才能说明企业真实的经营业绩和获利能力，只有利用这些资料才能正确判断企业的经营机会和经营风险，从而有利于说明、评价和预测企业的获利能力。因此，在利润表中，应只反映本期由营业而产生的收入、费用和利润。损益满计观认为，利润表应将企业的全部收入和费用列入，计算出全部利润，而不能像本期营业观那样，只考虑本期的收入、费用和利润，而将本期非营业的收入、费用所形成的利润排斥在利润表之外。

3. 现金流量表

之所以需要现金流量表，是因为资产负债表和利润表反映了企业经营过程中资产占用、资金来源及经营成果的实现过程。但是，资产负债表上的时点信息，以及利润表的期间经营成果信息，无法满足了解一个企业在经营过程中获取现金能力的需求。所以，现金流量表依据收讫实现制，从企业的经营活动、投资活动和筹资活动3个方面提供企业现金流入和流出的情况。

---

① 樊彩霞，刘欣华. 实用会计学. 北京：中国纺织出版社，2012：283-286.

- 经营活动，是指企业除投资、筹资活动以外的所有交易活动。经营活动产生的现金流包括现金流入和现金流出两大类。其中，现金流入项目包括：销售商品、提供劳务收到的现金；收到的税费返还；收到的其他与经营活动有关的现金。现金流出项目包括：购买商品、接受劳务支付的现金；支付给职工和为职工支付的现金；支付的各项税费；支付的其他与经营活动有关的现金。
- 投资活动，是指企业长期资产的构建，以及不包括在现金等价物范围内的投资和其处置活动。投资活动产生的现金流包括现金流入和现金流出两大类。其中，现金流入项目包括：收回投资收到的现金；取得投资收益收到的现金；处置固定资产、无形资产和其他长期资产收回现金净额；处置子公司及其他营业单位收到的现金净额；收到的其他与投资活动有关的现金。现金流出项目包括：构建固定资产、无形资产和其他长期资产支付的现金；投资支付的现金；取得子公司及其他营业单位支付的现金净额；支付其他与投资活动有关的现金。
- 筹资活动，是指导致企业资本及债务规模和构成发生变化的活动。筹资活动产生的现金流包括现金流入和现金流出两大类。其中，现金流入项目包括：吸收投资收到的现金；取得借款收到的现金；发行债券收到的现金；收到的其他与筹资活动有关的现金。现金流出项目包括：偿还债务支付的现金；分配股利、利润或偿付利息支付的现金；支付的其他与筹资活动有关的现金。筹资活动产生的现金流净额是筹资活动产生的现金流入总额与现金流出总额的净额，可能为正值，也可能为负值。

4. **财务报表分析**

财务报表的基本分析方法包括：比较分析法、比率分析法和因素分析法。
- 比较分析法是对不同时间和空间的同质财务指标进行对比，以确定其增减差异，用以评价财务指标状况优劣的方法。
- 比率分析法是通过计算互为相关的经济指标之间的相对数值，从而衡量企业经营活动效果的分析方法。它与比较分析法的区别在于：比率分析法主要是比较不同质但相关的不同指标，分析结果纯粹以相对数值（如相关比率、结构比率）表示，主要强调绝对差异的大小，相对差异只是绝对差异的辅助说明。
- 因素分析法是依据分析指标与其影响因素的关系，从数量上确定各因素对分析指标影响方向和影响程序的一种分析方法。其基本思想是：总体指标是受各种有相互依存关系的连锁因素的相互影响的。首先，把总体指标分解为各项有次序性的连锁因素；其次，依次把其中一个因素视为可变，其他因素暂视为不变，逐项进行替代，每一次替代在上一次的基础上进行；最后，将每一次替代后的结果反向两两相减，测算出各项因素变动对总体指标的影响程度和影响方向。[①]

5. **财务报表之间的关系**

在财务报表中，资产负债表是主表，利润表、现金流量表是资产负债表的附表。原因如下：第一，如果没有利润表，可以通过对资产负债表中的净资产期末数与期初数进行比较，计算出当年的利润数额；第二，如果没有现金流量表，可以通过对货币资金的期初、

---

① 樊彩霞，刘欣华，刘小军. 新编会计学原理. 2版. 北京：科学出版社，2013：288-291.

期末余额增减变化，计算出当年的现金及现金等价物净增加额。多了利润表、现金流量表这两张表，只是多了明细反映而已（图 8-22）。

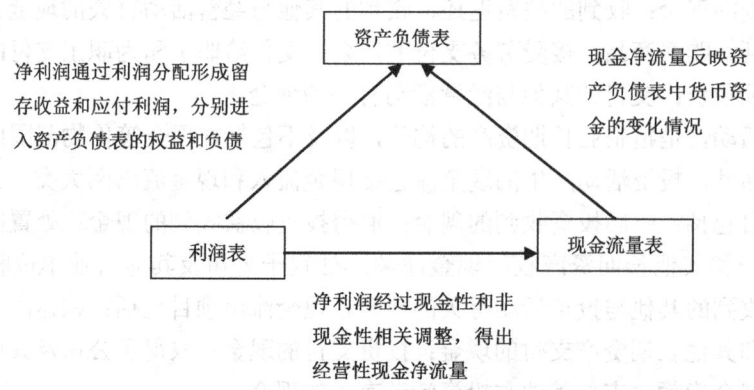

图 8-22　资金负债表—利润表—现金流量表之间的关系

（1）资产负债表与利润表之间的联系。资产负债表是反映企业在某一特定时期财务状况的会计报表。我国会计年度采用公历制，即每年 12 月 31 日为编制年度会计报表。资产负债表列示的是静态指标，即某一时刻的财务信息；利润表是反映企业在一定会计期间经营成果的报表。例如，某年 1 月 1 日至 12 月 31 日经营成果的利润表，反映的是动态指标，即某一时期的财务信息。企业的资产如何运用、资产使用效率如何，单一的资产负债表或利润表都不能提供财务决策所需的有用信息，只有将利润表中的信息与资产负债表中的信息结合，才能反映出企业资金周转情况及企业的盈利能力，便于报表使用者判断企业未来的发展趋势，做出正确的经济决策。

资产负债表和利润表具有内在关系。将资产负债表和利润表结合在一起，会形成一个动态等式：资产＝负债＋所有者权益＋收入－费用。从这个等式可以看出，虚增利润（收入－费用）必须同时虚增资产或虚减负债，在虚减负债困难的情况下，大多数企业会选择虚增资产。

所谓资产的"水分"，就是隐藏在资产负债表中的费用，是对存续资产少提折旧和减值准备、少计摊销等，使其实际价值低于账面价值，资产中的"水分"实际上就是披着资产外衣的费用；所谓负债的"水分"，主要是隐藏在资产负债表"预收账款""其他应付款"中的收入，它们是永远支付不出去的负债。至于所有者权益中的"水分"，就是披着所有者权益外衣的抽逃资本、结转过来的造假利润，以及未及时转出的其他资本公积等。

（2）利润表与现金流量表之间的关系。利润表与现金流量表均反映一定时期的财务信息，属于动态报表。利润表是将不同性质的收入和费用进行对比，从而得出一些中间性的利润数据，便于使用者理解企业经营成果的不同来源。现金流量表是以现金及现金等价物为基础编制的，将现金分为经营活动、投资活动和筹资活动，按照收付实现制原则编制，将权责发生制下的盈利信息调整为收付实现制下的现金流量信息。

① 利润表与现金流量表之间的关系。对利润表与现金流量表的分析主要是对偿债能力的分析。偿债能力对于企业的债权人来说是最为重要的，而且对于企业的投资者和经营者同样具有十分重要的意义。对于投资者来说，企业只有保持较强的偿债能力，才可能有良

好的理财环境，才有可能筹集到更多的资金，并节省筹资费用，才有可能把握有利的投资机会，从而为投资者带来更多的利润。

② 利润表与所有者变动表中净利润的关系。利润表中净利润是所有者权益变动表中利润分配的起点和前提，同时也表明了利润表对所有者权益变动表中本期净利润的解释和说明。

（3）资产负债表与现金流量表之间的关系。现金流量表通过最终得到的期末现金及现金等价物余额，反映年度末现金及现金等价物的变动结果，该结果等于资产负债表中货币资金项目的期末数，说明现金流量表是反映现金净流量形成过程的动态报表，表明现金流量表是对资产负债表中倾向资金期末数的解释和说明。

（4）资产负债表与所有者权益变动表之间的关系。所有者权益变动表通过一系列的明细，反映最终得到的所有者权益各个组成部分的期末余额，反映年度末各个项目变动的最终结果，该结果与资产负债表中所有者权益各个项目的金额相等，说明所有者权益变动表是对资产负债表中所有者权益各项目的解释和说明。[①]

练习题

1. 浏览某位收银员的操作记录，检查当天的收银信息。
2. 核查某一收银员某一时段的预订、收银操作记录。
3. 查看并打印客人喜好报表。

---

① 樊彩霞，刘欣华. 实用会计学. 北京：中国纺织出版社，2012：294-295.

第 9 章 夜审管理

酒店审计,也称为夜间审计(Night Audit)、夜班审计、夜间稽核,简称"夜审"。夜审意味着结束酒店一个营业日(Business Day),开启下一个营业日。夜审的作用是在一个营业日结束时,对当天各营业点的所有数据,包括订单、交易等进行核对、统计、汇总,生成夜审报表,备份数据,跳转经营日期。夜审的目的是更新当天的账目,并使用标准的前台会计系统,将应收客人费用与部门收入进行对照核查。[1]

由于 Sinfonia PMS 有自己的系统日期,它不会在午夜时自动变更,而是在酒店完成夜审后才会改变。因此,可以在次日做夜审。然而,在这种情况下,夜审前所有的收入和预付款入账被认为属于 Sinfonia PMS 日期的前一天,还没有入账的固定消费亦如此。例如,2019 年 2 月 24 日上午 8:00 做夜审,当天 7:59 办理入住的客人所交的押金在 Sinfonia PMS 中被计入 2 月 23 日,该客人在退房时会被多收一天的房费。

尽管从技术层面看,夜审可以在任何时间完成,但是一般酒店应该严格限定夜审时间,通常在晚上 11 时至次日上午 7 时之间进行。原因是:准确的夜审时间有助于形成规范的夜审程序,防止错误夜审的发生;有助于酒店的收银员合理地安排工作,提高酒店日收入统计的准确度。[2]

夜审工作一般由财务部(Financial Department)人员(强调夜审工作的财务职能),或总台接待人员担任(强调房态管理职能),也有的酒店安排计算机部门员工担任。[3]使用 Sinfonia PMS 的大部分高星级酒店,一般由前台值班经理级以上人员负责夜审。

9.1 夜审模块功能

不同酒店的夜审工作可能稍有差异。例如,有的酒店夜审功能主要包括:核房态(检查是否有宾客该续房)、核房价(检查房价是否正确)、过房租(收取当日的房租)、夜审(开始备份数据、优化系统、跳转营业日期)等。管理操作主要有:对当天前台已售房的房费进行自动入账;对当天酒店产生的营业收入进入日结处理,跳转经营日期;对所有经营收

---

[1] Chuck Y. Gee. 度假饭店的开发与管理. 向萍,译. 北京:中国旅游出版社,2003:333.
[2] 穆林. 酒店信息系统实务. 上海:上海交通大学出版社,2011:144.
[3] 刘伟. 前厅与客户管理. 2 版. 北京:高等教育出版社,2007:101-102.

入进行账务审核；自动生成经营收入各项报告；自动备份经营数据。[1]

9.2 夜审模块操作简介

夜审是一个过程，尽管在 Sinfonia PMS 中只是几分钟的操作，但是在系统中执行夜审操作之前，员工需要做大量的数据核对和准备工作。夜审模块功能包括夜审准备和执行夜审程序。

9.2.1 夜审准备

1. 概述

在执行夜审工作前，必须先做以下两项准备工作。

（1）限制访问（Limiting Access）。检查有无未汇总账的收银员。所有收银员在过夜审之前，必须将其一天的收银工作做一个汇总，并在系统中关账，形成相应的关账报表。

（2）准备和确认（Preparation and Validation）部分是完全随意的，这取决于夜审设置中是某些选项出现还是所有选项出现。如果想跳过准备阶段，夜审时收银员就无法改变报表名称，或者警示其他使用者在夜审前退出系统。

操作步骤：Night Audit→Login。

在工具栏中单击"Night Audit"按钮，弹出夜审登录对话框（图 9-1）。在"User I.D."和"Password"文本框中输入收银员账号及密码。单击"Login"按钮登录，进入夜审主界面。

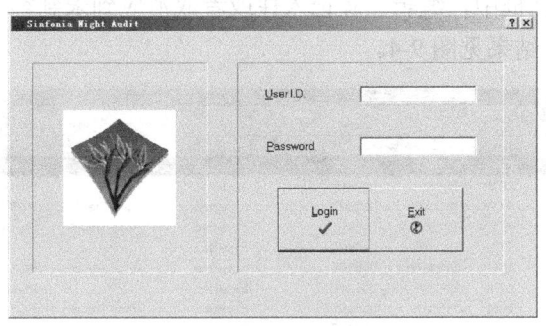

图 9-1 夜审登录对话框

进入夜审主界面后，系统自上而下逐项检查是否有应到未到的客人、有无预计离店而未离店的客人、有无遗失国籍代码的客人等。在图 9-2 所示的界面中，尚未 Checked-Out 的客人有 8 人，取消预订的有 3 人。

2. 夜审准备程序

（1）检查是否有应到未到的客人（Arrivals not yet Checked-In）。如果有，应与客人确认，根据实际情况对其预订进行取消或改期到店处理。若不处理，夜审后这部分客人会转成失约客人（No Show）。

操作步骤：Night Audit→Login→Start→Continue。

---

[1] 石应平，冷奇君．酒店管理信息系统实务．北京：高等教育出版社，2011：62．

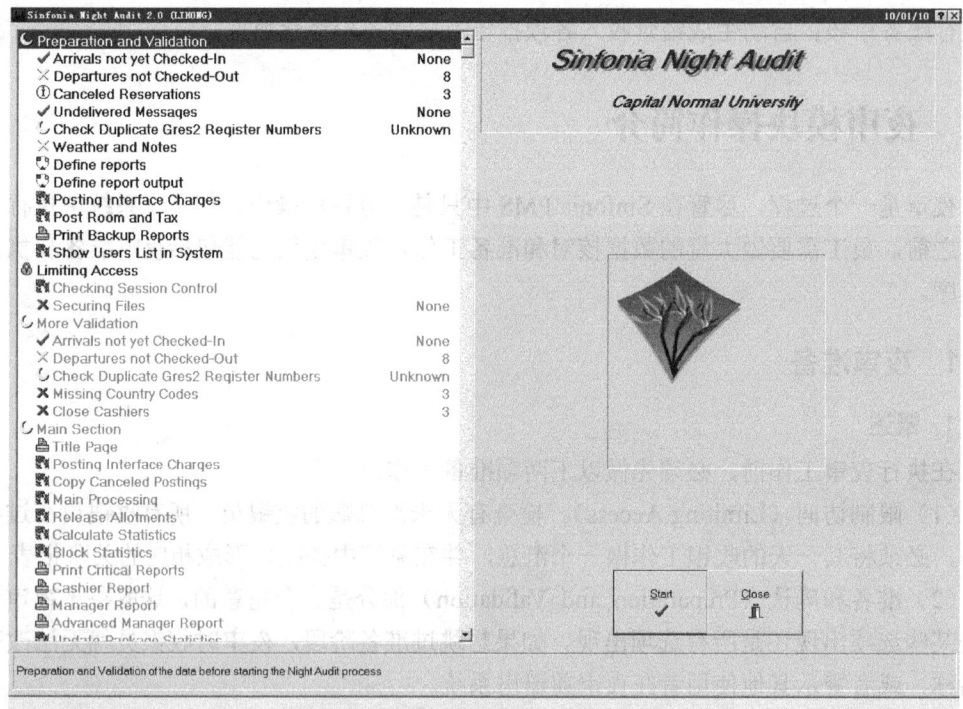

图 9-2　夜审主界面

在夜审主界面，单击右下角的"Start"按钮，弹出"Arrivals not yet Checked-In"对话框（图 9-3）。在此对话框中，编辑、登记入住或者取消应到未到客人的预订。单击右下角的"Continue"按钮，结果见图 9-4。

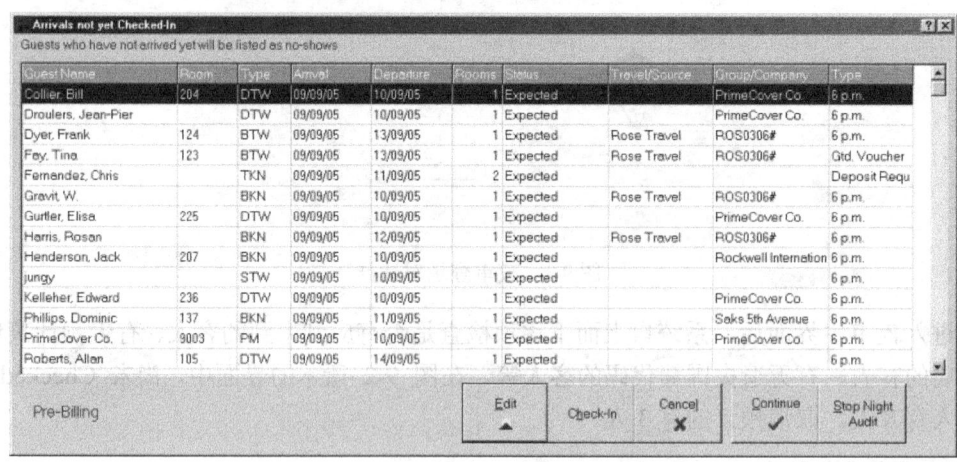

图 9-3　显示应到未到客人的预定

（2）检查预离未离的客人（Departures not Checked-Out）。单击"Continue"按钮，弹出"Departures not Checked-Out"对话框，可以编辑或者让客人结账离店。例如，预离未离的客人有 8 人，与第一位客人 Wang Hong 沟通后，为其办理离店手续。

如果有预离未离的客人，打印一份当天预计退房但尚未退房的名单，在计算机中逐一进行检查，致电客人房间，向客人询问具体离店时间和客人是否需要延住。若客人已准备退房，询问客人是否需要为其做下次入住预订、是否需要安排交通工具、是否需要搬运行李。若客人要求延迟退房（Late Check Out），18∶00 之前退房需加收半天房费；若客人 18∶00 之后退房则加收全天房费。在加收房费之前必须征得客人同意，为客人准备好账单。如经主管或经理同意免收延迟退房的房费，需要在计算机内注明并填写交班。若客人要求延住，根据当日的住房率决定是否安排客人延住（如，当住房率高时必须经主管或经理同意），预订分房做重新安排。

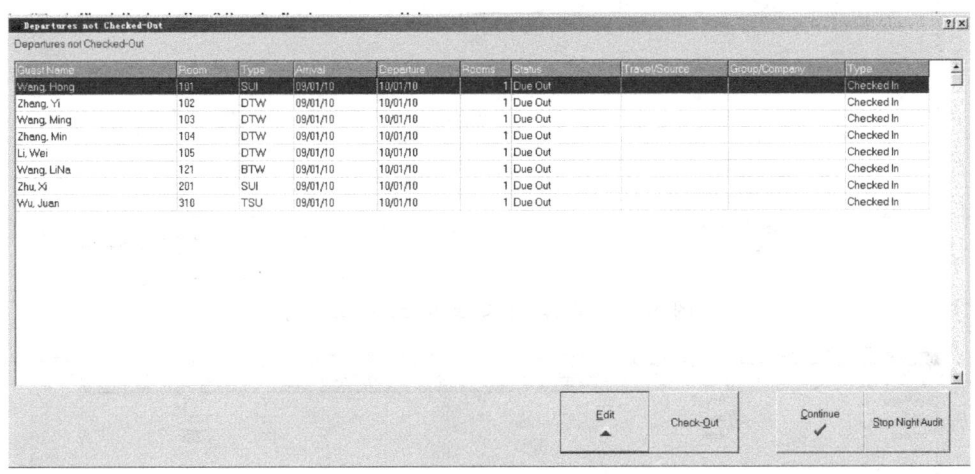

图 9-4　对应到未到的客人进行变更

图 9-5　预离店尚未办理手续的客人

（3）检查各部门未接收的信息。在对预离未离客人做必要检查、修改后，单击"Continue"按钮，弹出"All message NOT received"（各部门尚未接收的信息）对话框（图 9-6），删除、打印或者让客人接收这些信息，单击"Continue"按钮，弹出检查在店客人国籍代码对话框（图 9-7）。

（4）检查在店客人档案中是否缺失国籍代码（Country Code）。如果发现某些客人的国籍代码缺失，从下拉列表中为其添加国籍代码，或者查看客人的档案/预订，为其补齐国籍代码（图 9-8）。单击"Continue"按钮，弹出"Today's Weather, Notes, and Night Auditor"对话框（图 9-9）。

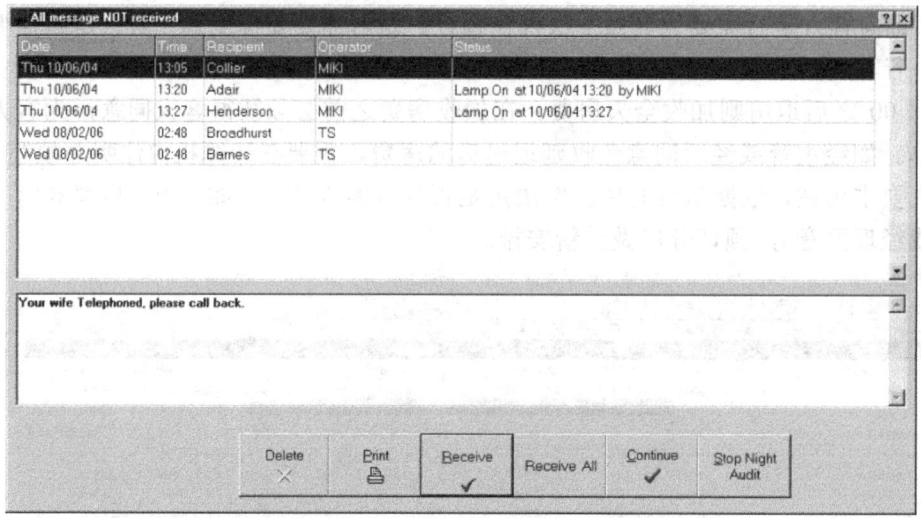

图 9-6　显示客人尚未接收的信息

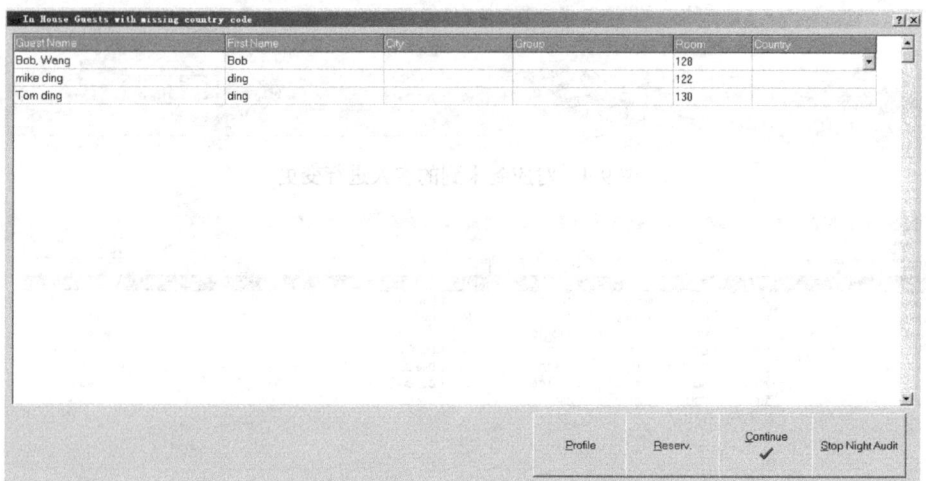

图 9-7　检查客户档案是否遗失国家代码

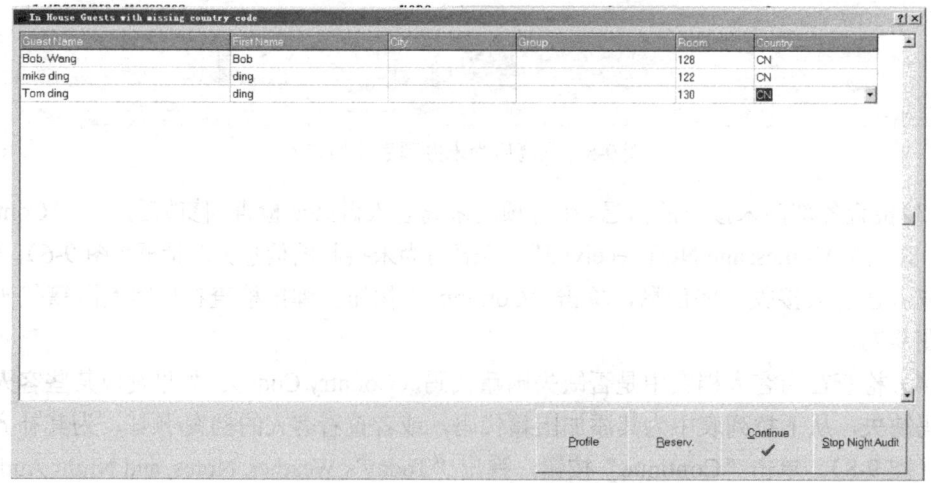

图 9-8　补齐客户档案国籍代码

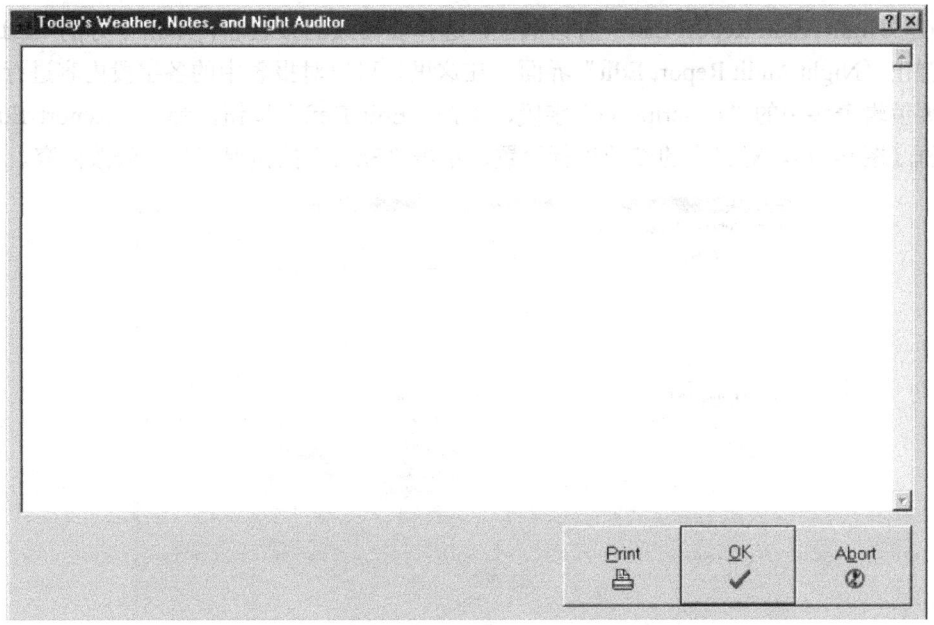

图 9-9 注释当日天气

（5）检查当日天气注释。在当日天气注释对话框中，在空白区域输入当天的天气信息、备注，以及任何相关的信息。

（6）检查夜审报表定义（Report Definition）。在完成当天天气更新后单击"Continue"按钮，弹出一个对话框，询问是否要改变夜审报表列表。如果单击"No"按钮，则不改变报表名称，并且会弹出提示框，询问是否要更新报表输出定义；如果单击"Yes"按钮，弹出"Night Audit Report List"对话框，系统允许收银员对夜审过程中产生的报表（如当天的应收挂账入账、当天信用卡入账等）内容进行编辑，最后保存编辑修改结果（图9-10）。

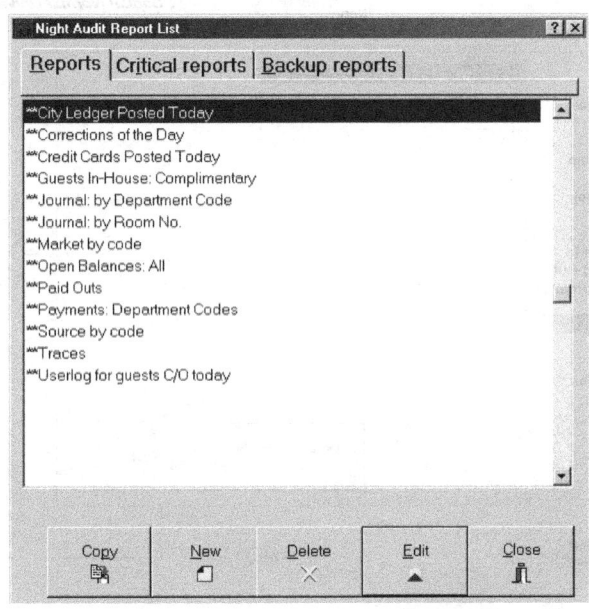

图 9-10 "Night Audit Report List" 对话框

在"Night Audit Report List"对话框中，选择要修改的报表名，单击下方的"Edit"按钮，弹出"Night Audit Report Edit"界面，在这里，可以对报表中的各字段内容进行编辑。如果要编辑表头中的"Description"字段，单击"Edit Def."按钮，弹出"Report Editor"对话框（图9-11），对其中的参数进行设置，单击"Save"按钮保存报表修改内容。

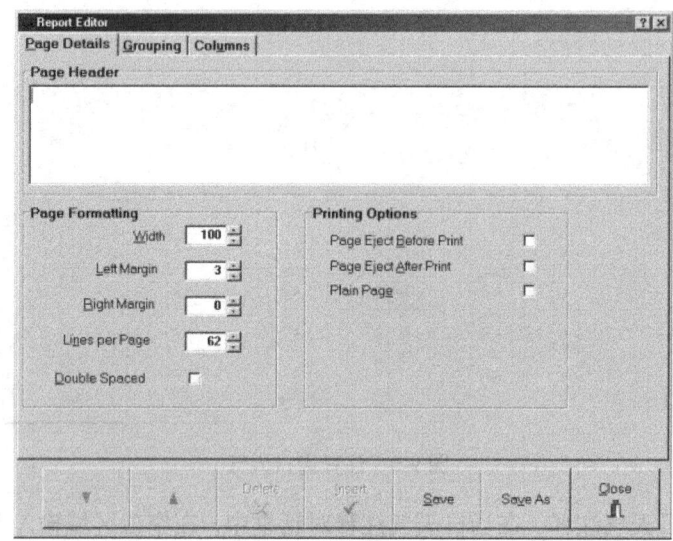

图 9-11　编辑报表内容

（7）检查收银员账号。一般要求各个收银员在夜审前关账（Close Cashiers），如果有收银员未关账，则在此步骤系统会自动关闭仍未关账的收银员账号（图9-12）。

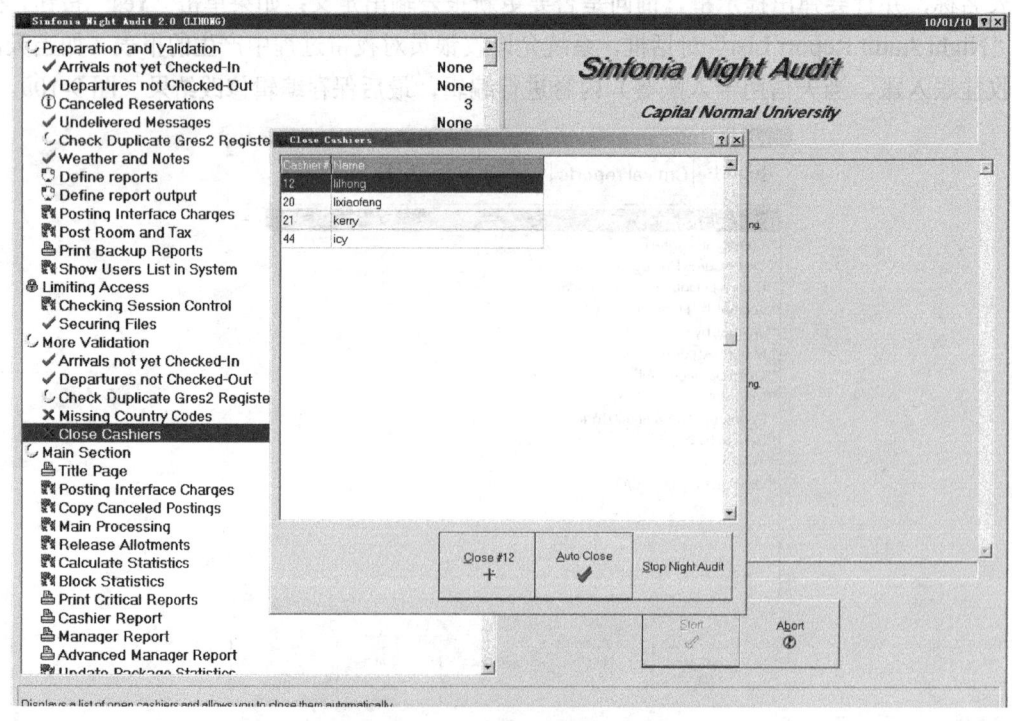

图 9-12　检查收银员账号

9.2.2 执行夜审程序

夜审程序会按照预设的流程逐步自动进行，用户可以自定义夜审步骤，如加入档案完整性检查等。夜审是由系统自动运行的，当夜审结束后，住店客人的房费自动进入客人的电子账户，系统营业日更新成新的一天。当夜审结束后，系统打印出部分统计报表，如财务收入报表、入住统计报表。所有夜审报表的数据都以夜审开始前的统计为准。

（1）Roll the Business Date：系统日期更新至新的一天。

（2）Posting Room and Tax：将客人的房费录入到客人的账户中，除了客人房费，还有其他的一些固定消费，会在夜审中直接入账，如客人固定消费项目（Fix Charge）、包价细项（Package）等。

（3）Run Additional Procedures：处理夜审需要完成的其他一些功能。

（4）Print Final Reports：打印夜审报表。

报表打印完毕后，系统提示夜审完成可以退出（图 9-13）。

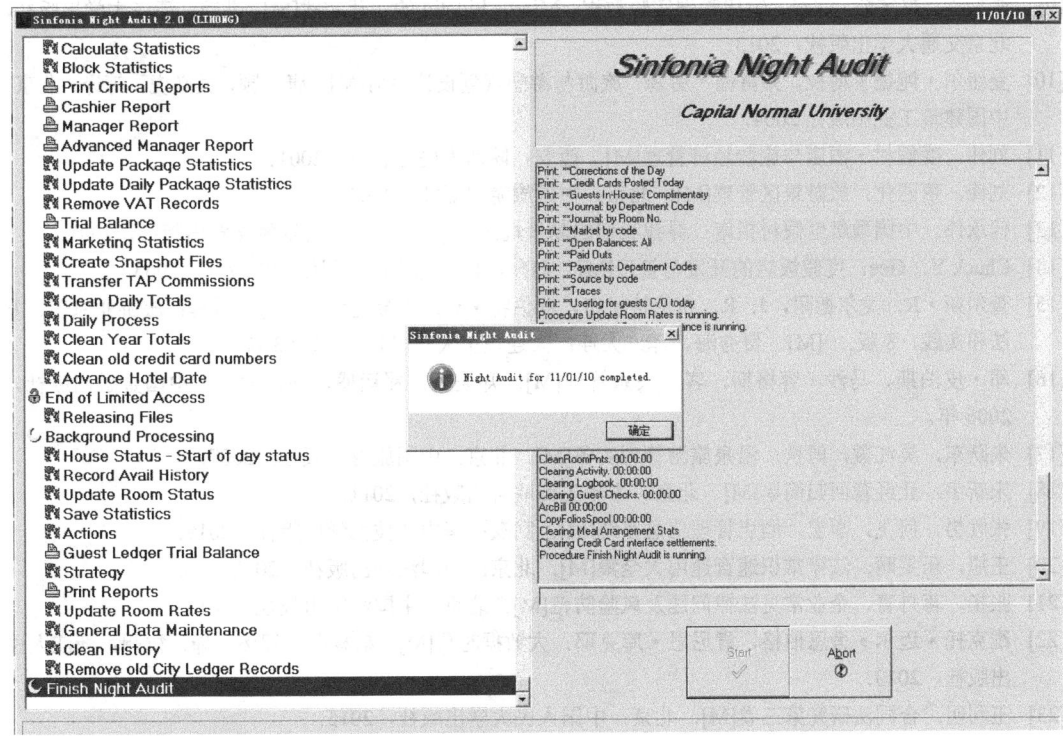

图 9-13　完成夜审

练习题

1. 在计算机上完成一次夜审，观察在夜审过程中可能遇到哪些问题。

2. 在夜审中断后重新启动夜审程序，并通过查看错误日志或将日志传递给技术支持人员，明确出现错误的原因。

3. 在什么情况下，夜审过后计算机系统会错误地多收一天或少收一天客人的房费？

参考文献

[1] 刘伟. 前厅与客户管理[M]. 2版. 北京：高等教育出版社，2007.
[2] 胡质健. 收益管理：有效实现饭店收入的最大化[M]. 北京：旅游教育出版社，2009.
[3] 石应平，冷奇君. 酒店管理系统实务[M]. 北京：高考教育出版社，2011.
[4] 穆林. 酒店信息系统实务[M]. 上海：上海交通大学出版社，2011.
[5] 邵琪伟. 中国旅游大辞典[M]. 上海：上海辞书出版社，2012.
[6] 陈为新，黄崎，杨萌稚. 酒店管理信息系统教程：Opera系统应用[M]. 北京：中国旅游出版社，2012.
[7] 许鹏. 酒店管理信息系统教程实训手册[M]. 北京：中国旅游出版社，2012.
[8] 陈文力，苏宁. 酒店管理信息系统[M]. 北京：机械工业出版社，2012.
[9] 张艳玲，赵宇茹，邵磊. 饭店管理实验教程：Micros Fidelio的运营实践[M]. 北京：清华大学出版社，北京交通大学出版社，2013.
[10] 曼纽尔·鲍德·博拉，弗雷德·劳森. 旅游与游憩规划设计手册[M]. 唐子颖，吴必虎，等译. 北京：中国建筑工业出版社 2004.
[11] 刘伟. 度假村·酒店与旅游经济管理[M]. 西安：陕西人民出版社，2001.
[12] 刘锋，董四化. 旅游景区管理[M]. 北京：中国旅游出版社，2006.
[13] 何承伟. 中国顶级度假村指南：寻找我们的梦里桃源[M]. 上海：上海锦绣文章出版社，2007.
[14] Chuck Y. Gee. 度假饭店的开发与管理[M]. 向萍，译. 北京：中国旅游出版社，2003.
[15] 查尔斯·R. 戈尔德耐，J. R. 布伦特里奇，罗伯特·W. 麦金托什. 旅游业教程：旅游业原理、方法和实践. 8版. [M]. 贾秀海，译. 大连：大连理工大学出版社，2003年.
[16] 邓·皮泊斯，马沙·容格斯. 客户关系管理[M]. 郑先炳，邓运盛，译. 北京：中国金融出版社，2006年。
[17] 朱跃东，吴江徽，傅秩. 温泉旅游管理实务[M]. 北京：中国旅游出版社，2007.
[18] 宋新宇. 让经营回归简单[M]. 北京：中华工商联合出版社，2011.
[19] 张胜男，何飞，李宏. 酒店管理信息系统[M]. 武汉：华中科技大学出版社，2019.
[20] 王旭，乐雯晴. 法律常识速查速用大全集[M]. 北京：中国法制出版社，2018.
[21] 张扬，蒋丹青. 企业常见法律问题及风险防范[M]. 北京：中国法制出版社，2017.
[22] 维克托·迈尔·舍恩伯格，肯尼思·库克耶. 大数据时代[M]. 盛杨燕，周涛，译. 杭州：浙江人民出版社，2013.
[23] 王利明. 合同法研究第三卷[M]. 北京：中国人民大学出版社，2015.
[24] W·钱·金，勒妮·莫博涅. 蓝海战略2：蓝海转型[M]. 吉宓，译. 杭州：浙江大学出版社，2018.
[25] 陈卫民. 也论中国旅游业的信息化问题：兼与汤书昆先生商榷[J]. 旅游学刊，1998（01）：28-29.
[26] 黎嵘. 旅游信息化作为旅游产业融合方式的历史背景与发展进程[J]. 旅游学刊，2012（07）：7-8.
[27] 李京颐，陈文力，宁华. 北京地区旅游企业信息化发展状况调查[J]. 旅游学刊，2007（05）：46-53.
[28] 李君轶. 数字旅游业发展探析[J]. 旅游学刊，2012（08）：9-10.
[29] 李仁杰，路紫. 旅游个性化推介服务的未来发展：时空一体化[J]. 旅游学刊，2011（10）：82-88.
[30] 李云鹏. 以信息化和电子商务促进我国旅游产业地位提升[J]. 旅游学刊，2007（10）：8-9.
[31] 李云鹏，等. 旅游信息服务视域下的智慧旅游概念探讨[J]. 旅游学刊，2014（05）：106-115.
[32] 梁尧忠，罗振雄. 国际旅游信息化研究[J]. 旅游学刊，2012（09）：4-5.
[33] 余晓娟. 旅游者网络社区的功能与市场意义研究[J]. 旅游学刊，2007（06）：80-85.